그림으로 보는 헬라어

기초에서 완성까지 소설처럼 읽어라!

그림으로 보는 헬라어

지은이 | 최선범
펴낸이 | 원성삼
펴낸곳 | 예영커뮤니케이션
초판 1쇄 발행 | 2012년 3월 10일
초판 5쇄 발행 | 2024년 2월 29일
등록일 | 1992년 3월 1일 제2-1349호
주소 | 03128 서울시 종로구 대학로3길 29, 313호(연지동, 한국교회100주년기념관)
전화 | (02) 766-8931
팩스 | (02) 766-8934
이메일 | jeyoung@chol.com
ISBN 978-89-8350-754-9 (03790)

값 25,000원

모든 인간은 하나님의 형상을 닮은 존귀한 존재입니다. 사람은 인종, 민족, 피부색, 문화, 언어에 관계없이 모두 다 존귀합니다. 예영커뮤니케이션은 이러한 정신에 근거해 모든 인간이 존귀한 삶을 사는 데 필요한 지식과 문화를 예수 그리스도의 사랑으로 보급함으로써 우리가 속한 사회에 기여하고자 합니다.

그림으로 보는 헬라어

기초에서 완성까지 소설처럼 읽어라

최선범 지음
도한호 · 이동원 추천

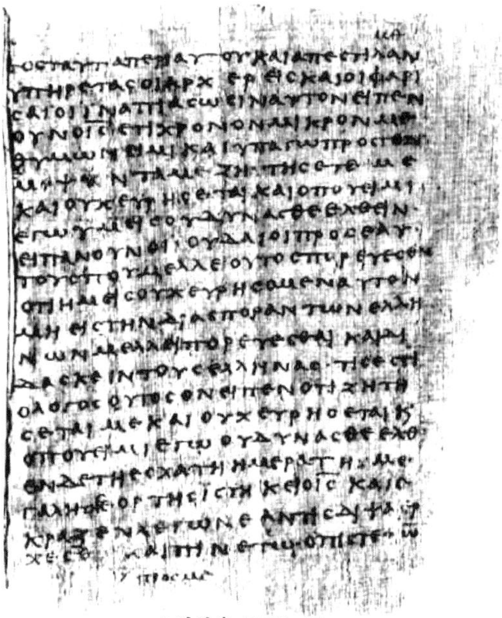

요한복음 7:32-38

예영커뮤니케이션

목 차

추천사

헬라어는 하나의 의문부호와 같다. 그것은 풀어야 할 수수께끼와 같다. 신약성경을 정확하게 읽으려면 피해 갈 수 없는 숙제가 바로 헬라어이다.

신학교 시절에 우리는 이 난제와 씨름하지만, 졸업 후 십중팔구는 이 난제에 대한 도전을 포기한다. 그런데 이 난제에 다시 도전할 용기를 주는 책이 출판되었다. 최선범 박사가 펴낸 『**그림으로 보는 헬라어**: 기초에서 완성까지 소설처럼 읽어라』가 그것이다. 이 책은 연습 예문이 처음부터 성경으로 되어 있다. 그래서 성경을 헬라어로 읽는 흥미로 헬라어의 고지를 쉽게 오른다.

그리고 헬라어 변형의 원리를 먼저 이해한 후에 암기하도록 도전한다. 동사의 인칭 변화를 그림으로 형상화하여 쉽게 익히게 하는 등 실제 기초부터 제대로 익히기를 원하는 사람들의 필요를 배려했다. 그래서 이 책은 헬라어의 고지를 넘지 못한 분들에게 희망이다. 헬라어로 성경을 읽고자 하는 모든 분에게 이 책을 추천한다. 이 문법을 공부하는 동안 성경이 열리는 놀라운 은혜가 함께 할 것이다.

이동원 목사(지구촌교회 원로목사)

최선범 박사는 침례신학대학교에서 신학을 전공한 후 도미해서 명문 남침례신학대학원(The Southern Baptist Theological Seminary)에서 신약학 전공으로 Ph.D. 학위를 취득한 학자이다. 그의 저서 『**그림으로 보는 헬라어**: 기초에서 완성까지 소설처럼 읽어라』란 제목이 시사하는 바와 같이 기초에서 완성까지 헬라어 문법을 시각적으로 쉽게 해설해 줌으로 실제로 신약성경을 읽을 수 있게 해 주는 헬라어 교본이다.

이 책은 헬라어를 공부하여 성경을 원어로 읽기 원하는 사람에게 좋은 길잡이 책이므로 기쁨으로 추천하는 바이다.

도한호(전 침례신학대학교 총장)

들어가는 말

헬라어에 관한 많은 국내외 서적이 이미 있는 것을 알면서도 한 권의 책을 세상에 내놓는다. 나름대로 헬라어를 쉽게 배울 수 있도록 색다른 학습 방법을 시도했지만, 하늘 아래 새것이 없듯이 이전 문법서의 기본 원리를 재설명한 것은 아닌가? 그런데도 두 가지 면에서 색다른 학습 방법을 추구했다. 첫째는 헬라어 기초문법을 배우면서 직접 헬라어 성경을 읽어가는 맛을 보는 것이다. 둘째는 헬라어 변형의 원리를 먼저 이해한 후에 암기하는 방법이다. 무조건 외우는 것이 쉬운 것 같지만 직접 헬라어 문장을 분석하고 번역하려면 혼돈의 장벽에 부딪힌다. 그러나 발음법칙에 의한 변형의 기본 원리를 명확하게 이해한 후에 암기하고 그 원리를 적용하면 불규칙 형태까지도 쉽게 찾아낼 수 있다.

이 책의 구성이 기존의 문법책과 다른 점은 다음과 같다.

1) 본서에는 격변화를 속격, 여격, 대격, 주격 순으로 배열한다. 속격부터 배열하면 속격과 여격의 변화가 남성과 중성이 동일하다는 것을 도식으로 이해할 수 있다. 또한 중성의 대격과 주격이 동일하다는 것도 쉽게 이해된다. 그리고 속격을 먼저 알면 명사의 뿌리를 함께 기억할 수 있는 장점이 있다.
2) 무조건 변형들을 암기하는 것이 아니라 원리를 이해하고 기억하게 했다. 단어의 뿌리[어근]를 찾은 다음에 단어를 암기하고 단어의 변형을 추적함으로 불규칙 변화의 변형마저도 쉽게 이해하고 암기할 수 있게 했다. 즉 불규칙 변화마저도 단어의 뿌리[어근]와 발음법칙을 연결하면 규칙적으로 변화한다는 원리에 따라 학습하게 했다.
3) 품사의 성은 남성, 중성, 여성 순으로 배열하여 발음의 유사성에 따라 쉽게 암기하도록 했다.
4) 동사 인칭 변화를 영상화하여 익히게 했다. 헬라어 변형 형태의 도식을 통해 영상화함으로 암기 학습의 효과를 높이게 했다.
5) 동사나 명사 변화의 기본형을 정확하게 익히고 세부적으로 적용하도록 했다.

한 예로 동사의 인칭 꼬리변화는 두 시상으로 구분한 후, 능동태와 중·수동태로 나누어 네 개의 큰 범주 안에서 학습하도록 했다.

6) 동사의 인칭 변화를 암기하기 이전에 동사의 성격을 나타내는 표시를 한 눈에 찾아내도록 했다. 예로 동사의 몸통 뒤에 오는 σ는 부정과거 또는 미래 표시이고, κ는 완료표시이다. 과거 시점을 강조하는 2시상은 동사 몸통 앞에는 ϵ이 붙고 현재의 시점을 강조하는 1시상은 동사의 몸통 앞에 ϵ이 올 수 없다.

성경을 직접 원어로 읽을 수 있는 헬라어 학습 방법의 비결이 무엇일까?

1) 그 비법은 반복이다! 언어를 익히는 데는 비법이 존재하는 것이 아니라 반복의 열정뿐이다. 반복의 힘은 바위를 깨듯이 헬라어의 장벽을 깬다. 헬라어의 규칙 법칙을 암기하는 것은 사실 단순하고 쉽다. 그러나 하나님께서 헬라어를 법칙에 2%의 불규칙을 남겨 주셨다. 불규칙은 암기하는 것이 아닌 반복의 힘으로 된다. 불규칙도 원리를 알고 반복적으로 보면 규칙이 세분화 된 것에 불과하다. 헬라어를 익히는 비결은 반복의 열정이 자신의 몸속에 쌓여 호흡하듯이 나오게 하는 것이다.
2) 헬라어 단어를 해부해야 한다. 무조건 암기하는 것을 탈피하고 유사한 것들을 한 가족을 묶어 그 안에서 유사점과 다른 점을 구별해야 한다. 핵심 사항은 명확하게 암기하고 그것을 뼈대로 삼고 유사한 것들을 판독해야 한다.
3) 발음의 원리를 알면 문법의 원리를 파악할 수 있다. 한 예로 σ 앞에 이에 부딪혀 나는 τ가 탈락 때문에 동사와 명사의 불규칙 변화가 일어난다.

책을 활용하는 법

1) ✦ 또는 ✍ 같은 항을 꼭 암기하라. ✓를 반복하여 학습하라.
2) 법칙을 암기하고 서로 다른 변형에 규칙을 적용하라.
3) 동사는 시상과 태를 먼저 구분하고 법, 시상, 인칭, 수를 분석(parsing)하라. 명사는 남성, 중성, 여성 순으로 기억하는 것이 발음과 암기하는 데 도

움이 된다.

4) 책의 내용 구성은 도표 중심으로 형상화하여 암기하도록 하고 설명은 각주로 간결하게 설명했다. 각주의 설명을 통해 변형을 이해하고 암기하라.
5) 처음 학습할 때는 각주 위주로 공부하고, 복습 때는 변화표를 찾아보라. 본문에는 동사나 명사 변화표를 정리하고 각주에 설명했다. 매뉴얼(Manual)과 사전을 보듯이 책의 동사나 명사 변화를 찾아 확인하라.
6) 단어를 암기하는 시간에 각 과의 헬라어 예문을 익히라. 단어장은 암기용으로 사용하지 말고 연습문제와 내용을 해석하는 도구로 활용하라. 연습문제를 풀 때는 로고스 성경 리서치 플랫폼(Logos Bible Study)와 여러 성경 번역본을 참조하라.
7) 원형과 기본적인 변형을 명확하게 익힌 후에 예문들을 반복적으로 확인하라. 제시된 예문들은 대부분 신약성경에 나오는 문구를 쉽게 고쳐 놓은 것이다. 예문을 자주 대하다 보면 성경에 자주 나오는 문구들을 자연스럽게 익히게 될 것이다.
8) 연습문제는 그 단원에 공부한 부분만을 번역하고 넘어가라. 그 후에 각 단원의 진도와 학습량에 따라 이전 단원의 부분을 복습하고 연습문제를 다시 번역하라.

제1과 헬라어 첫걸음

1.1 헬라어는 과연 죽은 언어인가?

신약성경이 기록되는데 사용된 헬라어는 거룩한 언어로 가장 배우기 힘들다고 생각하기 쉽다. 영어로 "이해하기 어렵다"란 관용적 표현으로 "It's greek to me"라고 한다. 그러나 신약성서는 쉬운 헬라어로 기록됐다. 주전 3세기 이전에 고전 헬라어(the classical Greek)는 여러 방언으로 나누어져 있었는데 알렉산더 대왕 이후에 사람이 쉽게 사용할 수 있도록 헬라어가 표준화되었다. 그래서 보통 주전 3세기에서 주후 6세기까지 사용된 헬라어를 κοινή(코이네 common) 헬라어로 부른다. 코이네 헬라어는 일반인들이 일상생활에서 사용하던 통용어이다. 성경이 기록되는데 사용된 헬라어는 하늘의 언어가 아니라 서민들이 시장이나 일상에서 사용하던 평범한 언어였다. 그러므로 우리는 헬라어를 하나의 외국어를 배운다는 마음으로 시작해야 한다.

헬라어는 더이상 사용되지 않는 죽은 언어로 취급하기 쉽다. 그러나 헬라어는 오늘날에도 아텐에서 통용되고 있는 살아 있는 언어이다. 현대 헬라어와 그리스-로마 시대에 사용한 코이네 헬라어와 발음과 문법적인 차이점이 거의 없다. 현대 헬라어가 코이네 헬라어보다 문법적으로 단순화된 정도의 차이이다. 신학교에서 배우는 발음은 에라스무스(Desiderius Erasmus, 1469-1536)가 추정해 만든 고대 발음이다. 고대 헬라어 발음의 유익한 점은 발음을 통하여 단어 변형의 구조를 쉽게 파악할 수 있다는 장점이 있다. 그러나 고대 발음은 사도 바울이 사용한 헬라어 발음이 아니라 인위적으로 만든 발음법에 불과하다.[1] 물론 고대 발음은 학술용어를 쉽게 이해하는 데 많은 도움이 된다. 그러나 단점으로는 살아 있는 헬라어를 죽은 언어로 취급하고 이론적으로 배운다는 것이다. 반면에 현대 헬리어 발음을 익히는 것의 유익한 점은 헬라어를 오늘날에도 실제로 사용하고 있는 살아있는 언어를 배운다는 것이다.

현대 헬라어와 1세기경의 헬라어 간에 발음이나 문법에 차이가 없다. 코이네

---

1 Watson E. Mills, *New Testament Greek: An Introductory Grammar* (New York: Eerdmans, 1985), 6.

헬라어의 발음은 아마 고대 헬라어가 현대 헬라어 발음 형태도 바뀌는 중도적 발음 형태로 여겨진다.[2] 고대 헬라어와 코이네 헬라어 발음의 차이점이 분명하지만, 코이네 헬라어와 현대 헬라어의 발음이 같다는 것은 신약 본문비평에서 확연히 드러난다. 한 예로 헬라어 단어 ἀμήν의 고대 발음은 "아멘"이고, 현대 발음으로 "아민"이다.[3]

헬라어 소유 대명사 2인칭 속격 복수 대명사인 ὑμῶν(너희의)의 고대 발음은 "후몬"이고 1인칭 속격 복수 대명사인 ἡμῶν(우리의)는 "헤몬"으로 서로 발음이 다르다. 그러나 현대 발음으로는 ὑμῶν과 ἡμῶν이 동일하게 "이몬"으로 발음한다. 헬라어 성경에서 이 두 단어의 이본들이 많은 것은 바로 듣고 기록한 필사자들이 동일하게 발음되는 두 단어를 서로 다르게 이해하고 적었기 때문이다. 그러나 이런 종류의 이본들은 본문비평에 의하여 쉽게 그 원본을 회복할 수 있다.

헬라어를 배우고자 하는 사람들에게 헬라어 성경을 읽지 못하게 가로막는 가장 큰 장애물은 헬라어 변형을 다 암기해야 한다는 부담감이다. 그러나 헬라어는 단어를 구성하는 몇 가지 비밀을 명확하게 파악하면, 헬라어 성경을 읽는 데 그리 어려움이 없게 될 것이다. 문제는 뼈대가 되는 변화를 명확하게 암기하고 적용하는 것과 반복적으로 문장을 번역함으로 자연스럽게 단어를 익히고 그 단어의 변화 구조를 파악하는 능력을 습득하면 기초문법은 어렵지 않다.

> Λέγει ὁ μαρτυρῶν ταῦτα· ναί, ἔρχομαι ταχύ. Ἀμήν, ἔρχου κύριε Ἰησοῦ. Μακάριος ὁ ἀναγινώσκων καὶ οἱ ἀκούοντες τοὺς λόγους τοῦ θεου καὶ τηροῦντες τὰ ἐν αὐτῇ γεγραμμένα.
> (cf. 계 22:21; 1:3)

> 이것들을 증거하시는 분이 말씀합니다. "분명히, 내가 속히 오리라." "아멘! 주 예수여 오시옵소서!" 하나님의 말씀들을 읽는 자와 듣는 자들과 그 안에 기록된 것들을 지키는 자들은 복[이 있습니다.]

---

[2] L. William Countryman, *The New Testament Is in Greek: A Short Course for Exegeses* (Grand Rapids: Eerdmans, 1993), 2.

[3] 영어로 에이멘(Amen)이라고 발음하는 것보다는 한국어로"아멘"이 더욱 헬라어 발음에 가깝다. 그러나 소아시아 지역의 언어와 러시아어 사람들은 "아민"이라고 발음한다.

1.2 헬라어 알파벳

헬라어 발음(Greek Pronunciation)

소문자	대문자	글자 이름	현대 발음	고대 발음	수치
α	Α	ἄλφα(알파)	아(ah- father)		1
β	Β	βῆτα(비타, 베타)	ㅂ(vet)	ㅂ(bet)	2
γ	Γ	γάμμα(감마)	ㄱ(gh)[4]	ㄱ(go)	3
δ	Δ	δέλτα(델타)	ㄷ(there)[5]	ㄷ(do)	4
ϵ	Ε	ἐ ψιλόν(엡시론)	에(eh- met)		5
ζ	Ζ	ζῆτα(지타, 제타)	ㅈ(zoo/zebra)		7
η	Η	ἦτα(이타, 에타)	이ee(machine)	에(fame)	8
θ	Θ	θῆτα(띠타, 떼타)	ㅌㅅ (thin)[6]		9
ι	Ι	ἰῶτα(이오타)	이 ee(machine)		10
κ	Κ	κάππα(카파)	ㅋ(kind)		20
λ	Λ	λάμβδα(람다)	ㄹ(love)		30

4 γ는 ϵ, ι, η, υ 앞에 올 때는 ㅇ(y) 소리로 발음한다.

5 δ는 영어의 "th" 소리에 가깝다. (= the)

6 θ는 소리가 막힌 "th" 음이다. (= think)

소문자	대문자	글자 이름	현대 발음	고대 발음	수치
μ	Μ	μῦ(미, 뮈)	ㅁ(maybe)		40
ν[7]	Ν	νῦ(니, 뉘)	ㄴ(night)		50
ξ	Ξ	ξῖ(크시)	ㅋㅅ (fix)		60
ο	Ο	ὂ μικρον(오미크론)	오 oh(hope)		70
π	Π	πι(피)	ㅍ p(Peter)		80
ρ	Ρ	ῥῶ(로)	ㄹ(ride)	ㄹ(rho)	100
σ(ς)[8]	Σ	σίγμα(시그마)	ㅅ(sit)		200
τ	Τ	ταῦ(타우)	ㅌ(terrible)		300
υ	Υ	ὖ ψιλόν(잎시론, 윞시론)	이 ee(machine)	위(we)[9]	400
φ	Φ	φι(피)	ㅍ ph(fight)		500
χ	Χ	χι(키)	ㅋㅅ (kh)		600
ψ	Ψ	ψῖ(프시)	ㅍㅅ ps(oops!)		700
ω	Ω	ὦ μέγα(오메가)	오(no)		800

---

7 ν과 υ은 철자가 비슷하기 때문에 명확하게 구별하기 위해 ν는 영어 v로, υ는 영어 u로 쓴다.

8 σ는 단어의 처음이나 중간에는 σ로 표기하고, 단어의 끝에 올 경우는 ς로 표기한다.

9 "위" 또는 "우"로 발음한다.

α β γ δ ϵ ζ η θ ι

κ λ μ ν ξ ο π ρ

σ 또는 ς τ υ φ χ ψ ω

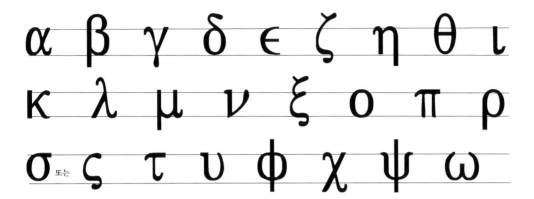

1) β, ξ, φ, ψ는 위와 아래 길게 쓰고 γ, η, μ, ρ, ς, χ는 아래만 길게 쓰며 δ, θ, λ는 위에만 길게 쓴다.
2) σ는 단어 끝에 올 때는 ς로 바꿔 표기한다. σῶμα(몸, body), ϵἷς(하나, one)
3) 문장은 일반적으로 소문자로 시작한다. 고유명사, 직접인용문, 문단은 대문자로 시작할 수 있다.

1.3 모음(vowels) 발음 이해

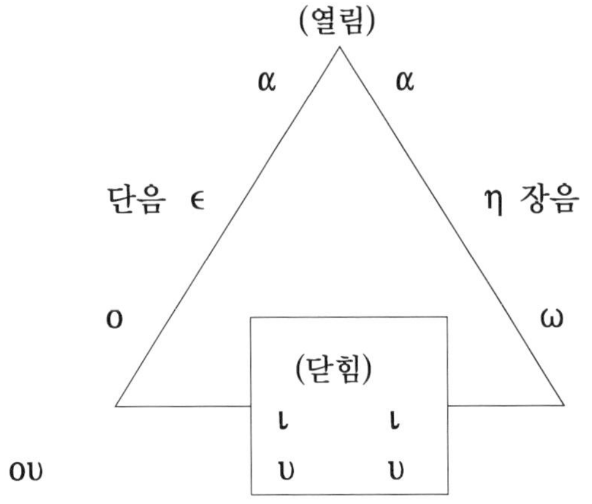

1) α, ι, υ은 단음도 되고 장음도 되어 이중적으로 사용한다. 항상 ϵ과 ο는 단음이고, η와 ω는 장음이다.
2) ω, ο, ου, υ은 입술이 둥글게 모여지고, ϵ는 옆으로 길게 열고, α는 ω와 ϵ의 중간 위치로 자연스럽게 열린 모습이다.
4) ι와 υ는 닫힌 모음이고, 그 외에는 열린 모음이다.

이중모음(Diphthongs)

	현대 발음	고대 발음
αι	에(e)	아이(ai)
αυ	아브, 아흐(av, af)[10]	아우(house)
ευ	에브, 에흐(iv, if)	유- (you)
ηυ	이브, 이흐(iv, if)	유-
ου	우(boot)	우- (group)
ει	이(machine)	에이(ei)
οι	이(machine)	오이(oi)
υι	이(machine)	위(we)

1) 이중모음에서 두 번째 모음에 쉼표가 붙는다.
2) 이중모음은 열린 모음과 닫힌 모음(ι, υ)의 조합으로 이루어진다. 즉 ι와 υ 앞에 열린 모음이 올 때 이중모음이 된다. 그러나 υι는 예외에 해당한다.
3) 장음(α, η, ω)의 밑에 ι가 기록될 때(ᾳ, ῃ, ῳ)[11] 장음만 발음되고 ι는 정지음(stop)이 된다. 대문자일 때는 ι를 밑에 기록하지 않고 그대로 기록한다(Aι, Hι, Ωι).
4) αι와 οι는 단어의 끝에 올 때를 제외하고는 모두 장음이다. 단 희구법에 αι와 οι는 끝에 올 때마저도 장음이다.

1.4 자음(Consonants) 발음 이해

1. 유음 자음(Liquid Consonants)

유음(λ, μ, ν, ρ)은 공기가 흐르듯이 부드럽게 발음된다. 단어의 첫 음이 ρ와 υ로 시작하면 항상 거친 쉼표(῾)가 온다. 문법적으로는 σ가 생략된 것으로 취급하여 ㅎ(h)발음을 하나 현대 발음에서는 단순히 쉼표로 취급한다.

---

10 모음 또는 β, γ, δ, ζ, λ, μ, ν, ρ, σ 앞에 υ는 ㅂ(v)로 발음하고(αυ= 아ㅂ ευ 에ㅂ), 그 외에는 ㅎ(f)로 발음한다.

11 장모음 밑에 ι를 기록하는 것을 "이오타 하기(iota subscript)"라고 한다. 장모음 밑에 ι는 발음하지 않는다.

	현대 발음	고대 발음	
ῥῆμα	리마	ㅎ레마	말(word), 사건(event)
ῥίζα	리자	ㅎ리자	뿌리(root)
εἷς	이스	헤이스	하나(one) [남성 수사]
ἕν	엔	헨	하나(one, only) [중성 수사]
ὑπο	이포	후포	~의하여, ~아래

✦ 자음 충돌의 비밀

헬라어 자음은 일시적으로 호흡 정지(stop)되었다가 부딪히며 열리는 파열음 자음, "ㅅ"(s)소리가 나는 기식음, 호흡이 멈추지 않고 흐르는 유음으로 구분한다. 유음을 제외하면 헬라어 자음은 목, 이, 입술 부위에 부딪혀 공기가 순간적으로 멈추었다가 숨이 열리면서 나는 마찰음(정지음[stop], 폐쇄음, 파열음)에 해당한다. 마찰음은 부딪히는 부분에 의해 다음과 같이 세 부류로 나누어진다.

a) 입술에 부딪히는 음(β, π, φ)은 ㅍ(p)에 가깝게 소리가 난다.
b) 목에 부딪히는 음(γ, κ, χ)은 ㅋ(k)에 가깝게 소리가 난다.
c) 이에 부딪히는 음(δ, τ, θ)은 ㅌ(t)에 가깝게 소리가 난다.

마찰음은 숨의 멈춤과 열림에 의해 성대의 진동에 따라 세 종류로 구분한다.

1) 유성음(voiced)은 부딪쳐 일시적으로 숨의 흐름이 멈춰 그 진동으로 울리는 소리로 일명 폐쇄음에 해당한다. 유성음(β, γ, δ)은 약하게 발음한다.

2) 무성음(voiceless)은 부딪쳐 닫혔던 공기가 개방된 후 성대가 짧은 기간 열려 소리가 나지 않은 일명 파열음에 해당한다. 무성음(π, κ, τ)은 강하게 발음한다.

3) 기식음(aspirate voice)은 파열음과 파찰음이 조합할 때 압축된 공기가 갑자기 방출함으로 생긴 강한 기류로 ㅅ[h] 또는 ㅆ소리가 섞인 마찰음(aspiration)이다. 기식음은 σ를 포함한 단일 자음으로 취급되는 χ, θ, φ가 있고, 두 글자로 분할될 수 있는 복합기식음 즉 이중자음인 ψ, ξ, ζ가 있다.

✍ 그림(Grimm) 발음 법칙[12]

	복합기식음	약성[13]	강성[14] [유음]	기식음[15] [무음]	유음	[코 유음][16]
입술에 마찰	↓ ψ =	β →	π →	φ + σ		ν
목에 마찰	↓ ξ =	γ	κ	χ + σ	λ, ρ	γ (ng)
이에 마찰	↓ ζ =	δ	τ	θ + σ		μ [무음]

✓ 자음 발성의 변천 과정을 아는 것이 헬라어 변형을 이해하고 암기하는 데 중요하다.[17] 자음과 σ가 만나 한 글자(복합기식음 = s음)로 합쳐지거나 한 글자가 생략되는 현상이 일어난다. 예로, σ 앞에 τ는 탈락하고, 모음에 갇힌 σ는 탈락한다. 이것이 헬라어의 불규칙 변형은 원인과 이유로 헬라어 변형을 이해하는데 핵심이고 헬라어 변형을 정복하는 열쇠이다.[18] 한 예로, 동사의 미래형와 1부정과거 표시인 σ 앞에 부딪히는 음이 올 때 불규칙적으로 변화가 일어난다. 또한 명사 변화에서 주격 단수와 여격 복수의 꼬리 표시인 σ 앞에 오는 이에 부딪히는 음(δ, τ, θ)이 탈락하여 변이가 일어난다.

ξ = γς, κς, χς, σσ+σ = ξ

ψ = βς, πς, φς = ψ

σ = δς, τς, θσ, ζ+σ = σ[19]

---

12 독일 언어학자 야코프 그림(Jacob Grimm, 1785~1863)은 그의 『독일어 문법책(*Deutsche Grammatik*)』에서 인도유럽어의 발음을 약한 음(소리가 남), 강한 음(소리 나지 않음), ㅆ소리가 나는 기식음(aspirated)으로 분리했다. 그림(Grimm) 법칙을 적용하면 고대 무성음 κ, τ, π는 영어의 h, th, f가 되었고, 고대 유성음 γ, δ, β는 영어의 γ, δ, β가 되었고, 고대 마찰폐쇄음 χ, θ, φ는 영어의 kh, ts, f가 되었다. 한 예로 라틴어의 duo, 영어의 two, 독일어의 zwei[tsvai] 사이와 같은 상관관계가 있다.

13 낮은음은 발음이 멈추면서 소리가 난다(유음).

14 높은음은 발음이 멈추면서 소리가 나지 않는다(무음).

15 기식음은 발음이 멈추면서 끝이 스(s) 소리가 난다.

16 유음(λ, ρ)은 발음할 때 숨이 자유롭게 흐른다. 콧소리 유음은 발음이 멈추지 않고 계속 끈다.

17 헬라어의 발음은 수학 공식과 같이 규칙적으로 변한다. 그러므로 헬라어의 변형이 불규칙처럼 보이지만 발음법칙을 따라 분석하면 대부분은 규칙에 근거한 변형인 것을 쉽게 파악할 수 있다.

18 발음에 관한 자세한 것은 다음 책을 참조하라. David Alan Black, *Linguistics for Students of New Testament Greek*, (Grand Rapids: Baker, 1988), 23-52.

19 ς 앞에 이에 부딪히는 음(δ, τ, θ)은 탈락한다.

✦ 발음 법칙

1) 이에 부딪히는 음(δ, τ, θ)은 σ 앞에서 탈락한다.
2) ν 뒤에 오는 σ나 모음에 갇힌 σ는 탈락한다.
3) σσ은 목에 부딪히는 소리(γ, κ, χ)와 똑같이 취급한다.

σσ+θ, γ+θ, χ+θ = χ [ἐκηρύχθην] κηρύσσω(내가 선포한다)의 1부정과거 수동태
σσ+σ, γ+κ = χ [κεκήρυχα] κηρύσσω(내가 선포한다)의 현재완료 능동태

4) 복합기식음(σ음)은 같은 종류끼리만 이루어진다. (낮은음은 낮은음끼리, 높은음은 높은음끼리, 복합기식음은 같은 종류의 음끼리만 복합된다(β δ, χ θ). 유일하게 ἐκ와 합성되는 경우는 예외이다.
5) 이중자음(Double Consonants): γ 앞에, 목에 부딪혀 파열되어 나는 음(γ, κ, χ, ξ)이 오면 발음하기가 곤란함으로 콧소리 "잉"(ng)으로 발음한다.

γγ → g = "잉"–ng(fi<u>ng</u>er) ἀγγέλλω [앙겔로] 나는 알린다.
ἄγγελος [앙겔로스] 천사, 전령
γκ → ng+k = 잉ㅋ" –igk(i<u>nk</u>) ἀνάγκη [아낭케] 필요성
γχ → ng+kh = "잉ㅋㅎ" –ngkh(a<u>nch</u>or) ἐγχρίω [엥크리오] 내가 문지른다.
ντ → nd = "ㄴㄷ" –nd(ha<u>nd</u>) ἀντίχριστος [안티크리스토스] 적그리스도
τζ → dz = "ㄷㅈ" –dz

✧ 유음(Liquids) 이해

1) 진정한 유음은 λ와 ρ이다. 그러나 콧소리에 해당하는 μ와 ν 또는 목에 부딪혀 나는 음(γ, κ, χ) 앞에 γ도 유음에 포함된다.
2) 유음(μ, ν) 앞에, 입술에 부딪혀 나는 음(β, π, φ)은 μ으로 바뀐다.

β, π, φ + μ = μμ [중 · 수동태 현재완료에서 μαι와 μεθα와 결합할 때]
β, π, φ + ν = μν

3) 입술에 부딪혀 나는 음(β, π, φ)과 σ가 결합하면 ψ가 된다.
β, π, φ + σ = ψ [1부정과거나 미래의 표시인 σ와 결합할 때]

1.5 음절과 강세, 구두점, 쉼표

A. 음절 법칙

1) 원칙적으로 자음과 모음 결합으로 한 음절을 이룬다.

γρά-φω 나는 기록한다.

2) 복자음일 때는 자음을 하나씩 분리하여 음절을 나눈다.

γράμ-μα 문서, 글

B. 강세 (일반) 법칙:

1) 강세는 음 위에만 붙는다.
2) 일반적으로 마지막 음절부터 강세가 시작된다.

	앤티피널트(antipenult)	피널트(penult)	얼미타(ultima)
위 치	3	2	1
엑큐트 (높고 강함)	′	′	′
써컴플랙스 (무거움)		^	^
그레이브 (약함)			`

3) 애큐트(accute′)는 끝에서부터 1, 2, 3번 어디에나 다 붙을 수 있다. 서컴플렉스(circumflex ^)는 1, 2번에만 붙고, 그레이브(grave`)는 1번에만 붙는다.

	3 2 1	2 1	2 1
애큐트	γέγ-ραμ-μα	γρά-φω	γρα-φή
서컴플렉스		ῥῆ-μα	αὐτ-οῦ
그레이브			τὸ[20] γράμ-μα

법칙 1: 모음이 장음인가 단음인가에 따라 강세가 결정된다.[21]

---

20 끝음절에 붙은 애큐트(′)는 뒤에 다른 단어가 따라오면 그레이브(`)로 변한다.

21 이중모음이 얼티마에 올 경우에 a) 이중모음으로 끝나면 단음이고, b) 자음이 뒤에 붙어 끝나면 장음이 된다. 예) ἀνθρώτους,장음)이고, ἄνθρωτοι(단음)이다.

1) 서컴플렉스(ˆ)는 장음에만 붙는다.

2) 얼미타(1번)가 길 때는

a) 얼티마(1번)에 애큐트(′)나 서컴플렉스(ˆ)만 붙고,
b) 피널트(2번)에 애큐트 (′)만 붙고
c) 앤트피널트(3번)에 강세가 올 수 없다.

ⓐ πᾶς 모든, 각각
ⓑ σῴ−ζω 내가 구원한다.
ⓒ δι−δάσ−κα−λος [단음] ἀποσ−τό−λου [장음]

d) 얼티마가 짧고 피널트가 길 경우는 반드시 서컴플렉스(ˆ)가 붙는다.[22]
ῥῆ−μα 말(word)

법칙 2: 얼티마(1번)에 붙은 애큐트(′)는 뒤에 오는 단어에 의해서 그레이브(`)로 바뀔 수 있다. 문장의 끝날 경우는 제외된다. εἰμι τὸ ἄλφα καὶ τὸ ὦ.

동사의 강세(Accenting Verbs)

동사의 강세는 일반법칙이 허용하는 앤트피널트(3번)에서 시작하여 역행한다.

명사의 강세(Accenting Nouns)

a) 일반 법칙이 허용되는 한에서 주격 단수(사전)에 있는 강세를 유지한다.
b) 주격 단수의 안티피널트(antepenult)에 애큐트가 붙은 상황에서 얼티마가 장음화될 때, 애큐트 강세가 피널트로 옮겨간다.

ἀπόστολος(사도) → ἀποστόλου(사도의)

c) 주격 단수의 피널트나 얼티마에 강세가 붙어 있는 경우에는 그 자리(피널트나 얼티마)에서부터 강세가 시작된다.

✍ δόξα (영광) → δόξης (영광의)
ἀλήθεια (진리) → ἀληθειᾶν (진리를)

---

22 끝에 온 α가 짧다.

C. 헬라어 구두점

헬라어	표식	설명
.	마침표	한글 마침표와 동일하다.
,	쉼표	한글 쉼표와 동일하다.
·	콜론	콜론(colon) 또는 세미콜론(semicolon)
;	물음표	영어의 세미콜론(semicolon)의 모양과 동일하다.
’	생략표	모음 앞, 단어의 단모음 탈락 때 생략표(elision) ἀπ’ αὐτοῦ = ἀπο αὐτοῦ 그[것으]로부터” καὶ ἐγώ = κἀγώ “그리고 나는”
¨	분절표	이중모음을 분리하여 다 발음하는 분절음(diaresis) 표시

D. 헬라어 쉼표

1) 쉼표는 단어의 첫 모음이나 이중모음에 온다.
2) 쉼표는 연한 쉼표(smooth breathing)와 거친 쉼표(rough breathing)가 있다.
   a) 연한 쉼표(’)는 일반적인 쉼표에 해당한다.
   b) 문법적으로 거친 쉼표(‘)는 한글의 ㅎ 발음이나 영어의 h 발음을 낸다. 왜냐하면 ‘(거친 쉼표)는 글자 앞에 σ가 생략되었다는 표시이다. 그러나 현대 헬라어 발음에서는 거친 쉼표에도 연한 쉼표와 동일하게 발음한다.
   c) 연한 쉼표와 거친 쉼표가 붙은 것에 따라 간혹 단어의 의미가 달라진다.

ἐν ~안에 [위치를 나타내는 처격]
ἑν 하나(one, only) [중성 수사]

εἰ 만약 ~라면(if)
εἶ 당신은 ~이다 [εἰμι,의 현재 2인칭 단수]
ει 그는 ~한다 [동사의 몸통 끝에 붙으면, 현재 능동태 3인칭 단수형이 된다.]

εἰς ~에게로(into)
εἱς 하나(one) [남성 수사]
εις 당신은 ~한다 [동사의 몸통 끝에 붙으면, 현재 능동태 2인칭 단수형이 된다.]

1.6 연습문제

* 다음 문장들을 쓰고 단어들을 발음해 보라.

1) γράφω 나는 기록한다.

2) ἐγώ εἰμι τὸ ἄλφα καὶ τὸ ὦ, ἡ ἀρχὴ καὶ τὸ τέλος. (계 21:6)
나는 (그) 알파와 (그) 오메가이다. 그리고 [나는] (그) 처음과 (그) 끝[이다.]

3) Ἐν ἀρχῇ ὁ λόγος ἦν πρὸς τὸν θεόν καὶ θεὸς ἐστιν ὁ λόγος.
처음에 그 말씀이 하나님과 함께 있었다. 그리고 그 말씀은 하나님이시다.[23] (요 1:1)

* 다음 단어들의 음절을 나누고 구두점을 확인하라.

1) γράφω 나는 기록하고 있다(write).

2) γράφομεν 우리는 기록하고 있다.

3) γράφετε 너희가 기록하고 있다.

4) ἐγώ εἰμι ὁ ἀπόστολος. 나는 그 사도이다.

5) ἐστιν ὁ ἀπόστολος; 그가 그 사도입니까?

1.7 단어

ὁ	ἀπόστολος	사도(apostle)
ἡ	ἀρχη	시작(beginning, first), [hierarchy 성직자, 계급 제도]
	ἄρχομαι	[중간태] 내가 시작하다.
	ἄρχω	내가 통치한다(rule, govern), 지배한다.
ὁ	διδάσκαλος	선생
	ἐγώ	나는
	εἰμί	나는 ~이다.
	εἰς [남성],	[수사] 하나(one, only)
	ἦν	그는 ~이었다. [εἰμί의 미완료 직설법 3인칭 단수]
ὁ	λόγος	말씀(word)
τὸ	τέλος ους	끝(end), 종말(consummation)

23 주어에 관사가 붙지만, 술어에는 관사가 붙지 않는다.

관사는
명사를 낚는 낚싯바늘이다.

관사 변형을 명확하게 이해하면
명사 변형은 저절로 따라온다.

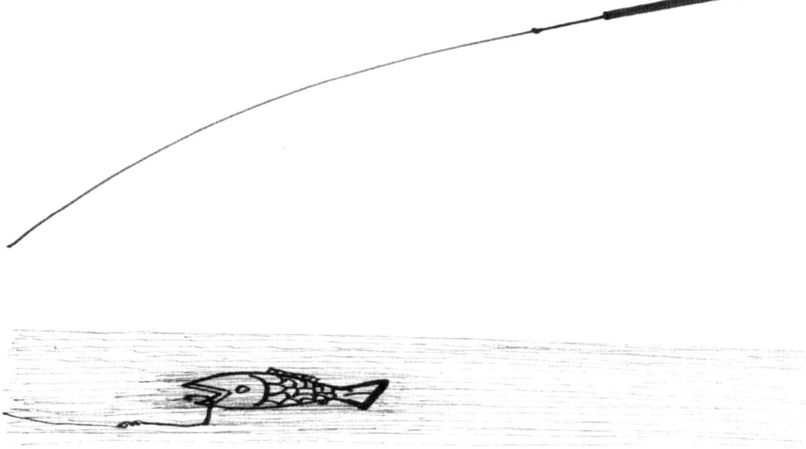

제2과 명사와 관사

2.1 동사 꼬리 불변의 법칙

동사의 황금 법칙을 알면 동사의 1/3을 한순간에 정복한다. 동사 황금 법칙에 의하면, 모든 능동태 동사의 1인칭 복수 인칭꼬리는 μεν이고, 2인칭 복수의 인칭꼬리는 τε이며, 2인칭 단수의 인칭꼬리는 ς이다. 그리고 모든 수동태 동사의 1인칭 복수 인칭꼬리는 μεθα이고, 2인칭 복수의 인칭꼬리는 σθε이다.

1) 능동태 기본꼬리 변화

μεν 우리는, 능동태 (1인칭 복수) 우리는 ~한다.
τε 너희는, 능동태 (2인칭 복수) 너희는 ~한다.
ς 너는, 능동태 (2인칭 단수) 너는 ~한다.

2) 수동태 기본꼬리 변화

μεθα 우리는, 수동태 (1인칭 복수) 우리는 ~되어진다.
σθε 너희는, 수동태 (2인칭 복수) 너희는 ~되어진다.

동사 시상과 인칭

		능동태		수동태(중간태)	
		단수	복수	단수	복수
		1호선		2호선	
1시상	1인칭		■□□□-μεν		■□□□-μεθα
(현재방)	2인칭	■□□□-ς	■□□□-τε		■□□□-σθε
		3호선		4호선	
2시상	1인칭		ε■□□□-μεν		ε■□□□-μεθα
(과거방)	2인칭	ε■□□□-ς	ε■□□□-τε		ε■□□□-σθε

헬라어 동사는 현재 시점을 강조하는 1시상과 과거 시점을 강조하는 2시상으로 나눈다. 편의상 1시상을 현재방, 2시상을 과거방으로 구분한다. 그리고 헬라어

동사의 형태는 크게 능동태와 수동태(중간태)로 구분된다. 즉 헬라어 동사는 크게 네 개 영역으로 구분되는데 편의상 전철의 호선에 비교하여 설명하기로 한다. 1호선과 2호선은 현재에서 출발하는 전철이며, 3호선과 4호선은 과거에서 출발하는 전철이다. 과거를 기점으로 하는 전철 앞에는 과거 시상표시인 ϵ이란 모자를 쓴다.

2.2 핵심명사의 기본형[24]

	남성/여성		중성	
	단수	복수	단수	복수
속격, 탈격	−ος	−ων	−ος[26]	−ων
여격, 조격, 처격	−ι	−σι	−ι	−σι
대격	−α[25]−ν	−ας	[x][27]	−α
주격, 호격	−ς	−ες	[x]	−α

헬라어의 격은 의미상으로 8격으로 구분되지만, 형태상 5격으로 되어 있다. 그러므로 암기는 5격으로 하지만, 해석은 8격으로 세분화하여야.[28]

5격	8격	
1) **속격, 탈격**	1) 속격	~의 [소유, 소속]
2) **여격, 처격, 조격**	2) 탈격	~로부터 [분리]
	3) 여격	~에게 [간접목적어]
	4) 처격	~에 [장소]
	5) 조격	~으로, 의하여, 통하여, 함께 [수단, 방편]
3) **대격**	6) 대격	~을, 를 [목적어]
4) **주격**	7) 주격	~은, 는, 이, 가 [문장의 주어]
5) **호격**	8) 호격	~여, 야

24 논리적으로 주격, 속격, 여격, 대격 순이다. 그러나 속격부터 시작하면 명사의 뿌리를 파악할 수 있기에 영상으로는 속격, 여격, 대격, 주격으로 기억하라. 1) 속격과 여격은 남성과 중성의 동일하고, 2) 중성 대격은 주격과 동일하다는 것을 그림으로 기억하라.

25 남성 단수 대격을 나타내는 α는 똑같이 중성 복수의 대격과 주격으로도 사용한다.

26 남성과 중성의 속격과 여격은 동일하다.

27 [x 또는 −]은 격꼬리가 없다는 표시이다.

28 격은 형식적인 면에서는 5격 또는 4격으로 표기하지만, 의미상으로 8격으로 구분하여 해석한다.

명사의 구성 요소

1) 헬라의 명사의 격변화는 크게 세 종류로 구분된다. 명사의 변형유형은 일명 α변화(1변화 여성)명사와 o변화(2변화 남성과 중성)명사, 그리고 불규칙 변화로 알려진 핵심명사(3변화 남성/여성, 중성)로 구분된다.
2) 왜 핵심명사부터 시작해야 하는가? 핵심명사는 불규칙적으로 변화되지만, 핵심명사의 꼬리변형은 명사변화의 기본형이다. 핵심명사 꼬리 앞에 접착모음 o가 오면 2변화 명사 변형이 일어나고, α가 오면 1변화 명사 변형이 일어난다.
3) 명사가 의미를 전달하기 위해서는 두 가지 형태로 구성된다. 1) 단어의 뿌리와 격꼬리가 결합하는 핵심명사 변화, 2) 단어의 뿌리와 접착모음(α 또는 o)과 격꼬리가 결합하는 1변화 명사와 2변화 명사이다.

뿌리 + 격꼬리   뿌리 + 접착모음+격꼬리

■□□□~ 핵심명사 ■□□□o~ 2(o)변화 명사

■□□□α~ 1(α)변화 명사

2.3 관사의 필요성: 왜 관사를 먼저 배우는가?

헬라어 관사는 가리키는 것(pointer)이다. 관사가 가리키는 대상은 관사에 의해 그 성격이 명확해진다. 한 예로 관사가 명사를 가리키면, 그 명사는 어떤 명사인지 명확하게 규정된다. 그러므로 관사를 알면 명사도 자연히 알게 된다. 관사와 핵심명사의 격꼬리 변화를 알면 명사를 정복하고 분사까지 입문하게 된다. 관사의 특징은 다음과 같다.

1) 헬라어 관사는 부정관사는 없고 오직 정관사만이 있다.
2) 관사는 명사의 성, 수, 격과 일치하여 명사의 의미를 명확하게 규정한다.
3) 관사는 3인칭을 나타내는 τ가 맨 앞에 온다. 단 예외로 주격을 나타내는 관사에는 τ(σ)가 생략된 대신에 거친 쉼표가 붙는다.[29]

---

29 거친 쉼표는 생략된 σ(τ) 또는 죽은 감마(*F: digamma*)의 흔적이다. 이에 부딪힌 음과 σ 또는 τ는 탈락하기 쉽다.

✍ 관사 변형표

	남성		중성		여성	
	단수	복수	단수	복수	단수	복수
	ὁ	οἱ	τό	τά	ἡ	αἱ
속격	του[30]	τῶν[31]	του	τῶν	τῆς	τῶν
여격	τῷ[32]	τοῖς[33]	τῷ	τοῖς	τῇ	ταῖς
대격	τόν[34]	τοῦς[35]	τό	τα	τὴν	τὰς
주격	ὁ	οἱ	τό	τά	ἡ	αἱ

✦ 관사 변형의 요점

1) 관사는 호격이 없다. 호격 명사 앞에 붙는 ὦ는 감탄사이다.
2) 관사는 명사를 성, 수, 격을 명확하게 해 주는 역할을 한다.
3) 주격(남성, 여성)을 제외한 관사는 맨 앞에 τ가 붙는다.
4) 속격 복수(τῶν)는 남성, 중성, 여성이 동일하다.
5) 남성과 중성 관사는 격변화(꼬리변형) 앞에 ο가 붙는다.
6) 중성 관사는 주격과 대격(목적격)이 동일하다.
7) 중성 관사의 속격과 여격은 모두 남성 관사의 속격과 여격과 동일하다.
8) 여성 관사는 격꼬리 변형 앞에 α가 붙는 형태로, 단수는 η(장음화) 형태이고 복수는 α가 붙는 형태이다. 단 속격 복수는 τῶν이다.
9) 남성 관사와 여성 관사의 주격에는 τ가 생략되었기 때문에 ʽ(거친 쉼표)가 붙는다.
10) α명사의 형태는 대체로 여성 명사로 여성 관사의 거의 동일하게 변화한다. 단 α명사 형태가 남성 명사일 경우에는 앞에 남성 관사가 온다.

---

30 τ+ο+ος = τ+(ο+ος = ους(단축) 〉 ς 탈락 = τοῦ 즉 ο가 붙으면서 단축되고 ς가 탈락한 것을 보충하기 위해 장음화되어 결국 서컴플렉스 강세가 붙은 τοῦ가 된 것이다.

31 τ+ο+ων = τῶν (단축되어 장음화한 ῶ 형태이다.) 속격 복수(τῶν)는 남성, 중성, 여성이 동일하다.

32 τ+ο+ι = τῳ (ι가 약화되어 사라지고 ο가 ω로 장음화한다.) ῳ는 죽었다 살아난 ι가 ω 밑에 붙어 있다.

33 τ+ο+σι = τοσι 〉 τοις 모음 사이에 갇힌 여격복수 표시인 σ탈락을 막기 위해 σ와 ι가 교체된다.

34 τ+ο+ν = τον [남성 명사 대격 단수의 기본형은 -α 또는 -ν 이다.]

35 τ+ο+ας 〉 [ο+α =ου] = τους

2.4 관사의 사용법

어떤 사물의 지적하는 것처럼 헬라어 관사는 대상을 가리키는 포인터(pointer)이다. 관사가 명사를 지적할 때, 관사는 그 명사의 성격을 구체적으로 규정해 준다. 관사가 없을 때 명사는 일반적인 의미를 갖지는, 명사에 관사가 붙으면 성, 수, 격이 일치를 통해 분명한 정체성을 갖게 된다.

1) 관사는 명사를 한정적으로 설명해 준다.

ὁ βασιλεύς 그 왕 [여러 왕들 중에 그 왕]	βασιλεύς 한 왕
ὁ ἄρχων 그 통치자	ἄρχων 한 통치자
ἡ ἐκκλησία 그 교회	ἐκκλησία 한 교회
τὸ βιβλίον 그 책[36] (눅 4:20)	βιβλίον 한 책

2) 관사는 특정한 경우에 번역하지 않는다.

a) 고유 명사: ὁ θεος[37] 하나님[38]
ὁ Ἰωάννης 요한

b) 추상 명사: ἡ ἐλπίς 소망
ἡ χάρις 은혜

c) 집합 명사: τὰ πετεινά 새 떼들

3) 부정사에는 항상 중성 관사를 사용한다. [부정사 사용법을 참조하라.]

4) 명사가 생략되었을 때는 관사 자체가 독립적으로 명사 역할을 한다. δέ 또는 μέν 앞에 오는 관사 역시 대명사로 사용될 수 있다.

οἱ ἐν τῇ ἐκκλησίᾳ 그 교회 안에 [있는] 사람들

οἱ ἄνθρωποι ἐν τῇ ἐκκλησίᾳ 교회 안에 [있는] 사람들

ὁ δὲ ἀπεκρίθη αὐτοῖς.[39] (요 5:10-11) 그가 그들에게 대답했다.

---

36 회당 맡은 자가 가져온 그 [두루마리] 책.

37 모든 사람이 다 알고 있는 그 하나님이기 때문에 관사를 생략하여 번역한다.

38 성경에서 ὁ θεος는 기독교의 하나님을 지칭함으로 관사를 번역하지 않고 "하나님"으로 번역한다.

39 ἀποκρίνομαι([디포 동사] 내가 대답한다.)는 디포넌트 동사이기 때문에 비록 1부정과거 수동태 3인칭 단수 직설법 형태이지만, 능동태처럼 번역한다. 동사 몸통에 θη가 붙으면 1부정과거 수동태 3인칭 단수 직설법이다. 전치사 ἀπό(~로부터)와 동사 κρίνομαι 사이에 과거 시점을 표시하는 ε이 왔다.

5) 관사를 가진 명사가 문장의 주어이다.

μάρτυς μού ἐστιν ὁ θεός. (롬 1:9) 하나님은 나의 증인이시다.

ἐν ἀρχῇ ἦν ὁ λόγος, καὶ ὁ λόγος ἦν πρὸς τὸν θεόν, καὶ θεὸς ἦν ὁ λόγος. (요 1:1)

처음에 말씀이 있었고 그 말씀은 하나님과 함께 있었고 그 말씀은 하나님이었다.

6) 관사 하나는 두 개의 명사가 같은 사람 또는 사물임을 나타낸다.

ὁ ἀπόστολος καὶ ἄνθρωπος 그 사도인 사람 (사도와 사람이 동일인)

ὁ ἀπόστολος καὶ ὁ ἄνθρωπος 그 사도와 그 사람 (두 사람)

2.5 핵심명사의 변형

핵심명사의 기본형

	남성/여성[40]		중성	
	단수	복수	단수	복수
	ς	ες	[–]	α
속격	ος	ων	ος[42]	ων
여격	ι	σι	ι	σι
대격	α[41] 또는–ν	ας	[x][43]	α
주격	ς	ες	[x]	α

✦ 명사의 구성 요소

1) 명사의 기능은 사람 또는 사물, 장소 등의 이름은 나타낸다.

2) 명사는 성, 수, 격을 가지고 있다.

3) 명사의 성은 남성, 중성, 여성으로 구분한다.

4) 헬라어의 특정한 어순은 없다. 헬라어는 어순보다는 명사의 성, 수, 격과 동사의 인칭과 일치하여 문장의 의미를 구성하는 것이 더 중요한 역할을 한다.

---

40 핵심명사(3변화) 변형은 남성과 여성이 동일하다.

41 남성 단수 대격을 나타내는 α는 중성 복수 대격과 주격과도 동일하다.

42 남성과 중성의 속격과 여격은 동일하다.

43 [x 또는 –]은 격꼬리가 없다는 표시이다.

헬라어 명사의 구성 요소 도식

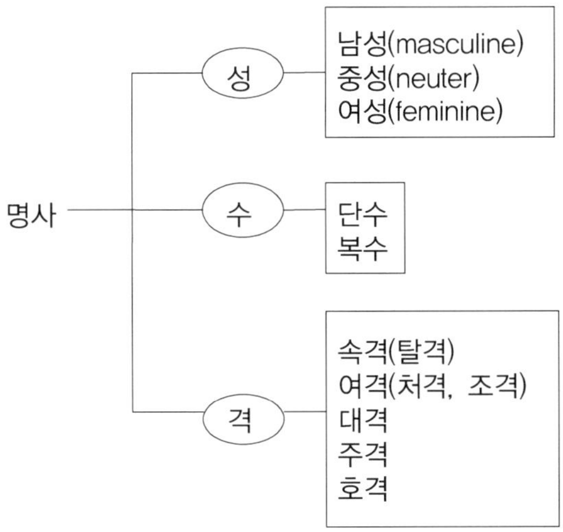

✦ 핵심명사의 정의

✓ 일명 3변화 명사로 불리는 핵심명사는 뿌리(원형) 끝이 자음, ι, υ 그리고 이중모음으로 뿌리 끝이 끝나는 명사이다.[44]

주격	속격	뿌리	뜻
ἡ χάρις	τῆς χάριτος	[χάριτ]	은혜
ἡ ἐλπίς	τῆς ἐλπίδος	[ελπιδ]	소망
ἡ νύξ	τῆς νυκτός	[νυκτ]	밤
τὸ ὄνομα	τοῦ ὀνόματος	[ονοματ]	이름

1) 핵심변화 남성/여성 명사 기본

핵심명사의 기본형은 뿌리 끝이 이에 부딪히는 자음(δ, τ, θ)으로 끝난다. σ (또는 ν) 앞에서 이에 부딪히는 자음(δ, τ, θ)이 탈락하기 때문에 주격 단수와 여격 복수에서 변형이 일어난다.

44 α명사(1변화 명사)의 끝이 α 소리로 끝나고, ο변화 명사(2변화 명사)는 끝이 ο 소리로 끝나는 명사이다.

주격 단수	속격 단수	[뿌리]	뜻
ὁ ἄρχων	τοῦ ἄρχοντος	[ἄρχοντ]	그 통치자
ὁ ὄρνις	τοῦ ὄρνιθος	[ὄρνιθ]	그 암탉
ὁ παῖς[45]	τοῦ παιδός	[παιδ]	그 종, 그 아이
ὁ πούς	τοῦ ποδός	[ποδ]	그 발(다리)

✍ **ὁ ἄρχων** (그 통치자) [뿌리: ἄρχοντ]

	ὁ ἄρχων [뿌리: ἄρχοντ]			
	단 수		복 수	
	ἄρχων		ἄρχοντες	
속격 탈격	τοῦ ἄρχοντος	그 통치자의 그 통치자로부터	τῶν ἀρχόντων	그 통치자들의 그 통치자들로부터
여격 처격 조격	τῷ ἄρχοντι	그 통치자에게 그 통치자 안에 그 통치자로	τοῖς ἄρχουσι(ν)[46]	그 통치자들에게 그 통치자들 안에 그 통치자들로
대격	τὸν ἄρχοντα	그 통치자를	τοὺς ἄρχοντας	그 통치자들을
주격	ὁ ἄρχων[47]	그 통치자는	οἱ ἄρχοντες	그 통치자들은
호격	ὦ ἄρχων[48]	오, 통치자여!	ὦ ἄρχοντες	오, 통치자들이여!

핵심명사의 남성 기본형인 ἄρχων은 현재 능동태 남성 분사와 동일한 형태로 격변화된다. ἄρχων은 동사 ἄρχω(나는 통치한다)의 현재분사 능동태 남성으로 "통치하고 있는 자"가 명사화되어 "통치자"란 뜻을 갖게 되었다.

법칙: 핵심명사 ὁ ἄρχων(그 통치자)은 ἄρχω(나는 통치한다.)의 현재 능동태 남성 분사와 동일하게 변화한다.

✓ 핵심명사의 주격 단수와 여격 복수에서 불규칙적으로 변형한다. 여격 복수

45 핵심명사 변화는 남성과 여성이 동일하게 꼬리변화를 한다. 그러므로 어떤 경우는 남성 또는 여성이 동일한 단어이다. ὁ παῖς 또는 ἡ παῖς

46 ἄρχοντ+σι= ἄρχον[τ 탈락]σι → ἄρχον+σι [σ 앞에 ν 탈락] → 탈락 보충을 위한 장음화(ου) = ἄρχουσι (ντ가 탈락한 흔적이다.)

47 ἄρχοντ+ς = ἄρχον[σ 앞에 τ 탈락] ς → ἄρχον+ς [ν 뒤에 ς 탈락] = ἄρχων [탈락보충을 위한 장음화(ω)]

48 호격에는 관사가 붙지 않는다. 앞에 감탄사가 붙기도 하고 붙지 않은 상태로 사용할 수 있다.

가 불규칙적으로 변형되는 이유는 σ 앞에 δ, τ, θ, ν, ρ가 탈락하기 때문이다. 주격 단수가 불규칙적으로 변형되는 이유는 σ 앞에 τ가 탈락하며, 끝음 σ 또는 τ가 탈락하기 때문이다.

1) 뿌리 끝이 ντ로 끝나는 핵심명사는 모두 남성 명사이다.
2) ὁ ἄρχων의 주격 단수는 격꼬리 ς가 탈락한 불규칙 상태이다.
3) ὁ ἄρχων의 여격 복수는 뿌리끝 τ가 ς 앞에 탈락한 불규칙 상태이다.
ἄρχοντ+ς = ἄρχων [주격 단수] ἄρχοντ+σι = ἄρχουσι [여격 복수]
4) 주격 단수와 여격 복수 외에 ὁ ἄρχων의 뿌리가 정확하게 나타난다.

2) 핵심변화 중성 명사 기본

1) 뿌리가 ματ로 끝나는 명사는 중성 명사이다: τὸ ὄνομα (그 이름) [뿌리: ονοματ]

✍		단수			복수	
		ὄνομα			ὀνόματα	
소격	τοῦ	ὀνόματος	그 이름의	τῶν	ὀνομάτων	그 이름들의
여격	τῷ	ὀνόματι	그 이름에게	τοῖς	ὀνόμασι(ν)	그 이름들에게
대격	τὸ	ὄνομα	그 이름을	τὰ	ὀνόματα	그 이름들을
주격	τὸ	ὄνομα[49]	그 이름은	τα	ὀνόματα	그 이름들은

단어	뜻	[뿌리]	단어	뜻	[뿌리]
τὸ αἷμα	피	[αἵματ]	τὸ βάπτισμα	침례	[βάπτισματ]
τὸ γράμμα	문자, 성경	[γράμματ]	τὸ θέλημα	뜻, 의지	[θέλήματ]
τὸ πνεῦμα	영, 바람	[πνεῦματ]	τὸ ῥῆμα	말, 사건	[ῥῆματ]

3) 핵심변화 여성 명사 기본

핵심명사의 기본형은 뿌리 끝이 이에 부딪히는 자음(δ, τ, θ)으로 끝난다. σ (또는 ν) 앞에서 이에 부딪히는 자음(δ, τ, θ)이 탈락하기 때문에 주격 단수와 여격 복수에서 변형이 일어난다.

---

49 ὄνοματ 〉 (끝음 τ 탈락) 〉 ὄνομα 법칙: 중성 격꼬리 변화는 주격과 대격이 동일하다.

✦ ἡ ἐλπίς (그 소망, 희망) [뿌리: ἐλπιδ]

	단수	ἐλπίς		복수	ἐλπίδες	
속격	τῆς	ἐλπίδος	그 소망의	τῶν	ἐλπίδων	그 소망들의
여격	τῇ	ἐλπίδι	그 소망에게	ταῖς	ἐλπίσι(ν)	그 소망들에게
대격	τὴν	ἐλπίδα	그 소망을	τὰς	ἐλπίδας	그 소망들을
주격	ἡ	ἐλπίς[50]	그 소망은	αἱ	ἐλπίδες	그 소망들은

단어	뜻	[뿌리]	단어	뜻	[뿌리]
ἡ ἐλπίς	소망	[ἐλπιδ]	ἡ παῖς	종, 아이	[παιδ]
ἡ θριξ	머리털	[τριχ]	ἡ σάλπιγξ	나팔	[σάλπιγγ]
ἡ σάρξ	육체	[σάρκ]			

1) 핵심명사의 기본형은 모든 명사 변화의 기본이 된다.
2) 관사와 핵심명사(남성, 중성, 여성)를 함께 암기하는 것은 동시에 α명사와 ο명사의 변화를 이해하고 암기하는 데 도움을 준다.

2.6 연습문제

1) τῷ ὀνόματι καί ταῖς ἐλπίσι[51]

2) ἔχει τὸ ὄνομα τοῦ θεοῦ[52] καί τὰ ὀνόματα τοῦ ἄρχοντος

3) τὸ ὄνομα ἐστιν[53] ἐλπίς και ἔχετε τὸ ὄνομά μου. (cf. 계 3:1)

4) ἐν πνεύματι θεοῦ ἐγὼ ἐκβάλλω τὰ δαιμόνια (마 12:28)

---

50 ἐλπίδ+ς 〉 (ς 앞에 δ 탈락) 〉 ἐλπίς
51 여격이 도구나 방법을 나타낼 때는 조격으로 "~의하여"로 번역한다.
52 τοῦ θεοῦ은 "하나님의" 로 번역한다.
53 ἐστιν은 "그는 ~이다" 또는 "그것은 ~이다"로 번역한다.

2.7 단어

	ἀκούω	내가 듣는다. [속격 혹은 대격을 취한다.]
	ἀποκρίνομαι	[디포넌트 동사] 내가 대답한다. 디포넌트 동사는 중 · 수동태 형태이지만 능동태로 번역함
	βλέπω	내가 본다.
ἡ	ἀρχη	시작(beginning, first) [hierarchy 성직자 계급, 제도, 계급제도]
	ἄρχομαι	내가 시작하다. [중간태]
	ἄρχω	내가 통치한다(rule, govern).
ὁ	ἄρχων -οντος	통치자(ruler)
ὁ	βασιλέυς -εως	왕(king), 임금
ἡ	βρῶσις -εως	양식(food, eating)
τὸ	δαιμόνιον	귀신, 악령, 신(deity, divinity)
τὸ	γένος -ους (또는 ως)	민족, 종족 〈 γεννάω 내가 낳다(beget).
ἡ	γῆ	땅, 지구
	ἐκβάλλω	내가 내던지다, 내쫓는다, (귀신을) 축출한다.
τὸ	ἐλπίς -δος	소망(hope), 희망
	ἐν	[전] ~안에, 에[처소격: 장소를 나타냄], 으로[조격: 도구나 방법을 나타냄]
	ἐστιν	그는 ~이다. [ἐιμί(나는 ~이다)의 3인칭 단수]
	ἔχω	내가 가진다, 소유한다.
	λέγω	내가 말한다.
τὸ	πνεῦμα -τος	영(spirit) 바람, 성령
	ού, οὐκ [모음 앞], οὐχ [거친 쉼표 앞]	아닌(not) [직설법에 사용함]
ἡ	σάρξ, σάρκος	육체, 살 σάρκ+ς [κς = ξ] = σάρξ

기차 화통이 두 개면 완료시상

기차 화통 앞에 ∈이 있으면 과거 기점 2시상
없으면 현재 기점 1시상이네요.
능동태 꼬리가 붙으면 능동태
중/수동태 꼬리가 붙으면 중/수동태일 수밖에
그럼에도
제1부정과거 수동태는 능동태 꼬리가 붙지요.

제3과 동사의 이해

헬라어 동사는 주어와 동사가 한 단어로 결합하여 있다. 동사의 주어는 인칭과 수를 결정하는 인칭꼬리에 의해 결정된다. 인칭꼬리의 형태에 따라 μι동사와 ω동사로 나누어진다. ω동사는 헬라어 사전에 동사가 ω로 끝나는 동사이고, μι동사는 μι로 끝난다.[54]

직설법 현재 능동태

μι동사■□□□□ ↝ [인칭꼬리 앞에 접착모음이 없음]

ω동사■□□□□ $^{o}_{\epsilon}$↝ [인칭꼬리 앞에 접착모음이 옮]

μι동사는 거의 죽고 ω동사만 살아남았다.[55] 신약에서 아주 소량의 μι동사가 사용되지만, 그 빈도수가 많기 때문에 μι동사를 먼저 익히는 것이 좋다.

동사 법칙:

1) 동사의 수와 격은 주어(주격)의 수와 격과 일치되어야 한다.[56]
2) 헬라어는 변형 언어(an inflected language)이기 때문에 한 단어에도 사전적 부분(the lexical part)과 구조적 부분(the structural part)으로 나누어진다.[57]
   λυ(사전적 부분[동사 몸통])+ω(구조적 부분[꼬리])= λύω
3) 단어의 끝(꼬리변형)은 인칭과 수(단수, 복수)를 표시해 준다.

---

54 μι동사와 ω동의 특징적 차이는 다음과 같다. 1) 현재형에서 μι동사는 동사 몸통에 인칭꼬리가 바로 붙고, ω동사는 동사 몸통과 인칭꼬리는 사이에 접착모음(ο 또는 ε)이 들어온다. 2) ω동사는 현재완료 중·수동태를 제외하고 접착 모음(ο 또는 ε)과 결합한 인칭꼬리가 동사의 몸통에 붙게 된다. 3) μι동사와 ω동사의 차이는 현재, 미완료(=2부정과거), 제2현재완료 능동태에만 존재한다. 4) 그 이외의 시상에서는 μι동사도 ω동사의 인칭꼬리가 동일하게 변화한다.

55 간혹 μι동사와 ω동사의 두 형태로 남아 있는 단어도 있다. ἵστημι 또는 ἱστάνω 내가 서 있다. καθίστημι 또는 καθιστάνω 내가 앉힌다(set down), 임명한다. ὄμνυμι 또는 ὀμνύω 내가 맹세한다.

56 그러나 예외 법칙으로 주어가 중성 복수인 경우는 단수 동사를 취할 수 있다.

57 언어는 두 종류로 구분될 수 있다. 1) 단어 배열의 순서에 따라 의미가 결정되는 언어(영어 중국어)와 2) 단어의 형태가 변형됨으로 의미가 결정되는 언어(헬라어, 라틴어, 독일어)이다. 헬라어는 사전적 의미보다는 단어의 변형에 따라 그 의미가 구체적으로 구분되고 명확해진다.

1) 동사의 원형을 찾는 것이 중요하다.

헬라어의 동사 하나는 몸통(뿌리/어근)은 하나이지만 시간개념이 다르고 인칭꼬리가 다르다. 한 예로 몸통 뒤에 σ가 오면 1부정과거, κ가 오면 완료표시가 된다. 그러므로 동사를 이해하려면 동사의 몸통을 찾은 후에 몸통 앞에 모자(ϵ)를 쓰고 있는지 구분하고, 몸통 뒤에 시상표시, 접착모음(connecting vowel), 인칭꼬리를 분석하는 것이 필요하다.

■□□□□ $^{o}_{\epsilon}$↝	현재 능동태
■□□□□ σ$^{o}_{\epsilon}$↝	미래 능동태
ἐ■□□□ σα↝	1부정과거 능동태
■ϵ■□□□ κα↝	현재완료 능동태
[ἐ]■ϵ■□□□ κϵι↝	과거완료 능동태

2) 동사변형의 기본 원리와 원칙을 이해해야 한다.

헬라어 동사의 인칭꼬리 변형은 , ○, △, ◇의 개념과 유사하다. 먼저 네 개의 개념을 명확하게 이해하면 모든 사물을 다른 점과 같은 점을 식별할 수 있게 된다. 와 △가 서로 다른 모양(개념)이듯 헬라어도 수동태(중간태)와 능동태란 두 가지 개념에서 시작한다.

—> ⊠ ⊡ ⊞ ⊟

○ —> ⊗ ⊕ ⊖ ⊙

헬라어에서 4가지 동사 유형은 그 독특한 속성을 기본적으로 유지하면서 서로 다른 유형으로 변형된다. 그러므로 동사를 보고 현재를 기점으로 하는 시상인지 과거를 기점으로 한 시상의 형태에 속하는지를 찾아내는 것이 급선무이다. 그리고 능동태 꼬리를 붙었는지 수동태 꼬리가 붙었는지를 구분하는 것이 필요하다. 결국 헬라어는 전철역을 찾아가는 것과 같다. 전철역을 다 외웠다고 해도 목적지가 몇 호선에 속해 있는지를 모르면 찾아갈 수 없다. 타는 역의 호선과 환승역을 알아야 한다. 우선 헬라어는 기본적으로 1호선에서부터 4호선까지로 되어 있다고 기억해 두자.

동사의 시상과 태

	능동태	수동태
1시상	1호선 ■□□□□ ↝	△ 2호선 ■□□□□⇝
2시상	○ 3호선 ἐ■□□□□ ↝	◇ 4호선 ἐ■□□□□⇝

현재를 기점을 하는 1시상의 몸통 앞에는 ϵ이 오지 않으며, 과거를 기점으로 하는 2시상에만 ϵ이 온다. 완료 시상에서 첫음반복은 완료표시에 불과하다. 시상과 태에 따라 각각 다른 인칭꼬리가 붙는다.

3.1 동사의 구성 요소

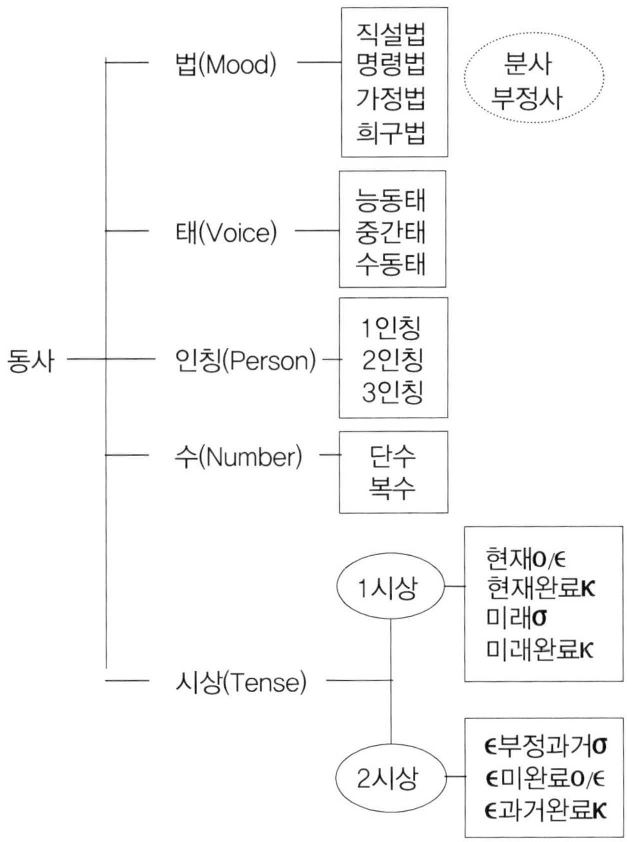

1. 법(Mood)[58]

법은 사건의 진위와 표현을 위한 동사의 방법(manner)을 지적해 준다.

1) 직설법은 사실의 확실성을 진술하거나 질문할 때 사용된다.
   7 시상(현재완료, 현재, 미래, 미래완료, 부정과거, 미완료, 과거완료)
2) 명령법은 명령이나 요구를 나타낸다.
   3 시상(현재, 부정과거, 완료)
3) 가정법은 사실적 사건이 아니지만 있음 직한 것을 추정하는 표현법이다.
   3 시상(현재, 부정과거, 완료)
4) 희구법은 화자 입장에서 소원이나 기도처럼 강한 기대감을 표현한다.
   5시제(현재, 미래, 미완료, 부정과거, 완료)

2. 태(Voice)

태는 동사의 행동양식을 보여 준다.

1) 능동태: 문장의 주어가 행동을 실행하는 행위자일 경우는 능동태이다. 주어가 행동을 한다.

   나는 옷을 샀다.
   주어 목적어 동사
   (행위자) 대상 (행위)

2) 수동태: 주어가 다른 것에 의하여 행동을 받는 것을 표현한다.

   엘리야는 바람에 의하여 들림 받았다.
   주어 도구/방법 동사
   대상 행위의 도구나 방법 (행위)

3) 중간태: 주어(주체)가 행동하며 그 행동의 결과에 참여하는 상태를 강조한다. 중간태는 행위자를 강조하는 면에서 "행위자 자신" 또는 "행위자를 위하여"란 의미로 능동태처럼 번역한다.

나아만이 목욕을 했다." 주어(행위자)가 "주어 자신"인 대상에게 행위 동작을 한다.

---

[58] 분사는 동사적 형용사, 부정사는 동사적 명사에 해당한다.

ὁ υἱὸς μένει ἐν τῇ οἰκίᾳ.
그 아들이 그 집에 살고 있다. [**능동태**]

ὁ υἱὸς μένεται ἐν τῇ οἰκίᾳ.
그 아들이 그 집에 [자신을 위해] 살고 있다. [**중간태**]

ὁ υἱὸς μένεται ἐν τῇ οἰκίᾳ.
그 아들이 그 집에 살게 됨을 당했다. [**수동태**]

✓ 동사의 인칭꼬리변화가 어느 태에 속해 있는가를 먼저 파악해야 한다.

πίστευω	1인칭 단수 현재 능동태 직설법
나는 믿는다.	인칭 수 시상 태 법

✓ 헬라어의 문장구조는 특별한 어순이 없다. 그럼에도 불구하고 일반적으로 주어+동사+목적어 순서를 따르며, 문장의 맨 앞에 오는 단어가 강조된다.

* 능동태 원형

	단수	복수
1인칭	-μι	**-μεν**
2인칭	-σι (ς)	**-τε**
3인칭	-τι (σι)	-ντι (ασι)

* 능동태 불변 형태[59]

	단수	복수
1인칭		**-μεν**
2인칭	**-ς**	**-τε**

✓ μεν,우리는, 능동태 1인칭 복수)과 τε(너희는, 능동태 2인칭 복수)는 직설법의 모든 시상에 동일하게 사용되는 인칭꼬리이다.

* 능동태 현재의 변형

	단 수			복 수		
	원형	μι동사	ω동사	원형	μι동사	ω동사
1인칭	-μι	→ μι	→ ω	**-μεν**	→ μεν	→ ομεν
2인칭	-σι	→ ς	→ εις	**-τε**	→ τε	→ ετε
3인칭	-τι	→ σι	→ ει	-ντι	→ ασι(ν)	→ ουσι(ν)

59 이 단원의 학습 핵심인 -μεν(우리는 "능동태"), -τε(너희는"능동태"), -ς(너는"능동태")를 기억하라. -μεν, -τε, -ς 모든 능동태 동사 끝에 똑같이 규칙적으로 나타난다. 이 세 형태를 암기하면 모든 능동태 동사의 인칭꼬리 1/2을 습득한다.

* 중 · 수동태의 원형

	단수	복수
1인칭	-μαι	-μεθα[60]
2인칭	-σαι	-σθε
3인칭	-ται	-νται

* 수동태 기본형(현재완료 수동태 직설법)

	단수	복수
1인칭	πεπίστευμαι	πεπιστευμεθα
2인칭	πεπίστευσαι	πεπίστευσθε
3인칭	πεπίστευται	πεπίστευνται

3. 인칭과 수(Persons and Numbers)

헬라어 동사는 우리말과 달리 동사의 꼬리를 통해 인칭과 수를 표시한다. 동사는 몸통과 인칭꼬리가 바로 붙는 형태, 접착모음($^{o}_{\epsilon}$)이 붙는 형태, 제품화(κει, κα, σα)된 상태가 있다.

4. 시상

헬라어 동사의 시상은 두 가지의 국면을 말해준다: a) 동작의 시간(the time of action: 과거, 현재, 미래)을 나타낸다: b) 동작의 양태나 유형(the kind of action) 표현한다. 즉 시상이란 동작의 시간을 나타내는 시상(tense)과 동작의 양태를 표현하는 방식(aspect)을 총칭한다. 헬라어는 현재와 연계한 제1시상과 과거와 연계한 제2시상으로 구분한다. 헬라어에서는 동작의 양상(형태)을 파악하는 것이 시간개념을 구분하는 것보다 더 중요하다. 헬라어의 현재형은 현재 시간개념과 연속적으로 진행하는 동작을 동시에 나타낸다.

---

60 이 단원의 학습 핵심인 -μεθα(우리는 "수동태")와 - σθε(너희는 "수동태")를 확실하게 기억하라. -μεθα와 -σθε는 수동태 동사 끝에 똑같이 나타난다. 예외로 1부정과거 수동태는 능동태 꼬리를 취한다.

시간개념을 나타낼 때 시상(tense)은 이야기하는 사람의 시각에서 사건이 일어난 시점과 양태를 표현한다. 시상은 크게 현재, 미래, 과거로 구분된다. 직설법에는 7시상(현재, 미래, 미래완료, 현재완료, 부정과거, 미완료, 과거완료)이 있다.

헬라어 동사는 시간개념만 있는 것이 아니라 동작의 양태가 담겨 있다. 헬라어 동사는 행위 동작이 연속적인가, 완료되었는가, 아니면 계속 진행되고 있는가를 구별해 준다. 동사의 행동 양태를 기술하는 것에 따라 완료, 미완료, 부정(과거, 미래)으로 세분화한다.

제1시상[61]

제1시상은 현재, 현재완료, 미래, 미래완료이다. 제1시상은 주된(primary) 시상으로 현재 시점과 연결되어 있다. 현재와 현재완료는 현재를 나타내고, 미래와 미래완료는 미래를 표시한다.

현재완료 현재 미래 미래완료

✞ ------>☗ ✆ ✈ ✈---->☗

a) 현재완료는 과거의 동작이 이미 완료되었으나 그 결과가 현재에까지 계속 영향을 미치거나 반복되는 것을 표현한다.

b) 현재는 현재의 사건이 진행, 계속 또는 반복되는 것을 표현한다.

c) 미래는 미래 사건의 발생을 강조한다.

시상 인칭 꼬리변화표

	제1시상 능동태(현재, 미래, 현재완료)		제1시상 중·수동태(현재, 미래, 현재완료)[62]	
	단수	복수	단수	복수
1인칭	−μι −μι −ω	−μεν −ομεν	−μαι	−μεθα
2인칭	−σι −ς −εις	−τε −ετε	−σαι −ῃ	−σθε
3인칭	−τι −σι −ει	[ντι] −ασι −ουσι	−ται	−νται

61 시상은 시간과 양태를 포함한 포괄적 용어이지만 단순히 시간개념을 표시할 때도 사용한다.

62 1시상 원형 인칭꼬리 변형은 가상 형태이다. 실제로 활용되는 것은 −μεθα −σθε이다.

✓ 헬라어 동사는 시간과 행동 양태를 정확하게 표현하기 위해 그 형태가 복잡하게 변형된다. 그러므로 그 동사가 능동태인가 아니면 중·수동태인가를 구분하고 그다음에 어떤 시상 꼬리를 가지고 있는가를 파악해야 한다.

제 2시상

제2시상은 과거완료, 미완료, (부정)과거이다. 제2시상은 역사적(historical) 시상으로 과거의 시점을 나타낸다.

과거완료	부정과거	미완료	현재완료
✞ --->☗	☗	♲	☗--->✆

1) 과거완료는 과거의 시점에서 그 이전에 이미 완료된 되었거나 그 결과가 과거의 어느 시점까지 계속 영향을 미친 것을 표현한다.

2) 미완료는 과거의 사건이 진행, 계속 또는 반복되는 것을 표현한다.

3) 부정과거는 시간이 불명확한 과거 사건이나 상태를 단순하게 표현한다.

✦ 세 종류의 동사 양태 표현

헬라어 동사는 세 종류의 서로 다른 동작의 양태를 구분하여 표현한다.

1) 미완료와 현재는 동작의 진행 과정을 강조한다. (미완료, 현재)

2) 부정과거와 미래는 사건 발생을 강조한다. (부정과거, 미래)

3) 과거완료와 현재완료는 동작의 완료로 인한 영향을 강조한다. (과거완료, 현재완료)

✓ 동사 변형의 열쇠!

헬라어 동사를 정복하는데 어려움은 여러 형태의 변형을 암기해야 한다. 그러나 헬라어 변형을 외는 것보다 동사 변형의 전체적 구도와 원리를 이해하는 것이 더 중요하다.

3.2 동사 찾기표

능동태 1인칭 시상꼬리 변화

	현재	미래	ϵ–1부정 과거	ϵ–미완료 [2부정과거]	과거 완료	현재 완료
진행/미완료	ω			ον		
불명확		σω	σα	[ον]		
완료					κειν	κα

중 · 수동태 1인칭 시상꼬리 변화

		현재	미래	ϵ–1부정과거	ϵ–미완료 [2부정과거]	ϵ–과거완료	현재완료
진행/미완료		μαι			ομην		
불명확	중		σομαι	σαμην	[ουην]		
	수		θησομαι	θην	ην		
완료						μην	μαι

✦ 능동태 형태 찾기

■□□□□ $^{o}_{\epsilon}$↷ 현재 (능) ομεν 우리는 ~한다.

■□□□□ σ$^{o}_{\epsilon}$↷ 미래 (능) σομεν 우리는 ~할 것이다.

ἐ■□□□□ σα↷ 1부정과거 (능) σαμεν 우리는 ~했다.

■ϵ■□□□□ κα↷ 현재완료 (능) καμεν 우리는 ~해 왔다.

[ἐ]■ϵ■□□□□ κει↷ 과거완료 (능) κειμεν 우리는 ~했었다.

✦ 중 · 수동태 형태 찾기

■ϵ■□□□□ ⇝ 현재완료 (중 · 수) μεθα 우리는 ~을 당해 왔다.

[ἐ]■ϵ■□□□□ ⇝ 과거완료 (중 · 수) μεθα 우리는 ~을 당했다.

■□□□□ $^{o}_{\epsilon}$⇝ 현재 (중 · 수) ομεθα 우리는 ~을 당할 것이다.

✦ 중간태 형태 찾기

ἐ■□□□□ σα⇝ 1부정과거 (중) σαμεθα 우리는 우리를 위해 ~했다.

ἐ■□□□□ $^{o}_{\epsilon}$⇝ 미완료(2부정과거) (중) ομεθα 우리는 우리를 위해 ~하고 있었다.

■□□□□ $^{o}_{\epsilon}$⇝ 미래 (중) σομεθα 우리는 우리를 위해 ~할 것이다.

✦ 수동태 형태 찾기

ἐ■□□□□ θη↝[63] 1부정과거 (수) θημεν 우리는 ~당했다.

ἐ■□□□□ η↝ 2부정과거 (수) ημεν 우리는 ~당했다.

■□□□□ θησ$^{o}_{\epsilon}$⇝ 미래 (수) θησομεθα 우리는 ~당할 것이다.

✦ 시상 형태 찾기

σ 는 1부정과거나 미래 시간표시이다.

κ 는 완료표시이다.

ϵ 는 과거를 표시하는 모자(접두모음)이다.

x 현재와 미래를 강조하는 1시상(현재, 현재완료, 미래, 미래완료)의 몸통 앞에 아무것도 오지 않는다.

제1시상	현재완료	현재	미래(완료)
미래완료(능)[64]			■ϵ■□□□□ +σ+$^{o}_{\epsilon}$↝
미래(능)			■□□□□ +σ+$^{o}_{\epsilon}$↝
현재(능)		■□□□□ +$^{o}_{\epsilon}$↝[65]	
현재완료(능)	■ϵ■□□□□ +κα↝[66]		

제2시상	과거완료	미완료	부정과거

63 수동태 1부정과거 꼬리 변화는 2시상 능동태 인칭 변화를 택한다.

64 미래완료 중간·수동태는 신약성서에 사용되지 않는다. 미래완료는 일반적으로 수동적 효력을 가지고 있지만 능동태나 중간태 의미를 내포하고 있다. Smyth, *Greek Grammar*, (1920), § 359.

65 제1시상(현재, 미래, 미래완료, 현재완료)의 몸통 앞에는 모자(접두모음 ϵ)를 쓰지 않는다. 현재완료의 자음중복(■ϵ■)은 과거를 나타내는 모자(접두모음 ϵ)가 아니라 완료시상을 알리는 표시이다. 능동태 인칭꼬리 변형(↝)은 인칭, 수, 태를 나타낸다.

66 자음중복(■ϵ■)은 과거를 표시하는 모자(ϵ)와 다른 것으로 단지 완료표시이다.

과거완료(능) [ἐ]■ ϵ■□□□□ κϵι〰[67]

미완료(능) ϵ■□□□□^oϵ〰[68]

1부정과거(능) ϵ■□□□σα〰[69]

3.3 동사 분석 방법

 헬라어 능동태 직설법 동사 변형만 해도, 현재형, 미래형, 제1부정과거, 제2부정과거, 미완료, 과거완료, 현재완료 일곱 가지 형태로 변형된다. 또한 각 시상의 변형은 여섯 개의 인칭 변화로 세분화한다. 직설법만 해도 42개의 변형 형태를 암기해야 한다. 이론상으로 4법과 3태를 합하면 동사 하나에 294개의 변형을 외어야 한다. 거기에 동사의 분사 변형을 합하면 그 수는 더욱 복잡해진다. 헬라어를 정복하는 것은 동사 변형을 정확하게 암기했다고 해서 끝나는 것은 아니다. 원문에서 한 동사의 형태를 보고 인칭, 시상, 태, 법을 구분하여 정확한 동사의 위치를 확인하지 못하면 모든 동사 변형 암기가 무익하게 된다. 그러므로 헬라어를 공부하는 학생은 헬라어의 동사 변형을 외는 것보다 동사 변형의 전체적 구도를 이해하는 것이 더 중요하다. 그러므로 그 특정한 동사의 전체적 구조와 의미를 이해하는 것이 필요하다.

 1) 어떤 종류의 시상에 속해 있는가? (1시상 아니면 2시상 인칭꼬리인가?)
 2) 어떤 태에 속해 있는가? (능동태, 수동태, 중간태, 디포넌트 동사)
 3) 어떤 인칭인가? (1인칭, 2인칭, 3인칭)
 4) 어떤 수인가? (단수, 복수)
 5) 어떤 시상인가? (현재, 미래, 부정과거, 미완료, 완료)
 6) 어떤 법인가? (직설법, 가정법, 희구법)

3.4 동사 변화표

[67] ϵ는 과거 시간표시 모자이다. 그러나 과거완료에는 과거를 표시하는 모자(ϵ)를 원칙이지만 오지 않을 때가 많다. 그러나 과거완료 표시의 첫음반복과 과거완료 표시 κϵι가 옴으로 쉽게 찾을 수 있다. 첫음반복(■ϵ■)은 과거를 표시하는 모자(ϵ)가 다른 완료표시이다. κ은 완료표시이며, κϵι은 접착모음과 결합하여 이미 제품화한 "과거완료 표시"이다. 즉 인칭꼬리 변형 앞에 κϵι은 과거완료 표시이다.

[68] 미완료와 제2부정과거는 동일한 인칭꼬리 변형과 과거 사건을 나타내는 모자(ϵ)을 쓴다. 단지 차이점은 미완료는 몸통을 그대로 사용하고, 제2부정과거는 변형된 몸통을 사용한다.

[69] 과거 표시인 "모자"(접두모음 ϵ)이다. 제1부정과거 표시 σ가 접착모음과 이미 결합하여 제품화된 상태이다. 그러므로 σα는 제1부정과거 시상표시이다.

✦ 동사꼬리 변화 암기표

μαι	σαι	ται	μεθα	σθε	νται	μι동사(현재)와 현재완료(중 · 수) 직설법
ομαι	ῃ	εται	ομεθα	εσθε	ονται	현재(중 · 수), 미래(중), 미래(수) 직설법
μι	ς	σι	μεν	τε	ασι(ν)	μι동사 현재(능) 직설법
ω	εις	ει	ομεν	ετε	ουσι(ν)	현재(능), 미래(능) 직설법
μην	σο	το	μεθα	σθε	ντο	1과거완료 직설법
ομην	οῦ	ετο	ομεθα	εσθε	οντο	미완료(중 · 수) 직설법
σαην	σω	σατο	σαμεθα	σασθε	σαντο	1부정(중) 직설법
ν	ς	—	μεν	τε	σαν	과거완료(능)=1부정과거(수) 직설법
α	ας	ε	αμεν	ατε	αν/ασι(ν)	1부정과거(능 σα), 현재완료(능 κα) 직설법
ον	ες	ε	ομεν	ετε	ον	미완료(능) = 2부정과거(능) 직설법

✦ 동사 시상 변화표

현완료	1과거	미완료 2과거	1과거(수θη) 과거완료(κε)	모델[70]	μι동사	현재	미래	미래(가)	현재(가)
κα	σα	ον	ν	μι	μι	ω	σω	σω	ω
κας	σας	ες	ς	σι	ς	εις	σεις	σῃς	ῃς
κε	σε	ε	—	τι	σι	ει	σει	σῃ	η
καμεν	σαμεν	ομεν	μεν	μεν	μεν	ομεν	σομεν	σωμεν	ωμεν
κατε	σατε	ετε	τε	τε	τε	ετε	σετε	σητε	ητε
κασι	σαν	ον	σαν	ντι	ασι(ν)	ουσι(ν)	σουσι(ν)	σωσι(ν)	ωσι(ν)

1과거(중)	미완료(중) 2과거(중)	모델	과거완료(수)	현재(수중)	미래(중)	미래(수)
σαμην	ομην	μο	μαι	ομαι	σομαι	θησομαι
σω[71]	ου	σο	σαι	ῃ	σῃ	θησῃ
σατο	ετο	το	ται	εται	σεται	θησεται
σαμεθα	ομεθα	μεθα	μεθα	ομεθα	σομεθα	θησομεθα
σασθε	εσθε	σθε	σθε	εσθε	σεσθε	θησεσθε
σαντο	οντο	ντο	ντο	οντο	σοντο	θησοντο

---

70 모델 형태에서 오른쪽으로 제1시상이며 왼쪽으로 제2시상이다. 현제완료 능동태만은 예외이다(현재완료는 제1시상이다). 1시상에는 모자(ε)을 쓸 수 없고, 2시상만 모자(ε)를 쓴다.

71 원래는 ου이다. σα+ου = σω

✦ 동사 시상표[72]

	능동태				중 · 수동태			
1	μι	μεν	ω	ομεν	μαι	μεθα	ομαι	ομεθα
시	ς	τε	εις	ετε	σαι	σθε	ῃ	εσθε
상	σι	ασι(ν)	ει	ουσι(ν)	ται	νται	εται	ονται
2	ν	μεν	ον	ομεν	μην			μεθα
시	ς	τε	ες	ετε	σο (σω/ου)			σθε
상	ε	ον	—	σαν	το			ντο

✦ 동사꼬리 변화표

능동태								
	-μι동사(현재)		현재-ο/ε 미래-σο/ε		과거완료 -κειν 현재완료 -καν 1부정과거-σα		미완료-ο/ε 2부정과거-ο/ε	
1	μι	μεν	ω	ομεν	ν	μεν	ον	μεν
2	ς	τε	εις	ετε	ς	τε	ες	τε
3	σι	ασι(ν)	ει	ουσι(ν)	—	σαν	ε	ον
중 · 수동태								
	-μι동사 현재 현재완료		현재					
1	μαι	μεθα	μαι	μεθα				
2	σαι	σθε	ῃ	εσθε				
3	ται	νται	ται	νται				
중간태								
			미래		1부정과거		미완료/2부정과거	
1			σομαι	σομεθα	σαμην	σαμεθα	ομην	ομεθα
2			σῃ	σεσθε	σω	σασθε	ου	εσθε
3			σεται	σονται	σατο	σαντο	ετο	οντο
수동태								
			미래		1부정과거		2부정과거	
1			θησομαι	θησομεθα	θην	θημεν	ην	ημεν
2			θησῃ	θησεσθε	θης	θητε	ης	ητε
3			θησεται	θησονται	θη	θησαν	η	ησαν

72 1) 인칭꼬리가 능동태인가 수동태인가를 구별한다. 2) 과거를 기점으로 하는 2시상인지, 현재를 기점으로 하는 1시상인지를 구별한다. 3) 행동 양태가 진행 반복을 나타내는가(현재, 미완료), 단순 사건을 기술인가(미래, 부정과거), 동작의 완료(현재완료, 과거완료)를 나타내는가를 구별한다.

제4과 소유 대명사와 μι 동사[73]

4.1 소유 대명사와 인칭 대명사

소유 대명사는 소유자의 정체성을 나타낸다.

2인칭 대명사

	단수		복수	
	σύ		ὑμεῖς	
속격	σοῦ, σου	너의	ὑμῶν	너희들의
여격	σοί, σοι	너에게	ὑμῖν	너희들에게
대격	σέ, σε	너를	ὑμᾶς	너희들을
주격	σύ	네가	ὑμεῖς	너희들이

1인칭 대명사

	단수		복수	
	ἐγώ	나는	ἡμεῖς	우리들이
속격	ἐμοῦ (μοῦ)	나의	ἡμῶν	우리들의
여격	ἐμοί (μοί)	나에게	ἡμῖν	우리들에게
대격	ἐμέ (μέ)	나를	ἡμᾶς	우리들을
주격	ἐγώ	나는	ἡμεῖς	우리들이

✓ 제1인칭과 2인칭 대명사의 단수 격변화에서 주격을 제외한 나머지는 일반적으로 강세가 없는 전접어(μου, μοι, με, σου, σοι, σε)로 사용되며, 강조할 때는 단어 앞에 ε이 붙고 강세가 유지된다.

✓ 인칭 대명사가 주격으로 사용될 때는 주어를 강조하는 특성이 있다.

---

73 μι동사는 현재, 미완료, 2부정과거(능 · 중), (간혹 2현재완료)만 ω동사와 다르고 그 외에는 ω동사와 동일하게 변한다.

σὺ εἶ ὁ χριστός (막 8:29)
당신은 그 그리스도입니다. (당신이 바로 그 그리스도입니다.)

ἐγὼ ὑμᾶς βαπτίζω ἐν ὕδατι. (마 3:11)
내가 당신을 잠수하게 한다. [침례를 준다.]

ἐγώ εἰμι ὁ ἄρτος τῆς ζωῆς. (요 6:48)
나는 생명의 빵이다. (ἐγώ εἰμι는 주어인 "나는"을 강조한다.)

3인칭 대명사

	남 성 (그는)		중 성 (그것은)		여성 (그녀는)	
	단수	복수	단수	복수	단수	복수
	αὐτός	αὐτοί	αὐτό	ἀυτά	αὐτή	αὐταί
속격	αὐτοῦ	αὐτῶν	αὐτου[74]	αὐτῶν	αὐτῆς	αὐτῶν
여격	αὐτῷ	αὐτοῖς	αὐτῷ	αὐτοῖς	αὐτῇ	αὐταῖς
대격	αὐτόν	αὐτούς	αὐτό	ἀυτά	αὐτήν	αὐτάς
주격	αὐτός	αὐτοί	αὐτό	ἀυτά	αὐτή	αὐταί

✓ 인칭 대명사의 주격은 주어로, 속격은 명사를 지적하여 한정해 주고, 여격은 간접 목적어, 대격은 직접 목적어로 사용된다.

ὑμεῖς ἐστε οἱ υἱοὶ τῶν προφητῶν. (행 3:25) [주어]
<u>너희는</u> 선지자들의 아들들이다.

ἔρχεται ἡ μήτηρ <u>αὐτοῦ</u> πρὸς Ἰησοῦν. (막 3:31)
<u>그의</u> 어머니가 예수께로 오고 있다. [예수의 어머니임을 규정함]

καλέσεις τὸ ὄνομα <u>αὐτοῦ</u> Ἰησοῦν. (막 1:21)
당신은 <u>그의</u> 이름을 예수라 부를 것이다. [예수의 이름임을 규정함]

ὁ Πέτρος λέγει <u>αὐτῷ</u>· σὺ εἶ ὁ χριστός. (막 8:29) [간접 목직어]
베드로가 <u>그에게</u> 말하고 있다. "당신은 그 그리스도입니다."

φέρουσιν <u>αὐτὸν</u> ἐπὶ τὸν Γολγοθᾶν τόπον. (막 15:22) [직접 목적어]
그들이 <u>그를</u> 골고다란 장소에 데려가고 있다.

---

74 남성과 중성의 속격과 여격은 동일하다.

4.2 αὐτός의 사용법

1) 한정적 (일치) 사용법 (관사 + αὐτός)

αὐτός 앞에 관사가 붙을 경우에는 명사와 일치함을 규정해 준다. 즉 αὐτός 앞에 관사가 붙으면 "동일한(the same)"으로 번역한다.

ἀπόστολος 한 사도(an apostle)

ὁ ἀπόστολος 그 사도(the apostle)

ὁ αὐτός ὁ ἀπόστολος 그 동일한 사도(the same apostle)

ὁ αὐτός ἀπόστολος 그 동일한 사도(the same apostle)

2) 명사와 함께 한 서술적 강조

관사가 붙이 않은 αὐτός의 서술적 위치는 명사를 강조하는 표현으로 "자신" 또는 "자체" (oneself, itself)로 번역된다.

ὁ νόμος αὐτός 그 율법 자체가

αὐτός ὁ νόμος 그 율법 자체가

3) 강조적 사용법

관사가 붙지 않은 αὐτός가 주어인 다른 인칭 대명사와 함께 사용될 때 주어를 강조한다. 따라서 주어의 인칭 대명사와 동사의 성과 수는 일치한다.

αὐτός ἐγὼ πιστεύω εἰς τὸν ἀπόστολον.
내 자신은 그 사도를 믿는다.

4.3 제1시상 동사꼬리 변화

제1시상 동사는 몸통 앞에 ϵ이 붙지 못한다. 현재완료는 몸통 앞에 첫음반복이 일어난 것이지 2시상을 나타내는 ϵ이 아니다. ω동사의 꼬리 형태는 능동태라면, μαι동사의 꼬리 형태는 중간태와 수동태이다.[75]

---

75 μαι형태는 μι동사와 ω동사 이전 원형적 형태일 것이다.

✦ 수동태 1시상 인칭꼬리변화의 기본형

	단수	복수
1인칭	-μαι	-μεθα[76]
2인칭	-σαι	-σθε
3인칭	-ται	-νται[77]

4.4 μι 동사꼬리 변화

✦ μι 동사 현재 중 · 수동태 직설법

	단수	복수	단수	복수	단수	복수
1인칭	δίδομαι[78]	διδόμεθα	τίθεμαι	τιθέμεθα	ἵσταμαι	ἱστάμεθα
2인칭	δίδοσαι	δίδοσθε	τίθεσαι	τίθεσθε	ἵστασαι	ἵστασθε
3인칭	δίδοται	δίδονται	τίθεται	τίθενται	ἵσταται	ἵστανται

✦ 능동태 현재 원형 꼬리변화

	단수	복수
1인칭	-μι	-μεν
2인칭	-σι	-τε
3인칭	-τι	-ντι(ν)

1) μι동사 현재 능동태의 단수 몸통 끝은 길고, 복수 몸통 끝은 짧다. 그러나 현재 중 · 수동태의 몸통 끝은 모두 짧다.

2) μι동사 현재형에는 현재 몸통에 격꼬리가 바로 붙는다.

---

76 복수 1인칭, 2칭에는 수동태 표시 θ가 첨가되고, 그 외에는 능동태 꼬리 중간에 α가 삽입되었다.

77 수동태 3인칭 단수 형태의 앞에 ν이 붙으면 복수형이 된다. -ται 〉 νται

78 δίδωμι 나는 준다. τίθημι 나는 놓는다, 배치한다. ἵστημι 나는 일으킨다, 서 있다. δίδομαι 나는 ~을 받는다. τίθεμαι [중] 내가 지명한다. ἵσταμαι 내가 일으켜진다, [중] 선다. 수동태에서 현재형 몸통 원형(δο의 반복형인 διδο, θε의 반복형인 τιθε, στα의 반복형인 ιστα)을 사용한다.

✦ 능동태 1시상 기본형에서 μι 형태로의 변형과정

	단수	복수
1인칭	-μι 〉 μι	-μεν 〉 μεν
2인칭	-σι 〉 ς[79]	-τε 〉 τε
3인칭	-τι 〉 σι[80]	-ντι(ν) 〉 ασι[81]

✦ μι 동사의 능동태 현재 직설법 꼬리변형: μι-ς-σι μεν-τε-ασι(ν)

	단수	복수
1인칭	-μι	-μεν
2인칭	-ς	-τε
3인칭	-σι	-ασι(ν)

✦ μι 동사 능동태 현재 꼬리 변화

δίδωμι [뿌리 δο- 준다] τίθημι [뿌리 θε- 놓다] ἵστημι [뿌리 στα- 서다]

	단수	복수	단수	복수	단수	복수
1인칭	δίδωμι	δίδομεν[82]	τίθημι	τίθεμεν	ἵστημι	ἵσταμεν
2인칭	δίδως	δίδοτε	τίθης	τίθετε	ἵστης	ἵστατε
3인칭	δίδωσι(ν)	διδόασι(ν)	τίθησι(ν)	τιθέασι(ν)	ἵστησι(ν)	ἱστᾶσι(ν)

---

79 σ 뒤에 (약성) ι가 탈락한다.

80 모음 ι 앞에 τ가 σ로 변한다. φυλάττω 〉 φυλάσσω 나는 지킨다(guard, keep).

81 변천과정에는 이 두 가지가 가능성이 있다.

1) σι 〉 νσι(ν) 〉 [σ 앞에 ν 탈락하고 보충음 α 첨가] 〉 ασι(ν)

2) a) 모음 ι 앞에 τ가 σ로 변한다. -ντι(ν) 〉 νσι(ν)

b) σ 앞에 ν이 탈락한다. -ντι(ν) 〉 -σι(ν)

c) ν 탈락에 대한 α로 보충한다. -σι(ν) 〉 ασι(ν)

82 복수에서는 ω가 ο로 단음화 된다. 뿌리 δο에 반복된 형태이다. δο 〉 δδο 〉 διδο (발음을 위해 (약성 모음) ι가 들어왔다. 즉 μι동사의 현재형 단수 몸통의 끝모음 ο가 ω로 장음화된 것이다.

4.5 연습문제

1) δίδωσιν τὸ πνεῦμα ἐμοὶ. (cf 요 3:34)

2) τίθημι ἐν Σιὼν λίθον. (벧전 2:6)

3) δίδως μοι τὸν στέφανον τῆς ζωῆς. (계 2:10)

4) δίδομεν τὸ δῶρον τοῦ κυριου τῳ ἀρχοντι.

5) ἐντολὴν καινὴν δίδωμι ὑμῖν. (요 13:34)

6) ἁμαρτωλός εἰμι, κύριε. (눅 5:8)

7) τὴν μαρτυρίαν ἡμῶν οὐ λαμβάνετε. (요 3:11)

8) Εγώ εἰμι ὁ ποιμὴν ὁ καλός. ὁ ποιμὴν ὁ καλὸς τὴν ψυχὴν αὐτοῦ τίθησιν ὑπὲρ τῶν προβάτων. (요 10:11)

9) συνίστημι ὑμῖν Φοίβην τὴν ἀδελφὴν ἡμῶν, οὖσαν διάκονον τῆς ἐκκλησίας τῆς ἐν Κεγχρεαῖς. (롬 16:1)

10) Εἰρήνην ἀφίημι ὑμῖν, εἰρήνην τὴν ἐμὴν δίδωμι ὑμῖν· οὐ καθὼς ὁ κόσμος δίδωσιν ἐγὼ δίδωμι ὑμῖν. (요 14:27)

4.6 단어

ἡ	ἀδελφή	자매(sister)
ὁ	ἀδελφός	형, 동생, 형제
	ἀφίημι	나는 용서한다(forgive).
	ἐγώ	나는
	δίδωμι	나는 준다(give).
τὸ	δῶρον	선물 (gift)
ἡ	εἰρήνη	평화, 평안, 화평
ἡ	ἐντολή -ῆς	계명, 명령, 규정
	καθώς	[부] ~과 같이 ~대로
	καί	그리고, 그러나, 역시,
	καί ~ καί	~과 ~이다(both ~ and)
ὁ	κύριος	주(Lord), 주인(lord)
	λαμβάνω	내가 취한다(take), 받는다(receive).
	λέγω	내가 말한다.
ἡ	μαρτυρία -ας	증거, 목격
	παρά	[탈격] ~로부터(from) [처격] ~전에(before) ~곁에(by the side of) [대격] ~ 넘어(beyond) 을 따라(along), 곁에(beside)
	παραδίδωμι	넘겨준다. 배반한다.
τὸ	πνεῦμα -ατος	바람, 영, 성령
ὁ	ποιμήν -ενος	목자(shepherd)
τὸ	πρόβατον	양(sheep)
	σύ	[인칭 대명사] 너는(you) σοῦ (σου 너의) ὑμῶν (너희들의) σοί (σοι 너에게) ὑμῖν (너희들에게) σέ (σε 너를) ὑμᾶς (너희들을) σύ (너는) ὑμεις (너희들: 복수 주격)
	συνίστημι	나는 추천하다(recommend).
	φυλάσσω, φυλάττω	내는 지킨다(guard, keep).

❐ 부록

4.7 εἰμί 의 변형표

		단 수		복수	
현재 직설법	1인칭	εἰμί	나는 ~이다.	ἐσμέν	우리는 ~이다.
	2인칭	εἶ	너는 ~이다.	ἐστέ	너희는 ~이다.
	3인칭	ἐστι,(ν)	그는 ~이다.	εἰσι(ν)	그들은 ~이다.
미 완 료 직설법	1인칭	ἤμην	나는 ~이었다.	ἦμεν	우리는 ~이었다.
	2인칭	ἦς	너는 ~이었다.	ἦτε	너희는 ~이었다.
	3인칭	ἦν	그는 ~이었다.	ἦσαν	그들은 ~이었다.
미래 직설법	1인칭	ἔσομαι	나는 ~일 것이다.	ἐσόμεθα	우리는 ~일 것이다.
	2인칭	ἔσῃ	너는 ~일 것이다.	ἔσεσθε	너희는 ~일 것이다.
	3인칭	ἔσται	그는 ~일 것이다.	ἔσονται	그들은 ~일 것이다.

✍ μι 동사의 역사 이해

1) μι동사의 현재형 인칭 꼬리변화는 접착모음(ο/ε)이 필요 없다.[83] 그러나 ω동사의 현재형은 몸통과 인칭 꼬리변화 사이에 접착모음(ο/ε)이 온다.[84]

 μι동사: 현재형몸통+꼬리 δίδο+μεν
 ω동사: 현재형몸통+ο/ε+꼬리 πιστευ+ο+μεν

2) μι동사 현재형 동사의 몸통(stem)과 동사의 뿌리(verb root)가 다르다.
3) μι동사는 몸통(뿌리)에 첫음반복이 일어난다. 첫음이 반복될 때 모음이 장음화하는 현상이 나타난다. 부정과거나 미래로 바뀔 때 첫음반복이 떨어져 나가 동사의 원뿌리만 나타난다. διδωμι [뿌리 δο]
4) 복수에서는 ω가 ο로 단음인 원래 뿌리 형태를 사용한다.
5) 신약시대 이전에 이미 μι동사는 거의 사라져 ω동사가 주로 통용되었다. μι동사 중에 능동태 현재 직설법만이 약간 살아남았다.

---

83 그러나 이 법칙은 가정법과 희구법(-νυμι)에서는 제외된다. 동사 변화에서 접착모음이 들어가는 것과 들어가지 않는 것을 구별하는 것은 중요하다. 현재 동사 변형표를 참고하라. 현재완료 중·수동태와, 과거완료 중·수동태와 μι동사 현재형에는 접착모음이 붙지 않는다. 그러므로 이 세 형태를 기본형으로 공부하는 것이 필요하다.

84 접착모음 법칙은 μ와 ν 앞에 ο가 오고 그 외에는 σ가 온다. 즉 μι동사와 ω동사의 차이는 현재형에서 몸통과 인칭꼬리 사이에 접착모음이 붙지 않으면 μι동사이고 접착모음이 붙으면 ω동사이다. 직설법에는 접착모음이 단모음(ο/ε)이 오며, 가정법에서는 장모음(ω/η)이 온다.

4.8 동사 변화 찾기

1) 동사의 원형을 찾는 것이 중요하다.

 ■□□□□ $^o_\epsilon$ ⌢ ■□□□□ σ$^o_\epsilon$ ⌢ ἐ■□□□ σα ⌢ [ἐ]■ϵ■□□□ κϵι ⌢

2) 동사변형의 기본 원리와 원칙을 이해해야 한다. 헬라어는 다른 점과 같은 점을 식별하는 것이 중요하다. ○, □ △, ◇ 즉 이 네 모양을 보고 다른 점과 같은 점을 식별하듯 헬라어 동사 변형의 다른 점과 같은 점을 구별해야 한다.

 ○ □
 □ –> ○
 △ –> ◇
 ○ –> ⊗ ⊕ ⊖ ⊙
 □ –> ⊠ ⊡ ⊞ ⊟

i) μι동사 능동태 현재 직설법 변형은 ₋μι ₋ς ₋σι ₋μϵν ₋τϵ ₋ασι(ν)이다.
ii) το (중성관사 "그")는 주격과 대격이 동일하다.

법칙: 동사의 수와 격은 주어(주격)의 수와 격과 일치되어야 한다. 그러나 예외적으로 주어가 중성 복수인 경우는 단수 동사를 취할 수 있다.

✦ 현재형 동사꼬리 비교표

		εἰμί 동사	원형	μι 동사	ω 동사
단 수	1인칭	εἰμί	μι	₋μι	₋ω
	2인칭	εἶ	σι	₋ς	₋ϵις
	3인칭	ἐστί(ν)	τι	₋σι	₋ϵι
복 수	1인칭	ἐσμϵν	μϵν	₋μϵν	₋ομϵν
	2인칭	ἐστέ	τϵ	₋τϵ	₋ϵτϵ
	3인칭	εἰσι(ν)	ντι(ν)	₋ασι(ν)	₋ουσι(ν)

제1시상은 현재를 기점으로 출발하는 기차
그래서 화통 앞에 아무것도 붙지 않지요.
현재완료는
사건은 완료되었지만, 그 영향이 현재에 미치기에
제1시상이지요.
현재완료에 화통이 두 개네요.

화통과 화통 사이에 온 ϵ은 과거 표시가 아니라
첫음반복 사이에 들어온 접착모음이지요.

제1시상 현재완료 수동태는 꼬리가 바로 붙고

능동태에는 몸통과 꼬리 사이에 κα가 들어왔군요.

제5과 제1시상 능동태 직설법 동사

1) 제1시상은 현재, 미래, 현재완료이다. 1시상은 현재를 기점으로 한다.
2) 동사의 의미를 완전하게 파악하기 위해서는 시상의 종류, 태, 인칭, 수, 시상(시간), 법을 동시적으로 판독해야 한다. κηρύσσω(나는 선포하고 있다)[85]를 번역하기 위해서는 많은 요소를 확인해야 한다. 한 예로 현재 능동태 인칭꼬리 ω는 다음과 같은 의미 동시적으로 표현한다.
   a) 현재형은 현재를 기점으로 하는 제1시상(현재방)에 속해 있다.
   b) 1인칭 단수: "나는"
   c) 능동태: 주체의 행동을 강조하여 나타낸다.
   d) 현재형: 지금 일어나고 있는 사건의 지속하는 행동 동작을 강조한다.
   e) 직설법: 실제 일어나고 있는 사건이나 존재를 나타낸다.
3) 현재 직설법은 다음과 같은 부분을 표현한다.
   a) 말하고 있는 순간의 동작, 또는 현재 상태를 단순히 기술한다.
   b) 반복적 관습이나 습관을 강조할 때 (반복적 현재형)
   c) 변하지 않는 진리나 격언을 표현할 때 (격언적 현재형)
   d) 과거 사건을 현재에 생생하게 재현할 때 (역사적 현재형)

헬라어 동사표를 전철 노선에 비교한다면, 우리는 지금 1호선을 배우고 있는 셈이다. 1호선과 3호선이 능동태라면, 2호선과 4호선은 중·수동태로 기억하면 된다.

1호선 능동태 동사의 출발역이 μι동사의 현재 능동태라면, 다음 역은 ω동사의 현재 능동태이다.

출발 (μι동사) → 현재 능동 → 현재완료 중·수동 → 현재 중·수동
→ 미래 중간 → 미래 수동 → 1부정과거 수동

85 헬라어의 현재형은 시간의 종류와 양태를 함께 표현한다. κηρύσσω는 "나는 선포한다" 라고 단순히 현재 시간을 표현하는 것으로 번역할 수 있지만, 원래 의미는 "나는 선포하고 있다" 라는 현재 진행되고 있는 동작의 상태를 더 강조한다.

헬라어의 환승역은 1부정과거 수동태이다. 1부정과거 수동태는 수동태 표시 θη에 2시상 능동태 꼬리가 붙는 교차적 특성이 있다.

ἐ■□□□□ θη [↝능동태 격꼬리] 1부정과거 수동태
[ἐ]■ε ■□□□□ κει [↝ 능동태 격꼬리] 과거완료 능동태

제1부정과거 수동태와 과거완료 능동태는 동일하게 제2시상 능동태 격꼬리(ν, ς, (없고), μεν, τε, σαν)가 붙는다.

5.1. 제1시상(현재, 미래, 현재완료) 능동태의 원형

	단수	복수
1인칭	-μι	-μεν
2인칭	-σι (ς)	-τε
3인칭	-τι (σι)	-ντι (νσι)

✦ 능동태 현재 꼬리변형 과정[86]

	단수		복수	
1인칭	-μι	〉 ω[87]	μεν	〉 ομεν
2인칭	-ς (σι)	〉 εις[88]	τε	〉 ετε
3인칭	-σι(τι)	〉 ει[89]	νσι (ντι)	〉 ουσι(ν)[90]

86 현재 능동태 직설법 ω동사는 접착모음과 μι동사의 꼬리변형의 융합으로 이루어져 있다. 즉 뿌리에 결합하기 위하여 꼬리변형에 본드(접착모음)를 발라 놓은 상태이다. 신약시대 이전에 현재형의 원형 인칭꼬리는 사라지고 접착모음과 꼬리가 결합하여 고착된 형태로 ω, εις, ει, ομεν, ετε, ουσι(ν)가 주로 사용한다.

87 μι앞에 접착모음 ο가 온다. ο+μι(ι 탈락 〈 μ 탈락) = ω (μι탈락을 보충하기 위해 장음화)

88 현재 능동태 2인칭 단수 인칭꼬리 εις는 전치사 εἰς ~에게로 into), 또는 남성 수사 εἷς(하나 one)와 동일하다. 단 각기 쉼표가 다르다.

89 현재 능동태 3인칭 단수 인칭꼬리 ει는 접속사 εἰ(만약 ~라면 if), 또는 εἰμί의 현재 2인칭 단수 εἶ와 동일하다. 단 각기 쉼표와 강세가 다르다.

90 ασι 앞에 (접착모음) ο이 온다. α앞에 ο가 오는 이유는 아마 3인칭 복수 꼬리형의 원래 형태는 νσι(-ντι)이었기 때문이라고 본다. (ο+ν+ασι 〉 ν탈락 〉 (ο+ασι = ουσι)

5.2 현재 능동태 직설법 변형(πιστεύω)

	단수	복수
1인칭	πιστεύω	πιστεύομεν
2인칭	πιστεύεις	πιστεύετε[91]
3인칭	πιστεύει	πιστεύουσι(ν)[92]

동사 형태 찾기

1) 동사 원형을 찾아라. 꼬리를 찾아 잘라낸 후 ω를 붙인다.
2) 동사 원형은 꼬리변형 앞에 σ가 들어오지 않는다.
3) 동사 원형인 현재형을 확인하라.

$$■\square\square\square\square{}^{o}_{\epsilon}\frown \quad ■\square\square\square\square\sigma{}^{o}_{\epsilon}\frown \quad \acute{\epsilon}■\square\square\square\square\sigma\alpha\frown \quad [\acute{\epsilon}]■\epsilon■\square\square\square\kappa\epsilon\iota\frown$$

법칙: μ 혹은 ν 앞에 접착모음인 o가 오고, 그 외에는 ε가 온다.[93]

 1인칭 복수 μεν → o+μεν = oμεν

 2인칭 복수 τε → ε+τε = ετε

* 1인칭 단수 μι가 탈락될 때 접착모음 o가 ω로 장음화된다.

 μι → o+μι (μι탈락) o → ω = ω

* 2인칭 단수에서 ς 앞에 접착모음 ε가 장음화되어 ει가 ς가 보존되어 εις가 된다.

 ς → ε+σι = εσι (σ탈락) ει → ει+ς(유지)[94] = εις

* 3인칭 단수에서 σι 앞에 접착모음 ε가 오자 σ가 탈락하고 자동으로 보충장음화한 상태인 ει가 된다.

 σι → ε+σι = ε+σ[탈락]+ι = ει

[91] 현재 능동태 직설법 2인칭 복수는 현재 능동태 명령법 2인칭 복수와 그 형태가 동일하다.

[92] 문장의 끝이나 모음 앞에 발음을 분명하게 하려고 위해 움직이는 ν이 붙는다. 그러나 신약성경에서는 이 규칙이 정확하게 사용되지 않을 때도 있다.

[93] 그러나 예외로 현재완료의 접착모음은 α이며 3인칭 단수에만 ε가 된다. 과거완료의 접착모음은 ει이다.

[94] 원래 2인칭 표시였던 생략된 σ를 뒤에 붙여 줌으로 3인칭 단수 ει와 구분한다.

* 3인칭 복수에서 νσι 앞에 접착모음 ο가 오자 ν이 탈락되고, ο가 ου 보충장음화 되어 ουσι(ν)가 된다.

νσι → ο+νσι = ο+ν[탈락]+σι → ου(보충 장음화)+σι = ουσι(ν)

✦ 요약

			단수			복수
1인칭	-μι	ο〉	ω	-μεν	ο〉	**ομεν**
2인칭	-ς	ε〉	**εις**	-τε	ε〉	**ετε**
3인칭	-σι	ε〉	**ει**	-ασι(ν)	ο〉	**ουσι(ν)**

* 접착모음은 ο ε ε, ο ε ο 형태로 규칙적으로 붙는다.

✦ 인칭 대명사 σύ

	단수			복수	
	σύ			ὑμεις	
속격	σοῦ	(σου)	너의	ὑμῶν	너희들의
여격	σοί	(σοι)	너에게	ὑμῖν	너희들에게
대격	σέ	(σε)	너를	ὑμᾶς	너희들을
주격	σύ		너는	ὑμεις	너희들이

5.3 현재완료 능동태 직설법 (κα변화)

■ε■□□□□κα~ 능동태 현재완료

	단수	복수
1인칭	πεπίστευκα[95]	πεπίστευκαμεν
2인칭	πεπίστευκας	πεπιστεύκατε
3인칭	πεπίστευκε	πεπιστεύκασι(ν)[96]

---

95 πεπίστευκα 나는 믿어 왔다 [과거에 믿는 것이 완료되었고 그 영향을 받아 현재 믿고 있다]

96 또는 καν는(κασαν [모음에 갇힌 σ 탈락]) 〉 καаν[모음 단축] 〉 καν

5.4 미래 능동태 직설법

직설법 현재형의 제품화 인칭꼬리 앞에 σ를 첨가하면 미래형이 된다.

■□□□σ$^{o}_{\epsilon}$↝

	단수	복수
1인칭	πιστεύσω[97]	πιστεύσομεν
2인칭	πιστεύσεις	πιστεύσετε
3인칭	πιστεύσει	πιστεύσουσι(ν)

✓ 동사 형태 찾기

1) 동사 몸통(뿌리)을 찾아라. 꼬리를 찾아 잘라낸 후 ω를 붙인다.
2) 동사가 능동태인지 수동태인지를 먼저 확인하라(능동태는 μεν, ετε형식을 취하고, 수동태는 μεθα, σθε형태를 취한다.
3) 동사원형인 현재형을 확인하라.

   ■□□□ $^{o}_{\epsilon}$↝

4) 미래형을 확인하라. 미래형은 꼬리변형 앞에 σ가 들어 올뿐 어떠한 접두어(ε 또는 첫음반복)도 오지 않는다.

   ■□□□ σ$^{o}_{\epsilon}$↝

미래형 변칙을 찾기

1) 기식음 또는 유음과 σ와의 결합에서 일어나는 변칙 규칙을 복습하라.

ψ = β, π, φ, πτ + σ = ψ
ξ = γ, κ, χ, σσ + σ = ξ
δ, θ, ζ + σ = σ

97 πιστεύσω 내가 믿을 것이다. πιστεύω(나는 믿고 있다)의 1인칭 단수 미래 능동태 직설법

현재 능동태 직설법			미래 능동태 직설법	
πέμπω →	πέμπ+σω	[π+σ= ψ] =	πέμψω	나는 보낼 것이다.
γράφω →	γράφ+σω	[φ+s= ψ] =	γράψω	나는 기록할 것이다.
διώκω →	διώκ+σω	[κ+s= ξ] =	διώξω	내가 추적할 것이다.
ἐλέγχω →	ἐλέγχ+σω	[χ+σ= ξ] =	ἐλέγξω	내가 정죄할 것이다.

2) σ 앞에 이에 부딪히는 음(δ, τ, θ)은 탈락한다.

βαπτίζω	βαπτιζ+σω	[ζ+σ= σ] =	βαπτίσω	침례를 줄 것이다.
ᾄδω	ᾄδ+σω	[δ+σ= σ] =	ᾄδσω	나는 노래할 것이다.
πείθω	πείθ+σω	[θ+σ= σ] =	πείσω	나는 설득할 것이다.
καλύπτω	καλύπτ+σω[98]	[π+σ= ψ] =	καλύψω	나는 숨길 것이다.

3) σσ은 목에 부딪히는 소리(γ, κ, χ)와 동일하게 취급한다.

κηρύσσω κηρυσσ+σω [σσ+σ (γ+σ= ξ)] κηρύξω 나는 선포할 것이다.

✦ 현재 부정사 [2부정과거 부정사]: **ειν**

1) 현재 부정사와 2부정과거 부정사의 꼬리는 동일하다. 단 2부정과거는 현재 몸통과 다른 변형된 몸통을 가진다.

ἁμαρτάνω + ειν = ἁμαρτάνειν 죄짓는 것 [능동태 현재 부정사]
πιστεύω + εσθαι = πιστεύεσθαι 믿어지는 것 [중·수동태 현재 부정사]

οὐκ δύναμαι πιστεύ<u>ειν</u>. (cf. 요 12:39)[99]
나는 믿는 것을 할 수 없다. [나는 믿지 못한다. 현재 능동태 부정사]

ὁ Ἰησοῦς εἶπεν πρὸς αὐτόν· Σίμων, ἔχω σοί τι εἰπ<u>εῖν</u>.[100] (눅 7:40)
예수가 그에게 말했다. 시몬, 나는 너에게 무언가 말할 것을 가지고 있나.
예수가 그에게 말했다. 시몬, 나는 너에게 무언가 할 말이 있다.

---

98 σ 앞에 이에 부딪히는 음인 τ가 탈락한다. πτ+σ= π+σ
99 δύναμαι [디포 동사] 나는 할 수 있다. 가능하다.
100 λέγω(나는 말한다)의 2부정과거 능동태 부정사 〈 εἶπον 나는 말했다.

5.5 εἰμί 현재 직설법 변형

		인칭꼬리		
단수	1인칭	-μι	εἰμί[101]	나는 ~이다.
	2인칭	-σι	εἶ[102]	너는 ~이다.
	3인칭	-τι	ἐστίν	그(녀, 그것)는 ~이다.
복수	1인칭	-μεν	ἐσμέν	우리는 ~이다.
	2인칭	-τε	ἐστέ	너희는 ~이다.
	3인칭	-ντ(σ)ι	εἰσιν[103]	그들은 ~이다.

5.6 εἰμί의 특징과 사용법

1) εἰμί 동사는 태가 없는 자동사로 [관사 없는] 주격 보어를 취한다.

2) εἰμί 동사의 주어가 되는 명사에 관사가 붙고 보어가 되는 명사에는 관사가 붙지 않는다. 그러므로 관사가 붙은 주격은 주어가 된다.

ἔστιν ἡ βασιλεία τῶν οὐρανῶν καλός. (cf. 마 5:10)

하늘(들)의 나라는 아름다운 [것]이다. [아름답다.]

ὁ λόγος ἔστιν πρὸς τὸν θεόν, καὶ θεὸς ἔστιν ὁ λόγος. (요 1:1)

그 말씀이 하나님과 함께 있다. 그리고 그 말씀은 하나님이시다.

[θεὸς은 주격보어이기 때문에 관사가 없고, ὁ λόγος는 주어이기 때문에 관사가 붙는다]

---

101 εἰμί의 뿌리는 ἐσ이다. εσ+μι = εσμι σ생략을 보충하기 위해 ε가 ει로 장음화한다.
εσμι 〉 σ 탈락 = ει 〉 εἰμί

102 [몸통]εσ+σι = εσσι 모음 사이에 있는 σσ가 생략되는 대신 ε가 ει로 장음화한다.
εσσι 〉 σσ 탈락 = ει 〉 ει

103 ντι의 τ가 약화되어 σ된다(ντι 〉 νσι) [몸통]εσ + νσι = εσνσι σ가 생략되는 대신 ε가 ει로 장음화한다. εσνσι 〉 νσ 탈락 = εισι 〉 ειসι(ν)

5.7 현재와 미래의 특징

	시상	모자	첫음반복	몸통	시상표시	접착모음	인칭꼬리
현 재	현재 미완료	ϵ		πιστευπιστευ		ο/ϵ ο/ϵ	1시상 2시상
미 래				πιστευ	σ	ο/ϵ	1시상

πιστεύομεν 우리는 믿는다.

πιστεύσομεν 우리는 믿을 것이다.

우리말에는 과거 현재 미래의 시간개념만 있지만, 헬라어에는 과거 현재 시간개념만이 있는 것이 아니라 행동 양태를 구별한다. 행동이 계속 진행되고 있는지 아니면 종결되었는지, 종결되었는지 계속 진행되고 있는지, 행동이 완료되어 그 파장이 어떻게 영향을 미쳤는지, 아니면 단순한 사건인지를 구분한다. 헬라어 동사는 시간개념보다는 행동의 양태를 더 강조한다. 그러므로 헬라어 현재형은 존재 양태보다는 행동 양태를 더 강조한다. πιστεύω(현재 능동태 직설법)을 번역할 때 "나는 믿는다"고 번역하지만, 헬라어의 강조점은 "나는 믿고 있다" 라는 현재 진행을 표현한다.

능동태 현재		
과거	현재	미래
	———⇝ⓒ	

πιστεύεις[104] εἰς τον θεόν.

당신은 하나님을 믿고 있다(믿는다).

πιστεύει τῷ θεῷ.

그는 하나님을 믿고 있다(믿는다).

---

104 πιστεύω는 직접 대격을 목적어로 취할 수 없기에, 대격 앞에 εἰς가 와야 한다. 이 경우를 제외하고는 주로 대격 대신 여격을 취한다.

미래형은 미래 불확정적인 사건의 양태를 기록한다. 접착모음은 동적 행동 양태를 나타내는 현재와 동일하지만 미래 시간표시인 σ는 부정과거와 동일하다.

능동태 미래		
과거	현재	미래
	✆	✈

πιστεύσομεν εἰς τον θεόν.

우리가 하나님을 믿을 것이다.

πιστεύσετε τῷ θεῷ.

너희가 하나님을 믿을 것이다.

ὁ νεκρὸς ἄνθρωπος πιστεύσει τῷ θεῷ.

그 죽은 사람이 하나님을 믿을 것이다.

1) μι동사의 미래형은 ω동사와 동일하게 변한다.
2) 미래 형태를 확인하는 과정에, 접착모음과 인칭꼬리의 결합으로 제품화된 현재형 인칭꼬리 앞에 미래 시상표시인 σ를 찾아내야 한다.

τίς ὑμῖν πιστεύσει; (눅 16:11)

누가 너희를 신뢰하겠느냐?

ἐκεῖ κηρύξω τοὺς λόγους τοῦ βιβλίου. (cf. 막 3:38; 계 22:9)

거기서 내가 그 책의 말씀(들)을 선포할 것이다.

5.8 연습문제

1) διδάσκει τοὺς δούλους. Μωϋσῆς γὰρ γράφει τὸν νόμον.
(계 2:20; cf. 롬 10:5)

2) βλέπετε εἰς τὰ πετεινὰ τοῦ οὐρανοῦ. (마 6:26)

3) θεὸς ἐστιν ὁ λόγος καὶ ὁ Ἰησοῦς ἐστιν λόγος. (요 1:1)

4) πιστεύσεις ου τὸν λογον τοῦ κυρίου πιστεύει δὲ εἰς ἐμὲ.[105]
(cf.요 12:44)

5) ὁ κόσμος πιστεύσειῃ ὅτι σύ με ἀποστέλλει. (cf. 요 17:21)

6) δώσω τὸ βιβλίον τῆς ζωῆς ὑμῖν κατὰ τὰ ἔργα ὑμῶν. (계 2:23)

7) οὐκ ἔχουσιν τὴν διδαχὴν τοῦ σατανᾶ[106] ὡς λέγουσιν.

8) λέγει ὁ ἔχων τὰ ἑπτὰ πνεύματα τοῦ θεοῦ· οἶδά[107] σου τὰ ἔργα.

9) ὄνομα ἔχεις ὅτι ζῇς,[108] καὶ νεκρὸς εἶ. (계 3:1)

10) ὁ γὰρ ἄρτος τοῦ θεοῦ ἐστιν ἄρτος τοῦ ζωὴς ἐκ τοῦ οὐρανοῦ καὶ διδωσι ζωὴν τῷ κομῳ. (요 6:33)

---

105 [인칭 대명사] ἐγω(나)의 대격 단수 "나를"

106 사탄 = σατάν 속격 단수 남성. 원래 형태는 Σατανᾶς이다. 명사 변형보다 더 중요한 것은 관사 변형이다. 관사를 통해 불규칙 변형을 이해할 수 있다.

107 οἶδα 1단 현재완료 능 직으로 원형이 οἶδα(현재완료)이다. 현재완료가 진리를 선언하거나 상태를 나타내는 용도로 사용될 경우 현재형으로 번역한다.

108 단축동사임을 주의하라. ζάω(내가 산다)의 직현능 2단 (ζ<u>ά</u>+<u>ει</u>ς = ζῇς).

5.9 단어

	ἀπέχω	내가 멀리한다, 전부 받다.
	ἀπόλλυμι(ἀπόλλύω)	내가 멸망시킨다, 파괴한다, 죽인다, [중] 잃다, 멸망하다.
	ἀποστέλλω	내가 보낸다. ἀποστελῶ ἀπέστειλα ἀπέσταλκα ἀπέσταλμαι ἀπεστάλην
ὁ	ἀπόστολος	사도(apostle), 대사
τὸ	βιβλίον	책(book), 두루마리, 문서
	δέ	[접] (후치사) 그러나, 그리고, 또한, 그런데, 그래서
	δέω	내가 묶는다(bind, tie). ἔδησα δέδεκα δέδεμαι ἐδέθην
ἡ	διδαχή -ῆς	교훈(teaching), 교리
	διώκω	내가 추적하다(pursue), 설득하다.
	ἐγείρω	내가 일으킨다(raise).
	ἐλέγχω	~의 잘못을 보여 주다, 정죄하다, 책망하다.
τὸ	ἔργον	일(work), 행위, 공로
	ζητέω	나는 구한다, 노력한다.
	κατά	+[속격] ~밑으로(down), ~에 대항하여 +[대격] ~에 따라서(according to), ~의해서,
	κηρύσσω	내가 선포한다.
	λύω	내가 푼다, 파괴한다.
	νηστεύω	내가 금식한다.
ὁ	νόμος	율법, 법, 법규
ὁ	οὐρανός	하늘
	παραγγέλλω	내가 명령한다, 지시한다(instruct, direct).
	παραλαμβάνω	내가 받아들인다, 영접한다, 데리고 간다.
	πέμπω	내가 보낸다(send).
τὸ	πετεινόν	새(bird)
	ποιέω	내가 행한다, 만든다, 맺는다.
	ὅτι	[접] ~왜냐하면, ~ 때문에 [또는 직접 인용구로 해석하지 않음]
	τοσοῦτοςοῦτον -οῦτο -αύτη	아주 많은, 아주 큰 아주 오래
	ὡς	[접] ~할 때 [부] ~와 같이(as) 수사와 함께 쓸 때는 "대략", "약"

❐ 부록

5.10 현재형 사용법

현재 시상은 화자의 시점에서 동사의 행위 동작가 연속적으로 진행하고 있는 것을 기술한다. 그러므로 단순한 상태를 나타내는 동사를 제외하고는 현재형 동사를 현재 진행으로 이해하는 것이 더 헬라어 의미에 가깝게 접근할 수 있다. 그런데도 현재형 동사는 시간과 관계없이 다양하게 사용된다. 현재형의 사용법을 일반적 사용법과 특수 사용법의 몇 가지로 소개하면 다음과 같다.

1) 서술적 현재형(Descriptive Present)

서술적 현재형은 현재 진행형으로 이해되는 현재형의 일반적 사용법이다.

ζητοῦσίν σε. (마 8:25) 그들이 당신을 찾고 있습니다.
κύριε, ἀπολλύμεθα.[109] (마 8:25) 주여, 우리가 죽고 있습니다.

2) 지속적 현재형(Durative Present)

지속적 현재형은 과거에 시작하여 현재 계속되고 있는 동작을 표현한다.

τοσαῦτα ἔτη δουλεύω σοι. (눅 15:29)
내가 오랫동안 당신을 섬겨왔다. [과거부터 섬겼고 지금도 종으로 섬기고 있다.]

3) 완료적 현재형(Perfective Present)

완료적 현재형은 동작이 이미 완료된 것을 묘사한다. 간혹은 완료된 동작의 결과가 현재 지속되는 것을 나타낸다.

ἀπέχουσιν τὸν μισθὸν αὐτῶν. (마 6:2)
그들이 [이미] 그들의 상을 받았다.

4) 반복적 현재형(Iterative Present)

반복적 현재형은 최근에 간격을 두고 계속 반복된 사건을 표현한다.

καθ' ἡμέραν ἀποθνῄσκω ἐν Χριστῷ Ἰησοῦ. (고전 15:31)
날마다 나는 그리스도 예수 안에서 죽는다.

---

109 ἀπόλλυμι (ἀπόλλύω 내가 죽는다, 멸망한다)의 현재 중간태와 수동태 1인칭 복수 직설법(ο+μεθα)이다.

5) 습관적 현재형(Customary Present)

습관적 현재형은 오랜 동안 습관적으로 반복한 행위를 나타낸다.

οἱ Φαρισαῖοι νηστεύουσιν. (막 2:18)
[그] 바리새인들은 [습관적으로] 금식하고 있다.

6) 역사적 현재형(Historical Present)

역사적 현재형은 과거의 사건을 극적으로 현재에 재현하여 현재 일어나고 있는 것처럼 보여 주는데 사용한다.[110]

παραλαμβάνει τὸν Πέτρον καὶ τὸν Ἰάκωβον καὶ τὸν Ἰωάννην μετ᾽ αὐτου. (막 14:33)
그가 베드로와 야고보와 요한을 그와 함께 데리고 가셨다.

7) 미래적 현재형(Futuristic Present)

미래적 현재형은 아직 일어나지 않는 사건이지만 너무나 확실하게 일어날 것에 대해 진술한다.

μετὰ τρεῖς ἡμέρας ἐγείρομαι.[111] (마 27:63)
삼 일 후에, 내가 일으킴을 받을 것이다.

8) 격언적 현재형(Proverbial(Gnomic) Present)

격언적 현재형은 속담, 일반적 진리, 변함없는 사실이나 상태나 기대되는 동작을 표현한다.

δένδρον ἀγαθὸν καρποὺς καλοὺς ποιει.[112] (마 7:17)
선한 나무는 좋은 열매를 맺는다.

9) 불명확한 현재형(Indefinite)

불명확한 현재형은 단순히 불명확한 시간 동작이나 일회적 사건을 표현한다.

παραγγέλλω σοι ἐν ὀνόματι Ἰησοῦ Χριστοῦ. (행 16:18)
내가 예수 그리스도의 이름으로 너에게 명한다.

---

110 복음서 중에 첫 번째 기록된 마가복음은 역사적 현재형을 사용하는 반면, 마태복음과 누가복음은 역사적 현재형을 부정과거로 바꿔 기록했다.

111 현재 1인칭 단수 수동태 직설법이다. 현재 수동태 1인칭 단수 꼬리는 ομαι이다.

112 ποιέω(내가 행한다, 맺는다)의 3인칭 단수 현재 능동태 직설법 단축동사 (ποιε+ει = ποιει)

5.11 미래형 사용법

미래 시상은 부정과거와 같이 미래의 규정되지 않은 단순한 사건을 기술한다. 일반적으로 미래 시상은 행동이 어느 시점에서 시작할 것인지, 어떻게 진행할 것인지, 또는 어떻게 완결될 것에 대한 관점이 없다. 현재형의 사용법을 일반적 사용법과 특수 사용법 몇 가지를 소개하면 다음과 같다.

1) 일반적 미래형의 사용법은 동사의 행동이 미래 시간에 일어날 것을 선언한다.

ἄλλον παράκλητον δώσει ὑμῖν. (요 14:16)

그가 너희에게 다른 돕는 자를 주실 것이다.

2) 격언적 미래(Proverbial Future)는 일반적 진리나 격언의 선언이 참되고 확실한 것임을 강조한다. 격언적 미래는 현재형으로 번역한다.

ἀλήθεια ἐλευθερώσει ὑμᾶς. (요 8:32)

[진리가 너희를 자유롭게 할 것이다.]

진리가 너희를 자유롭게 한다.

3) 명령적 미래형(Imperative Future)은 2인칭 대상에게 화자의 의지를 표현함을 통해 명령법과 동일하게 명령문으로 사용된다. 명령적 미래형은 문맥에 따라 현재 명령으로 또는 미래 명령으로 번역한다.

καλέσεις τὸ ὄνομα αὐτοῦ Ἰησοῦν. (마 1:21)

너는 그의 이름을 예수라 부를 것이다.

[너는] 그의 이름을 예수라 부르라.

4) 완료적 미래형(Imperative Future)은 미래의 완료된 사건을 지적한다. 완료적 미래형은 직접 기술하지 않고 우회적 선언 방법을 사용한다. 우회적 선언의 구조는 미래형 εἰμι와 완료형 분사를 사용한다.

ἐὰν δήσητε ἐπὶ τῆς γῆς ἔσται δεδεμένα ἐν οὐρανῷ. (마 18:18)

만약 너희가 땅에서 매면, [그것이] 하늘에서도 매일 것이다.

제6과 ο 명사와 α 명사 변화

6.1 ο 명사 변화(남성, 중성)

	남성 명사				중성 명사			
	단 수		복 수		단 수		복 수	
	관사[113]	명사	관사	명사	관사	명사	관사	명사
	ὁ	ος	οἱ	οι	τό	ον	τά	α
속격	τοῦ	-ου	τῶν	-ῶν	τοῦ[115]	-ου	τῶν	-ῶν
여격	τῳ	-ῳ	τοις	-οῖς	τῳ	-ῳ	τοις	-οῖς
대격	τόν	-ον	τοῦς	-ους	τό	-ον	τά	-α
주격	ὁ	-ος	οἱ	-οι	τό	-ον	τά	-α[116]
호격	x	-ε[114]	x	-οι	x	-ον	x	-α

✦ ο 명사의 남성과 중성

	남성		중성	
	단수	복수	단수	복수
	λόγος	λόγοι	δῶρον	δωρα
속격	τοῦ λόγου	τῶν λόγῶν	τοῦ δώρου	τῶν δώρων
여격	τῷ λόγῷ	τοῖς λογοις	τῷ δώρῳ	τοῖς δώροις
대격	τόν λόγον	τοῦς λόγους	τό δῶρον	τὰ δωρα
주격	ὁ λόγος	οἱ λόγοι	τό δῶρον	τὰ δωρα

✓ 관사와 명사를 함께 암기하라. 관사만 명확하게 알아도 명사의 성, 수, 격을 알 수 있다.

1) 남성과 중성의 속격과 여격은 격꼬리가 동일하다.

2) 중성의 대격과 주격은 격꼬리가 동일하다.

---

113 관사는 명사의 성(gender), 수(number), 격(case)과 일치해야 한다.

114 호격의 특징은 앞에 관사가 붙지 않는다는 것이다. 호격의 남성 주격 단수(ε)를 제외하고는 주격과 같다.

115 남성과 중성의 속격과 여격은 동일하다.

116 중성의 주격과 대격은 동일하다.

6.2 α명사 변화 (여성)

α(1변화)명사의 기본구조는 명사뿌리+접착모음α+격꼬리 형태이다. α명사 변화의 특징은 격꼬리가 α형태로 변화되는 것이다. 그러나 α가 장음화한 η형태로 변화되기도 한다.

✦ α명사 변화 기본형[117]

	여성 ἡ ἀρχη [시작]				남성 ὁ ἄρχων [통치자]			
	단수		복수		단수		복수	
	ἀρχή		ἀρχαί		ἄρχων		ἄρχοντες	
속격	τῆς	ἀρχῆς	τῶν	ἀρχῶν	τοῦ	ἄρχοντος	τῶν	ἀρχόντων
여격	τῇ	ἀρχῃ	ταῖς	ἀρχαῖς	τῷ	ἄρχοντι	τοῖς	ἄρχουσι(ν)[118]
대격	τὴν	ἀρχήν	τᾶς	ἀρχάς	τὸν	ἄρχοντα	τοῦς	ἄρχοντας
주격	ἡ	ἀρχή	αἱ	ἀρχαί	ὁ	ἄρχων[119]	οἱ	ἄρχοντες

6.3 α명사 변화의 확대 적용

	α명사 여성 단수			α명사 남성 단수[120]		복수[121]
	ε ι ρ	-η	λλ σ ζ ξ			
	α	η	α	ας	ης	αι
속격[122]	ας	ης	ης	ου	ου	ῶν
여격	ᾳ	ῃ	ῃ	ᾳ	ῃ	αις
대격	αν	ην	αν	αν	ην 또는 α	ας
주격	α	η	α	ας	ης	αι

117 관사와 일치하는 α변화 명사 ἡ ἀρχή와 핵심명사 기본형인 ὁ ἄρχων을 비교해 보라. ἀρχή(시작)에서 ἄρχων(왕, 통치자)이 유래되었다. εἴτε ἀρχαὶ εἴτε ἐξουσίαι "왕권들이든 권위들이든" 또는 "통치자들이든 주권들이든" (골 1:16). 즉 "시작", "처음"에서 통치 개념이 유래했다. ἀρχαί(처음들 = 왕권들)

118 ἄρχοντ+σι = ἄρχον(τ 탈락)σι 〉 ἄρχον+σι[σ 앞에 ν 탈락] 〉 탈락을 보충하기 위해 장음화(ου) = ἄρχουσι

119 τ는 σ 앞에 탈락한다. σ는 ν 뒤에 탈락한다. 탈락을 보충하기 위해 장음화된다. ἄρχοντ+ς = ἄρχον(τ 탈락)ς 〉 ἄρχον+ς(ν 뒤에 σ 탈락) 〉 탈락 보충을 위한 장음화(ω) = ἄρχων

120 α명사 남성변화는 α명사 변화 (여성)형태이지만 관사는 남성 관사가 붙는다.

✦ α 명사 (여성) 변화의 특징

1) 모음(ϵ, ι)이나 자음 ρ 뒤에 오는 접착모음 α를 유지한다. (ϵ ι ρ+α = α)
* 단음 α가 장음 α로 변하는 형태는 (α) 형태를 따른다. (α+α= ᾶ).

✍ **θύρα**(문) [뿌리 θυ<u>ρα</u>: ρ+α] = 형용사 여성과 동일 변형

	단수	θύρα		복수	θύραι	
속격	της	θύρας	그 문의	τῶν	θύρων	그 문들의
여격	τῇ	θύρᾳ	그 문에게	ταῖς	θύραις	그 문들에게
대격	τήν	θύραν	그 문을	τᾶς	θύρας	그 문들을
주격	ἡ	θύρα	그 문은	αἱ	θύραι	그 문들은

2) 뿌리 끝의 α가 장음인 경우는 접착모음 α와 만나 η로 단축되어 격변화된다. (α + α = η 변화)

✧ γραφή (문서, 성서)[뿌리 γραφα]

	단수	γραφή		복수	γραφαί	
속격	της	γραφῆς	그 성경의	τῶν	γραφῶν	그 성경들의
여격	τῇ	γραφῇ	그 성경에(의해)	ταῖς	γραφαῖς	그 성경들에게(의해)
대격	τήν	γραφήν	그 성경을	τᾶς	γραφάς	그 성경들을
주격	ἡ	γραφή	그 성경은	αἱ	γραφαί	그 성경들은

3) 뿌리 끝이 ρ을 제외한 자음(ζ λλ σ ξ)일 경우에 접착모음 α가 속격과 여격 단수에서 η로 변한다. 자음 [ρ 제외]+ α = η (속격과 여격 단수)

✍ **δόξα**(영광) [뿌리 δοξ+α] = 형용사 πᾶς 여성과 동일 변형

	단수	δόξα		복수	δόξαι	
속격	της	δόξης	그 영광의	τῶν	δοξῶν	그 영광들의
여격	τῇ	δόξῃ	그 영광에게	ταῖς	δόξαις	그 영광들에게
대격	τήν	δόξαν	그 영광을	τᾶς	δόξας	그 영광들을
주격	ἡ	δόξα	그 영광은	αἱ	δόξαι	그 영광들은

121 α명사 복수는 동일하게 변한다(αι ῶν αις ας). α는 주격이고, ᾳ은 여격 단수이다.
122 속격 단수가 ας, ης, ου가 아닐 경우는 핵심명사이다.

✓ α 명사 남성의 특징

1) 제 1변화 남성 명사의 속격 단수의 격 꼬리는 ου이다.
2) 명사뿌리 끝이 (ρ을 제외한) 자음일 때 α가 장음화하여 η로 격변화 되며 주격 단수에 ς가 첨가된다. (ὁ μαθητης 그 제자)

✧ ὁ κλέπτης (그 도둑)

		단수			복수	
		κλέπτης			κλέπται	
속격	τοῦ	κλέπτου(ης)	그 도둑의	τῶν	κλέπτῶν	그 도둑들의
여격	τῷ	κλέπτῃ	그 도둑에게	τοῖς	κλέπταις	그 도둑들에게
대격	τόν	κλέπτην	그 도둑을	τοῦς	κλέπτας	그 도둑들을
주격	ὁ	κλέπτης	그 도둑은	οἱ	κλέπται	그 도둑들은

3) 뿌리 끝이 모음일 경우에 α로 격변화 되며 주격 단수에만 ς를 첨가한다.

✧ ὁ νεανίας 그 청년

		단수			복수	
		νεανίας			νεανίαι	
속격	τοῦ	νεανίου	그 청년의	τῶν	νεανιῶν	그 청년들의
여격	τῷ	νεανίᾳ	그 청년에게	τοῖς	νεανίαῖς	그 청년들에게
대격	τόν	νεανίαν	그 청년들	τοῦς	νεανίας	그 청년들을
주격	ὁ	νεανίας	그 청년은	οἱ	νεανίαι	그 청년들은

6.4 명사 격변화의 사용법 요약

속격(Genitive)	~의	명사의 소유적 성격을 규정
탈격(Ablative)	~로부터	분리(separation)나 원천(origin)을 표현
여격(Dative)	~에게	받은 대상(간접목적어)을 규정
처격(Locative)	~에	장소나 공간을 말해 줌
조격(Instrumental)	~로, 의해서	도구나 방법을 말해 줌
대격(Accusative)	~를	직접 목적어(object)로 사용 됨
주격(Subjective)	~은, 는, 이, 가	주어로 사용 함
호격(Vocative)	~이여	대상을 직접 부르는 말

✦ α 명사의 여성과 남성

		여 성			남 성	
		ε, ι, ρ+α	φα+α	λλ, σ, ζ, ξ+α	자음	모음
		ἡ θύρα	ἡ γραφή	ἡ δόξα	ὁ πραφήτης	ὁ νεανίας
단수	속격	θύρας	γραφῆς	δόξης	πραφήτου	νεανίου
	여격	θύρᾳ	γραφῇ	δόξῃ	πραφήτῇ	νεανίᾳ
	대격	θύραν	γραφήν	δόξαν	πραφητήν	νεανίαν
	주격	θύρα	γραφή	δόξα	πραφήτης	νεανίας
		θύραι	γραφαί	δόξαι	πραφήται	νεανίαι
복수	속격	θύρων	γραφῶν	δοξῶν	πραφητῶν	νεανιῶν
	여격	θύραις	γραφαῖς	δόξαις	πραφηταῖς	νεανίαῖς
	대격	θύρας	γραφάς	δόξας	πραφήςτας	νεανίας
	주격	θύραι	γραφαί	δόξαι	πραφήται	νεανίαι

6.5 연습문제

1) λέγει ὁ υἱὸς τοῦ θεου τῷ δούλῳ μου. (cf. 계 2:18; 마 8:9)

2) λέγει, οὐκ εἰμί ὁ προφήτης. (요 1:21) ἁμαρτωλός εἰμι, κύριε. (눅 5:8)

3) Οὐκ ἐπ’ ἄρτῳ μόνῳ ζήσεται ὁ ἄνθρωπος. (마 4:4)

4) Εἰ υἱὸς εἶ τοῦ θεοῦ, εἰπὲ[123] ἵνα οἱ λίθοι οὗτοι ἄρτοι γένωνται.[124] (마 4:3)

5) τὰ τέκνα τοῦ θεοῦ ἁμαρτίαν οὐ ποιεῖ, ὅτι σπέρμα τοῦ θεοῦ ἐν αὐτοῖς μένει, καὶ οὐ δύναονται ἁμαρτάνειν.

---

123 εἶπον은(나는 말했다. 그들이 말했다)은 λέγω(내가 말한다)의 제2부정과거이다.

124 γίνομαι(~이다, ~된다)의 의미로[가정법 디포넌트 동사] 3인칭 복수 2부정과거 중간태이다. ἐγενόμην [2부정과거 중간태]

6.6 단어

ὁ ᾿Απολλύων ονος 아볼뤄온, 파괴자
ἀγαπάω 내가 사랑한다. ἀγαπήσω ἠγάπησα ἠγάπηκα ἀγαπηθήσομαι
ἡ ἀγάπη 사랑 애정, 애찬
ἀγαπητὸς όν ή 사랑받는
ἡ ἀλήθεια ας 진리, 참
ἁμαρτάνω 나는 죄를 짓는다.
ἡ ἁμαρτίά ας 죄(sin)
ὁ ἄνθρωπος 사람, 인간
ἀπόλλυμι(ἀπόλλύω) 내가 멸망시킨다. 파괴한다, 죽인다, (중) 잃다, 멸망하다.
ὁ ἄρτος 빵(bread, loaf of bread)
ἀφίημι 내가 용서하다(forgive) 버린다, 허락한다.
βαπτίζω 내가 침례를 준다, [물에] 잠기게 한다, [물에] 담근다.
τὸ βάπτισμα, ατος 침례, 물에 담금
γίνομαι 나는 ~이다, 된다(become), 일어난다(happen).
γίνομαι와 εἰμί는 동일하게 존재를 표현한다.
γενήσομαι ἐγενόμην γέγονα[현재완료] γεγένημαι ἐγενήθην
ὁ δέσμιος 옥에 갇힌 자(prisoner)
δίδωμι 내가 준다.
δουλεύω 내가 섬긴다(serve), 내가 종이 된다.
ὁ δοῦλος 종, 노예, 일꾼
δουλόω 내가 ~를 노예로 삼는다.
τό ὕδωρ ατος 물(water)
ἡ δωρεά 선물(gift)
τὸ δῶρον 선물, 예물, 희생제
δύναμαι 내가 할 수 있다.
ἐκδέχομαι 내가 기다린다. 기대한다.
ὁ θεός 하나님(God), 신(god)
ζάω ̈ζῶ 나는 산다(live).
ἵνα ~할 목적으로, ~하기 위하여(in order that) [가정법과 함께 사용된다]

ὁ	κόσμος	세상(world)
	κυριεύω	내가 통치하다, 지배하다, 주가 되다.
ὁ	κύριος	주(lord), 통치자, 주인
	λαμβάνω	내가 취한다, 붙잡다. λήμψομαι (또는 λήψομαι) ἔλαβον εἴληφα
	λέγω	내가 말한다. εἶπον [제2부정과거]
ὁ	λίθος	돌(stone)
ὁ	λιμός	흉년(famine), 굶주림
	μεῖζων -ον	[형] 더 큰, 더 위대한 [μέγας의 비교급]
	μένω	내가 머무르다. 거하다.
	νικάω	내가 승리한다, 정복한다.
	περιπατέω	내가 걸어간다, 행한다.
τὸ	πνεῦμα -ατος	바람, 영, 성령
	πνέω [πνείω]	내가 숨을 쉰다(breath), 바람이 불다.
	ποιέω	내가 한다, 만든다, 행한다.
	πιστεύω	내가 믿는다(have faith), 신뢰한다.
ἡ	πίστις -σεως	믿음, 신앙, 신뢰
	προσδέχομαι	내가 영접한다, 환영한다, 붙잡는다.
	προσέχω	내가 주목한다, 관심을 갖다. [중간태] ~에 붙어 있다.
ὁ	προφήτης	선지자, 미리 말하는 자
	οὐ (οὐκ, οὐχ)	아니
	οὗτος, τοῦτο, αὕτη	[지시 대명사] 이것, 이것은(this)
τὸ	σπέρμα -τος	씨, 자손
	συνεσθίω	내가 함께 먹는다.
	συνέχω	내가 짓누른다(press hard), 강권한다. [수동] 고통당한다.
τό	τέκνον	어린이, 아이
ὁ	υἱός	아들

❒ 부록

6.7 명사의 사용법

명사는 그 격에 따라 기본적 의미와 용도로 결정된다. 주격은 주어 또는 술어적 보어로, 대격은 직접 목적어 또는 목적 보어로, 여격은 간접 목적어로 사용된다. 일반적으로 속격은 "~의"로 번역하고, 탈격은 "~로부터", "~로부터 나온"으로 자구적으로 번역한다. 그러나 어떤 경우에는 속격과 탈격은 명사를 더 구체적이고 세부적으로 기술한다.

A. 주격

1) 주어적 주격(Subjective Nominative)은 동사의 주어를 구체적으로 규정하고 일치시켜 준다.

ὁ πατὴρ ἀγαπᾷ[125] τὸν υἱὸν αὐτοῦ. (요 3:35)

그 아버지는 그의 아들을 사랑한다.

2) 술어적 주격(Predicate Nominative)은 연결 동사나 상태 동사(εἰμί, γίνομαι)와 함께 사용된다. 술어적 주어는 주어의 보어로 사용되기도 한다. 이 경우에 동사가 생략되기도 한다.

ὁ θεὸς ἀγάπη ἐστίν.[126] (요일 4:85) 하나님은 사랑이시다.

ὁ θεὸς ἀγάπη 하나님은 사랑[이시다].

3) 동격을 나타내는 주격(Subjective of Apposition)은 다른 주격 명사와 일치되거나 또는 비록 주격이지만 다른 격과 동일시되어 번역된다.

ὄνομα ἔχει Ἀπολλύων. (계 9:11)

그는 한 이름을 가지고 있다. "파괴자"

그는 파괴자란 이름을 가지고 있다.

4) 독립적 주격(Nominative Absolute)은 문장의 다른 품사와 문법적으로 관계가 없이

---

125 단축동사 ἀγαπα+ει [α+ε=α로 단축되고 ι는 α밑에 기록] = ἀγαπᾳ

126 누구나 다 알고 있는 유일하신 하나님이시기 때문에 하나님 앞에 관사는 번역하지 않는다.

독립적으로 사용된다. 독립적 주격은 책의 제목이나 편지의 인사말로 사용한다.

ὁ νικῶν δώσω αὐτῷ καθίσαι μετ' ἐμοῦ ἐν τῷ θρόνῳ μου. (계 9:11)
그 승리하는 자, 내가 그에게 나의 왕좌에 나와 함께 앉게 하는 것을 줄 것이다.
내가 그 승리하는 자에게 나의 왕좌에 나와 함께 앉게 하는 것을 줄 것이다.

'Αποκάλυψις 'Ιησοῦ Χριστοῦ (계 1:1) 예수 그리스도의 계시

Παῦλος καὶ Τιμόθεος δοῦλοι Χριστοῦ 'Ιησοῦ πᾶσιν τοῖς ἁγίοις ἐν Χριστῷ 'Ιησου. (빌 1:1)
바울과 디모데, 그리스도 예수의 종들 그리스도 예수 안에 있는 거룩한 자에게
바울과 디모데, 그리스도 예수의 종들이 그리스도 예수 안에 있는 거룩한 [자들]에게 [편지한다.]

B. 호격

호격(Vocative Case)은 문장과는 독립적으로 직접 선언이나 이름을 부를 때 사용된다. ὦ ἄνθρωπε. (롬 2:1) "오, 사람아!"

C. 속격과 탈격

속격과 탈격은 동일한 형태로 명사의 어떤 종류인가를 규정해 준다. 그러나 속격과 탈격은 명사의 어떤 종류인가를 더 구체적으로 구분해 준다. 속격은 명사의 소속을 규정해 주는 것을 강조하고, 탈격은 분리를 강조한다.

1) 한정적 속격(Genitive of Description)은 명사를 직접적으로 설명해 준다.

κηρύσσω βάπτισμα μετανοίας. (막 1:4)
내가 회개의 침례를 선포한다. [회개를 표출하는 침례라는 것을 설명]

2) 소유를 나타내는 속격(Genitive of Possessive)은 명사를 직접적으로 설명해 준다.

ἐγὼ Παῦλος ὁ δέσμιος τοῦ Χριστοῦ 'Ιησοῦ. (엡 3:1)
나 바울은 그리스도 예수 [때문에] 옥에 갇힌 자 [입니다.]
[옥에 갇힌 이유가 그리스도 예수에게 속해 있기 때문]

3) 동격을 나타내는 속격(Genitive of Apposition)은 다른 속격 명사나 다른 격의 명사와 일치되는 속격으로 동격으로 취급되는 명사의 성격을 더 구체적으로 설명해 준다.

λαμβάνετε τὴν δωρεὰν τοῦ ἁγίου πνεύματος. (행 2:38)
너희가 선물 곧 거룩한 영을 받고 있다. [선물 = 거룩한 영]

4) 주격을 나타내는 속격(Subjective Genitive)은 명사의 행위 동작을 발생하게 한 주체를 나타낸다.

ἡ γὰρ ἀγάπη τοῦ Χριστοῦ συνέχει ἡμᾶς. (고후 5:14)
그러므로 그리스도의 사랑이 우리를 강권하고 있다. [그리스도에 의해 표현된 사랑]

5) 목적을 나타내는 속격(Objective Genitive)은 행위를 받는 대상을 나타낸다.[127]

ἡ τοῦ πνεύματος βλασφημία οὐκ ἀφεθήσεται.[128] (마 12:31)
[성]령에 대한 모독[죄]은 용서받지 못할 것이다. [모독을 받는 대상이 성령이다.]

6) 분리를 나타내는 탈격(Ablative of Separation)은 장소, 사람, 상태로부터 분리를 나타낸다. 번역은 "~에서", "~로부터", "~사이에"(between) 등으로 한다.

ἁμαρτάνουσιν γὰρ καὶ ὑστεροῦνται τῆς δόξης τοῦ θεοῦ (롬 3:23)
그들이 죄를 짓고 있기 때문에 하나님의 영광으로부터 부족하다.

7) 원천을 나타내는 탈격(Ablative of Source)은 원천이나 기원을 나타낸다. 번역은 "~로부터", "~로 말미암아", "~로부터 나온" 등으로 한다.

ὁ γεωργὸς ἐκδέχεται τὸν καρπὸν τῆς γῆς. (약 5:7)
그 농부는 그 땅에서 난 열매를 기다리고 있다.

---

127 주격을 나타내는 속격과 목적격을 나타내는 속격을 문맥으로도 구별하기가 쉽지 않다.
'Αρχὴ τοῦ εὐαγγελίου 'Ιησοῦ Χριστοῦ υἱοῦ θεοῦ. (막 1:1)

1) 하나님의 아들 예수 그리스도의 복음의 시작 [주격적 속격]

2) 하나님의 아들 예수 그리스도에 대한 복음의 시작 [목적적 속격]

128 ἀφίημι(내가 용서한다)의 수동태 미래 직설법 θή[수동태 표시] σ[미래 표시] εται[3인 단수 수동 꼬리]

8) 부분 분리를 나타내는 탈격(Partitive Ablative)은 전체로부터 한 부분을 나타낸다.

ἀποστέλλει δύο τῶν μαθητῶν αὐτοῦ. (막 11:1)
그가 그의 제자 중의 둘을 보내고 있다.

9) 비교 탈격(Comparative Ablative)은 일반적으로 비교급 형용사 뒤에 와서 두 항을 비교한다. 그러나 비교 탈격만으로 비교급 형용사를 대신하기도 한다.

οὐκ ἔστιν δοῦλος μείζων τοῦ κυρίου αὐτοῦ. (요 13:16)
종들이 그의 주인보다 더 위대하지 않다.

μείζων ἐστὶν ὁ θεὸς τῆς καρδίας ἡμῶν. (요일 3:20)
하나님은 너희 마음보다 더 크시다.

D. 여격, 조격, 처격

여격, 조격, 처격은 동일한 형태이지만 그 의미의 특징은 세분화한다. 세분화 중 몇 가지 예를 들면 다음과 같다.

1) 간접 목적어로 사용되는 여격(Dative of Indirect Object)은 동사의 행위 동작이 미친 대상을 나타낸다.

πάντα ἀποδώσω <u>σοι</u>. (마 18:26) 내가 모든 것을 <u>너에게</u> 줄 것이다.

2) 직접 목적어로 사용되는 여격(Dative of Indirect Object)은 대격이 직접 목적어로 사용되는 것과 같이 여격이 직접 목적어로 사용된다. 여격을 직접 목적어로 취하는 특별한 동사들이 있으며, 직접 목적어로 사용되는 여격은 대격과 동일하게 번역한다.

δουλεύω <u>σοι</u>. (눅 15:29) 나는 <u>당신을</u> 섬기고 있다.
πιστεύω γὰρ τῷ θεῷ. (행 27:25) 그러므로 나는 하나님을 믿고 있다.

3) 장소를 나타내는 처격(Locative of Place)은 일정 공간 안에 위치나 장소를 나타낸다.

ἦσαν ἐν 'Αντιοχείᾳ προφῆται καὶ διδάσκαλοι. (행 13:1)
선지자들과 선생들이 안디옥에 있었다.

4) 논리적 공간을 나타내는 처격(Locative of Sphere)은 시공간을 표현하는 것이 아니라 비유나 은유적으로 논리적 제안을 표현하는 데 사용된다.

πραΰς εἰμι καὶ ταπεινὸς τῇ καρδίᾳ. (마 11:29)

나는 마음이 온유하고 겸손하다. [마음을 공간적으로 은유]

5) 시간을 나타내는 처격(Locative of Place)은 계속되는 시간 안에 어느 한정된 시간을 지적해 준다.[129]

τῇ τρίτῃ ἡμέρᾳ ἐγερθήσεται. (마 20:19)

삼일 안에 그가 일으킴을 받을 것이다.

6) 수단 조격(Instrumental of Means)은 동사의 행위 동작이 성취되는 방법이나 수단을 나타낸다.

ἐγὼ ἐβάπτισα ὑμᾶς ὕδατι, αὐτὸς δὲ βαπτίσει ὑμᾶς ἐν πνεύματι ἁγίῳ. (막 1:8)

나는 물로 너희를 침례 주고 있다. 그러나 그분은 성령으로 너희를 침례를 줄 것이다.

나는 물로 너희에게 침례를 베풀지만, 그분은 성령으로 너희에게 침례를 베풀 것이다.

7) 방법 조격(Instrumental of Manner)은 동사의 행위 동작이 실행되는 방식(method)이나 방법(way), 또는 계획(plan)을 나타낸다.

πνεύματι περιπατεῖτε. (갈 5:16)

[너희는] 성령이 인도하는 대로 행하라.

8) 원인 조격(Instrumental of Cause)은 동사의 행위 동작의 배후에 있는 동기, 원인 또는 이유를 나타낸다.

ἐγὼ δὲ λιμῷ ὧδε ἀπόλλυμαι. (눅 15:17)

그러나 나는 여기서 굶주림 때문에 죽고 있다.

9) 척도 조격(Instrumental of Measure)은 동사의 행위 동작의 간격을 나타낸다.

προσέχω αὐτῷ ἱκανῷ χρόνῳ. (cf. 행 8:11)

나는 그를 충분한 시간 동안 지켜보고 있다.

---

129 시간을 나타내는 속격은 시간의 종류를 강조하고, 시간을 나타내는 대격은 연장되는 시간의 기간을 강조하고, 시간을 나타내는 여격은 시점을 강조한다.

10) 관계 조격(Instrumental of Association)은 인격적 관계 직접적으로 표현하거나 비인격적인 대상과의 관계성을 직접적으로나 비유를 나타낸다. 전치사 σύν과 합성된 동사와 자주 사용된다. 관계 조격은 "~에게(로)", "~와 함께" 등으로 번역한다.

οὗτος ἁμαρτωλοὺς προσδέχεται καὶ συνεσθίει αὐτοῖς. (눅 15:1)
이 [사람이] 죄인들을 영접하고 그들과 함께 식사하고 있다.

11) 대행 조격(Instrumental of Agency)은 수동태 동사 또는 동사적 형용사에 의하여 성취된 동작의 행위자를 나타낸다. 대행 조격은 "~에 의하여"로 번역한다.

πνεύματι θεοῦ ἄγονται υἱοὶ θεοῦ. (cf. 롬 8:14)
하나님의 아들들은 하나님의 영에 의하여 인도받는다.

E. 대격

대격은 동사의 행동 범위, 방향, 목적을 제한해 준다.

1) 직접 목적어로 사용되는 대격(Accusative of Direct Object)은 동사의 직접 목적어로 사용된다.

ἀλήθειαν λέγω (요 8:48) 내가 진리를 말하고 있다.

ἔχετε πίστιν; (막 4:40) 너희가 믿음을 가지고 있느냐?

2) 이중 대격(Double Accusative)은 a) 인격적 존재와 비인격적 존재를 같이 나타낸다. b) 직접 목적어와 목적 보어를 같이 표현할 때 사용된다. c) 맹세를 표현하는 데 사용된다.

a) ὑμᾶς διδάξει πάντα. (요 14:26)
내가 너희[에게] 모든 [것들]을 가르치고 있다.

b) οὐκέτι λέγω ὑμᾶς δούλους. (요 15:15)
내가 더이상 너희를 종들[이라고] 말하지 않는다.

c) ὁρκίζω σε τὸν θεόν. (막 5:7)

내가 하나님[의 이름]으로 당신을 탄원합니다.

내가 하나님 앞에 당신께 간청합니다.

3) 부사적 척도 대격(Adverbial Accusative of Measure)은 시간의 범위가 길고 짧음을 한정해 준다.

εἶδον τὰ ἔργα μου <u>τεσσεράκοντα ἔτη</u>. (히 3:9–10)

그들이 나의 일들을 <u>사십 년 동안</u> 보았다.

4) 부사적 방법 대격(Adverbial Accusative of Manner)은 동사의 행위 동작이 어떻게 실행되는 방식(method)이나 방도(way), 또는 계획(plan)을 나타낸다.

δωρεὰν ἐλάβετε,[130] δωρεὰν δότε.[131] (마 10:8)

너희가 선물을 받았다. [너희는] 선물을 주라.

너희가 (공짜로) 선물을 받았다. 그러므로 너희도 (공짜로) 선물을 주라.

5) 부사적 언급 대격(Adverbial Accusative of Reference)은 a) 동사의 행위 동작을 지시하거나 언급할 때 사용된한다; b) 또한 부정사의 동작을 지시한다. 부사적 언급 대격은 우리말로는 주격으로 번역해야 한다. 그러므로 중성 대격은 부정사의 주어가 될 수 있다.

a) ἔχω τὴν καύχησιν <u>τὰ</u> πρὸς τὸν θεόν. (롬 15:17)

내가 하나님에 대한 것들에 관해 자랑한다.

내가 하나님에 대한 것들에 관해 자랑을 가지고 있다.

b) βούλομαι οὖν προσεύχεσθαι τοὺς ἄνδρας (딤전 2:8)

그러므로 내가 남자들이 기도하는 것을 원한다.

그러므로 내가 원한다. 남자들이 기도한다.

---

130 λαμβάνω(내가 취한다, 붙잡다)의 2인칭 복수 2부정과거 능동태 직설법

131 δίδωμι(내가 준다)의 2부정과거 2인칭 복수 명령법

제7과 제1시상 중 · 수동태 직설법 동사

제1시상은 현재완료, 현재, 미래이다. 현재완료와 현재형은 중간태와 수동태가 동일한 형태이며, 미래형은 중간태와 수동태가 구분된다. 제1시상 중 · 수동태의 인칭꼬리는 크게 현재완료 형태와 현재 형태로 구분된다. 현재완료 중 · 수동태는 동사의 몸통에 바로 붙는 것이 특징이고, 현재 중 · 수동태는 몸통과 인칭 꼬리 사이에 접착모음(ο/ϵ)이 들어와 붙는다.

1) μαι(중 · 수동태) 시작되는 형태가 동사의 출발이다. μαι는 중 · 수동태 1인칭 꼬리로 수동태로 번역될 수 있지만, 중간태 또는 능동태처럼 취급되는 디포넌트 동사의 원형으로도 취급될 수 있다.
2) μαι형태는 모든 동사의 원형을 간직하고 있어 모든 동사 변형의 초석이 됨으로 원리적으로 보면 맨 처음에 익히는 것이 좋다.
3) μαι형태 꼬리가 과거 시점을 나타내는 2시상에서 단모음화하여 μην(μο)형태의 중 · 수동태 1인칭 꼬리를 형성하고, 동사의 몸통 앞에 과거 시간을 나타내는 모자(ϵ)를 쓴다.
4) 중 · 수동태의 꼬리인 μαι형태에서 모음이 단축되면 능동태 1인칭 μι꼬리가 된다. μαι 〉 μι

7.1. 제1시상 중 · 수동태 직설법 인칭꼬리

제1시상인 현재완료와 현재의 중 · 수동태는 동일하다. 단 현재 중 · 수동태에서 2인칭 단수는 σαι가 아니라 ῃ이다.

	단수	복수
1인칭	μαι	μϵθα
2인칭	σαι 또는 ῃ	σθϵ
3인칭	ται	νται

✦ 시상 도표

		1호선		2호선	
		단수	복수	단수	복수
1시상	1인칭	[μι] -μι -ω	-μεν	-μαι	-μεθα
	2인칭	[σι] -σι -εις	-τε	-σαι 또는 ῃ	-σθε
	3인칭	[τι] -ς -ει	[ντι] -ουσι(ν)	-ται	-νται
		3호선		4호선	
		단수	복수	단수	복수
2시상	1인칭		-μεν		-μεθα
	2인칭		-τε		-σθε

7.2 현재완료 중 · 수동태 직설법 (πε-πίστευ-μαι)

	단수	복수
1인칭	πεπίστευμαι[132]	πεπιστεύμεθα
1인칭	πεπίστευσαι	πεπίστευσθε
3인칭	πεπίστευται	πεπίστευνται

현재완료 시상 특징

1) 완료시상표시로 첫음반복을 확인하라. (■ε■□□□□)
2) 직설법 현재완료 중 · 수동태의 꼬리변형 앞에는 완료시상표시 κ나 접착모음이 들어오지 않는다. 동사 몸통에 인칭꼬리가 바로 붙는 것은 현재완료 중 · 수동태이다. 몸통과 인칭꼬리 사이에 접착모음(connecting vowel)이 붙으면 현재형 중 · 수동태가 된다. 즉 접합모음이 있으면 현재 중 · 수동태형이고 접합모음이 없으면 현재완료 중 · 수동태이다. 예) ἥγεομαι는 접착모음이 있으므로 현재형이고 ἥγημαι는 접착모음이 없음으로 현재완료형이다.
3) 직설법 현재완료 중 · 수동태는 동사의 몸통 앞에 완료표시를 나타내기 위해 첫음반복이 일어나고, 몸통 뒤에 곧바로 1시상 중 · 수동태 인칭꼬리가 붙는다. [133]■ε■□□□□ ⇝ 중 · 수동태 현재완료 직설법

---

132 나는 믿어져왔다 [과거에 믿어진 행위가 완료되었고 그 영향으로 현재 믿어지는 상태를 표현]

133 자음중복(▮ε▮)은 과거를 표시하는 모자(ε)와 다른 완료표시이다.

7.3 현재 중 · 수동태 직설법

현재 중 · 수동태 직설법은 몸통과 인칭꼬리 사이에 접착모음(ο/ϵ)을 사용한다.

	단수	복수
1인칭	πιστεύομαι[134]	πιστευόμεθα
2인칭	πιστεύῃ[135]	πιστεύεσθε
3인칭	πιστεύεται	πιστεύονται

법칙: μ 혹은 ν 앞에 접착모음인 ο가 오고, 그 외에는 ϵ가 온다.

1인칭 복수 ομεθα <ο+μεθα
2인칭 복수 εσθε <ε+σθε

7.4 미래 중간태 직설법[136]

	단수	복수
1인칭	πιστεύσομαι[137]	πιστευσόμεθα
2인칭	πιστεύσῃ	πιστεύσεσθε
3인칭	πιστεύσεται	πιστεύσονται

7.5 미래 수동태 직설법

* 수동태 표시 −θη

	단수	복수
1인칭	πιστευθήσομαι[138]	πιστευθησόμεθα
2인칭	πιστευθήσῃ	πιστευθήσεσθε
3인칭	πιστευθήσεται	πιστευθήσονται

---

134 현재 수동태 "내가 믿어진다." [현재 믿어지는 상태를 표현]; 현재 중간태 "나는 나 자신을 위해 믿는다."
135 예외로 2인칭 단수는 σαι가 아니고 ῃ이다. σαι 〉 ε+σαι = εσαι 〉 ε+σ(탈락)+αι 〉 εαι(단축됨) 〉 ῃ
136 미래 중간태는 현재 중수동태의 몸통 뒤에 σ가 들어온다. [미래 중간태는 몸통+σ+ο/ε~~>]
137 나는 내 자신을 위해 믿을 것이다. [현재는 믿고 있지 않지만, 미래에 나 자신을 위해 믿을 것에 대한 확언]
138 나는 믿게 될 것이다. [현재는 믿고 있지 않지만, 미래에 믿어지게 될 것에 대한 확언]

7.6 미래 2수동태 직설법

* γράφω(내가 기록한다): 제2수동태 표시 –η

	단수	복수
1인칭	γραφήσομαι	γραφησόμεθα
2인칭	γραφήσῃ	γραφήσεσθε
3인칭	γραφήσεται	γραφήσονται

1) 제2미래 수동태 직설법은 수동태 표시가 θη가 아니라 η이다.

2) 미래 중간태 앞에 η가 붙어 있으면 중간태가 아닌 제2미래 수동태 직설법이다.

✦ 제1시상 인칭 꼬리변화 정리

πεπιστεύμεθα	현재완료 중·수동태	■ϵ■□□□□ ⇝
πιστευόμεθα	현재 중·수동태	■□□□□ $^{o}_{\epsilon}$⇝
πιστευσόμεθα	미래 중간태	■□□□□ σ$^{o}_{\epsilon}$⇝
πιστευθήσομεθα	미래 수동태	■□□□□ θη–σ–$^{o}_{\epsilon}$⇝
ἐπιστεύθημεν	1부정과거 수동태	ἐ■□□□□ θη↝
ἐπιστευσάμεθα	1부정과거 중간태	ἐ■□□□□ σα⇝

■□□□□ $^{o}_{\epsilon}$↝	현재 능동태	πιστεύομεν
■□□□□ σ$^{o}_{\epsilon}$↝	미래 능동태	πιστεύσομεν
■ϵ ■□□□□ κα↝	현재완료 능동태	πεπιστεύκαεν
ἐ■□□□□ σα↝	1부정과거 능동태	ἐπιστεύσαμεν
ἐ■□□□□ $^{o}_{\epsilon}$↝	미완료 능동태	ἐπιστεύομεν
[ἐ]■ϵ■□□□□ κει↝	과거완료 능동태	ἐπεπιστεύκειμεν

7.7 수동태의 의미와 사용법

문장의 주어가 행동을 실행하는 행위자일 경우에는 능동태이고, 문장의 주어가 행위자에 의하여 발생한 행동을 받게 되면 수동태이다. 수동태는 행위자가 다음과 같은 형태로 나타난다.

1) ὑπο+탈격(속격) 명사를 통해 직접 행위자를 규정해 준다. [~의해서]

αἱ γραφαι γράφονται ὑπὸ τοῦ θεοὺ.

그 책들은 하나님에 의해 기록되어지고 있다.

ἀγαπηθήσεται ὑπὸ τοῦ πατρός μου, καὶ ἀγαπήσω αὐτὸν. (요 14:21)

그가 나의 아버지에 의해서 사랑을 받을 것이다. 나 또한 그를 사랑할 것이다.

2) ἐν+조격(여격) 명사를 통해 비인칭 행위자의 방법, 수단, 의미를 규정해 준다. [~으로. by, with]

ὁ δίκαιος σῴζεται <u>τῇ χάριτί</u> διὰ πίστεως. (cf. 엡 2:8; 벧전 4:8)

그 의로운 [사람]은 믿음에 의해서 [그] <u>은혜로</u> 구원을 받는다.

3) δία+속격 명사를 통해 행위의 중간 대리자를 규정해 준다. [~을 통해서]

τὸ σημεῖον δοθήσεται αὐτῇ διὰ Ἰωνᾶ τοῦ προφήτου. (cf. 마 12:39)

그 표적이 그 선지자 요나를 통하여 그에게 주어질 것이다.

4) 신적 수동태(divine passive, 신학적): 수동태의 행위자가 문맥 안에 하나님이시다고 암시되어 있지만, 하나님이 행위자로 직접 거론되지 않고 생략되었다. 그러므로 의미상으로 하나님에 의해 행위가 일어났다는 것을 의미한다.

Χριστὸς ἐγήγερται τῇ ἡμέρᾳ τῇ τρίτῃ κατὰ τὰς γραφὰς. (고전 15:4)

그 책들(성경)대로 삼 일만에 그리스도께서 일으킴을 받으셨다.[139]

ὁ δίκαιος σῴζεται. (cf. 벧전 4:8)

그 의로운 [사람]은 구원을 받는다.

---

139 하나님에 의하여 그리스도가 일으킴을 당한 것을 의미한다. 예수의 부활은 능동태가 아닌 신적 수동태로 기술된다. 하나님에 의해 이루어진 부활과 예수 부활의 역동성을 동시에 강조한다.

✦ 중간태의 의미와 사용법

역사적으로 중간태는 수동태보다 먼저 존재했다. 즉 수동태는 중간태로부터 나왔다. 현재, 현재완료, 과거완료는 중간태와 수동태가 동일하다. 우리말에는 중간태의 형태가 존재하지 않기 때문에 능동태로 번역한다. 중간태의 강조점은 동사의 행동이 주어로부터 시작하여 그 행동의 결과가 주어로 귀속된다는 것을 표현한다.

1) 재귀적 중간태(reflexive): 재귀적 중간태는 신약에 자주 등장하는 중간태로 동사의 행동이 직접적으로 행위자 자신에게 미친 것을 기술한다.

ἐγείρεσθε[140] ἄγωμεν·[141] ἰδοὺ ἤγγικεν ὁ παραδιδούς με. (마 26:46)
일어나라. [우리가] 가자. 보라! 나를 넘기는 자가 [가까이] 왔다.

2) 강조적 중간태(intensive): 행동을 일으킨 행위자인 주어를 강조한다.

διὰ τοῦ ἰδίου αἵματος τὴν αἰωνίαν λύτρωσιν εὕρατο.[142] (히 9:12)
자신의 피로 그는 [스스로] 영원한 속죄를 획득했다.

3) 상호적 중간태(reciprocal): 주어가 복수로 서로 행동을 교환하는 것을 강조한다.

συνβουλεύοντο οἱ Ἰουδαῖοι ἀποθνῄσκειν[143] αὐτόν· (행 9:23)
유대인들이 그를 죽이는 것을 의논한다.

7.8 디포넌트(Deponent) 동사

디포넌트(Deponent) 동사란 형태로는 중간태 또는 수동태를 취하지만 그 의미는 능동태를 나타내는 동사를 일컫는다. 디포넌트 동사는 현재 능동태형이 존재하지

140 2인칭 복수는 직설법과 명령법이 동일하다. ἐγείρεσθε는 중간태 현재 직설법도 될 수 있고 명령법도 될 수 있다. 여기서는 중간태 현재 명령법으로 사용된다.

141 ἄγωμεν는 능동태 현재 가정법이다. 접착모음이 장음화 되면 가정법이 된다. ἄγομεν> ἄγωμεν

142 εὕρατο는 3인 단수 2부정과거 중간태이다. 원문에는(εὑράμενος) 중간태 2부정과거 분사로 되어 있다.

143 ἀποθνῄσκω의 현재 부정사 [몸통+ειν]

않고 오직 현재 중 · 수동태형만이 있다. 일반적으로 디포 동사는 사전에 능동형이 나오지 않고 현재 중·수동태가 대신 표기된다. 그러나 때로는 사전에는 능동태로 나오는 동사라도 다른 시상에서는 디포넌트 동사로 사용되기도 한다. 한 예로 λαμβάνω(내가 취한다, 붙잡다)의 현재형에는 능동태가 있지만, 미래형에서는 중간태나 수동태가 존재하지 않고 디포넌트 동사(λήμψομαι 또는 λήψομαι)로만 존재한다. 이 경우는 문맥에 따라 형태는 번역은 능동태로 해야 한다.

ἀποκρίομαι 내가 대답한다 〈 ἐπεκριθη 그가 대답했었다.
γίνομαι 내가 된다 〈 ἐγενηθη 그가 되었다. (2부정 수동태)
〈 ἐγενομην 내가 되었다. (2부정 중간태)

1) 디포넌트 동사는 주어의 자기 참여 과정을 표현한다.

ἔρχομαι 내가 간다, 내가 온다.
βούλομαι 나는 원한다.

2) 디포넌트 동사는 상호성을 표현한다.

δέχομαι 내가 영접한다.
ἀποκρίνομαι 내가 대답한다.
ἀσπάζομαι 내가 인사한다.

3) 디포넌트 동사는 재귀적 표현한다.

ἐπαισχύνομαι 나는 부끄러워한다. (롬 1:16)

4) 디포넌트 동사는 정신적 행위(mental action)를 강조할 때 사용되며, 이 경우에는 중간태 강조형에 해당한다.[144]

ἀρνέομαι 내가 부인한다. (눅 12:9)
ἐντέλλομαι 내가 명령한다. (히 11:22)
λογίζομαι 내가 생각한다. (빌 4:8)
προαιτιάομαι 내가 (어떤 일이 일어나기 전에) 고발한다. (롬 3:9)
ἡγέομαι 내가 인도하다(lead), 지배하다, 생각하다. (빌 3:8)
μέμφομαι 내가 책망한다(blame), 잘못을 찾는다. (롬 9:19)

144 A. T. Robertson, *A Grammar of the Greek New Testament in the Light of Historical Research*, (Nashville: Broadman Press, 1934), 813.

7.9 연습문제

1) καὶ τὸ βιβλίον γέγραπται ὑπὸ τοῦ γραμματεως.[145]

2) βαπτίζετε τούς νεκρους, οὐ βαπτίζονται ὑπὸ τῶν αποστόλων· (cf. 고전 15:29)

3) ὁ ἀρχῶν ουκ ἐρχεται τῷ κυριῳ καὶ οὐ σώζεται ὑπο τοῦ θεου.

4) ὑμεῖς δέ, ἀδελφοί, οὐκ ἐστὲ ἐν σκότει. (살전 5:4)[146]

5) καθὼς γέγραπται ὁ θεὸς ἀγαπᾷ[147] κόσμον, καὶ διδωσι τὸν υἱὸν εἰ πιστεύεις εἰς αὐτὸν ἔχεις ζωὴν αἰώνιον. (요 3:16)

6) ὁ Ἰησοῦς ἐγήγερται[148] τῇ ἡμέρᾳ τῇ τρίτῃ κατὰ τὰς γραφὰς. (고전 15:4)

7) ὁ γὰρ ἄρτος τοῦ θεοῦ ἐστιν ὁ καταβαίνων ἐκ τοῦ οὐρανοῦ καὶ ζωὴν διδοὺς τῷ κόσμῳ. (요 6:33)

8) λέγει τῷ Σίμωνι Πέτρῳ ὁ Ἰησοῦς· Σίμων Ἰωάννου, ἀγαπᾷς[149] με; λέγει αὐτῷ· ναὶ κύριε, σὺ γινώσκεις ὅτι φιλῶ σὲ. (요 21:15)

9) ταῦτα ἥγημαι διὰ τὸν Χροστὸν ζημίαν. (빌 3:7)

10) παραδοθήσεται γὰρ τοῖς ἔθνεσιν καὶ ἐμπαιχθήσεται καὶ ὑβρισθήσεται καὶ ἐμπτυσθήσεται. (눅 18:32)

---

145 ὑπο +속격 = ~에 의하여; +목적격 = ~의 아래에; ὁ γραμματευς, έως 서기관, 율법학자

146 ἐστε 너희는 ~이다. ἀδελφοί 형제들아[호격]; οὐκ (아니, not), σκότει form σκότος(어둠)

147 ἀγαπάω(내가 사랑한다)의 현재 능동태 3인칭 단수. ἀγαπα+ει = ἀγαπᾷ

148 ἐγείρω 나는 일으키다(raise).

149 ἀγαπάω의 현재 능동태 2인칭 단수. ἀγαπα+εις = ἀγαπᾷς; ἀγαπητὸς όν η, 사랑받는

7.10 단어

ἀγαπάω 내가 사랑한다.
ἀγαπητὸς όν ή 사랑받는
ἀποθνῄσκω (ἀποθνήσκω) 내가 죽인다. ἀποθανοῦμαι ἀπέθανον ἀποκτείνω
ἀποκρίομαι 내가 대답한다.
ἀσπάζομαι 나는 인사한다.
βαπτίζω 내가 침례를 준다. [물에] 잠기게 한다. [물에] 담근다.
τὸ βάπτισμα -ατος 침례. 물에 담금
γίνομαι 내가 된다.
τὸ γράμα -ατος 문자. 책. 기록
ὁ γραμματεύς -εως 서기관. 율법학자
ἡ γραφή 성경. 문서(wirting) αἱ γραφαί 성서
γράφω 나는 쓴다. 기록한다(write).
γράξω ἔγραψα γέγραφα γέγραμμαι ἐγράφην
δέχομαι 내가 영접한다.
ἐγγίζω 내가 가까이 간다. 접근하다. ἤγγισα ἤγγικα[현재완료]
ἐγείρω 나는 일어난다. 깨운다. 일으킨다(raise).
ἐγερῶ ἤγειρα ἐγήγερμαι ἠγέρθην 수동태도 능동태(디포)로 번역한다.
ἐμπαίζω [여격을 취함] 내가 조롱한다. 비웃는다.
εὑρίσκω 내가 발견한다. 찾는다. 만난다. 획득한다.
ἥγεομαι 내가 생각한다. ~로 여긴다.
λαμβάνω 내가 취한다. 붙잡다. λήμψομαι (또는 λήψομαι) ἔλαβον εἴληφα
ἡ λύτρωσις -εως 구원. 구속. 속죄
παραδίδωμι 내가 넘겨준다(hand over). 배반한다. 허용한다.
ἡ παράδοσις -εως 전통(tradition)
πίπτω 내가 떨어진다. 넘어진다. ἔπεσον (ἔπεσα) πέπτωκα
τὸ σκότος ους 어둠(darkness) 악(sin. evil)
συμβουλεύω 내가 조언한다(advise).
[중] 내가 의논한다. ~을 계획한다. 꾀한다.
ἡ ζημία 손해. 해(damage). 잃음

분사는 물 위에 떠 있는 튜브와 같아요.
튜브는 독립적으로 움직이지만
동시에 배에 줄로 연결되어
배가 가는 곳으로 따라갈 수밖에 없지요.

동사는 배라면, 분사는 튜브!

분사는 명사에 울타리를 쳐서
명확하게 규정하여 형용사처럼 사용되기도 하며
동사처럼 행동 양태를 표현해 주지만
시상이 없으니 자연히 주동사의 시간을 따라가게 돼요.

제8과 현재와 미래 분사

1) 분사는 동사에서 유래한 형용사 유형이라 볼 수 있다. 그럼에도 분사는 동사도 아니며 형용사도 아니다. 분사는 동사와 형용사의 성격을 가진다. 즉 분사는 동사적 형용사 또는 형용사적 동사에 해당한다. 그래서 분사는 형용사처럼 성(性), 수(數), 격(格)을 가지고 형용사나 부사처럼 사용한다.
2) 분사는 동사처럼 사용되지만, 분사 자체에 인칭이 존재하지는 않는다. 그래서 분사 자체는 결코 주어를 가질 수 없고 본동사만이 주어를 가진다. 분사는 주어가 붙지 못하는 동사와 유사한 성격을 갖는다.
3) 분사는 동사적 형태로 태와 시상을 가진다. 그러나 분사는 시간개념이 없는 동작의 형태나 행동양식만을 표현하기 때문에 본동사의 시간에 종속된다. 분사는 진행 과정을 강조하거나 시작 단계의 상태를 강조한다.

✧ ὁ ἄρχων 명사 변화

	단수	ἄρχων	복수	ἄρχοντες
속격	τοῦ	ἄρχοντος	τῶν	ἀρχόντων
여격	τῷ	ἄρχοντι	τοῖς	ἄρχουσι(ν)[150]
대격	τὸν	ἄρχοντα	τοὺς	ἄρχοντας
주격	ὁ	ἄρχων[151]	οἱ	ἄρχοντες

✓ ὁ ἄρχων은 핵심명사인 동시에 현재 능동태 분사이다.

✓ 핵심명사의 특징은 원형이 자음,[152] ι, 그리고 υ로 끝나거나 α가 장음으로 변형된 η로 끝나는 명사이다.

a) 능동태 남성 현재분사와 ὁ ἄρχων의 격변화는 동일하다.

b) 능동태 분사는 몸통+분사표시(οντ)+격꼬리 변화의 형태를 취한다.

---

150 ἄρχοντ+σι= ἄρχοὖσ 앞에 τ 탈락] ἄρχοˀνσι 〉 탈락 보충을 위해 ο가 장음화(ου)= ἄρχουσι

151 σ 앞에 τ는 탈락되고 ν 뒤에 σ는 탈락한다. 그리고 탈락 보충을 위해 장음화된다. ἄρχοντ+ς = ἄχον(σ 앞에 τ 탈락) ς 〉 ἄρχον+ς(ν 뒤에 σ 탈락) 〉 탈락 보충을 위해 장음화(ω) = ἄρχων

152 자음 또는 ι 과 υ로 원형이 끝나는 것이 있지만, 핵심명사를 일명 제3변화 또는 자음변형 명사라고 지칭한다.

✓ 능동태 분사의 남성 · 중성은 핵심명사의 격꼬리를 따르고, 여성은 α명사의 δόξα 격꼬리 변화를 따른다.

8.1 현재분사 능동태 변화

	남 성		중 성	
	πιστεύων[153]	πιστεύοντες	πιστεῦον	πιστεύοντα
속격	πιστεύοντος	πιστευόντων	πιστεύοντος	πιστευόντων
여격	πιστεύοντι	πιστεύουσι(ν)	πιστεύοντι	πιστεύουσι(ν)
대격	πιστεύοντα	πιστεύοντας	πιστεῦον	πιστεύοντα
주격	πιστεύων	πιστεύοντες	πιστεῦον	πιστεύοντα
	여 성			
	πιστεύουσα	πιστεύουσαι		
속격	πιστευούσης	πιστευουσῶν	* 남성과 중성의 속격과 여격은 동일하다.	
여격	πιστευούσῃ	πιστεύουσαις	* 중성의 대격과 주격은 동일하다.	
대격	πιστεύουσαν	πιστευούσας		
주격	πιστεύουσα	πιστεύουσαι		

✓ 분사의 특징은 동사 몸통 앞에 과거 시상을 나타내는 ϵ이 붙을 수 없다. 완료분사의 몸통 앞에 붙는 ϵ은 과거 시상표시가 아닌 완료표시를 나타내는 첫음반복(ἐ■□□□↝)이다. 남성 분사의 표시가 ντ라면, 여성 분사표시의 원형은 ϵσ이다. 여성 분사의 특징은 (접착모음)ο+ϵσ(여성 분사표시) = οϵσ 〉 (ο+ϵ= ου) 〉 ουσ가 된다. 그래서 현재분사 능동태 여성 표시로 제품화된 **ουσ**이다.

남성/중성 분사 ■□□□ +ο+<u>ντ</u>↝ → ■□□□ οντ↝[154]

여성 분사 ■□□□+ο+<u>ϵσ</u>↝ → ■□□□ ουσ↝[155]

---

153 현재분사의 주격은 "믿고 있는", 속격은 "믿고 있는 ~의", 여격은 "믿고 있는 ~에게", 대격은 "믿고 있는 ~을"로 번역하고, 분사 앞에 관사가 붙으면 명사처럼 격에 따라 "믿고 있는 자", "믿고 있는 자의","믿고 있는 자에게","믿고 있는 자를"로 번역하지만, 그밖에 다양한 의미로 사용한다.

154 남성/중성 능동태 현재분사와 핵심명사 변형과는 동일하다.

155 여성분사 능동태 격꼬리 변형은 α명사 변화인 δόξα의 변형과 동일하다. α명사 변화에서 ρ을 제외한 <u>자음</u>(λλ σ, ζ, ξ)이 α 앞에 올 때, 속격과 여격 단수는 장음 η로 변한다. 자음 [ρ 제외]+ α = η (속격과 여격)

✍ ἡ δόξα(영광) [뿌리 δοξ+α]

		단수		복수
		δόξα		δόξαι
속격	τῆς	δόξης	τῶν	δοξῶν
여격	τῇ	δόξῃ	ταῖς	δόξαις
대격	τήν	δόξαν	τᾶς	δόξας
주격	ἡ	δόξα	αἱ	δόξαι

c) 1변화 명사의 기본형은 여성명사 θύρα(문)의 변형과 동일하다. ρ 뒤에 오는 뿌리(stem)의 α를 유지한다. (ϵ, ι, ρ + α = α변형). 뿌리 끝의 α가 유지될 때, 속격 단수와 대격 복수는 동일하다.

✧ θύρα(문) [뿌리 θυρα: ρ+α]

		단수		복수
		θύρα		θύραι
속격	τῆς	θύρας	τῶν	θύρων
여격	τῇ	θύρᾳ	ταῖς	θύραις
대격	τήν	θύραν	τᾶς	θύρας
주격	ἡ	θύρα	αἱ	θύραι

d) 여성관사는 γραφη(책)의 변형과 동일하다. 뿌리 끝인 α가 장음으로 변하여 η가 되어 변형이 이루어진다. (α+α=ᾶ,[156] ϵ+α=η, ϵ+α= η)

		단수		복수
		γραφή		γραφαί
속격	τῆς	γραφῆς	τῶν	γραφῶν
여격	τῇ	γραφῇ	ταῖς	γραφαῖς
대격	τήν	γραφήν	τᾶς	γραφάς
주격	ἡ	γραφή	αἱ	γραφαί

156 참고로 단음 α가 장음 α로 변하여 변형 형태(α+α= ᾶ)는 α에 서컴플렉스(circumflex)가 붙어 변형되는 것을 유의하라.

✦ 현재분사와 2부정과거 능동태 분사

1) 능동태 현재분사 남성/중성의 표시는 (ο)ντ이며 여성의 표시는 ουσ이다. 남성 분사는 ἄρχων의 격꼬리 변형과 같고, 중성 분사는 ὄνομα의 격꼬리 변형과 같고, 여성은 δόξα의 격꼬리 변형과 같다.
2) 중성 주격과 대격은 동일한 형태이다. 중성 속격과 여격은 남성변형과 같다.
3) 능동태 현재분사와 능동태와 제2부정과거 분사의 기본변형은 동일하다. 단지 현재분사는 현재형 몸통을 사용하며 제2부정과거 분사는 변형된 몸통을 사용한다.
4) εἰμι의 현재분사는 능동태 현재분사의 꼬리 변형과 동일하다.

능동태 현재분사	■□□□□οντ↝
εἰμι의 현재분사 남성·중성	οντ↝
εἰμι의 현재분사 여성	ουσ↝

εἰμι 현재분사 변화표

	남성		중성		여성	
	단수	복수	단수	복수	단수	복수
	ὤν	ὄντες	ὄν	ὄντα	οὖσα	οὖσαι
속격	οντος	ὄντων	οντος	ὄντων	οὔσης	οὐσῶν
여격	ὄντι	οὖσι	ὄντι	οὖσι	οὔσῃ	οὔσαις
대격	ὄντα	ὄντας	ὄν	ὄντα	οὖσαν	οὔσας
주격	ὤν	ὄντες	ὄν	ὄντα	οὖσα	οὖσαι

✦ 분사 변형 이해

1) 속격 단수는 분명하게 분사 몸통의 원래 형태를 보여 준다.
2) 핵심명사의 수격 단수와 여격 복수에서 σ 앞에 ντ가 생략된다.
3) 남성/중성 능동태 분사표시는 οντ(현재), σοντ(미래), κοτ(현재완료)이다.
4) 여성 분사 능동태는 분사표시는 ουσ(현재), σουσ(미래), κυι(현재완료)이다.
5) 중·수동태 분사표시는 μεν이며, 격꼬리는 관사와 동일하다.[157]

---

157 능동태 격꼬리가 붙는 제1부정과거 수동태는 예외이다.

✦ 분사 약식표

			남성	중성	여성 (δόξα 격고리)
능동태	현재	속격단	–οντος 남3~	–οντος 중3~	–ουσης 여1~
		여격복	–ουσι(ν)	–ουσι(ν)	–ουσαις
		주격단	–ων	–ον	–ουσα
	미래	속격단	–σοντος	–σοντος	–σουσης
		여격복	–σουσι(ν)	–σουσι(ν)	–σουσαις
		주격단	–σων	–σον	–σουσα
	1부정과거	속격단	–σαντος	–σαντος	–σασης
		여격복	–σασι(ν)	–σασι(ν)	–σασαις
		주격단	–σας	–σαν	–σασα
	현재완료	속격단	▮ε▮ –κοτος	▮ε▮ –κοτος	▮ε▮ –κυιας
		여격복	▮ε▮ –κοσι(ν)	▮ε▮ –κοσι(ν)	▮ε▮ –κυιαις
		주격단	▮ε▮ –κως	▮ε▮ –κος	▮ε▮ –κυια
중수	현재완료	주격단	▮ε▮ –μενος	▮ε▮ –μενον	▮ε▮ –μενη
	현재	주격단	–ομενος	–ομενον	–ομενη
중간태	미래	주격단	–σομενος	–σομενον	–σομενη
	1부정과거	주격단	–σαμενος	–σαμενον	–σαμενη
수동태	미래	주격단	–θησομενος	–θησομενον	–θησομενη
	1부정과거	속격단	–θεντος	–θεντος	–θεισης
		여격복	–θεισι(ν)	–θεισι(ν)	–θεισας
		주격단	–θεις	–θεν	–θεισα

✦ 능동태 미래분사 변형

1) 미래 능동태 분사는 현재 능동태 분사형에 미래 표시 σ가 붙은 상태이다.

		남성		중성		여성	
		σων		σον		σουσα	
단수	속격	τοῦ	–σοντος	τοῦ	–σοντος	τῆς	–σούσης
	여격	τῷ	–σοντι	τῷ	–σοντι	τῇ	–σούσῃ
	대격	τὸν	–σοντα	τὸ	–σον	τὴν	–σουσαν
	주격	ὁ	–σων	τὸ	–σον	ἡ	–σουσα
		σοντες		σοντα		σουσαι	
복수	속격	τῶν	–σοντων	τῶν	–σοντων	τῶν	–σουσῶν
	여격	τοῖς	–σουσι(ν)	τοῖς	–σουσι(ν)	ταῖς	–σουσαις
	대격	τοὺς	–σοντας	τὰ	–σοντα	τὰς	–σούσας
	주격	οἱ	–σοντες	τὰ	–σοντα	αἱ	–σουσαι

8.2 미래 능동태 분사 변화[158]

✦ πιστεύω의 미래 능동태 분사

	남 성		중 성	
	단수	복수	단수	복수
속격	πιστεύσοντος	πιστευσόντων	πιστεύσοντος	πιστευσόντων
여격	πιστεύσοντι	πιστεύσουσι	πιστεύσοντι	πιστεύσουσι
대격	πιστεύσοντα	πιστεύσοντας	πιστεῦσον	πιστεύσοντα
주격	πιστεύσων	πιστεύσοντες	πιστεῦσον	πιστεύσοντα
	여 성			
	단수	복수		
속격	πιστευσούσης	πιστευσουσῶν	* 남성과 중성의 속격과 여격은 동일하다.	
여격	πιστευσούσῃ	πιστευσούσαις	* 중성의 대격과 주격은 동일하다.	
대격	πιστεύσουσαν	πιστευσούσας		
주격	πιστεύσουσα	πιστεύσουσαι		

8.3 제2부정과거 능동태 분사 변화

✦ εἰπόν의 2부정과거 능동태 분사: [λέγω 내가 말한다]

	남 성		중 성	
	단수	복수	단수	복수
속격	εἰπούτος[159]	εἰπόντων	εἰπούτος	εἰπόντων
여격	εἰπόντι	εἰποῦσι(ν)	εἰπόντι	εἰποῦσι(ν)
대격	εἰπόντα	εἰπόντας	εἰπόν	εἰποντα
주격	εἰπῶν	εἰπόντες	εἰπόν	εἰποντα
	여성			
	단수	복수		
속격	εἰπούσης	εἰπουσῶν	* 남성과 중성의 속격과 여격은 동일하다.	
여격	εἰπούσῃ	εἰπούσαις	* 중성의 대격과 주격은 동일하다.	
대격	εἰπούσαν	εἰπούσας		
주격	εἰποῦσα	εἰποῦσαι		

158 미래 분사는 주동사의 시간 이후에 일어나는 행위 동작을 기술한다.

159 제2부정과거 분사는 2부정과거 몸통을 사용한다. 부정과거 몸통(εἰπ)+분사표시(ουτ)+격꼬리 변화 (ος) = εἰπούτος

8.4 현재 중 · 수동태 분사 변화

✦ πιστεύω의 현재 중 · 수동태 분사

	남성		중성	
	단수	복수	단수	복수
속격	πιστευομένου	πιστευομένων	πιστευομένου	πιστευομένων
여격	πιστευομένῳ	πιστευομένοις	πιστευομένῳ	πιστευομένοις
대격	πιστεύομενον	πιστευομένους	πιστευόμενον	πιστευόμενα
주격	πιστευόμενος	πιστεύομενοι	πιστευόμενον	πιστευόμενα

	여성	
	단수	복수
속격	πιστευομένης	πιστευομένων
여격	πιστευομένῃ	πιστευομέναις
대격	πιστευομένην	πιστευομένας
주격	πιστευομένη	πιστευόμεναι

* 남성과 중성의 속격과 여격은 동일하다.
* 중성의 대격과 주격은 동일하다.

1) 중 · 수동태 현재분사의 분사표시는 ομεν이다. 현재 능동태 3인칭 복수 ομεν은 동사의 끝에 오지만, 중 · 수동태 현재분사 ομεν은 몸통과 격꼬리 사이에 온다.
2) 중 · 수동태 현재분사의 남성과 중성은 ο명사(2변화)의 꼬리변형을 따르고, 여성은 여성 관사 변형을 따른다.

✦ 분사 변형 요약

	능동태 분사					
	남성		중성		여성	
	단수	복수	단수	복수	단수	복수
현재/2부정	ων	οντες	ον	οντα	ουσα	ουσαι
미래	σων	σοντες	σον	σοντα	σουσα	σουσαι
현재완료	κως	κοτες	κος	κοτα	κυια	κυιαι
1부정과거	σας	σαντες	σαν	σαντα	σασα	σασαι
	중/수동태 분사					
현재완료	μενος	μενοι	μενον	μενα	μενη	μεναι
현재/2부정	ομενος	ομενες	ομενον	ομενα	ομενη	ομεναι
1부정과거(중)	σαμενος	σαμεναι	σαμενον	σαμενα	σαμενη	σαμεναι
1부정과거(수)	θεις	θεντες	θεν	θεντα	θεισα	θειαι

8.5 분사의 사용법

분사는 형용사도 아니고 동사도 아닌 것이 동사 역할과 형용사 역할은 한다. 그러므로 분사는 형용사처럼 수식하고 동사처럼 행동을 표현한다.

* 분사의 형용사적 성격

1) 분사는 성, 수, 격이 있다.
2) 분사의 성, 수, 격은 수식하는 명사의 성, 수, 격과 일치한다.
3) 분사가 명사를 한정해 주는 형용사적인 수식어로 사용된다.

* 분사의 동사적 성격

1) 동사처럼 태와 시상이 있다.
2) 동사처럼 목적어를 취할 수 있다.
3) 부사적 수식어를 취하고 부사처럼 사용할 수 있다.

능동태 현재분사 ■□□□οντ~

ὁ πιστεύων 현재분사 능동태 주격 단수 남성

τοῦ πιστεύ<u>οντ</u>ος 현재분사 능동태 속격 단수 남성

1) 분사의 한정적 사용법(The Attributive Participle)

분사가 정관사와 함께 사용될 때, 명사를 한정하여 수식하므로 분사의 한정적 사용법에서는 분사가 형용사처럼 사용한다.

한정적(형용사적) 사용법 : 관사 + 분사형 + 명사 = 명사를 수식

<u>ὁ ἄχων</u> ἄνθρωπος

<u>그 통치하는</u> 사람(명사 "사람"을 수식)

<u>ὁ ἀπόστολος ὁ πιστευων</u> εἰς τὸν λόγον.

[그] 말씀을 <u>믿고 있는 (그) 사도</u>

ὁ ἐμὲ μισῶν καὶ τὸν πατέρα μου μισεῖ. (요 15:23)
나를 미워하고 있는 자는 또한 나의 아버지를 미워한다.

ὁ ἀπόστολος ὁ βαπτίζων τοὺς μαθητὰς δοξάζει τὸν θεόν.
그 제자들을 침례 주고 있는 (그) 사도가 하나님께 영광을 돌리고 있다.

* 한정적 용법의 예외적 구조

한정적 사용법의 분사에서는 일반적으로 정관사가 앞에 온다. 정관사가 오지 않을 경우는 대개 동사적 형태로 서술적 사용법에 해당한다. 그러나 분사 앞에 정관사가 없지만, 문맥상 한정적 사용법으로 번역해야 하는 때도 있다.

βλέπω τὸν ἄνθρωπον λέγοντά μοι. (행 22:18)
내가 그 사람을 보고 있다. [동시에 그는] 나에게 말하고 있다.
나에게 말하고 있는 사람을 나는 보고 있다.

καὶ εἶδον ἄλλον ἄγγελον ἀναβαίνοντα ἀπὸ ἀνατολῆς ἡλίου ἔχοντα[160] σφραγῖδα θεοῦ.[161] (계 7:2)
그리고 나는 하나님으로부터 한 인을 [받아]가지고 (있는), 해 뜨는 데로부터 올라오고 있는 다른 한 천사를 보았다.

2) 분사의 독립적 사용법

분사가 정관사와 함께 사용되지만, 수식할 명사가 없을 때는 분사 자체가 독립적으로 명사 역할을 한다. 분사가 형용사적으로 사용될 때는 원칙적으로 분사에 관사가 온다. 관사가 붙은 분사가 명사를 형용할 때는 한정적 사용법으로 사용되고, 명사가 생략되었을 때는 독립적 사용법으로 사용된다.

독립적 사용법: 관사 + 분사형 = 그 자체로 명사처럼 사용
ὁ αρχων 그 통치하는 남자

οἱ πιστεύσαντες τῇ ἀληθείᾳ πιστεύουσι εἰς τὸν κύριον.
(그) 진리 안에 있는 남자들은 (그) 주님을 믿는다.

160 두 개의 분사는 천사의 상태와 동작을 동시적으로 표현한다.
161 탈격 명사 앞에는 일반적으로 관사가 붙지 않는다. "하나님으로부터 온"

λέγει αὐτῷ ὁ Ἰησοῦς· ὅτι ἑώρακας[162] με πεπίστευκας; μακάριοι οἱ μὴ ἰδόντες και πιστεύσαντες. (요 20:29)

예수께서 그에게 말한다. "너는 나를 보아 왔음으로 나를 믿어왔느냐? 그러나 보지 않았지만 믿는 남자들이 복[있다]

Μωϋσῆς πιστεύει εἰς μαρτύριον τῶν λαληθησομένων. (cf. 히 3:5)

모세는 말하여질 것들에 대해[163] 증거를 믿고 있다.

3) 분사의 서술적 사용법

1) 분사의 서술적 사용법에는 분사 앞에 관사가 붙지 않는 것이 원칙이다.
2) 분사의 서술적 사용법에는 분사가 동사처럼 사용된다. 서술적 분사는 부사적 수식어에 해당한다. 분사는 부사는 아니지만, 동사를 수식하는 부사처럼 사용된다. 분사가 동사를 수식하기 때문에 분사의 서술적 사용법에서는 분사를 동사처럼 번역된다. 즉 주동사와 연결되어 주동사의 행위나 의미를 보충 설명을 한다. 서술적 분사 사용법에서 분사는 부사절 형태로 번역한다.
3) 분사가 주동사와 연계되는 것을 설명해 주는 서술(동사)적 사용법으로 사용될 때는 분사 주격에는 주어가 없지만, 본동사의 주어를 가주어로 이해하고 번역해야 한다.
4) 서술적 부사는 일반적으로 성, 수, 격이 일치한다.
5) 서술적(부사적) 사용법은 분사+동사(또는 명사) 형태로 주절의 행위에 대해 부가적으로 서술을 한다.

ὁ ἀπόστολος βαπτίζων τοὺς μαθητὰς δοξάζει τὸν θεόν.

[그 사도가] 그 제자들을 침례 주고 있는 [중에], 그 사도가 하나님께 영광을 돌린다.

현재분사는 본동사의 시상과 동일하게 일어나는 반복 행위 동작을 보여 준다. 서술적 분사는 시간, 이유, 목적, 방법과 수단의 의미를 나타내기 때문에 문맥에 따라 번역해야 한다. 초보적 단계에서는 시간 부사절에서부터 번역을 시도한다.

---

162 ὁράω(나는 본다)의 현재완료 능동태 2인칭 단수 직설법

163 τῶν λαληθησομένων은 미래 분사 수동태 중성 속격 복수이다. 여기서는 소유를 표현하는 속격(말하여질 것들의 증거를)으로 사용되지 않고 대상(목적격)을 나타내는 속격(말하여질 것들에 대한 증거에 대한 것을)으로 사용한다.

4) 분사의 속격 독립 사용법

일반적인 문맥에서 분사는 주동사의 주어와 일치한다. 그러나 분사의 주어와 주동사의 주어가 다를 때에는, 분사의 주어 역할을 하는 명사가 속격을 취한다. 그러므로 분사의 주어를 취하는 속격은 문법적으로는 아무런 연관성이 없다. 그러나 주어로 사용되는 속격은 분사와 논리적인 관계가 있다.

독립적 소유격은 분사의 주절과 종속절의 주어가 다를 때, 분사의 서술부가 소유격으로 변화된다. (소유격 분사를 주격으로 이해하고 번역해야 한다)

ἀκουοντος <u>ἀρχοντος</u> τον λογον πιστευω τῳ κυριῳ.

한 통치자가 그 말씀을 듣는 중에, 나는 주님을 믿고 있다.

λέγοντος του προφήτού εγρφουσι.

그 선지자가 말하는 중에, 그들은 기록하고 있다.

λέγοντος του προφήτού ἔγρφον.

그 선지자가 말하고 있는 중에, 그들은 기록했다.

5) 현재 분사와 부정과거 분사의 의미 차이

현재분사가 주동사의 동일한 시간에 계속 진행되는 사건을 표현한다면, 부정과거 분사는 주동사보다 뒤에 시작된 사건의 시점을 강조한다.

1) 현재분사는 주동사와 동시적 사건의 행동 양태(진행성)를 표현한다. 현재분사는 "~하면서", 또는 "~할 때"(while, as)로 번역할 수 있다.

2) 부정과거 분사는 일반적으로 주동사의 사건보다 이전에 시작된 사건의 행동 양태의 연속성(sequence)을 표현한다. 부정과거 분사의 시간은 주동사의 시간보다 앞선다. 부정과거 분사는 "~한 후에"(after)로 번역할 수 있다.

ἀκουοντες ἐπιςτευσαν. [현재 분사]

[그들이] 듣고 있을 때, 그들이 믿었다.

ἀκουσαντες ἐπιςτευσαν. [부정과거 분사]

[그들이] 들은 후에, 그들이 믿었다.

6) 분사의 다양한 해석들

헬라어 분사는 다양한 의미를 내포하고 있다. 그러므로 헬라어 분사의 의미는 문맥에 의하여 결정한다.

<u>ἀκουων τους λογους τον θεον</u> γραφει τους λογους τοις ἀνθρωποις.

a) [동일 시간] 하나님의 말씀들을 듣고 있을 때에
그는 그 말씀들을 사람들에게 기록한다.

b) [이유] 하나님의 말씀들을 들었기 때문에

c) [대조적 양보] 하나님의 말씀들을 들었지만

d) [목적] 하나님의 말씀들을 듣기 위해

e) [조건절] 하나님의 말씀들을 듣고 있다면

f) [명령형] 하나님의 말씀들을 들으라!

a) 이유(Causal)를 나타내는 분사

Ιωσὴφ ὁ ἀνὴρ αὐτῆς, δίκαιος <u>ὢν</u>[164] οὐ θέλει ἀπολῦσαι[165] αὐτήν. (마 1:19)

그녀의 남자(약혼자)인 요셉은 의로운 사람이기 때문에
그는 그녀와 이혼하는 것을 원하지 않고 있다.

b) 반대적 양보(Concessive)를 나타내는 분사

<u>γινώσκων</u> τὸν θεὸν θεὸν οὐχ ἐδόξασαν. (롬 1:21)[166]

[그들은] 하나님을 알고 있지만, 그들은 하나님께 영광을 돌리지 않았다.

c) 도구 수단을 나타내는 분사

τοῦτο γὰρ ποιῶν σώσεις τοὺς ἀκούοντας. (딤전 4:16)

그러므로 [너는] 이것을 하는 것에 의해서, 너는 듣고 있는 사람들을 구원할 것이다.

---

164 ὢν는 εἰμί의 현재분사 주격 단수

165 ἀπολῦσαι는 ἀπολύω(내가 풀어준다, 이혼하다)의 1부정과거 부정사

166 ἐδόξασαν 직설법 능동태 1부정과거 3인칭 복수 〈 δοξάζω

8.6 연습문제[167]

1) ὁ πιστεύων εἰς τὸν υἱὸν ἔχει ζωὴν αἰώνιον. (요 3:36)

2) καὶ ὁ θεωρῶν ἐμὲ θεωρεῖ τὸν πέμψαντά με. (요 12:45)

3) Καὶ οἱ ἑπτὰ ἄγγελοι οἱ ἔχοντες τὰς ἑπτὰ σάλπιγγας ἡτοίμασαν αὑτοὺς ἵνα σαλπίσωσιν. (계 8:6)

4) ὁ Ἰησοῦς εἶδεν[168] τὸ πνεῦμα τοῦ θεοῦ καταβαῖνον ἐπ'[169] αὐτόν. (마 3:16)

5) ἀκούω φωνὴν λέγοντα τῷ ἕκτῳ ἀγγέλῳ, ὁ ἔχων τὴν σάλπιγγα. (cf. 계 8:6)

6) ὁ λαλῶν γλώσσῃ οἰκοδομεῖ ἑαυτόν· ὁ δὲ προφητεύων ἐκκλησίαν οἰκοδομεῖ. (고전 14:4)

7) ὁ ἀρχισυνάγωγος ἐπίστευσεν τῷ κυρίῳ σὺν ὅλῳ τῷ οἴκῳ αὐτοῦ, καὶ πολλοὶ ἐπίστευον καὶ ἐβαπτίζοντο. (행 18:8)

8) Εὐχαριστῶ τῷ θεῷ μου πάντοτε μνείαν σου ποιούμενος ἐπὶ τῶν προσευχῶν μου, ἀκούων σου τὴν ἀγάπην καὶ τὴν πίστιν, ἣν ἔχεις πρὸς τὸν κύριον Ἰησοῦν καὶ εἰς πάντας τοὺς ἁγίους. (몬 1:4-5)

---

167 ἑπτὰ 일곱; σάλπιγγας 나팔들을 〈 σάλπιγξ; σαλπίσουσιν 〈 σαλπίζω 내가 나팔을 분다.

168 ὁράω(내가 본다)의 2부정과거 능동태 3인칭 단수

169 모음 앞에 ι탈락 ἐπί +[대격] ~바로 위에(upon), ~위에(on), ~로(to)

8.7 단어

	ἅγιος -ον -α	거룩한, 신성한
	ἁγνίζω	나는 정화한다, 청결하게 한다, [중] 나는 헌신한다.
ὁ	ἀρχισυνάγωγος	회당장, 지도자(leader)
	εὐχαριστέω	내가 감사한다, 감사드린다. εὐχαριστήσω εὐχαρίστησα (또는) ηὐχαρίστησα) εὐχαρίστηκα εὐχαρίστημαι εὐχαριστήθην
	βαπτίζω	내가 침례를 준다, [물에] 잠기게 한다, [물에] 담근다. βαπτίσω ἐβάπτισα βεβάπκα ἐβαπτισάμην ἐβαπτίσθην
	ἐπί	+[속격] +[처격] +[대격]~바로 위에(upon), ~위에(on) ~로(to)
	ἑπτὰ	일곱(seven)
	εὐχαριστέω	내가 감사한다.
	θεωρέω	내가 본다, 관찰한다. θεωρήσω ἐθεώρησα
	καταβαίνω	내가 내려간다.
	μιμνῄσκω	내가 기억한다, 기념한다.
ἡ	μνεία -ας	기억, 언급
	οἰκέω	내가 거주한다(dwelling), 산다.
ἡ	οἰκία	집(house), 거처
	οἰκοδομέω	내가 세운다(build up).
ὁ	οἶκος	집(house) 거주, 일가족, 가정, 집안, 나라, 성전
	ὅλος -όν -ή	[형] 전체의, 전부의, 모든
	πάντοτε	항상(always), 언제나
	πᾶς, πᾶν, πᾶσα	[형] 모든, 전체의, 각각의
	πέμπω	내가 보낸다, 파송한다. πέμψω ἔπεμψα ἐπέμφθην
	ποιέω	내가 행한다, 만든다. ποιήσω ἐποίησα πεποίηκα πεποίημαι
ἡ	προσευχή -ης	기도(prayer)
	προσεύχομαι	내가 기도한다.
ὁ	ποταμός	강, 시내, 흐르는 것
ἡ	σάλπιγξ -ιγγος	나팔(trumpet)
	σαλπίζω	내가 나팔을 분다, 나팔소리를 낸다.

제9과 형용사

형용사는 명사를 꾸며주는 화장품이다. 그래서 형용사는 명사의 의미를 수식(modifying), 설명(describing), 규정(limiting) 또는 일치(identifying)시키는 역할을 한다.

9.1 형용사의 기본형

형용사의 일반적인 형태는 남성과 중성은 ο명사의 격꼬리를 따르고, 여성은 α명사의 격꼬리를 따라 변한다. 형용사의 몸통 끝이 ϵ, ι, ρ인 경우, 여성은 순수 α명사(θύρα 문)의 격꼬리를 따라 변화가 규칙적으로 일어난다.

	ἅγιος, -ον, -α 거룩한(holy)					
	남 성		중 성		여 성	
	단수	복수	단수	복수	단수	복수
	ἅγιος	ἅγιοι	ἅγιον	ἅγια	ἁγία	ἅγιαι
속격	ἁγίου	ἁγιων	ἁγίου[170]	ἁγιων	ἁγίας	ἁγιων
여격	ἁγιῳ	ἁγίοις	ἁγιῳ	ἁγίοις	ἁγιᾳ	ἁγίαις
대격	ἅγιον	ἅγιους	ἅγιον	ἅγια	ἅγιαν	ἁγιάς
주격	ἅγιος	ἅγιοι	ἅγιον	ἅγια	ἅγια	ἅγιαι
호격	ἅγιϵ	ἅγιοι	ἅγιον	ἅγια	ἅγια	ἅγιαι

관사와 일반적인 형용사 격꼬리 변화

	남 성		중 성		여 성	
	단수	복수	단수	복수	단수	복수
	ὁ -ος	οἱ -οι	τὸ -ον	τὰ -α	ἡ -α	αἱ -αι
속격	τοῦ -ου	τῶν -ων	τοῦ -ου	τῶν -ων	της -ας	τῶν -ων
여격	τῳ -ῳ	τοις -οις	τῳ -ῳ	τοις -οις	τῃ -ᾳ	ταις -αις
대격	τὸν -ον	τους -ους	το -ον	τὰ -α	την -αν	τας -ας
주격	ὁ -ος	οἱ -οι	τὸ -ον	τὰ -α	ἡ -α	αἱ -αι
호격	-ϵ	-οι	-ον	-α	-α	-αι

170 남성과 중성의 속격과 여격은 동일하다.

9.2 관사 격꼬리와 일치하는 형용사

뿌리 끝이 ρ을 제외한 자음일 때는 형용사 α가 η로 장음화하여 변화된 관사의 격꼬리와 변형과 동일하게 변형한다.

καλός –ον –η 좋은(good)

	남성		중성		여성	
	단수	복수	단수	복수	단수	복수
	καλός	καλοί	καλόν	καλά	καλή	καλαί
속격	καλοῦ	καλῶν	καλου[171]	καλῶν	καλῆς	καλῶν
여격	καλῷ	καλοῖς	καλῷ	καλοῖς	καλῇ	καλαῖς
대격	καλόν	καλούς	καλόν	καλά	καλήν	καλάς
주격	καλός	καλοί	καλόν	καλά	καλή	καλαί
호격	καλε	καλοί	καλόν	καλά	καλή	καλαι

형용사의 뿌리 끝이 ϵ, ι, ρ일 때 전형적인 α 격꼬리 변화이고, 이외에는 여성 단수는 장음화된 η 격꼬리 변화가 된다.

9.3 핵심명사 격꼬리와 일치하는 형용사

1) 몸통이 ντ로 끝나는 (πᾶς πᾶν πᾶσα) 형용사 변형

a) 몸통(stem)이 ντ로 끝나는 형용사는 핵심명사의 격변화를 따른다.

b) πᾶς πᾶν πᾶσα[172] 형용사는 1부정과거 능동태 분사와 격변화가 동일하다.

	남 성		중 성		여 성[173]	
	단수	복수	단수	복수	단수	복수
	πᾶς	πάντες	πᾶν	πάντα	πᾶσα	πᾶσαι
속격	παντός	πάντων	παντός	πάντων	πάσης	πασῶν
여격	παντί	πᾶσι(ν)	παντί	πᾶσι(ν)	πάσῃ	πάσαις
대격	πάντα	πάντας	πᾶν	πάντα	πᾶσαν	πάσας
주격	πᾶς	πάντες	πᾶν	πάντα	πᾶσα	πᾶσαι

171 남성과 중성의 속격과 여격은 동일하다.

172 πᾶς는 신약에 1,223번 나오며 "모든" "각각", "매" , "전체"와 같은 의미를 포함한다.

2) 몸통이 반모음(υ)으로 끝난 (ταχύς, ταχύ, ταχεῖα) 형용사 단수 변형에서 남성/중성의 주격과 대격은 반모음(υ)로 끝나며, 그 외에는 ε로 끝난다.

ταχύς -ύ -εῖα (빠른)

	남 성		중 성		여 성	
	단수	복수	단수	복수	단수	복수
	ταχύς	ταχεῖς	ταχύ	ταχέα	ταχεῖα	ταχεῖαι
속격	ταχέως	ταχέων	ταχέως[175]	ταχέων	ταχεῖας	ταχειῶν
여격	ταχεῖ	ταχεσι(ν)	ταχεῖ	ταχεσι(ν)	ταχειᾳ	ταχέιαις
대격	ταχύν	ταχεῖς[174]	ταχύ	ταχέα	ταχειαν	ταχείας
주격	ταχύς	ταχεῖς	ταχύ	ταχέα	ταχεῖα	ταχεῖαι

3) 몸통이 ν으로 끝나는 형용사는 ν앞의 모음이 단음화된 후에 핵심명사 격꼬리 변화를 따른다.

ἄρσην -εν 남성의
σώφρων -ον 지각 있는, 자제하는
ἄφρων -ον 모르는, 지각없는, 어리석은
εὐσχήμων -ον 존경받는, 교양 있는

✧ ἄρσην -εν 남성의

	남성/여성		중 성	
	단수	복수	단수	복수
	ἄρσην	ἄρσενες	ἄρσεν	ἄρσενα
속격	ἄρσενος	ἀρσένων	ἄρσενος[176]	ἀρσένων
여격	ἄρσενι	ἄρσεσι(ν)	ἄρσενι	ἄρσεσι(ν)
대격	ἄρσενα	ἄρσενας	ἄρσεν	ἄρσενα
주격	ἄρσην	ἄρσενες	ἄρσεν	ἄρσενα

173 πᾶς의 여성 변화는 δόξα(영광)와 똑같이 변화한다.
174 남성과 중성의 속격과 여격은 동일하다.
175 대격 복수와 주격 복수는 격꼬리가 동일하다. 대격은 ε+ες = εῖς, 주격은 ε+ας = εῖς이다.
176 남성과 중성의 속격과 여격은 동일하다.

9.4 남성과 여성을 구분하지 않는 형용사

1) 일부 형용사는 남성과 여성이 구분되지 않고 o명사 격꼬리를 따른다.

✧ αἰώνιος -ον 영원한(eternal)

	남성/여성		중 성	
	단 수	복 수	단 수	복 수
	αἰώνιος	αἰώνιοι	αἰώνιον	αἰώνια
속격	αἰώνιου	αἰώνιων	αἰώνιου	αἰώνιων
여격	αἰώνιῳ	αἰώνιοις	αἰώνιῳ	αἰώνιοις
대격	αἰώνιον	αἰώνιους	αἰώνιον	αἰώνια
주격	αἰώνιος	αἰώνιοι	αἰώνιον	αἰώνια
호격	αἰώνιε	αἰώνιοι	αἰώνιον	αἰώνια

✓ 남성과 여성이 구분이 없는 형용사는 관사에 의하여 성과 일치되어 사용됨으로 관사를 통해 형용사의 성, 수, 격을 확인할 수 있다.

9.5 핵심명사의 변형된 격꼬리와 일치하는 형용사

✧ ἀληθῆς -ες 참된, 진실한

	남성/여성		중성	
	단수	복수	단수	복수
	ἀληθής	ἀληθεῖς	ἀληθές	ἀληθῆ
속격	ἀληθοῦς	ἀληθῶν	ἀληθοῦς	ἀληθῶν
여격	ἀληθεῖ	ἀληθέσι(ν)	ἀληθεῖ	ἀληθέσι(ν)
대격	ἀληθῆ	ἀληθεῖς	ἀληθές	ἀληθῆ
주격	ἀληθής	ἀληθεῖς	ἀληθές	ἀληθῆ

1) 뿌리가 ες로 끝나는 명사의 변형이다.
2) 남성 단수 주격에서 꼬리변형이 붙지 않는 대신에 몸통의 끝 ες가 ης로 길어진 상태이며, 중성 단수 주격에서는 뿌리[몸통]가 그대로 사용된다.
3) 나머지는 뿌리 끝 ες에 격꼬리가 결합할 때 ς가 탈락하여 모음단축이 되었다.

9.6 형용사의 사용법

1) 형용사는 명사를 수식한다.
2) 형용사는 수식하는 명사와 성, 수, 격이 일치한다.

1) 형용사의 한정적 사용법

한정적 사용법의 형용사 앞에는 관사가 오는 것이 원칙이다. 그러나 예외적으로 형용사 앞에 관사가 붙지 않아도 한정적 사용법으로 사용되기도 한다.

전형적 위치: 관사 + 형용사 관사 + 명사

τὸ ἔργον τὸ ἀγαθὸν ἐπιτελέσει ἄχρι ἡμέρας Χριστοῦ. (빌 1:6)
그리스도의 날까지 그 선한 일을 그가 완결하실 것이다.

Τύχικος ὁ ἀδελφὸς μοῦ καὶ πιστὸς διάκονος ἐν κυρίῳ.
(cf. 엡 6:21)
주 안에서 나의 형제이며 신신할 사역자, 두기고

2) 형용사의 독립적 사용법

1) 독립적인 사용법의 형용사 앞에는 관사가 오는 것이 원칙이다.
2) 독립적 사용법의 구조는 한정적 사용법의 형용사구에서 명사가 생략된 상태이다.

οὕτως ἔσονται οἱ ἔσχατοι πρῶτοι καὶ οἱ πρῶτοι ἔσχατοι.
(마 20:16)

마지막인 사람들이 첫째 되는 사람들이 되는 것처럼 첫째 되는 사람들이 마지막인 사람들이 될 것이다.

καὶ ἐποίησεν δώδεκα ἀποστόλους. (막 3:14)
그가 열두 [사람들]을 사도들로 만들었다.

3) 독립적인 사용법의 형용사 앞에 관사가 오는 것이 원칙이나 예외적으로 형용사 앞에 관사가 생략된 경우에도 독립적 사용법으로 사용된다. 관사 없이

사용되는 독립적 사용법은 문맥에 따라 결정한다.

νεκροὶ ἐγείρονται καὶ πτωχοὶ εὐαγγελίζονται. (마 11:5)
죽은 자들은 일으킴을 당한다. 그리고 가난한 자들은 복음선포를 받아들인다.

3) 형용사의 서술적 사용법

1) 서술적 사용법에는 형용사에 관사가 붙지 않는다.
2) 서술적 사용법에서 주어를 표시하는 명사에 관사가 붙는다.
3) 서술적 형용사의 위치는 자유롭다.

주어 + 동사 + 형용사
동사 + 형용사 + 주어
형용사 + 동사 + 주어

πιστὸς ὁ θεός. (고전 1:9) 하나님은 신실하시다.
ὁ νόμος ἅγιος. (롬 7:12) 그 율법은 거룩[하다.]
πιστὸς διάκονος ἐν κυρίῳ. (엡 6:21) 주 안에 한 신실한 사역자(집사)
ἔργον ἀγαθὸν. (빌 1:6) 한 선한 일
ζωὴ αἰώνιος ἐν Χριστῷ. (롬 6:23) 그리스도 안에 영원한 생명

9.7 πᾶς, πᾶν, πᾶσα 의 사용법

1) πᾶς는 관사가 붙은 명사를 서술하는 역할을 한다. 원칙적으로 형용사 앞에 관사가 있을 때 명사를 수식하는 형용사적 용법으로 사용한다. 그러나 간혹 πᾶς는 관사 없이 한정적 형용사 용법으로도 사용된다. 그러므로 πᾶς는 앞에 관사가 없을 때 주격 보어의 역할을 하는 서술적 용법으로 번역하거나 관사와 함께 명사를 형용하는 한정적 용법으로 번역할 수 있다.

* πᾶς + 관사 + 명사
πᾶσα ἡ πόλις = 그 도시 전체(all the city 개별적 모두)
ἐπι πάσῃ τῇ μνείᾳ ὑμῶν = 너희를 기억하는 모든 [매 시간]에 (빌 1:3)

2) πᾶς 앞에 관사가 붙어 한정적 형용사 용법으로 사용할 때, 전체(whole)를 의미하는 데 사용한다.

* 관사 + πᾶς + 관사 + 명사

ἡ πᾶσα ἡ πόλις그 전체 도시(the whole city)

ὁ πᾶς νόμος 그 전체 율법(the whole law)

οἱ πᾶντες ἄνδρες 그 모든 사람들 (전체 수를 강조(the total number of man)

μεθ‡ ὑμῶν τὸν πάντα χρόνον ἐγενοην (행 20:18c)

나는 모든 시간 동안[늘] 너희와 함께 있었다(행했다).

3) πᾶς의 단수에 관사가 없이 명사를 규정하는 형용사 사용법으로 사용할 때 그 의미는 개체성을 강조한다. 이 경우에 πᾶς는 "매"(every), "각각"(each)으로 번역한다.

* πᾶς + 명사

ἐν πάσῃ δεήσει μου (빌 1:4) 나의 매 기도 [시간]마다

πᾶς ἄνθρωπος 각 사람(every man)

4) πᾶς 분사와 함께 자주 사용한다.

πᾶς ὁ πιστεύων 믿는 자마다

ὁ πᾶς ὁ πιστεύων 믿는 자 전부

πάντες οἱ πιστεύοντες 믿는 자들 전체

οἱ πάντες οἱ πιστεύοντες 믿는 자들 모두

πολύς πολυ πολλη (많은)의 변형

	남 성		중 성		여 성	
	단수	복수	단수	복수	단수	복수
	πολύς	πολλοί	πολύ	πολλά	πολλὴ	πολλαι
속격	πολλοῦ	πολλῶν	πολλοῦ	πολλῶν	πολλῆς	πολλῶν
여격	πολλῷ	πολλοῖς	πολλῷ	πολλοῖς	πολλῇ	πολλαῖς
대격	πολύν	πολλούς	πολύ	πολλα	πολλη	πολλάς
주격	πολύς	πολλοί	πολύ	πολλά	πολλὴ	πολλαι

9.8 연습문제

1) ἀληθινὴ ἐστιν ἡ μαρτυρία αὐτοῦ. (요 19:35)

2) Εγώ εἰμι ἡ ἄμπελος ἡ ἀληθινὴ. (요 15:1)

3) κρίνεις τὸν ἕτερον. (롬 2:1)

4) τῇ ἡμέρᾳ τῇ τρίτῃ κατὰ τὰς γραφὰς. (고전 15:4)

5) πιστὸς δέ ἐστιν ὁ κύριος. (살후 3:3)

6) ὁ πατήρ μείζων μού ἐστιν.[177] (요 14:28)

7) ὁ ἀγαπητὸς ἀδελφὸς καὶ πιστὸς διάκονος ἐν κυρίῳ. (엡 6:21)

8) ἔργον ἀγαθὸν ἐπιτελέσει ἄχρι ἡμέρας Χριστοῦ Ἰησοῦ. (빌 1:6)

9) οὕτως ἔσονται οἱ ἔσχατοι πρῶτοι καὶ οἱ πρῶτοι ἔσχατοι. (마 20:16)

10) ὁ μὲν νόμος ἅγιος καὶ ἡ ἐντολὴ ἁγία καὶ δικαία καὶ ἀγαθή. (롬 7:12)

11) τὰ γὰρ ὀψώνια[178] τῆς ἁμαρτίας θάνατος, τὸ δὲ χάρισμα τοῦ θεοῦ "ἐστὶ ζωὴ αἰώνιος ἐν Χριστῷ Ἰησοῦ τῷ κυρίῳ ἡμῶν. (롬 6:23)

---

177 μού는 ἐγώ(나는)의 속격 단수로 "나의"로 번역되어야 하지만 비교급 형용사 μείζων(더 위대한)과 함께 쓰임으로 "나 보다"로 번역된다. ἐστιν 그는 ~이다. [εἰμί(나는 ~이다)의 현재 3인칭 단수]

178 중성에서 주격과 대격이 동일하며, 중성 복수 주격은 주어로 단수 동사를 취할 수 있다.

9.9 단어

	ἀγαθός -όν -ή	[형] 선한(good), 좋은
	ἀγαπητὸς -όν -ή	[형] 사랑받는, 사랑하는
	ἅγιος -ον -α	[형] 거룩한, 신성한
	ἀληθῐνός -ον -α	[형] 참된, 진실한
ἡ	ἄμπελος	포도나무
	ἄρσην -εν	[형] 남성의 [명] 남자
	ἄφρων -ον	[형] 모르는, 지각없는, 어리석은
ὁ	αἰών ῶνος	시대, 영원 εἰς τὸν αἰῶνα 영원히(for ever) εἰς τοὺς αἰῶνας τῶν αἰῶνων 세세무궁토록
	αἰώνιος -ον -α	[형] 영원한, 영구한
	δίκαιος -ον -α	[형] 의로운(righteous)
	ἔσχατος -όν -η	[형] 마지막의, 끝의, 최후의
	ἕτερος -ον -α	[형] 다른(다른 종류), ἄλλος은 단순히 수적 차이를 표현한다.
	εὐσχήμων -ον	[형] 존경받는, 교양 있는
ὁ	θάνατος	죽음
	λεπρός -ον -α	[형] 나병의, 거친
	νεκρός -ον -α	[형] 죽은
	καθαίρω	내가 깨끗하게 만든다, 간결하게 한다.
	καθαρός -ον -α	[형] 깨끗한, 순결한
	καλέω	내가 부른다(I call).
τὸ	ὀψώνιον	임금, 급료(wages, pay), 보상(compensation)
	πιστός -όν -η	[형] 믿는, 신실한
	πρῶτος -όν -η	[형] 처음의, 첫, 앞의
	πτωχός -όν -η	[형] 가난한, 빈곤한
	ταχύς -ύ -εῖα	[형] 빠른(quick, swift)
	τρεῖς, τρία	[수사] 셋(3) τριῶν [속격], τρισίν[여격]
	σώφρων -ον	[형] 지각 있는, 자제하는
τὸ	χάρισμα ατος	은사, 선물, 은총(free gift, charismatic)
	χωλός -ον -η	[형] 다리를 저는, 불구의(lame, crippled)

❒ 부록

9.10 수사(Numeral)

✦기수의 격변화

	οὐδείς, οὐδεν, οὐδεμία "아무도 아닌"			εἷς, ἕν, μία "하나"		
	남성	중성	여성	남성	중성	여성
	οὐδείς	οὐδέν	οὐδεμία	εἷς	ἕν	μία
속격	οὐδενός	οὐδενός[179]	οὐδεμιᾶς	ἑνός	ἑνός	μιᾶς
여격	οὐδενί	οὐδενί	οὐδεμιᾷ	ἑνί	ἑνι	μιᾷ
대격	οὐδένα	οὐδέν	οὐδεμίαν	ἕνα	ἕν	μίαν
주격	οὐδείς	οὐδέν	οὐδεμία	εἷς	ἕν	μία

1) 남성과 중성은 핵심명사 격꼬리가 붙고, 여성은 α명사 격꼬리가 붙는다.

2) δύο는 속격과 여격이 동일하고 주격과 대격이 동일하다.

"둘"	남성/여성/중성
	δύο
속격	δυοῖν[180]
여격	δυοῖν 또는 δυσι(ν)
대격	δύο
주격	δύο

"셋"	남성/여성	중성
	τρεῖς	τρία
속격	τριῶν	τριῶν
여격	τρισί(ν)	τρισί(ν)
대격	τρεῖς	τρία
주격	τρεῖς	τρία

179 남성과 중성의 속격과 여격은 동일하다.

180 δύο는 불변사로 속격과 여격이 동일하다. 후대에 여격은 δυσι(ν)으로 표기했다.

"넷"	남성/여성	중성
	τέσσαρες	τέσσαρα
속격	τεσσάρων	τεσσάρων
여격	τεσσαρσι(ν)	τεσσαρσι(ν)
대격	τέσσαρας	τέσσαρα
주격	τέσσαρες	τέσσαρα

✦ 기수와 서수 비교

	기수	서수
1	εἷς, ἕν, μία 하나(one)	πρῶτος -ον -η 첫 번째(first)
2	δύο	δεύτερος -ον -η
3	τρεῖς, τρία	τρίτος -ον -η
4	τέσσαρες, τεσσαρα	τέταρτος -ον -η
5	πέντε	πέμπτος -ον -η
6	ἕξ	ἕκτος -ον -η
7	ἑπτά	ἕβδομος -ον -η
8	ὀκτώ	ὄγδοος -ον -η
9	ἐννέα	ἔνατος -ον -η
10	δέκα	δέτατος -ον -η
11	ἕνδεκα	ἑνδέκατος -ον -η
12	δώδεκα	δωδέτατος -ον -η
20	εἴκοσι	εἰκοστός -ον -η
100	ἑκατόν	ἑκατοστός
1,000	χίλιοι –α –αι	χιλιοστός -ον -η
10,000	μύριοι –α -αι	μυριοστός -ον -η

1) 숫자 5부터 격변화가 없고, 기수는 실명사로 사용한다.
2) 30에서 90까지는 서수 끝에 κοντα가 붙고, 200에서 900은 서수 끝에 κοσιοι -α, -αι가 붙는다.
3) 수를 나타내는 부사로 ἅπαξ(한 번, once), δίς(두 번, twice), τρίς(세 번, three times)이고 그 밖에는 기수에 -αις를 붙여 사용한다.

ἔθετο ὁ θεὸς ἐν τῇ ἐκκλησίᾳ πρῶτον ἀποστόλους, δεύτερον προφήτας, τρίτον διδασκάλους, ἔπειτα δυνάμεις. (고전 12:28)

하나님이 (그) 교회 안에 세우셨다. 첫째로 사도들, 둘째로 선지자들, 셋째로 교사들, 그다음에는 능력[을 행하는 자]들

✦ 서수의 격변화

서수의 남성/중성은 o명사 격꼬리를 취하고, 여성은 여성 관사 격꼬리를 따른다.

	셋째 τρίτος, τρίτον, τρίτη					
	단수			복수		
	남성	중성	여성	남성	중성	여성
	τρίτος	τρίτον	τρίτη	τρίτοι	τρίτα	τρίται
속격	τρίτου	τρίτου	τρίτης	τρίτων	τρίτων	τρίτων
여격	τρίῳ	τρίῳ	τρίτῃ	τρίτοις	τρίτοις	τρίταις
대격	τρίτον	τρίτον	τρίτην	τρίτους	τρίτα	τρίτας
주격	τρίτος	τρίτον	τρίτη	τρίτοι	τρίτα	τρίται

9.11 소유 형용사[소유 대명사][181]

소유형용사 ἐμος(나의), σός(너의), ἡμέτερος(우리의), ὑμετερος(너희의)는 인칭 대명사의 소유격을 대신하는 강조형으로 사용된다.

ὁ λόγος ὁ σὸς ἀλήθειά ἐστιν. (요 17:17)

당신의 말씀은 진리입니다.

οὐ ζητῶ τὸ θέλημα τὸ ἐμὸν ἀλλὰ τὸ θέλημα τοῦ θεοῦ. (요 5:30)

나는 나의 뜻을 구하지 않는다. 그러나 나는 하나님의 뜻을 [구한다].

9.12 형용사 비교급

1) 형용사의 비교급 기본 표시는 τερ이며, 형용사의 비교급 꼬리는 -τερος -ον -α 또는 -ιων -ιον의 형태를 보인다.

181 12과 소유 대명사 변형표를 참조하라.

a) −τερος를 뿌리끝 모음에 δικαιό-τερος 더 의로운
b) −τερος를 뿌리끝 장음화된 모음에 σοφω-τερος 더 지혜로운
c) −τερος를 뿌리끝 자음에 ἀσθενέσ-τερος 더 아픈
d) −τερος를 뿌리끝 자음에 δεισιδαιμον-έστερος 더 종교적인
e) −ιων를 뿌리끝 자음에 βελ-τιων 더 좋은
① 뿌리끝이 모음일 때, 모음 탈락 ἡδυ-ς 〉ἡδ-ιων 더 즐거운
② 뿌리끝이 -ρ, -ρο일 때, 탈락 ἀισχ-ρο-ς 〉ἀισχ-ίων [더] 부끄러운
f) −ιων 용사의 ι는 규칙적으로 나타나지 않다.
① μείζων 〈 μεγων 더 큰 〈 μέγας 큰
② μᾶλλον 〈 μᾶλιον 더, 더한
③ χείρων 〈 χεριων 더 필요한
④ ελάσσων 〈 ελάχιων 더 작은 〈 μικρός 작은
g) 짧은 −ος로 끝나는 어떤 형용사는 ο가 ω로 장음화한다.
① σοφώτερος 더 지혜로운 〈 σοφός 지혜로운
② νεώτερος 더 젊은, 더 새로운 〈 νέος 젊은, 새로운

2) 형용사의 최상급은 기본 표시는 τατ이다. 형용사의 최상급 꼬리는 −τατος −ον −α 또는 −ιστος −ον −η의 형태를 갖는다.
3) 많은 형용사의 비교급과 최상급은 불규칙적 형태를 취하기 때문에 늘 사전을 참조해야 한다.

✦ μέγας(큰)의 비교급 (더 큰, 더 위대한)

	단 수		복 수	
	남성/여성	중성	남성/여성	중성
	μείζων	μεῖζον	μείζονες	μείζονα
소격	μείζονος	μείζονος	μειζόνων	μειζόνων
여격	μείζονι	μείζονι	μείζοσι(ν)	μείζοσι(ν)
대격	μείζονα (μείζω)	μεῖζον	μείζονας (μείζους)	μείζονα (μείζω)
주격	μείζων	μεῖζον	μείζονες (μείζους)	μείζονα (μείζω)

✦ 형용사 비교급 도표

	남성	중성	여성	남성/여성	중성
비교급	−τερος	−τερον	−τερα	−(ι)ων	−(ι)ον
최상급	−τατος −ιστος	−τατον −ιστον	−τατη −ιστη		

1) 남성/여성 대격 단수와 중성 주격(대격) 복수(μείζονα)는 μείζω로 단축된다.
2) 남성/여성 주격 복수(μείζονες)와 대격 복수(μείζονας)은 μείζους로 단축된다.

✦ 형용사의 비교 방법

1) 비교급 + 속격을 통해 비교한다.

μείζονα τούτων ποιήσει. (요 14:12)
그는 이것들보다도 더 큰 일을 할 것이다.

μικρότερον ἐστιν πάντων τῶν σπερμάτων. (마 13:32)
[그것은] 모든 씨앗들 중에 가장 작은 것이다.

2) 비교급 + ἤ를 통해 비교한다.

ἠγάπησαν οἱ ἄνθρωποι μᾶλλον τὸ σκότος ἢ τὸ φῶς. (요 3:19)
그 사람들이 빛보다 어둠을 더 사랑하였다.

9.13 부사

부사는 동사나 형용사를 구체적으로 그 성격을 규정해 주는 품사이다. 헬라어의 부사는 격변화가 없는 불변사이다. 대부분의 부사는 형용사로부터 파생되었다. 형용사의 속격 복수형에서 끝음 ν을 ς로 바꾸면 부사 형태가 된다.

형용사 〉 속격 〉 부사
καλός 〉 καλῶν 〉 καλῶς
σπουδαῖος 〉 σπουδαίων 〉 σπουδαίως

καλός [형] 좋은, 아름다운
καλῶς [부] 잘, 매우 잘, 좋게, 바르게

σπουδαῖος[형] 성실한, 열렬한
σπουδαίως [부] 성실하게, 열렬하게
ὄντως [부] 실제로, 사실로, 진실로, 참으로
ὄντων εἰμί의 현재 분사 속격 복수

분사속격 복수 〉 부사
ὄντων 〉 ὄντως

✓ 부사의 비교급은 형용사의 비교급의 중성 단수 대격과 동일하고, 부사의 최상급은 형용사의 최상급의 중성 복수 대격과 동일하다.

ἀγαπᾷς με πλέον[182] τούτων; (요 21:15)
네가 이것(사람)들보다 나를 더 사랑하느냐?

9.14 부사 단어 모음

ἀγγύς [부] 가까이
ἄρτι [부] 지금(now), 바로 지금(just now)
ἐκει [부] 거기에, 그곳에, 그쪽에, 저쪽에
ἐνώπιον [전: +속격] ~앞에, 면전에 [비정규전치사]
ἔξω [부] 밖에(outside) [ἕξω는 ἔχω의 직설법 능동태 미래][183]
ἔτι [부] 아직(yet, still), 더욱이, 이후에
εὐθέως [부] 곧, 당장에, 즉시, 바로
εὐθύς [부] 곧, 당장에, 즉시, 곧장 가서는
ἕως [전: +속격] ~까지, ~하는 한, 곳까지
[접] ~하는 동안, ~까지
ἤδη [부] 이미(already), 벌써, 바로 지금
καθώς [부] ~과 같이(just as) ~대로
καλῶς [부] 잘(well), 매우 잘, 좋게, 바르게
μή [부] 아닌(not) [가정법 또는 부정적 대답을 기대하는 의문문에 사용]
μηδέ [부] ~아닌, ~도 아닌(and not, nor)

---

182 πολύς, πολύ, πολλή(많은)의 비교급 대격 단수 중성
183 부사는 연한 쉼표(ἔξω)이며 미래 동사(ἕξω)는 거친 쉼표가 붙는다.

μηκέτι [부] 더이상 ~아닌(no longer)

μόνον [부] 유일하게, 오직(only), 홀로(alone)
[형용사 μόνος의 중성 대격 단수와 동일]

νῦν [부] 지금, 현재에 [종종 명사나 형용사처럼 사용된다)

νυνί [부] 지금[당장], 현재에 [νῦν의 강조형]

ὅπου [부] ~하는 곳(where), ~하는 동안(where)

ὅταν [부] ~언제든지, ~할 때 [가정법과 함께 사용]

ὅτε [부] ~때에

οὐ, οὐκ [모음 앞], οὐχ[거친 쉼표 앞] 아닌(not), [직설법에 사용]

οὐδέ [부] 그리고 ~아닌, 또 ~아니, 역시 ~아니

οὐδέ ~ οὐδέ ~도 ~도 아니(neither ~ nor)

οὐδέπω [부] 아직까지도 아닌, 아직도 아닌

οὐκέτι [부] [이제는] 더이상 아닌

οὔπω [부] 아직 아니

οὕτω (οὕτως) [부] 그래서(so, thus) 이와 같은 방식으로
이러한 방법으로(in this way, in the same way),
[형] 이와 같은(such, of such kind)

πότε [부] 언제?(when)

ποῦ [부] 어디?(whern)

πῶς [부] 어떻게?(how)

χωρις [부 +속격] ~을 떠나서(apart), ~외에, 밖에, ~로부터(from),

ὡς [부] ~와 같이(as) [수사와 함께 쓸 때는 "대략", "약"으로 사용한다.]
[접] ~때에

ὥσπερ [부] ~와 꼭 같이(just as), ~같이

ὥστε [부] 그래서(so that) ~하기 위하여, [가끔 목적격과 부정사가 따라 온다]

9.15 부정어 사용법

1) 부정부사의 강조적 사용법

헬라어에서 두 개 이상의 부정어를 사용할 때는, 강한 부정을 강조한다.

καὶ λέγει αὐτῷ· λέγω μηδενὶ μηδὲν. (cf. 막 1:44)
나는 그에게 말한다. 나는 아무에게 아무것도 않는다.

2) οὐ와 μη의 차이점

a) οὐ는 사실의 확실성을 나타내는 직설법에 사용된다. 그러므로 οὐ는 의문문에서 "예"라는 대답을 기대한다.

πολλοὶ ἐροῦσίν μοι ἐν ἐκείνῃ τῇ ἡμέρᾳἐν ἐκείνῃ τῇ ἡμέρᾳ· κύριε κύριε, οὐ τῷ σῷ ὀνόματι ἐπροφητεύσαμεν; (마 7:22)

그날에 많은 [사람들이] 말할 것이다. "주여, 주여! 당신의 이름으로 우리가 예언하지 않았습니까?"

b) μή는 사실의 불확실한 가능성을 나타내는 가정법이나 희구법 등에 주로 사용된다. 그러므로 μή는 의문문에서 "아니오" 란 대답을 기대한다.

λέγει αὐτοῖς ὁ Ἰησοῦς· παιδία, μή τι προσφάγιον ἔχετε; (요 21:5)

예수께서 말씀하셨다.[184] 아이들아! 너희는 무슨 물고기를 가지고 있지 않느냐?
[예수께서 제자들이 물고기를 잡지 못한 것을 이미 알고 질문하신 것이다.]

c) οὐ μή는 대체로 가정법(부정과거)에 강조 사용법으로 사용한다. 그러나 미래의 강한 부정을 나타낼 때 직설법에도 사용한다.

οὐ μὴ εἰσέλθητε[185] εἰς τὴν βασιλείαν τῶν οὐρανῶν. (마 5:20)

너희는 하늘[들]의[186] 나라에 결코 들어가지 못한다. [가정법 능동태 2부정과거]

ἐν ταῖς ἡμέραις ἐκείναις ζητήσουσιν οἱ ἄνθρωποι τὸν θάνατον καὶ οὐ μὴ εὑρήσουσιν αὐτόν. (계 9:6)

그날들에 그 사람들이 [그] 죽음을 찾을 것이다. 그러나 그들이 그것[죽음]을 결코 찾지 못할 것이다. [직설법 능동태 미래]

사람들이 죽기를 원하지만 죽을 수도 없을 것이라는 사실을 강조한다.

184 역사적 현재형은 과거의 사건을 생동감 있게 재현해 보여 주고 싶을 때 현재형을 사용한다. 역사적 현재형은 편의상 과거로 번역할 수밖에 없지만, 원문은 역사적 현장감과 생동감을 보여준다.

185 εἰσέλθητε는 εἰσέρχομαι의 가정법 2부정과거 2인칭 복수이다. 부정과거 가정법이지만 미래의 사건의 가능성을 표현한다.

186 복수 속격은 하늘이 여러 층으로 되어 있다는 유대적 사고를 표현한다.

9.16 καί의 사용법

신약에서 가장 많이 사용되는 접속사는 καί이다. καί는 일차적으로 "그리고"로 번역되지만, 문맥에 따라 다양하게 사용된다.

a) 그럼에도(and yet)

γινώσκετε τοὺς κόρακας ὅτι οὐ σπείρουσιν οὐδὲ θερίζουσιν, καὶ ὁ θεὸς τρέφει αὐτούς. (눅 12:24)

너희는 [그] 까마귀들을 안다. "그들은 심지도 않고 거두지도 않는다." 그럼에도 하나님이 그들을 먹이신다.

b) 그러나(but)

οἱ ἀρχιερεῖς ἐπιβαλον αὐτὸν, καὶ ἐφοβήθησαν τὸν λαόν. (눅 20:19)

[그] 대제사장들이 그를 붙잡았다. 그러나 그들이 [그] 백성을 두려워하였다.

c) 또한, 역시(also)

καὶ γὰρ ἐγὼ ἄνθρωπός εἰμι ὑπὸ ἐξουσίαν. (마 8:9)

그러므로 나 역시 권력[상관] 밑에 있는 사람입니다.

d) ~라도(even)

οὐχὶ καὶ οἱ ἐθνικοὶ τὸ αὐτὸ ποιοῦσιν; (마 5:47)

[그] 이방인들이라도 이것을 하지 않습니까?

e) καί ~ καί ~도 ~도(both ~ and)

καὶ αἱ Φαρισαῖοι καὶ οἱ γραμματεῖς λέγουσι ὅτι προσδέχεται ἁμαρτωλοὺς καὶ συνεσθίει αὐτοῖς. (눅 15:2)

바리새인들과 서기관들이 말하고 있다. "그가 죄인들을 받아들이고 그들과 함께 먹는다." [바리새인들과 서기관들 속한 두 그룹 다 함께]

9.17 접속사 단어 모음

ἀλλά [접] 그러나, 도리어

γαρ [접] 왜냐하면, 때문에, 그러므로, 그래서, 그러나

δέ [접] 그러나, 그리고, 또한, 그런데, 그래서, 이제 [후치사][187]

ἕως [접] ~하는 동안, ~까지
[전: +속격] ~까지, ~하는 한, 곳까지

ἤ 또는(or), ~보다(than)

ἵνα ~하기 위하여(in order that), ~할 목적으로 [가정법과 함께 사용]

καγώ [대명+접] 그리고 내가

καί [접] 그리고, 그러나, 역시, 그런데, ~까지도

ὅτι [접] ~왜냐하면, ~ 때문에 [또는 직접 인용구로 해석하지 않음]

οὖν [접] 따라서, 그러므로, 그리하여

ὅπως [접] ~하기 위하여 [가정법과 함께 사용]

οὔτε [접] 그리고 아니, 또한 아닌, 조차 아닌

ὡς [접] ~때에
[부] ~와 같이(as), [수사와 함께 쓸 때는 "대략", "약"으로 사용]

---

187 후치사는 문장의 첫 번째에 올 수 없다. 그래서 문장의 두 번째에 위치한다.

제10과 과거완료 능동태와 1부정과거 수동태 직설법

✦ 동사꼬리변형 요약

현완료	1부정	2부정	과거완료(κει)	모델	μι동사	현재	미래	1과거(가)
κα	σα	ον	ν	μι	μι	ω	σω	σῶ
κας	σας	ες	<u>ς</u>	σι	ς	εις	σεις	σῃς
κε	σε	ε	—	τι	σι	ει	σει	σῃ
καμεν	σαμεν	ομεν	<u>μεν</u>	μεν	μεν	ομεν	σομεν	σωμεν
κατε	σατε	ετε	τε	τε	τε	ετε	σετε	σητε
κασι	σαν	ον	σαν	<u>ντι</u>	<u>ασι(ν)</u>	ουσι(ν)	σουσι(ν)	σωσι(ν)
καν					νσι			

10.1 과거완료 능동태 직설법 (κει변화)

[ἐ]■ε■□□□□ κει↝ 직설법 능동태 과거완료

	단수	복수
1인칭	ἐπεπίστευκειν	ἐπεπίστευκειμεν
2인칭	ἐπεπίστευκεις	ἐπεπιστεύκειτε
3인칭	επεπίστευκει	ἐπεπιστεύκεισαν

■□□□□ $^{o}_{\epsilon}$↝ 현재
■□□□□ σ$^{o}_{\epsilon}$↝ 미래
ἐ■□□□□ σα↝ 1부정과거 능동태
■ε■□□□□ κα↝ 현재완료 능동태
[ἐ]■ε■□□□□ κει↝ 과거완료 능동태

현재완료와 과거완료의 특징은 첫음반복(reduplication)과 κ이다.[188]

---

188 능동태 과거완료 몸통은 첫음반복 앞에 ε을 더 첨가한 몸통에 능동태 과거완료 표시로 제품화된 κει가 온다. 그리고 능동태 과거완료 몸통에 2시상 능동태 인칭꼬리가 붙는다. [ἐ]■ε■□□□□ κει↝

동사원형에서 과거완료 형태를 취하는 순서는 다음과 같다.

1) 동사원형의 첫 글자가 자음일 경우에는 글자를 중복시킨다. 이 현상을 편리상 "첫음반복"이라 부르기로 한다.

πίστευω → π−πίστευ〜 → π−ϵ−πίστευ〜 = πϵπίστευ〜

2) 과거완료에서는 첫음반복 앞에 과거 시간을 나타내는 모자(ϵ)를 쓰기고 하고 벗기도 한다. 원칙적으로 과거 시간을 나타내는 모자(ϵ)를 써야 한다.

3) 완료시상표시인 κ와 인칭변형(꼬리변형 〜) 사이에 접착모음 ϵι가 온다.[189] 과거완료 표시인 κϵι는 완료 표시 κ와 접착모음(ο, ϵ)이 결합하여 이미 제품화된 상태이다.

[ἐ]■ϵ■□□κϵι〜　　과거완료 능동태 직설법

	단수	복수
1인칭	[ἐ]πϵπιστϵύκϵιν	[ἐ]πϵπιστϵύκϵιμϵν
2인칭	[ἐ]πϵπιστϵύκϵις	[ἐ]πϵπιστϵύκϵιτϵ
3인칭	[ἐ]πϵπίστϵύκϵι	[ἐ]πϵπιστϵύκϵισαν

4) 과거완료의 동사 몸통 α, ϵ, ο로 끝나면 모음이 장음화된다.

πϵποιήκϵιν ← ποιέω 내가 만든다, 행동한다.
ϵγνωκϵιν ← γινώσκω[190] 내가 안다.

---

[189] 접착모음의 원칙은 μ 혹은 ν으로 시작하는 인칭변형(꼬리변형) 앞에는 ο가 오고, 그 외에는 ϵ온다. 그러나 과거완료에는 ϵι가 온다.

[190] γινώσκω의 원형 뿌리는 γνο이다. 1) γνο가 첫음반복을 하면 γιγνο가 된다. 2) γιγνο가 뒤에 있는 γ가 탈락한다. γιγνο 〉 γινο 3) γινο가 γ탈락을 보충하기 위해 ο가 ω로 장음화한다. γινο 〉 γινω. 그래서 γινώσκω의 과거완료 능통태 몸통은 과거를 표시하는 모자(ϵ)가 앞에 붙고 첫음반복이 생략한 것을 보충하는 모음 장음화(ο −> ω)한 형태이다. 불규칙적이지만, 몸통 앞에 과거 표시 ϵ과 몸통 뒤에 κϵι가 왔으므로 과거완료 능동태 몸통이다.

5) 이에 부딪히는 음(δ, τ, ζ)이나 유음(ν)은 κ 앞에 탈락한다.

[ἐ]κεκρικειν ← κρίνω 내가 판단한다, 결정한다

10.2 제1부정과거 수동태 직설법 (θη 변화)

ϵ ■□□□□ θη~[191] 1부정과거 수동태 직설법

	단수	복수
1인칭	ἐπιστεύθην	ἐπιστεύθημεν
2인칭	ἐπιστεύθης	ἐπιστεύθητε
3인칭	ἐπιστεύθη	ἐπιστεύθησαν

✓ 제1부정과거 수동태 의 형태적 특징

1) 수동태의 표시는 θη이다.
2) 과거를 나타내는 2시상이기 때문에 몸통 앞에 모자(ϵ)를 쓴다.
3) 제1부정과거 1수동태는 능동태 꼬리(ν ς – μεν τε σαν)가 붙는다.

❐ 제1부정과거 수동태 불규칙 형태

✦ 자음으로 끝나는 수동태 몸통 형태

수동태 표시(θ) 앞에 입술, 목, 이에 부딪혀 나는 음이 올 때, 대표음(φ, χ, σ)을 취하는 변화가 일어난다.

β, π + θη = φ + θη 〉 φθη πέμπω 〉 ἐπέμφθη 내가 보내졌다.
γ, κ + θη = χ + θη 〉 χθη ἄγω 〉 ἤχθη 내가 인도받았다.
δ, τ + θη = σ + θη 〉 σθη πείθω 〉 ἐπείσθη 내가 설득당했다.

---

191 제1부정과거 수동태 3인칭 단수는 인칭꼬리가 없는 형태이다. 수동태 표시인 θη(수동태 표시 θ+접착 모음)만 나타난다.

법칙: σσ은 목에 부딪혀 나는 소리(γ, κ, χ)와 동일하게 취급한다.

κηρύσσω 〉 [192]ϵκηρυσσ+θη 〉 [σσ, γ, χ+θ = χθη] = ϵκηρύχθη
나는 선포한다. 그것이 선포되어졌다.

κηρύσσω 〉 κηρυσσ+κα 〉 [σσ, γ+κ = χ)] = κϵκηρύχα
나는 선포한다. 나는 선포해 왔다.

✓ 1부정과거 수동태 형을 찾는 순서

1) 먼저 동사 몸통 뒤에 붙은 부정과거 수동태형의 표시인 θη를 찾아낸다.
2) 동사 몸통 앞에 과거 표시인 ϵ를 찾고, 2시상 능동태 인칭꼬리를 찾는다.

✦ 제2부정과거 수동태 직설법 (θ 탈락 변화)

부정과거 수동태에서 θ가 있으면 1부정과거, θ가 빠진 형태면 2부정과거이다.

수동태 1부정과거 직설법 ϵ■□□□□ θη↝[193]
수동태 2부정과거 직설법 ϵ■□□□□ η↝

10.3 제2부정과거 수동태

	2부정과거 수동태		1부정과거 수동태	
	γράφω [뿌리, γράφ]		πιστεύω	
	단수	복수	단수	복수
1인칭	ἐγράφην	ἐγράφημεν	ἐπιστεύθην	ἐπιστεύθημεν
2인칭	ἐγράφης	ἐγράφητε	ἐπιστεύθης	ἐπιστεύθητε
3인칭	ἐγράφη	ἐγράφησαν	ἐπιστεύθη	ἐπιστεύθησαν

192 ϵ는 과거시상(2시상)을 표시하는 모자이다.

193 제1부정과거 수동태 3인칭 단수엔 인칭꼬리 변형이 없다. 수동태 표시인 θη (θ + 접착모음)만 나타난다. 그 외에는 θη + 능동태 격꼬리가 붙는다. 2부정과거 수동태는 θη 대신 η만 나타난 형태이다.

10.4 부정과거의 수동태 사용법

부정과거		
과거	현재	미래
☗		

부정과거는 과거에 일어났던 사건 발생을 표현한다. 부정과거는 과거 시간에 속하기 때문에 동사 몸통 앞에 모자(ε)를 쓴다. 동사 몸통 뒤에 수동태 표시인 θη가 붙으면 1부정과거 수동태이며, 변형된 몸통에 θ가 타락되어 η만 붙어 인칭 꼬리 변형이 오면 2부정과거 수동태이다.

능동태는 문장의 주어(주체)가 동사의 행동 양태를 표현한다면, 수동태는 문장의 주어(주체)가 동사의 행동을 받는 것을 기술한다. 헬라어의 문장 구조에서 수동태의 주어는 동사의 행위를 받는 대상이며, 동사의 행위자는 주로 전치사 ὑπο+[속격]명사에 의해 나타난다.

1) 수동태의 일반적인 구문은 수동태 동사와 전치사 ὑπο+[속격]명사 또는 전치사 δια+[속격]명사의 구조를 띤다. 그러므로 수동태 표시는 전치사 ὑπο 또는 δια 있는 문장에서 ἐ■□□□θη~ 형태의 동사는 1부정과거 수동태 동사이다.

   Ἰησοῦς ἐβαπτίσθη εἰς τὸν Ἰορδάνην ὑπὸ Ἰωάννου. (막 1:9)
   예수님은 요단(강)에서 요한에 의해 침례를 받으셨다.

2) 수동태에서는 직접적인 행위자는 생략하고 대리적 행위자만 언급하기도 한다. 이럴 경우에는 생략된 행위자를 유추하는 것이 해석상 필요하다. 대리적 행위자는 전치사 δια+[속격]명사로 표현된다.

   ὁ νόμος διὰ Μωϋσέως ἐδόθη. (요 1:17)
   [그] 율법이 모세를 통하여 주어졌었다.
   원래의 행위자인 하나님은 생략되고 대행자인 모세를 통해 율법이 주어졌다.

3) 수동태 문장에서 직접 행위자가 생략되었을 뿐만 아니라 대행자도 기술되지 않았지만, 문맥상 행위자가 하나님이신 것이 내포하는 경우를 신적 수동태, 또는 신학적 수동태라 한다. 그러므로 신학적 수동태에서는 하나님이 행위

자로 언급되지 않더라도 신학적 의미에서는 하나님의 행위로 말미암아 필연적으로 일어나는 행위를 강조한다.

ὁ Ἰησοῦς ἐλάλησεν αὐτοῖς λέγων· ἐδόθη μοι πᾶσα ἐξουσία ἐν οὐρανῷ καὶ ἐπὶ τῆς γῆς. (마 28:18)

예수께서 그들에게 말씀하셨다. 말씀하시길, "하늘과 땅의 모든 권세가 나에게 주어졌다. [직접 행위자가 생략되었지만, 하나님이심이 자명하다.]

4) 수동태의 행위자가 비인칭으로 사용될 때가 있다. 비인칭 행위자인 경우에 행위의 대상보다는 동사의 동작 수단이나 원인을 강조한다. 비인칭 행위자의 수동태는 동사 동작의 성취된 수단이나 도구 또는 원인(~으로, ~에 의하여, ~을 통하여, ~으로 말미암아)을 나타내는 것으로 번역한다.

παρεκλήθημεν διὰ τῆς ὑμῶν πίστεως. (살전 3:7)

너희의 믿음으로 말미암아 우리가 위로를 받았다.

10.5 과거완료의 사용법

과거완료		
과거	현재	미래
♫———⟿⊙▲		

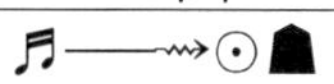

과거완료는 과거 시간에 이미 완료된 사건을 기술할 때 사용된다. 화자의 시점에서는 과거에 일어난 사건이 영향을 미쳐 이미 과거의 시점에 그 결과나 영향이 끝난 것을 표현한다. 우리말에는 과거완료가 없기 때문에, 과거형으로 번역한다.

κέκρικεν ἐν τῇ καρδίᾳ. (고전 7:37)

그는 그 마음에 작정해 왔다. [현재완료]

ἄνδρες δύο παρειστήκεισαν. (행 1:10)

두 사람이 옆에 서 있었다. [두 사람을 보기 전부터 이미 거기에 서 있었다]

ὁ κύριός σοι πεποίηκεν καὶ ἠλέησέν σε. (막 5:19)

주님이 너에게 행하셨다. 그리고 그가 너를 긍휼히 여기셨다.
[너를 긍휼히 여기시기 전에 이미 너에게 행하셨다.]

10.6 연습문제

1) ἐκβεβλήκει ἑπτὰ δαιμόνια. (막 16:9)

2) ἐσώθη ἡ γυνὴ ἀπὸ τῆς ὥρας ἐκείνης. (마 9:22)

3) πεπιστεύκεισαν τῷ κυρίῳ. (cf. 행 14:23)

4) ἐδοξάσθη ὁ υἱὸς τοῦ ἀνθρώπου καὶ ὁ θεὸς ἐδοξάσθη ἐν αὐτῷ. (요 13:31)

5) καὶ τὸ βιβλίον γέγραπται ὑπο[194] τοῦ γραμματεως.[195]

6) ἐφανερώθη ἡ ἀγάπη τοῦ θεοῦ ἐν ἡμῖν, ὅτι ὁ θεὸς ἀποστέλλει τὸν υἱὸν αὐτοῦ εἰς τὸν κόσμον. (cf. 요일 4:9)

7) ὁ ἀρχῶν ουκ ἐρχεται τῷ κυριῳ καὶ οὐ σώζεται ὑπο τοῦ θεου.

8) καὶ διὰ το θέλεμά σου ἦσαν καὶ <u>ἐκτισθησαν</u>.[196] (계 4:11: 1부정 수동태)

9) διὸ και ἐλογίσθη[197] αὐτῷ εἰς δικαιοσύην. Οὐκ εγράφη δὲ δἰ αὐτον μόνον ὅτι ἐλογίσθη αὐτω. (롬 4:22-23: 1부정 수동태 직설법)

10) ἀπεκρίθη αὐτοῖς· ἐγίνωσκεν[198] ὅτι οἱ ἀρχιερεῖς παραδεδώκεισαν αὐτὸν. (막 15:10: 과거완료 능동태)

---

194 ὑπο +속격 = ~에 의하여; ὑπο +대격 = ~의 아래에

195 ὁ γραμματεύς, -έως 서기관, 율법학자

196 κτίζω 내가 창조하다.

197 λογίζω 내가 여기다, 계산하다.

198 γινώσκω (나는 안다, 나는 이해한다)의 1부정과거 3인칭 단수 직설법이다.

10.7 단어

	ἀποκρίνομαι	[디포] 내가 대답한다. ἀποκρινοῦμαι ἀπεκρινάμην ἀποκέκριμαι ἀπεκρίθην
	ἀπολύω	내가 석방한다(release). ἀπολύσω ἀπέλυσα ἀπολέλυμαι ἀπελύθην
ὁ	ἀπόστολος	사도(apostle), 대사
	ἀποστέλλω	내가 보낸다. ἀποστελῶ ἀπέστειλα ἀπέσταλκα ἀπέσταλμαι ἀπεστάλην
ὁ	ἀρχιερεύς -έως	대제사장
ἡ	ἐξουσία	권세, 권위, 권한
	βάλλω	내가 던진다. βαλῶ ἔβαλον βέβληκα βέβλημαι ἐβλήθην
ὁ	βασίλευς -εως	왕, 임금
ὁ	γραμματεύς -έως	서기관, 율법학자
ἡ	γραφή	성경, 문서(wirting) αἱ γραφαί 성서
	γράφω	나는 쓴다, 기록한다. γράξω ἔγραψα γέγραφα γέγραμμαι ἐγράφην
ἡ	γυνή -αικός	여자, 여인, 부인
τὸ	δαιμόνιον	귀신(demon), 악령
ἡ	δίκαιοσύνη	의(義), 정의
ἡ	δόξα	영광, 영예
	δοξάζω	내가 영화롭게 한다, 영광을 돌린다. δοξάσω ,δοξήσω. ἐδόξασα δεδόξασμαι ἐδοξάσθην
	ἐκεῖνος, ἐκεῖνο, ἐκεῖνη	[지시 대명사] 저 사람(that man), 저것(that), 저 여자
	ἑπτά	일곱(seven)
	θέλω	내가 원하다, 바란다. ἤθελον[미완료] θελήσω ἠθέλησα
	μόνον	[부] 유일하게, 다만, 뿐만,
	μόνος -ον -η	[형] 유일한, 단일한, 하나의, 홀로(alone) –
	φανερόω	내가 명백하게 나타낸다, 드러낸다. φανερώσω ἐφανέρωσα πεφανέρωκα πεφανέρωμαι ἐφανερώθην
	παραδίδωμι	내가 넘겨준다(hand over), 배반한다, 허용한다.
	παρίστημι	내가 옆에 놓는다, 옆에 선다, 전시하다.
	σῴζω (σώζω)	내가 구원한다. σώσω ἔσωσα σέσωκα σέσῳσμαι ἐσώθην
ἡ	ὥρα -ας	시간(hour)

제11과 미완료와 제2부정과거 능동태 직설법

11.1 미완료 능동태 직설법

1) 동사 몸통 앞에 과거 시간을 표시하는 접두모음 모자(ε)를 쓴다.
2) 인칭꼬리 변형 앞에 접착모음인 ο/ε가 온다. μ과 ν 앞에는 ο가 오고 그 외에는 ε이 온다. 미완료는 시간표시인 σ가 없는 것이 특징이다. 그러므로 현재형이 진행하는 동작 상태의 시간을 강조하는 것처럼 미완료는 과거 시간에 계속 또는 연속적으로 일어나는 사건을 강조한다.
3) 미완료 1인칭 단수와 3인칭 복수와 인칭꼬리 변형이 동일하다.[199]
4) 미완료 3인칭 복수가 σαν이 아니라 ον인 것을 기억하라.
5) 합성동사의 경우에는 전치사와 동사 몸통 사이에 과거 표시로 ε이 온다. 과거 표시 모음인 ε 앞에 온 전치사의 끝모음은 탈락한다.

전치사 + ε+몸통 +인칭꼬리
전치사 + ἐ■□□□□ $^{o}_{\epsilon}$↝

ἐξ[200]εβαλλον [ἐκ+βάλλω] ἐκβάλλω 내가 쫓아낸다, 추방한다
ἀπ[201]εκτεινον [ἀπο+κτείνω] ἀποκεῖνω 내가 죽인다

✦ ἐπιστύω의 미완료 능동태 직설법

ἐ■□□□□ $^{o}_{\epsilon}$↝ 미완료

	단수	복수
1인칭	ἐπίστευον	ἐπιστεύομεν
2인칭	ἐπίστευες	ἐπιστεύετε
3인칭	ἐπίστευε(ν)	ἐπίστευον

---

199 1인칭 단수(ον)는 ο+μι = ομι 〉 ι가 탈락하고 μ가 ν으로 변형되어 ον이 되었다. 즉 ον은 ομι의 축약형이다. 3인칭 복수(ον)는 ο+σαν = οσαν 〉 σα가 탈락한 상태로 ον이 되었다. ἔχω의 미완료는 εἶχον와 원형 형태인 εἶχοσαν이 사용되기도 한다. 1인칭 단수와 3인칭 복수가 동일한 형태 ον이지만 변화의 출처가 다르다.

200 κ는 모음 앞에서 ξ로 변한다. [ἐκ+ε = ἐξ]

201 전치사의 끝모음은 모음 ε 앞에서 생략한다. [ἀπο+ε = ἀπε]

✓ 제2시상 임시모자

미완료는 동사 몸통이 자음으로 시작될 때, 몸통 앞에 2시상표시로 모자(ϵ)를 쓴다. 그러나 동사 몸통이 모음으로 시작될 때는 장음화한 임시모자를 쓴다. 즉 임시모자의 특징은 단모음이 장음화된 것뿐이다.

단음		장음		현재		미완료
α, ϵ	→	η		ἐγείρω	→	ἤγειρον
ο, οι	→	ω				
ι	→	ι	[장음화 된 ι]			
υ	→	υ	[장음화 된 υ]			
α, αι	→	ῃ	[η + ι =ῃ]	αἴρω	→	ῃρον

✦ 미완료의 시간과 행동(양태)의 이해

미완료는 과거 시간에 진행, 연속, 반복과 같은 동사의 행동 양태를 나타낸다.

1) 미완료는 과거를 나타내는 2시상에 속하므로 몸통 앞에 모자(ϵ)를 쓴다.
2) 미완료는 진행과 연속되는 동작을 강조하기 때문에 현재형 몸통과 접착모음 (ο, ϵ)을 사용한다. 그러므로 미완료는 동작의 반복 연속을 강조하는 현재형의 몸통과 접착모음이 동일하다. 단 차이점은 과거 시간을 나타내는 모자(ϵ)를 앞에 쓰고 뒤에 능동태 2시상 인칭꼬리를 취하는 것이다. 미완료와 현재형을 구별하는 방법은 인칭 꼬리변화가 1시상 꼬리인가 아니면 2시상 꼬리인가를 찾는 것과 동사 몸통 앞에 모자(ϵ)를 쓰고 있는 것과 없는 것의 차이를 구분하는 것이다.

11.2 제2부정과거 능동태 직설법

1) 제2부정과거는 단어 앞에 과거 시간을 표시하는 접두모음인 모자(ϵ)를 쓴다.
2) 제2부정과거는 인칭꼬리 변형 앞에 규칙 접착모음인 ο 또는 ϵ가 온다.
3) 1인칭 단수와 3인칭 복수와 인칭꼬리 변형이 모두 ον이다.

4) 제2부정과거는 미완료의 형태와 동일하다. 단지 차이점은 2부정과거의 몸통이 현재 몸통이 아닌 불규칙적으로 변형된 형태이다. 미완료는 현재 몸통을 그대로 사용하여 진행 연속의 동작을 강조한다면, 2부정과거는 동사의 뿌리에 근거하여 생성한 불규칙으로 변한 몸통을 사용한다. 2부정과거의 형태는 과거 시간을 나타내는 모자(ϵ)를 앞에 쓰고 몸통 뒤에 2시상 꼬리를 달고 온 것은 미완료와 동일하다. 그러나 차이점은 2부정과거는 변형된 동사 몸통을 사용한다는 것이다.

현재	■□□□□ $^{o}_{\epsilon}$∼	λαμβάνω	내가 취한다.
미완료	ἐ■□□□□ $^{o}_{\epsilon}$∼	ϵλαμβάνον	내가 취하고 있었다.
2부정과거	ἐ■■■■■ $^{o}_{\epsilon}$∼	ἔλαβον [뿌리: **λαβ**]	내가 취했다.

✦ 2부정과거

2부정	ἔλαβον	내가 취했다	ϵἶπον	내가 말했다	ἤνϵγκα	내가 가져왔다[202]
현 재	λαμβάνω	내가 취한다	λέγω	내가 말한다	φέρω	내가 가져온다
	단수	복수	단수	복수	단수	복수
1인칭	ἔλαβον	ἐλάβομϵν	ϵἶπον	ϵἴπομϵν	ἤνϵγκα	ἠνέγκαμϵν
2인칭	ἔλαβϵς	ἐλάβϵτϵ	ϵἶπϵς	ϵἴπϵτϵ	ἤνϵγκας	ἠνέγκατϵ
3인칭	ἔλαβϵ	ἐλάβον	ϵἶπϵ	ϵἶπον	ἤνϵγκϵ	ἤνϵγκαν

1) 제2부정과거의 몸통은 현재형 몸통이 아닌 동사의 뿌리와 ϵ이 결합하여 변이가 일어난다.[203]

λέγω 〉 ϵἶπον [ϵ+뿌리 = ϵἶπ] 2부정과거 내가 말했다.

βάλλω 〉 ἔβαλον [ϵ+뿌리 = ἔβαλ] 2부정과거 내가 던졌다.

2) 극소수의 단어는 1부정과거와 2부정과거 두 형태를 다 취한다. 그 차이는 1부정과거 꼬리를 취하느냐 2부정과거 꼬리를 취하는가에 따라 구분한다.

φέρω 〉ἤνϵγκον [ϵ+뿌리 = ἐνϵγκ] 2부정과거 내가 가져왔다.

φέρω 〉ἤνϵγκα [ϵ+뿌리 = ἐνϵγκ] 1부정과거[변형] 내가 가져왔다.

---

202 φέρω의 2부정과거는 ἤνϵγκον이고 1부정과거는 ἤνϵγκα이다. 그러나 ἤνϵγκα는 1부정과거 표시 대신 κα가 오는 형태의 1부정과거 불규칙 변화이다.

203 현재형 몸통은 동사의 뿌리에 첫음반복 형태로 되어 있다.

간혹 유음 동사들은 2부정과거를 취한다. 이 경우의 특징은 ϵ+동사 뿌리+2부정과거 꼬리이다.

3) 미완료와 제2부정과거는 동일한 형태이다. 단지 차이점은 미완료는 (현재형) 몸통을 그대로 사용하지만, 2부정과거는 변형된 (뿌리)몸통 사용한다. 그러므로 2부정과거를 찾는 비결은 단어를 암기할 때에 동사의 뿌리를 함께 기억해야 한다.

미완료	ἐ■□□□□ ο/ϵ ~
2부정과거	ἐ■■■■■ ο/ϵ ~
유음동사 2부정과거	ἐ 동사 뿌리 ο/ϵ ~

4) 제2부정과거는 동사의 현재 몸통을 알아볼 수 없는 형태로 변이가 일어난 불규칙 변화이고 1부정과거는 ϵ+현재몸통+σα+2시상 꼬리가 결합한 형태를 쉽게 알아볼 수 있다. 그러나 1부정과거와 2부정과거의 번역상의 차이는 없다.

11.3 미완료 중 · 수동태와 εἰμί 동사 미완료 직설법

	미완료 중 · 수동		미완료		현 재	
	단수	복수	단수	복수	단수	복수
1인칭	ἐπίστευομην	ἐπιστεύομεθα	ἤμην	ἦμεν	εἰμί	ἐσμέν
2인칭	ἐπίστευου	ἐπιστεύεσθε	ἦς	ἦτε	εἶ	ἐστέ
3인칭	ἐπίστευετο	ἐπίστευοντο	ἦν	ἦσαν	ἐστί(ν)	εἰσι(ν)

11.4 미완료 사용법

미완료는 제2시상으로 과거 어느 시점에 연속 진행 과정의 극적(dramatic) 행동 양태를 표현한다.

1) 계속적 미완료(Durative Imperfect)

계속적 미완료는 과거의 사건이 일어나 한동안 지속해서 행동이 진행되었다는 것을 강조한다.

과거	현재	미래
———⇝		

ἔλεγεν ὁ Ἰωάννης τῷ Ἡρῴδῃ ὅτι οὐκ ἔξεστίν σοι ἔχειν τὴν γυναῖκα τοῦ ἀδελφοῦ σου. (막 6:18)

요한은 헤롯에게 말하고 있었다. “당신은 당신의 동생의 아내를 차지하는 것이 옳지 못합니다.”
[요한이 지속적으로 헤롯이 동생의 아내와 결혼한 것을 지적하는 말을 했다.]

2) 반복적 미완료(Iterative Imperfect)

반복적 미완료는 과거를 기점으로 시간 간격을 두고 반복적으로 이루어졌던 사건이나 행동을 보여 준다.

과거	현재	미래
⇝ ⇝ ⇝		

ἐπορεύοντο κατ' ἔτος εἰς Ἰερουσαλὴμ τῇ ἑορτῇ τοῦ πάσχα. (눅 2:41)

해마다 유월절에 그들이 예루살렘에 갔었다. [유월절 때마다 반복된 행위]

3) 시작을 강조하는 미완료(Inceptive Imperfect)[204]

시작을 강조하는 미완료는 과거 사건과 행위의 시작한 기점을 강조한다.

과거	현재	미래
➡		

ἀνοίξας τὸ στόμα αὐτοῦ ἐδίδασκεν αὐτοὺς. (마 5:2)

그의 입을 연 후에, 그는 그들을 가르치기 시작했다.

---

204 Ingressive 또는 Inchoative Imperfect

4) 서술적 미완료(Descriptive or Progressive Imperfect)

서술적 미완료는 화자의 시각에서 과거에 일어난 사건의 진행 과정을 드라마로 보여 주는 것처럼 서술할 때 사용한다. 서술적 미완료는 사건의 생동적 진행을 강조하거나 다른 사건과 동시적으로 일어나고 있는 행위를 강조한다.

과거	현재	미래

ἐδίδασκεν τοὺς μαθητὰς αὐτοῦ καὶ ἔλεγεν αὐτοῖς ὅτι ὁ υἱὸς τοῦ ἀνθρώπου παραδίδοται εἰς χεῖρας ἀνθρώπων. (막 9:31)

그가 그의 제자들을 가르치고 있었고 그들에게 말씀하고 있었다. "사람의 아들은 사람의 손에 넘겨지고 있다."

5) 시도적 미완료(Conative Imperfect)[205]

시도적(의향적) 미완료는 시도된(attempted) 사건, 원해진(desired) 행위, 또는 거의 사건이 발생하는(tendential) 시점을 기술한다. 미완료는 시도했지만 성취되지 못한 것을 기술하거나, 아직 사건이 일어나지 않았지만 막 일어날 사건을 강조한다.

과거	현재	미래
—— ○ ○ ○ ○		

ὁ Ἰωάννης διεκώλυεν αὐτὸν ὅτι ἐγὼ θέλω ὑπὸ σοῦ βαπτισθῆναι. (cf. 마 3:14)

요한이 그를 막는 것을 시도하고 있었다. 말하길, "나는 당신에 의하여 침례받기를 원합니다." (요한이 예수께 침례 주는 것에 대한 거부를 시도한 행위를 완결했다. 그러나 침례를 주었다.)

ἐκάλουν τὸν νήπιον ἐπὶ τῷ ὀνόματι τοῦ πατρὸς αὐτοῦ Ζαχαρίαν. (눅 1:59) [앞으로 발생한 사건에 대한 의향]

그들은 그의 아버지의 이름을 따라 그 갓난아이를 사가랴로 부르기를 시도했다.

(아기의 이름을 사가랴로 부르는 것을 시도했지만 완결하지 못하게 되었다].

---

205 Voluntative 또는 Tendential Imperfect

11.5 연습문제

1) οἱ ἀδελφοὶ αὐτοῦ οὐ ἐπίστευον εἰς αὐτόν. (요 7:5)

2) εἶπεν παραβολὴν αὐτοῖς. (눅 21:29)

3) ἀνεβαίνομεν εἰς Ἱεροσόλυμα. (행 21:15)

4) προσέφερον δὲ αὐτῷ καὶ τὰ τεκνα. (눅 18:15).

5) οὐκ ἐγώ σε εἶδον ἐν τῷ κήπῳ μετ' αὐτοῦ; (요 18:26)

6) ἔχαιρον καὶ ἐδόξαζον τὸν λόγον τοῦ κυρίου. (행13:48)

7) ἐδίδασκεν γὰρ τοὺς μαθητὰς αὐτοῦ καὶ ἔλεγεν αὐτοῖς. (막 9:31)

8) ὑμεῖς μοι μαρτυρεῖτε ὅτι εἶπον ὅτι οὐκ εἰμὶ ἐγὼ ὁ Χριστός. (요 3:28)

9) ἤνεγκα τὸν υἱόν μου πρὸς σέ, ὁ δὲ θεὸς ἤγειρεν αὐτόν. (막 9:17; 고전 6:14)

10) ἐδίδασκεν γὰρ τοὺς μαθητὰς αὐτοῦ καὶ ἔλεγεν αὐτοῖς ὅτι ὁ υἱὸς τοῦ ἀνθρώπου παραδίδοται εἰς χεῖρας ἀνθρώπων. (막 9:31)

11) εἶπον δέ· κύριε, ὅτι κοινὸν ἢ ἀκάθαρτον οὐδέποτε εἰσῆλθεν εἰς τὸ στόμα μου. (행 11:8)

12) ὁ υἱὸς τοῦ θεοῦ ἦλθεν τέκνα δὲ θεοῦ οὐ παρέλαβον[206] αὐτόν και τὸ ὄνομα αὐτου. (cf. 요 1:11-12)

---

206 παραλαμβάνω(내가 받아들인다, 영접한다)의 2부정과거 능동태

11.6. 단어

	ἀκάθαρτος -ον	[형] 불결한, 불순한
	ἀναβαίνω	내가 올라간다(go up).
	ἀνοίγω	내가 연다(open). ἀνοίξω ἀνέῳξα ἤνοιξα
	διδάσκω	내가 가르친다.
	διακωλύω	내가 막는다, 제지한다.
	δοξάζω	내가 영화롭게 한다, 영광을 돌린다.
	ἐγείρω	나는 일어난다, 깨운다, 일으킨다(raise). ἐγερῶ ἤγειρα ἐγήγερμαι ἠγέρθην 수동태도 능동태(디포)로 번역한다.
	ἔξεστί(ν)	[무인칭 동사] (그것은) ~합당하다, ~합법적이다.
	ἤ	[접] 또는(or), ~보다 더(than)
	καλέω	내가 부른다.
ὁ	κῆπος	동산, 정원(garde)
	κοινός -ον -η	일반적인(common), 불결한(unclean)
	κοινόω	내가 불경하게 하다, 더럽힌다.
	λέγω	내가 말한다. ἐρῶ εἶπον εἶπον εἴρημαι ἐρρέθην (또는 ἐρρήθην)
ο	μαθητής -ου	제자, 학생
	μαρτυρέω	내가 증거한다, 증인이 된다.
	νήπιος -ον -α	[형] 갓 태어난, 유아의, 미성숙한 [명] 갓난아이, 아기
	οὐδέποτε	[부] 어느 때도 아닌, 전혀 아니(not at any time)
	παραδίδωμι	내가 넘겨준다(hand over), 배반한다. 허용한다.
τό	πάσχα	유월절(passover)
	πάσχω	내가 고난당한다, 경험한다.
	πορεύομαι	내가 간다 πορεύσομαι ἐπορευσάμην πεπόρευμαι ἐπορεύθην
	προσφέρω	내가 ~에게 데려가다, 가져간다, 인도하다. (사람은 여격, 사물은 대격을 한다.)
	φέρω	내가 가져온다, 가져간다 (ἤνεγκα [1부정과거], ἤνεγκον [2부정과거])
	χαίρω	내가 즐거워한다. 기뻐하다, 유쾌하게 된다, 행복하다. ἐχάρην [2과거 수동]; χαρήσομαι [2미래 수동]
ἡ	χαρά ᾶς	기쁨, 유쾌함, 즐거움

❐ 부록

11.7 제2부정과거 뿌리

2부정과거	뿌리	현재형	
ἀπέθανον	θαν-	ἀποθνῄσκω	내가 죽는다.
ἀφικομην	ἱκ-	ἀφικνέομαι	내가 도착한다.
ἔβην	βη-/βα-	βαίνω	내가 간다.
ἐγενομην	γεν-	γίγνομαι	내가 된다, 있다, 나타난다.
ἔγνων	γνω-/γνο-	γινώσκω	내가 안다.
εἶδον	ἰδ-	ὁράω*	내가 본다.
εἷλον	ἑλ-	αἱρέω*	내가 들어올린다, 치워버린다.
εἶπον	εἰπ-	λέγω*	내가 말한다.
ἔκαμον	καμ-	κάμνω	내가 일한다, 수고한다.
ἔλαβον	λαβ-	λαμβάνω	내가 취한다, 받는다(receive).
ἔλιπον	λιπ-	λείπω	내가 머문다, 거한다.
ἔμαθον	μαθ-	μανθάνω	내가 배운다.
ἔπαθον	παθ-	πάσχω	내가 고통을 당한다, 경험한다.
ἔπεσον	πεσ-	πίπτω	내가 떨어진다, 넘어진다.
ἔπιον	πι-	πινω	내가 마신다.
ἔσχον	σχ-	ἔχω	내가 가진다, 소유한다.
ἔφαγον	φαγ-	ἐσθίω*	내가 먹는다.
ἔφυγον	φυγ-	φεύγω	내가 도망친다.
ἤγαγον	ἀγαγ-	ἄγω	내가 인도한다, 간다.
ἦλθον	ἐλθ-	ἔρχομαι*	내가 간다, 온다.
ἤνεγκον[207]	ἐνεγκ-	φέρω	내가 가져온다, 지고 간다, 견딘다.
ἠρόμην	ἐρ-	ἐρωτάω	내가 묻는다, 요구한다, 구한다.

207 φέρω(내가 가져온다)의 1부정과거 ἤνεγκα이다.

✦ 제1부정과거의 뿌리

제1부정과거이지만 뿌리가 현재형 몸통과 다른 동사는 다음과 같다.

1부정과거	뿌리	현재형	
ἔδοξα	δοκ-	δοκέω	내가 생각한다, ~으로 보이다.
ἐκαλεσα	καλε-	καλέω	내가 부른다.
ἐμαχεσάμην	μαχε-	μάχομαι	내가 싸운다, 논쟁한다.
ἔπλευσα	πλευ-	πλέω	내가 항해하다(travel by sea, sail).
ἐσκεψάμην	σκεπ-	σκοπέω	내가 본다, 주목한다.
ἤλασα	ἐλα-	ελαύνω	내가 배를 젓는다, 몰다(drive wind).
ἦρα	ἀρ-	αἴρω	내가 들어올린다, 취한다.

✓ 극소수의 단어는 1부정과거와 2부정과거 두 형태를 다 취한다.

현재형	1부정과거	2부정과거	뿌리	
φέρω	ἤνεγκα[208]	ἤνεγκον	[ἐνεγκ]	내가 옮긴다.
ἵστημι	ἔστησα	ἔστην	[στα]	내가 세운다. [자동] 내가 서 있다, 나타나다.

---

208 간혹 1부정과거 표시인 σ 대신 κ가 온다. 그러나 현재 몸통이 그대로 유지되고 있기에 1 부정과거에 해당된다.

11.8 연습문제

1) ἦν τὸ φῶς τὸ ἀληθινόν. (요 1:9)

2) ὁ διδάσκαλος ἐλάλει αὐτοῖς τὸν λόγον. (막 4:33)

3) ἔλεγεν ὁ Ἰωάννης τῷ Ἡρῴδῃ. (막 6:18)

4) προσέφερον δὲ αὐτῷ καὶ τὰ τεκνα. (눅 18:15).

5) τὸ γλωσσόκομον ἐβάσταζεν. (요 12:6)

6) ἡ θυγάτηρ σου ἀπέθανεν. (막 5:35)

7) ὁ κόσμος αὐτὸν οὐκ ἔγνω. (요 1:10)

8) εἶπεν ὅτι κλέπτης ἦν. (요 12:6)

9) ὁ Ἰησοῦς εἶπεν ὁ νόμον αὐτοῖς καὶ ἐδίδασκεν αὐτούς. (막 10:1, 5)

10 εἰπὲ τὸ λογον τῷ ἀδελφῷ μου τῇ ἐκκλησίᾳ. (cf. 마 18:17; 눅 12:13)

11) ἦλθον εἰς τὸν κόσμον καὶ φωτίζει πάντα ἄνθρωπους. (cf. 요 1:9)

12) ἐν τῷ κόσμῳ ἦν, καὶ ὁ κόσμος δι᾽ αὐτοῦ ἐγένετο. (요 1:10)

13) παρέδωκα γὰρ τὸ εὐαγγέλιον ὑμῖν καὶ παρέλαβετε αὐτό. (고전 15:3)

11.9 단어

	ἄρχομαι	[중간태] 내가 시작한다.
	ἔρχομαι	내가 간다, 온다. ἐλεύσομαι ἦλθον (ἦλθα) ἐλήλυθα
	ἀληθινός -ον -η [형] 참된, 진실한	
	ἀποθνῄσκω (ἀποθνήσκω) 내가 죽인다, 죽는다. ἀποθανοῦμαι ἀπέθανον ἀποκτείνω	
	βαστάζω	내가 운반한다, 든다, 옮긴다.
	γίνομαι	나는 ~이다, 된다(become), 일어난다(happen). γενήσομαι ἐγενόμην γέγονα[현완료] γεγένημαι ἐγενήθην γίνομαι와 εἰμί는 존재를 동일하게 표현한다.
	γινώσκω	내가 안다. γνώσομαι ἔγνων ἔγνωκα ἔγνωσμαι ἐγνώσθην
ἡ	γλῶσσα	혀(tongue)
τό	γλωσσόκομον	돈주머니, 전대, 돈통(money box)
ὁ	διδάσκαλος	교사, 선생, 스승
	διδάσκω	내가 가르친다. διδάξω ἐδίδαξα δεδίδαχα δεδίδαγμαι ἐδιδάχθην
ἡ	Ἡρῳδιάς ¨αδος 헤로디아(Herodia) [헤롯 안티파스의 아내]	
ἡ	θυγάτηρ ¨τρός	딸(daughter)
ὁ	Ἰωάννης (또는 Ἰωάνης) 요한	
ὁ	κλέπτης ¨ου	도둑
	λαλέω	내가 말한다.
	λέγω	내가 말한다. ἐρῶ εἶπον εἴπον εἴρημαι ἐρρέθην (또는 ἐρρήθην)
ὁ	νόμος	율법, 법, 법규
	προσφέρω	내가 ~에게 데려가다, 가져간다, 인도하다. (사람은 여격, 사물은 대격을 한다)
	φωτίζω	[자동] 내가 빛난다; [타동] 내가 빛을 준다, 비춘다.

제12과 대명사

12.1 인칭 대명사[209]

	1인칭 (나)		2인칭 (당신)	
	단수	복수	단수	복수
	ἐγώ	ἡμᾶς	σύ	ὑμεῖς
속격	ἐμοῦ (μου)	ἡμῶν	σοῦ (σου)	ὑμῶν
여격	ἐμοί (μοι)	ἡμῖν	σοί (σοι)	ὑμῖν
대격	ἐμέ (με)	ἡμᾶς	σέ (σε)	ὑμᾶς
주격	ἐγώ	ἡμεῖς	σύ	ὑμεῖς

3인칭 대명사 (그 남자, 그 여자, 그것)						
	남 성		중 성		여 성	
	단수	복수	단수	복수	단수	복수
	αὐτός	αὐτοί	αὐτό	ἄυτα	αὐτή	αὐται
속격	αὐτοῦ	αὐτῶν	αὐτοῦ	αὐτῶν	αὐτῆς	αὐτῶν
여격	αὐτῷ	αὐτοῖς	αὐτῷ	αὐτοῖς	αὐτῇ	αὐταῖς
대격	αὐτόν	αυτούς	αὐτό	ἀυτά	αὐτήν	αὐτάς
주격	αὐτός	αὐτοί	αὐτό	ἀυτά	αὐτή	αὐται

12.2 재귀 대명사[210]

		남 성		중 성		여 성	
		단 수	복 수	단 수	복 수	단 수	복 수
3인칭	속격	ἑαυτοῦ	ἑαυτῶν	ἑαυτοῦ	ἑαυτῶν	ἑαυτῆς	ἑαυτῶν
	여격	ἑαυτῷ	ἑαυτοῖς	ἑαυτῷ	ἑαυτοῖς	ἑαυτῇ	ἑαυταῖς
	대격	ἑαυτόν	ἑαυτούς	ἑαυτο	ἑαυτά	ἑαυτήν	ἑαυτάς
2인칭	속격	σεαυτοῦ	σεαυτῶν			σεαυτῆς	σεαυτῶν
	여격	σεαυτῷ	σεαυτοῖς			σεαυτῇ	σεαυταῖς
	대격	σεαυτόν	σεαυτούς			σεαυτήν	σεαυτάς
1인칭	속격	ἐμαυτοῦ	ἐμαυτῶν			ἐμαυτῆς	ἐμαυτῶν
	여격	ἐμαυτῷ	ἐμαυτοῖς			ἐμαυτῇ	ἐμαυταῖς
	대격	ἐμαυτόν	ἐμαυτούς			ἐμαυτήν	ἐμαυτάς

---

209 인칭 대명사의 1인칭과 2인칭 단수는 주격을 제외하고 강세가 붙는 것과 붙지 않는 형태로 구분된다. 강세가 붙으면 강조형이고 강세가 없는 인칭 대명사는 앞 단어와 함께 발음되는 후접사이다.

210 a) 재귀 대명사의 주격은 존재하지 않는다. b) 재귀 대명사는 대명사 앞에 3인칭은 ε, 2인칭은 σε, 1인칭은 εμ가 붙는다.

12.3 소유 대명사

소유 대명사 1인칭 단수 (나의)						
	남 성		중 성		여 성	
	단수	복수	단수	복수	단수	복수
	ἐμός	ἐμοί	ἐμόν	ἐμά	ἐμή	ἐμαί
속격	ἐμοῦ	ἐμῶν	ἐμοῦ	ἐμῶν	ἐμῆς	ἐμῶν
여격	ἐμῷ	ἐμοῖς	ἐμῷ	ἐμοῖς	ἐμῇ	ἐμαῖς
대격	ἐμόν	ἐμούς	ἐμόν	ἐμά	ἐμῇν	ἐμάς
주격	ἐμός	ἐμοί	ἐμόν	ἐμά	ἐμή	ἐμαί

소유 대명사 2인칭 단수 (너의, 당신의)						
	남 성		중 성		여 성	
	단수	복수	단수	복수	단수	복수
	σός	σοί	σόν	σά	σή	σαί
속격	σοῦ	σῶν	σοῦ	σῶν	σῆς	σῶν
여격	σῷ	σοῖς	σῷ	σοῖς	σῇ	σαῖς
대격	σόν	σούς	σόν	σά	σήν	σάς
주격	σός	σοί	σόν	σά	σή	σαί

소유 대명사 1인칭 복수 (우리의)						
	남 성		중 성		여 성	
	단수	복수	단수	복수	단수	복수
	ἡμέτερος	ἡμέτεροι	ἡμέτερον	ἡμέτερα	ἡμετέρα	ἡμέτεραι
속격	ἡμετέρου	ἡμετέρων	ἡμετέρου	ἡμετέρων	ἡμετέρας	ἡμετέρων
여격	ἡμετέρῳ	ἡμετέροις	ἡμετέρῳ	ἡμετέροις	ἡμετέρᾳ	ἡμετέραις
대격	ἡμέτερον	ἡμέτερους	ἡμέτερον	ἡμέτερα	ἡμετέραν	ἡμετέρας
주격	ἡμέτερος	ἡμέτεροι	ἡμέτερον	ἡμέτερα	ἡμετέρα	ἡμέτραι

소유 대명사 2인칭(너희의)						
	남 성		중 성		여 성	
	단수	복수	단수	복수	단수	복수
	ὑμέτερος	ὑμέτεροι	ὑμέτερον	ὑμέτερα	ὑμετέρα	ὑμέτεραι
속격	ὑμετέρου	ὑμετέρων	ὑμετέρου	ὑμετέρων	ὑμετέρας	ὑμετέρων
여격	ὑμετέρῳ	ὑμετέροις	ὑμετέρῳ	ὑμετέροις	ὑμετέρᾳ	ὑμετέραις
대격	ὑμέτερον	ὑέτερους	ὑμέτερον	ὑμέτερα	ὑμετέραν	ὑμετέρας
주격	ὑμέτερος	ὑμέτεροι	ὑμέτερον	ὑμέτερα	ὑμετέρα	ὑμέτεραι

12.4 지시 대명사(이것, 저것)[211]

근거리 지시 대명사 (이것, 이것들; this, these)[212]						
	남 성		중 성		여 성	
	단수	복수	단수	복수	단수	복수
	οὗτος	οὗτοι	τοῦτο	ταῦτα	αὕτη	αὗται
속격	τούτου	τούτων	τούτου[213]	τούτων	ταύτης	τούτων
여격	τούτῳ	τούτοις	τούτῳ	τούτοις	ταύτῃ	ταύταις
대격	τοῦτον	τούτους	τοῦτο	ταῦτα	ταύτην	ταύτας
주격	οὗτος	οὗτοι	τοῦτο	ταῦτα	αὕτη	αὗται
장거리 지시 대명사 (저것, 저것들; that, those)						
	남 성		중 성		여 성	
	단수	복수	단수	복수	단수	복수
	ἐκεῖνος	ἐκεῖνοι	ἐκεῖνο	ἐκεῖνα	ἐκείνη	ἐκεῖναι
속격	ἐκείνου	ἐκείνων	ἐκείνου	ἐκείνων	ἐκείνης	ἐκείνων
여격	ἐκείνῳ	ἐκείνοις	ἐκείνῳ	ἐκείνοις	ἐκείνῃ	ἐκείναις
대격	ἐκεῖνον	ἐκείνους	ἐκεῖνο	ἐκεῖνα	ἐκείνην	ἐκείνας
주격	ἐκεῖνος	ἐκεῖνοι	ἐκεῖνο	ἐκεῖνα	ἐκείνη	ἐκεῖναι

12.5 부정 대명사(어떤 사람, 어떤 것)

	남성/여성		중 성	
	단수	복수	단수	복수
	τις	τινές	τι	τινά
속격	τινός	τινῶν	τινός	τινῶν
여격	τινί	τισί,ν.	τινί	τισί(ν)
대 격	τινά	τινάς	τι	τινά
주격	τις	τινές	τι	τινά

211 지시 대명사의 격변화는 관사의 격변화와 동일하다. 고대 지시 대명사(이것 또는 여기)는 관사+δε형태로 다음과 같다. 남성은 ὅδε, 중성은 τόδε, 여성은 ἥδε이다.

212 οὗτος는 관사와 같이 남성과 여성의 주격을 제외하고는 앞에 τ가 오고, 남성과 여성의 주격에 τ가 생략된 표시로 거친 쉼표가 붙는다. του는 τ+ο로 남성과 중성 기본형태를 이룬다. 단 예외적으로 중성 대격과 주격은 τ+α의 형태로 ταῦτα이다. ταυ는 τ+α로 여성 기본형태를 이룬다. 단 예외적으로 여성 속격 복수는 언제나 남성 속격 복수와 동일해야 함으로 τ+ο의 형태로 τούτων이다.

213 남성과 중성의 속격과 여격은 동일하다.

1) 부정 대명사는 어떤 사람(somebody) 또는 어떤 것(something)으로 번역된다.

2) 부정 대명사와 의문 대명사의 형태는 동일하나 부정 대명사에는 강세가 뒤에(얼티마)에 붙고 주격에 단수에 강세가 붙지 않는다. 단지 후접사의 강세 법칙에 준할 때 붙을 수 있다. 반면에 의문 대명사에는 모두 강세가 앞에 붙는다.

12.6 의문 대명사 (누구, 무엇)

	남성/여성		중 성	
	단수	복수	단수	복수
	τίς	τίνες	τί	τίνα
속격	τίνος	τίνων	τίνος	τίνων
여격	τίνι	τίσι(ν)	τίνι	τίσι(ν)
대격	τίνα	τίνας	τί	τίνα
주격	τίς	τίνες	τί	τίνα

✓ 의문 대명사와 부정 대명사는 동일한 형태이다. 의문 대명사는 강세가 모두 앞에 τί에 붙는다. 그러나 부정 대명사는 주격 단수에 강세가 붙지 않고 그 외에 강세가 뒤에(얼티마)에 붙는다.

ποῖος -ον -α 어떤 종류의(what sort of?)

πόσος -ον -α 얼마만큼의(how much/many?)

12.7 관계 대명사 (Who, which, what)

	남 성		중 성		여 성	
	단수	복수	단수	복수	단수	복수
	ὅς	οἵ	ὅ	ἅ	ἥ	αἵ
속격	οὗ	ὧν	οὗ	ὧν	ἧς	ὧν
여격	ᾧ	οἷς	ᾧ	οἷς	ᾗ	αἷς
대격	ὅν	οὕς	ὅ	ἅ	ἥν	ἅς
주격	ὅς	οἵ	ὅ	α	ἥ	αἵ

1) 관계 대명사는 단수 주격을 제외하고는 관사의 첫 음인 τ가 탈락한 것과 동일하다. 예외로 주격 단수는 ὅς이다. 관계 대명사는 거친 쉼표와 강세가 붙는 특징이 있다.
2) 관계 대명사가 사람을 가리킬 때는 "~하는 사람"으로 번역한다.

12.8 대명사의 사용법

일반적으로 대명사는 앞에 이미 명시된 명사의 반복을 피하고자 사용된다. 이 경우에 대명사는 앞에 명시된 명사(선행사)와 성과 수가 같아야 한다. 그럼에도 대명사의 격은 문맥의 용도에 따라 달라질 수 있다.

> εἶπεν[214] οὖν αὐτοῖς ὁ Πιλᾶτος· λάβετε τὸν Ἰησοῦν ὑμεῖς καὶ κατὰ τὸν νόμον ὑμῶν κρίνατε <u>αὐτόν</u>. (요 18:31)
> 그러므로 빌라도가 그들에게 말했다. "너희가 예수를 취하라. 그리고 너희 법에 따라 <u>그를</u> 판결하라."

1. 인칭 대명사의 사용법

1) 인칭 대명사는 일반적으로 1인칭은 강세가 탈락한 μου, μοι, με이며, 2인칭은 σου, σοι, σε이다.[215]
2) 인칭 대명사가 강조될 때는 1인칭은 강세가 유지된 ἐμοῦ, ἐμοί, ἐμέ이며, 2인칭은 σοῦ, σοί, σέ이다.
3) 인칭 대명사가 전치사 뒤에 올 때는 강세가 유지된 강조적 형태를 사용한다.
   ✦ 예외: πρός με (나를 향해)
4) 모음 앞에 오는 전치사의 끝 모음이 탈락되고 생략 표시로 '(쉼표)가 붙는다.

   ἀπ' ἐμοῦ = ἀπο ἐμοῦ 나로부터(from me)
   δι' ἐμοῦ = δια ἐμοῦ 나를 통해(through me)
   ὑπ' αὐτου = ὑπο αὐτου 그에 의해(by him)
   μεθ' ἡμῶν = μετα ἡμῶν [μετα → μετ' → μεθ'] 우리와 함께(with us)
   ὑφ' ὑμῶν = ὑπο ὑμῶν [ὑπο → ὑπ' → ὑφ'] 너희에 의해(by you)

---

214 λέγω(나는 말한다)의 2부정과거 능 직 3인칭 단수. (그가 말했다.)
215 후접사(enclitics)는 선행하는 단어와 함께 발음되는 단어이다. 주격을 제외한 인칭 대명사 단수 μου, μοι, με, σου, σοι, σε가 후접사에 해당된다.

μάθετε[216] ἀπ' ἐμοῦ, ὅτι πραΰς εἰμι καὶ ταπεινὸς τῇ καρδίᾳ. (마 11:29)

나로부터 [너희는] 배우라. "나는 온유이며 마음 안에 겸손이다."

ἐγώ εἰμι ἡ θύρα· δι' ἐμοῦ ἐί τις εἰσέρχεται σωθήσεται. (요 10:9)

나는 그 문이다. 누구든 나를 통하여 들어오면, 그는 구원을 받을 것이다.

ὁ Ἰησοῦς ἐβαπτίζοντο ἐν τῷ Ἰορδάνῃ ποταμῷ ὑπ' αὐτοῦ. (마 3:6)

요단강에서 예수께서 그에 의해서 침례를 받으셨다.

ἐστιν μεθ' ἡμῶν ὁ θεός. (마 1:23)

하나님이 우리와 함께 계신다.

οὗτός ἐστιν ὁ λίθος, ὁ ἐξουθενηθεὶς[217] ὑφ' ὑμῶν. (행 4:11)

이것은 너희에 의해 거절당한 그 돌이다.

5) 헬라어 동사에 이미 주어가 명시되어 있기 때문에 일반 문장에서는 인칭 대명사가 사용되지 않는다. 그러므로 인칭 대명사를 사용하는 문장은 강조문에 해당한다.

Πέτρος εἶπεν· σὺ εἶ ὁ χριστὸς ὁ υἱὸς τοῦ θεοῦ τοῦ ζῶντος. (마 16:16)

베드로가 말했다. "당신은 그 그리스도, 살아계신 하나님의 아들입니다."
(당신이 우리가 기다려 왔던 바로 그 그리스도입니다.)

❒ 제3인칭 대명사(αὐτος)의 사용법

인칭 대명사의 문장 위치나 인칭 대명사가 수식하는 명사에 관사가 붙고 안 붙는 것이 중요한 것이 아니라 인칭 대명사 앞에 관사가 있느냐 없느냐에 따라 인칭 대명사의 사용 의미가 달라진다는 것이 중요하다.

1) 제3인칭 대명사는 관사 없이 서술적으로 사용할 때 그 "자신"(self)로 번역한다.

---

216 μανθάνω(나는 배운다)의 2인칭 복수 2부정과거 능 명령법 ([너희는] 배우라.)

217 ἐξουθενέω(나는 거절한다, 경멸한다)의 1부정과거 분사 수동태, 주격 단수 여성 "거절당한"

αὐτὸς ὁ θεὸς τῆς εἰρήνης ἁγιάσζει ὑμᾶς. (살전 5:23)
평강의 하나님 자신이 [친히] 너희를 거룩하게 하고 있다.

αὐτὴ ἡ κτίσις ἐλευθερωθήσεται. (롬 8:21)
그 피조물 자체가 자유를 얻을 것이다.

αὐτὸς ὁ θεὸς ἔσται αὐτῶν θεός. (요 21:3)
하나님 자신이 그들의 하나님이시다.

ὁ θεὸς αὐτὸς παράκλεῖ ἡμᾶς. (cf. 살후 2:16)
하나님 자신이 우리를 위로하신다.

2) 앞에 관사가 붙은 3인칭 대명사는 명사를 한정적으로 수식할 때 "바로 그" 또는 "같은"(the same)으로 번역한다. 이 때 명사나 문장배열은 그리 중요하지 않다.

관사 + αὐτὸς + 명사
명사 + 관사 + αὐτός
관사 + αὐτὸς +관사 +명사
관사 +명사 + 관사 + αὐτός

εἰσίν ὁ δὲ αὐτὸς θεὸς ὁ ἐνεργῶν[218] τὰ πάντα. (고전 12:6)
그러나 바로 [같은] 그 하나님이 모든 것들을 만드시는 분이시다.

3) 관사가 없는 3인칭 대명사(αὐτος)는 다른 인칭 대명사와 함께 사용할 수 있다. 이 경우에 동사와 일치하는 인칭 대명사를 강조하는 역할을 함으로 주어를 강조하는 의미로 "자신"으로 번역한다.

βλέπετε τὰς χεῖράς μου καὶ τοὺς πόδας μου ὅτι ἐγώ εἰμι αὐτός. (눅 24:39)

너희는 나의 손들과 발들을 보고 있다. "나는 나다."
[ἐγώ = αὐτός] 너희가 보고 있는 그 사람이 바로 나다.

---

218 ἐνεργέω(나는 만든다, 일한다)의 1부정 분사 능동태, 남성 주격 단수. "만든"

2. 재귀 대명사의 사용법

재귀 대명사(reflective pronoun)는 동사의 행위가 주어 자체에 행해질 때 사용된다. 그러므로 재귀 대명사는 동사의 행위와 주어를 일치시켜 준다.

ἦλθεν πρὸς τὸν πατέρα ἑαυτοῦ. (눅 5:20)
그는 자신의 아버지에게로 갔다.

δόξασόν με σεαυτῷ τῇ δόξῃ. (요 17:5)
당신 자신(의) 영화로 나를 영화롭게 하라.

ἐγὼ ἁγιάζω ἐμαυτόν. (요 17:19)
나는 나 자신을 거룩하게 하고 있다.

τινες τῶν γραμματέων εἶπαν ἐν ἑαυτοῖς· οὗτος βλασφημεῖ. (마 9:3)

서기관들 중 어떤 사람들이 자신들 안에서 말했다. "이 사람이 신성모독을 하고 있다."

3. 소유 대명사의 사용법

1) 소유 대명사의 격변화는 관사의 격꼬리 변화와 동일하다.
2) 소유 대명사의 성, 수, 격이 수식하는 명사의 것과 일치한다. 소유 대명사는 명사의 격과 동일하게 사용하지만, 그 의미는 소유를 나타낸다.

ὁ λόγος ὁ σὸς ἀλήθειά ἐστιν. (요 17:17b)
당신의 말씀은 진리입니다.

ἀμὴν ἀμὴν λέγω ὑμῖν, εἶ τὸν ἐμὸν λόγον τηρεῖ, θάνατον οὐ θεωρεῖ εἰς τὸν αἰῶνα. (cf.요 8:51)

진실로 진실로 내가 너희에게 말한다. 만약 그가 나의 말을 지킨다면, 그는 영원히 죽음을 보지 않는다.

4. 지시 대명사의 사용법

1) 대명사의 주격은 αυ로 시작하고, 지시 대명사의 주격은 거친 쉼표가 붙은 οὑ로 시작하며 그 외에는 앞에 τ가 붙은 형태이다. [οὗτος → τούτου]
2) οὗτος는 비교적 가까운 것을, ἐκεῖνος는 비교적 먼 것을 지칭한다.
3) 지시 대명사는 관사와 함께한 명사의 위치를 구체적으로 규정해 준다.

ἐκεῖνος ὁ δοῦλος ποιεῖ τὸ θέλημα τοῦ κυρίου αὐτοῦ. (눅 12:47)
이 종이 그의 주인의 뜻을 행한다.

4) 지시 대명사는 명사 없이도 독자적으로 명사처럼 사용된다.

οὗτός	이 사람[남자]	ἐκεῖνος	저 사람[남자]
αὕτη	이 여자	ἐκείνη	저 여자
τοῦτο	이 것	ἐκεῖνα	저것

οὗτός ἐστιν ὁ υἱός μου. (마 3:17)
이 사람이 나의 아들이다.

αὕτη[219] γάρ ἐστιν ἡ ἀγάπη τοῦ θεοῦ. (요일 5:3)
그러므로 이것이 하나님의 사랑이다.

αὕτη δὲ ἔβρεξέν καὶ ἐξέμαξεν μου τοὺς πόδας. (눅 7:44)
그러나 그녀는 울었고, 나의 발들을 닦아 주었다.

οὗτος σωθήσεται. (마 10:22)
이 사람[남자]은 구원을 받을 것이다.

οἱ Ἰουδαῖοι ἐζήτουν αὐτὸν καὶ ἔλεγον· ποῦ ἐστιν ἐκεῖνος; (요 7:11)

그 유대인들이 그를 찾고 있었다. 그리고 말하고 있었다. "저 [사람]이 어디에 있느냐?"

λέγει αὐτοῖς ὁ Ἰησοῦς· πιστεύετε ὅτι δύναμαι τοῦτο ποιῆσαι; λέγουσιν αὐτῷ· ναὶ κύριε. (마 9:28)

예수께서 그들에게 말씀하고 있다. "내가 이것[일]을 할 것이라고 믿느냐?" 그들이 그에게 말하고 있다. "예, 주님."

---

219 ἡ ἀγάπη가 여성 명사이기 때문에 주어도 여성 주격 αὕτη가 왔다.

5. 부정 대명사의 사용법

1) 부정 대명사[τις (어떤 사람), τι (어떤 것)]는 명사와 함께 사용된다.

τις ἄνθρωπος ἐξ ὑμῶν αἰτεῖ τὸν ἄρτον τῷ υἱῷ αὐτοῦ. (cf. 마 7:9)
너희 중에 어떤 사람이 그의 아들에게 떡을 구하고 있다.

2) 부정 대명사는 독립적으로 사용된다.

ὁ ἀδελφός σου ἔχει τι κατὰ σοῦ. (마 5:23)
너의 형제가 너에게 대항하는 무언가를 가지고 있다

εἶπεν τις αὐτῷ· ἡ μήτηρ σου καὶ οἱ ἀδελφοί σου εἰσὶν ἔξω. (마 12:47)
누군가 그에게 말했다. 당신의 어머니와 형제들이 바깥에 있습니다.

6. 의문 대명사의 사용법

의문 대명사[τίς (어떤 사람), τί (어떤 것)]는 질문의 대상이나 정체성을 나타낸다.

1) 의문 대명사는 명사와 함께 사용된다.

τίνα μισθὸν ἔχετε; οὐχὶ καὶ οἱ τελῶναι τὸ αὐτὸ ποιοῦσιν; (마 5:46)

무슨 품삯을 당신은 가지겠느냐? 세리들도 그것을 하지 않느냐?

2) 의문 대명사는 독립적으로 사용된다.

τί ποιεῖτε; οὐχὶ καὶ οἱ ἐθνικοὶ τὸ αὐτὸ ποιοῦσιν; (마 5:47)
너희는 무엇을 하느냐? 타국인들도 그것을 하지 않느냐?

3) 간접 질문 또는 직접 질문은 의문 대명사를 그대로 사용한다.

σὺ τίς εἶ; ἐγὼ οὐκ εἰμὶ ὁ χριστός. (요 1:19) [직접 질문]
당신은 누구요? 나는 그리스도가 아닙니다.

τίς μείζων ἐστὶν ἐν τῇ βασιλείᾳ τῶν οὐρανῶν; (마 18:1b)
누가 하늘(들)의 나라에서 큰 [사람]인가?

εἰ γινώσκεις τὴν δωρεὰν τοῦ θεοῦ καὶ <u>τίς</u> ἐστιν ὁ λέγων σοι, ὁ υἱὸς τοῦ ἀνθρώπου ἔδωκεν[220] σοι ὕδωρ ζῶν. (cf. 요 4:10)

만약 네가 하나님의 선물과 너에게 말하고 있는 [사람이] 누구인 줄 알고 있다면, 그 사람의 아들이 너에게 생명의 물을 주었다.

7. 관계 대명사의 사용법

1) 관계 대명사의 남과 여성은 "~하는 사람[남자, 여자]"으로, 중성인 경우는 "~하는 것"으로 격에 맞춰 번역한다.

2) 보통 관계 대명사는 관계 대명사절을 소개한다. 관계 대명사절은 선행사를 수식하는 형용사적 (또는 부사적) 역할을 한다.

εἶπέν μοι πάντα <u>ἃ</u> ἐποίησα. (요 4:39)

<u>내가 말한 모든 것들을</u> 그는 내게 말했다.

3) 관계 대명사의 성과 수는 선행사의 성과 수와 일치한다. 그러나 관계 대명사의 격은 문장의 구조에 따라 결정된다. 그러나 간혹 문장구조와 관계없이 선행사의 격에 동화(attraction)된다. 또는 선행사가 관계 대명사의 구조에 동화하는 경우가 있다.

μνημονεύετε τοῦ λόγου <u>οὗ</u> ἐγὼ εἶπον ὑμῖν· (요 15:20) [선행사에 동화[221]]

너희는 <u>내가 너희에게 말한 그 말을</u> 기억하라.

<u>τὸν ἄρτον ὃν</u> κλῶμεν, οὐχὶ κοινωνία τοῦ σώματος τοῦ Χριστοῦ ἐστιν; (고전 10:16) [관계 대명사에 선행사가 동화된 경우[222]]

<u>내가 떼고 있는 빵은</u> 그리스도 예수의 몸의 교제가 아닙니까?

---

220 δίδωμι(나는 준다)의 3인칭 단수 1부정과거 능동태 직설법 "그가 주었다(He gave)."

221 원래의 문장구조에서 관계 대명사 οὗ는 대격(ὃν)이어야 하는데 선행사의 격인 속격(τοῦ λόγου)에 동화된 것이다.

222 문장구조에서 τὸν ἄρτον은 원래의 주격이어야 하지만, 관계 대명사의 격인 대격(ὃν)에로 동화된 것이다.

12.9 연습문제

1) τίς ἐστιν ὁ παίσας σε; (눅 22:64)

2) αὕτη ἐστὶν ἡ μεγάλη καὶ πρώτη ἐντολή. (마 22:38)

3) Ιωάννης κέκραγεν λέγων· οὗτος ἦν ὃν εἶπον. (요 1:15)

4) τῷ πνεύματι αὐτοῦ λέγει· τί ἡ γενεὰ αὕτη ζητεῖ σημεῖον; ἀμὴν λέγω ὑμῖν, σημεῖον δοθήσεται τῇ γενεᾷ ταύτῃ. (막 8:12)

5) ἐγὼ ἐξ ἐμαυτοῦ οὐκ ἐλάλησα, ἀλλ’ ὁ πέμψας με πατὴρ αὐτός μοι ἐντολὴν δέδωκεν τί λαλέω. (요 12:49)

6) ὁ κύριός ἐστιν τὸν ἐπενδύτην διεζώσατο, ἦν γὰρ γυμνός, καὶ ἔβαλεν ἑαυτὸν εἰς τὴν θάλασσαν. (요 21:7)

7) ἔστιν δὲ αὕτη ἡ παραβολή· ὁ σπόρος ἐστὶν ὁ λόγος τοῦ θεοῦ. (눅 8:11)

8) αὕτη δὲ μύρῳ ἤλειψεν τοὺς πόδας μου. (눅 7:46)

9) καλεῖ δέκα δούλους ἑαυτοῦ καὶ διδωσι αὐτοῖς δέκα μνᾶς καὶ εἶπεν πρὸς αὐτούς. (눅 19:13)

10) πᾶς ὁ πεσὼν ἐπ’ ἐκεῖνον τὸν λίθον συνθλασθήσεται. (눅 20:18)

11) λέγει αὐτῷ· εἰ υἱὸς εἶ τοῦ θεοῦ, βάλε σεαυτὸν κάτω. (마 4:6)

12.10 단어

	ἀλείφω	내가 기름을 붓는다. 기름을 바른다.
	βάλλω	내가 던진다.
		βαλῶ ἔβαλον βέβληκα βέβλημαι ἐβεβλήμην ἐβλήθην
	βρέχω	내가 운다, 비를 오게 한다. βρέχει [비인칭] 비가 내린다.
	γυμνός -ον -η	벌거벗은(naked), 옷을 입지 않은
	διαζώννυμι	내가 ~에 묶는다(tie around), 두른다.
	ἐγγίζω	내가 가까이 간다. 접근하다.
		ἐγγίσω ἐγγιῶ 또는 ἐγγίξω ἤγγισα ἤγγικα [현재완료]
τὸ	ἔθνος ους	이방인, 타국인, 민족(nation, ethnic), 이교도
	ἐκεῖνος -ο -η	[지시 대명사] 저 사람(that man), 저것(that)
	ἐκμάσσω	내가 닦는다(wipe), 마르게 훔친다.
	ἐνεργέω	[자동사] 나는 일한다; [타동] 만든다, 행한다(work).
ἡ	ἐντολή -ῆς	계명, 명령, 규정
ὁ	ἐπενδύτης -ου	겉옷(outer garment, coat)
	θεωρέω	내가 본다, 관찰한다. [θεωρε + ει = θεωρεῖ (그가 본다)]
	κάτω	[부] 밑으로, 밑에
	κράζω	내가 외친다, 부른다.
τό	κήρυγμα -ατος	선포, 복음선포
	κλάω	내가 떼어낸다(I break).
	λαλέω	내는 말한다(speak), 음성을 들려준다.
	μανθάνω	내는 배운다, 이해한다 ἔμαθον [μανθάνω의 2부정과거]
ὁ	μισθός	품삯(wages), 보상(reward), 임금, 급료
τό	μύρον	향유(oinment, purfume), 몰약(semitic origin)
	παίω	네기 때린다(strike, hit, wound), 쏜다(sting 계 9:5).
	πέμπω	내가 보낸다, 파송한다 πέμψω ἔπεμψα ἐπέμφθην
	ποιέω	내가 행한다(do, make), 만든다.
	σεαυτοῦ, σεαυτῆς	[재귀 대명사] 너 자신의(yourself)
	συνθλάω	내가 부서진다, 분쇄된다.
	τηρέω	내가 지킨다, 억류한다. [τηρε + ει = τηρεῖ (그가 지킨다.)]

❐ 부록

12.11 후접사, 전접사, 후치사

1. 후접사(Enclitics)

후접사는 일반적으로 강세가 붙지 않고 앞 단어와 함께 발음된다. 신약에 나오는 후접사는 인칭 대명사(μου, μοι, με, σου, σοι, σε), 부정 대명사(τις, τι), 접속사(γε, τε), 부사(που, ποτε, πως), 그리고 εἰμί 동사 등이 있다.

✦ 후접사 자체의 강세 규칙

1) 후접사 자체를 강조할 때 후접사의 강세가 유지된다.[223] 문장의 맨 처음에 후접사가 위치하여 강조하거나 ἀλλά, εἰ, καί, μή, τοῦτο, ὡς 등과 같은 단어 뒤에 후접사가 위치할 때 후접사의 강세는 유지한다.
2) 피널트에애큐트가 붙은 단어 뒤에 온 두 음절 후접사는 강세를 유지한다.

γινώσκομεν ὅτι ἐσχάτη ὥρα ἐστίν. (요일 2:18)
우리는 때[시간]가 마지막이라는 것을 알고 있다.

ὁ πατὴρ μετ᾽ ἐμοῦ. (요 16:32) 나와 함께 하시는 아버지

3) 후접사 앞에 다른 후접사나 전접사가 위치할 때에, 앞에 위치한 후접사나 전접사의 얼티마에 애큐트 강세를 붙는다.

ἡ σάρξ μού ἐστιν ὑπὲρ τῆς ζωῆς. (요 6:51)
나의 육체는 생명을 위한 것이다.

✦ 후접사의 앞에 오는 단어의 강세 규칙

1) 후접사 앞에 온 단어의 얼티마에 붙은 애큐트나 서컴플렉스는 바뀌지 않고 그대로 유지된다.

ὁ ἀδελφός σου ἔρχεται. (눅15:27)
당신의 형제가 오고 있다.

---

223 예외로 ἐστίν는 문장 맨 앞에 올 때는 ἔστιν이 된다.

γράψω ἐπ' αὐτὸν τὸ ὄνομα τοῦ θεοῦ μου. (요 3:12)
내가 나의 하나님의 이름을 그(사람)에게 새길 것이다.

2) 후접사 앞에 온 단어의 피널트에 붙은 애큐트는 바뀌지 않고 그대로 유지된다. 두 음절 후접사의 강세는 유지하지만 단음절 후접사의 강세는 탈락한다.

ὁ λόγος μου. (고전 2:4) [단음절 후접사] 나의 말

ὁ λόγος ἐστὶν ἀληθινὸς. (요 4:37) [두 음절 후접사] 그 말씀은 진실하다.

3) 후접사 앞에 온 단어의 피널트에 강세가 붙었을 때, 얼티마에 애큐트 강세를 추가로 붙인다.

ὁ δοῦλος ἐκεῖνος λέγει ἐν τῇ καρδίᾳ αὐτοῦ· ὁ κύριός μου ἔρχεσθα. 저 종이 그의 마음에 말하고 있다. "나의 주인이 오고 있다." (눅 12:45)

ὁ δοῦλός ἐστιν ὁ ποιῶν τὴν ἁμαρτίαν. (cf. 요 8:34)
그 종은 죄를 짓고 있는 [사람]이다.

4) 후접사 앞에 온 단어의 앤티피널트에 애큐트가 붙었을 때, 얼티마에 애큐트 강세를 추가로 붙인다.

ὁ λόγος μου καὶ τὸ κήρυγμά μου. (고전 2:4)
나의 말과 나의 선포는

2. 전접사(Proclitics)

전접사는 단어 자체에 강세가 없기에, 뒤에 오는 단어와 함께 발음한다. 전접사는 앞뒤 단어의 강세에 아무런 영향을 주지 않는다. 신약에 나오는 전접사로 관사(ὁ, ἡ, οἱ, αἱ), 부정어(οὐ, οὐκ, ουχ), 접속사(εἰ, ὡς), 그리고 전치사(εἰς, ἐν) 등이 있다.

3. 후치사(Postpositives)

후치사는 문장의 맨 처음에 올 수 없는 단어이다. δέ, γάρ, γέ와 같은 후치사는 문장의 맨 앞에 오지 못하고 두 번째에 위치한다.

ἤγγικεν[224] γὰρ ἡ βασιλεία τῶν οὐρανῶν. (마 4:17)
하늘(들)의 나라가 가까이 왔다.

224 ἐγγίζω(내가 가까이 간다, 온다, 접근한다)의 현재완료 3인칭 단수 직설법이다.

현재완료는 1시상으로 화통 앞에 ϵ이 붙지 못하지요
그런데 화통과 화통 사이에 ϵ이 있네요.

현재완료 중/수동태는 몸통에 꼬리가 바로 붙어요.

그러나 능동태는 몸통 뒤에 Kα 붙고
능동태 꼬리가 붙는 것을 상상해 보세요.

제1부정과거는 과거를 기점으로 2시상으로
화통 앞에 ϵ이 붙었네요.

몸통 뒤에 σα가 붙고 능동태 꼬리가 붙네요.

13과 제1부정과거와 현재완료 능동태 직설법

미세한 차이가 헬라어의 법칙을 지배한다. 작은 물체들이 동일하게 보이나 현미경으로 보면 그들의 차이점들을 확연하게 구별할 수 있는 것처럼 헬라어 변형들을 현미경적 눈으로 구별하며 암기해야 한다. 이번 단원의 1부정과거와 현재완료의 유사성(σα, κα)과 차이점[225]을 분별하여 정확하게 암기하는 데 있다.

✦ 과거완료 능동태 직설법 (κει) 복습

[ἐ]■ε■□□□□κει⌒ 과거완료 능동태 직설법

	단수	복수
1인칭	[ε]πεπίστευκειν	[ε]πεπιστεύκειμεν
2인칭	[ε]πεπίστευκεις	[ε]πεπιστεύκειτε
3인칭	[ε]πεπίστευκει	[ε]πεπιστεύκεισαν

✧ 과거완료시상 특징

1) 완료표시인 첫음반복이 단어 앞에 일어난다. (■ε■□□□□)
2) 인칭 꼬리변형 앞에 고정된 접착모음 ει가 온다. 완료 표시 κ와 접착되어 κει로 제품화된 과거완료 표시가 된다.
3) 과거완료는 앞에 과거 시점을 나타내는 모자(ε)를 쓰는 것이 원칙이지만 ε이 생략되어도 몸통에 κει가 붙으면 과거완료이다. [ἐ]■ε■□□□□κει⌒

13.1 현재완료 능동태 직설법 (κα)

✧ 현재완료시상 특징

1) 완료표시인 첫음반복이 단어 앞에 일어난다. (■ε■□□□□)

---

225 1부정과거는 2시상으로 과거를 기점으로 하는 시간을 의미하고, 현재완료는 1시상으로 현재를 기점으로 하는 시간을 의미한다.

2) 인칭 꼬리변형 앞에 고정된 접착모음인 α가 온다. 완료표시 κ와 접착되어 κα로 제품화된 현재완료 표시가 된다. 예외적으로 현재완료 3인칭 단수에만 원형 접착모음인 ϵ가 옴으로 κϵ가 현재완료 시간표시가 된다. 3인칭 단수의 인칭꼬리가 탈락하여 없는 상태이다. ■ϵ■□□□□κα↝

✦ **현재완료 변형**

■ϵ■□□□□κα↝ 과거완료 능동태 직설법

	단수	복수
1인칭	πεπίστευκα	πεπιστεύκαμεν
2인칭	πεπίστευκας	πεπιστεύκατε
3인칭	πεπίστευ<u>κε</u>	πεπιστεύκασι 또는 [καν]

✓ 완료정리

1) 완료의 특징은 첫음반복과 κ이다.
2) 현재완료는 κα↝이고 과거완료는 κει↝이다.
3) 현재완료 3인칭 단수는 κα가 아닌 κϵ이다
3) σσ은 목에 부딪히는 소리(γ κ χ)와 동일하게 취급한다.

κηρύσσω -> κηρυσσ+κα > [σσ+σ (γ+κ = χ)] = κεκηρύχα
나는 선포한다 나는 선포해왔다

13.2 제1부정과거 능동태 직설법

ἐ■□□□□σα↝ 능동태 과거완료 직설법

	단수	복수
1인칭	ἐπίστευσα	ἐπιστεύσαμεν
2인칭	ἐπίστευσας	ἐπιστεύσατε
3인칭	ἐπίστευσε	ἐπίστευσαν

✦ 제1부정과거의 능동태 특징

1) 과거를 기점으로 하는 2시상 표시인 모자(ϵ)을 쓴다.
2) 인칭 꼬리변형 앞에 고정된 접착모음인 α가 온다. 과거(미래)표시 σ와 접착되어

제1부정과거 표시로 제품화된 σα가 된다. ἐ■□□□□σα↝ 제1부정과거 3인칭 단수에만 원형 접착모음인 ϵ가 옴으로 σϵ가 1부정과거 표시가 된다. 3인칭단수의 인칭 꼬리변화는 사라진 상태이다. 즉 3인칭 단수는 σα가 아닌 σϵ이다.

13.3 부정과거 이해

1) 헬라어에서 과거 시간을 나타내는 시상은 미완료와 부정과거이다. 미완료는 과거에 계속 진행되는 사건을 강조한다면, 부정과거는 과거의 사건 발생을 기술한다. 부정과거를 과거라 하지 않고 부정과거로 지칭하는 이유는 시간 범위를 명확히 규정하지 않는 과거의 사건을 그저 기술하는 것을 나타나게 하기 위해서이다. 현재형은 화자의 말하는 시점에서 동사의 행동이 계속 진행되거나 상태를 표현한다면, 부정과거는 시간상으로 규정지을 수 없는 과거의 사건을 기술하는 데 초점이 있다. 일반적으로 부정과거는 단순히 일어난(시작된) 사건을 기술하거나 한 번 일어난 과거 사건을 지칭한다.

   a) ὁ ἄλλος μαθητὴς εἰσῆλθεν εἰς τὸ μνημεῖον καὶ εἶδεν καὶ ἐπίστευσεν. (요 20:8)

      다른 제자가 무덤에 들어갔다. 그리고 보았다. 그리고 믿었다.
      [무덤에 들어가고 본 것을 통해 믿음이 발생되었다는 것을 강조]

   b) Χριστὸς ἀπέθανεν ὑπὲρ τῶν ἁμαρτιῶν ἡμῶν κατὰ τὰς γραφὰς. (고전 15:3)

      그리스도가 성경대로 우리의 죄들을 위해 죽었다.
      [그리스도의 죽음은 다시 반복될 수 없는 일회적으로 일어난 사건임을 강조]

2) 왜 부정과거를 1부정과거와 2부정과거로 분리하는가? 제1부정과거는 규칙적인 형태를 지칭하는 것이고 2부정과거는 불규칙적인 형태를 지칭하는 것으로 단지 형태의 차이를 지적하기 위한 것이다. 제1부정과거 능동태는 ἐ■□□□σ 형태를, 1부정과거 수동태는 ἐ■□□□θη 형태를 보인다. 동사 앞에 모자(ϵ)를 씀으로 과거 사건을 표시하고 σ로 능동태, θη로 수동태를 표시한다. 그러나 2부정과거는 변이가 일어나 동사 몸통에 σ나 θη가 붙지 않는 불규칙 형태이다.

현재		1부정과거	2부정과거	
πιστεύει	그는 믿는다.	ἐπίστευσε 그는 믿었다		
βλέπει ἀποθνῄσκει	그는 본다. 그는 죽는다.		εἶδε(ν) ἀπέθανε(ν)	그는 보았다. 그가 죽었다.

13.4 부정과거의 특별 사용법

부정과거는 대부분 단순한 과거의 사건 발생을 기술하는 데 사용되지만, 어떤 경우에는 단지 관행적 표현으로 문맥에 따라 번역한다.

1) 격언적 부정과거(Proverbial Aorist)

일반적 진리나 격언의 선언이 참되고 확실한 것임을 강조할 때 사용되며 현재형으로 번역한다.

ἐξηράνθη ὁ χόρτος καὶ τὸ ἄνθος ἐξέπεσεν. (고전 15:3)
풀은 말리어졌다. 그리고 꽃은 떨어졌다. (풀은 마르고 꽃은 떨어진다.)

2) 미래적 부정과거(Proverbial Aorist)

미래에 일어날 것이 너무나 확실한 경우에 사용된다.

ἐδοξάσθη ὁ πατήρ μου, ἵνα καρπὸν πολὺν φέρητε. (요 15:8)
나의 아버지가 영광을 받으셨다. 너희가 많은 열매를 맺는 것으로
너희가 많은 열매를 맺는다면, 나의 아버지가 영광을 받을 것이다.

οἱ δίκαιοι ἐκ πίστεως ἐδόξασεν τὸν θεόν. (cf. 롬 1:17; 8:30)
믿음으로 의롭게 된 [자들이] 하나님께 영광을 돌렸다.
믿음으로 의롭게 된 자들이 하나님께 영광을 돌릴 것이다.

3) 서신적 부정과거(Epistolary Aorist)

수신자가 편지를 읽을 때 시간을 이미 과거 시간이 된다는 것을 염두에 두고 쓴 문학적 표현 방식으로 현재형으로 번역한다.

ἐγὼ Παῦλος ἔγραψα τῇ ἐμῇ χειρί. (몬 1:19)
나 바울은 내 손으로 기록했다.
나 바울은 내 손으로 기록하고 있다. [바울 자신이 직접 친필로 지금 쓰고 있다.]

13.5 연습문제

1) ὑμεῖς ἐπίστασθε. (행 20:18)

2) ἐδάκρυσεν ὁ Ἰησοῦς. (요 11:35)

3) οἱ μαθηταὶ ἐθαύμασαν. (마 21:20)

4) ἤγγικεν ἡ βασιλεία τῶν οὐρανῶν. (마 10:7)

5) διὰ τὴν ἀγάπην αὐτοῦ ὁ θεὸς ἠγάπησεν ἡμᾶς. (엡 2:4)

6) τοῦ Χριστοῦ Ἰησου] τὴν σάρκα ἐσταύρωσαν. (갈 5:24)

7) ἐβασίλευσαν μετὰ τοῦ Χριστοῦ χίλια ἔτη. (계 20:4)

8) καθὼς ἠγάπησέν με ὁ πατήρ, κἀγὼ ὑμᾶς ἠγάπησα. (요 15:9)

9) ἐπίστευσαν εἰς αὐτὸν καὶ ἔλεγον· εἶ ὁ χριστὸς. (cf. 요 7:31)

10) ἐπίστευσαν τῷ τὸ εὐαγγέλιῳ τῆς βασιλείας τοῦ θεοῦ καὶ τοῦ ὀνόματος Ἰησοῦ Χριστοῦ, ἐβαπτίζοντο. (행 8:12)

11) εἶπεν οὖν αὐτοῖς ὁ Ἰησοῦς· ἀμὴν ἀμὴν λέγω ὑμῖν, οὐ Μωϋσῆς δέδωκεν ὑμῖν τὸν ἄρτον ἐκ τοῦ οὐρανου. (요 6:32a)

12) ἀλλ’ ὁ πατήρ μου δίδωσιν ὑμῖν τὸν ἄρτον ἐκ τοῦ οὐρανοῦ τὸν ἀληθινόν· (요 6:32b)

13.6 단어

	ἀγαπάω	내가 사랑한다. ἀγαπήσω ἠγάπησα ἠγάπηκα ἀγαπηθήσομαι
ἡ	ἀγάπη	사랑, 애정, 애찬
	ἀποθνῄσκω (ἀποθνήσκω)	내가 죽인다. ἀποθανοῦμαι ἀπέθανον ἀποκτείνω
ἡ	βασιλεια	통치(rule, reign), 왕권, 왕국
	βασιλεύω	내가 다스린다, 통치한다. 왕이 된다.
ὁ	βασίλευς -εως	왕, 임금
	δακρύω	내가 운다(weep).
	δίκαιος -ον -α	의로운(righteous)
	δοξάζω	내가 영화롭게 한다, 영광을 돌린다.
	ἐγγίζω	내가 가까이 간다. 접근하다. ἐγγίσω [ἐγγιῶ 또는 ἐγγίξω] ἤγγισα ἤγγικα[현재완료]
τὸ	εὐαγγέλιον	좋은 소식, 복음
	θαυμάζω	내가 놀란다, 경탄한다.
	ἐκπίπτω	내가 ~부터 떨어진다, 잃어버린다.
	εἰσέρχομαι	내가 들어간다(enter).
ὁ	καρπός	과실, 열매
	καθώς	[부] ~과 같이, ~대로, ~한 것 같이
τὸ	μνημεῖον	묘지, 무덤, 기념비
	ὁράω	내가 본다 ὄψομαι εἶδον ἑώρακα,ἑόρακα. ὦμμαι ὤφθην
	ξηραίνω	나는 건조시킨다, 마르다, [주름지어] 접히다. ἐξήρανα ἐξήραμμαι[수 현재완료] ἐξηράνθην [수 1과거부정]
	πιστεύω	내가 믿는다(have faith), 신뢰한다.
ἡ	πίστις -σεως	믿음, 신앙, 신뢰
ἡ	σάρξ. σαρκός	육체, 살
	σταυρόω	내가 십자가에 단다, 십자가에 못 박는다. σταυρώσω ἐσταύρωσα ἐσταύρωμαι ’σταυρώθην
	ὑμεῖς	너희는 [σύ의 주격 복수]
ὁ	χόρτος	풀(grass)
	φέρω	내가 가져온다, 지고 간다, 견디다, (열매)를 맺는다. οἴσω ἤνεγκα ἤνεγκον ἐνήνοχα ἐνήνεγμαι ἠεχθην

❐ 부록

13.7 동사 정리

헬라어 동사는 제1시상과 제2시상으로 나뉜다. 현재, 미래, 현재완료 직설법, 그리고 현재, 현재완료 가정법이 제1시상에 속한다. 제1부정과거, 제2부정과거, 미완료, 과거완료 직설법과 부정과거 수동태 직설법, 그리고 부정과거 가정법, εἰμί가 제2시상에 속한다.

헬라어의 동사 변화 구조는 족보와 같다. 족보에서 같은 이름이 존재해도 서열에 의해 쉽게 구별이 된다. 1대 할아버지의 이름과 7대 할아버지의 이름이 동일하다고 하더라도 족보의 가계도에 의하여 그 계열이 분명하게 구별되며 각 이름의 정체성도 파악이 된다. 마찬가지로 헬라어 동사 변화에서 같은 꼬리 변화가 서로 다른 곳에 있을 수 있다. 그러나 꼬리가 현재방(1시상)에서 왔는가? 아니면 과거방(2시상)에서 왔는가를 구별함으로 정확한 시간개념을 확인할 수 있다. 그러므로 헬라어 동사의 가계도를 분명하게 구별하는 것이 중요하다.

헬라어의 동사 변형을 암기하는 것보다 더 중요한 것은 그것을 암기한 장소이다. 헬라어 동사를 암기하는 것은 마치 컴퓨터에 파일들을 정리하여 저장해 놓은 것과 같아서 아무리 컴퓨터에 파일을 잘 저장해 놓았어도 저장된 장소를 찾아내지 못하면 그 파일을 쓸 수 없게 된다. 헬라어 동사를 다 외우고도 단어 하나를 정확하게 해석하지 못하는 이유가 바로 정확한 장소에다 저장(암기)해 놓지 않았기 때문이다. 그러므로 동사의 변형을 외울 때 시각적으로 공간적 구별을 명확히 해야 한다.

* -μι 동사의 기본변화를 복습하라.
* ω동사 현재능동 직설법 꼬리변화를 복습하라.[226]
* 과거완료능동 직설법 꼬리변화를 복습하라[227]
* 제3과의 동사 변형표를 복습하라.

---

226 현재 능동태 직설법 ω동사(ω, εις, ει, ομεν, ετε, ουσι)는 접착모음(본드)과 μι동사의 꼬리 변형의 융합으로 이루어져 있다. 즉 인칭꼬리에 본드를 발라 놓은 상태이다.

227 κειν, κεις, κει, κειμεν, κειτε, κεισαν 과거완료 능동태 직설법의 꼬리 변형은 1부정과거 수동태 직설법의 꼬리변화와 동일하다. 1부정과거 수동태의 인칭꼬리변형(ν, ς, 없고, μεν, τε, σαν)은 과거완료 능동태 직설법에 접착모음 없이 동사 몸통에 바로 붙는 특성이 있다.

제1부정과거는 과거를 기점으로 2시상으로

화통 앞에 ϵ이 붙었네요.

몸통 뒤에 σα가 붙고 능동태 꼬리가 붙네요.

미완료는 과거를 기점으로 2시상으로

화통 앞에 ϵ이 붙었네요.

몸통 뒤에 ο 또는 ϵ이란 본드(접착모음)를 사용한 후에
인칭꼬리가 붙였군요.

제14과 부정과거와 미완료 중간태 직설법

1) 능동태는 행위자의 동작 과정과 결과에 역점을 둔다면, 중간태는 동작의 행위자에게 역점을 둔다. 중간태는 동작의 행위자가 그 동작의 행위에 참여하여 그 결과를 자신이 받거나 자신을 위한 행위 동작을 표현한다. 우리말로 중간태는 강조적 능동태에 가깝게 번역할 수밖에 없다.
2) 현재형, 현재완료, 과거완료 미완료의 중간태와 수동태는 동일한 형태를 가지고 있다. 그러나 미래형과 과거형은 중간태와 수동태가 분리된다.

중간태와 수동태가 같은 형태				중간태와 수동태가 다른 형태			
1시상		2시상			1시상	2시상	
현재형	현재완료	과거완료	미완료		미래	1부정과거	2부정과거
ομαι	μαι	μην	ομην	중	σομαι	σαμην	ομην
				수	θησομαι	θην	ην

✦ 중 · 수동태 현재완료 직설법

■ϵ■□□□ ⇝

	단수	복수
1인칭	πεπίστευμαι	πεπιστεύμεθα
2인칭	πεπίστευσῃ	πεπίστευσθε
3인칭	πεπίστευται	πεπίστευνται

✓ 현재완료 중 · 수동태는 유일하게 몸통에 인칭꼬리가 직접 붙는다. 다시 말하면 첫음반복과 중 · 수동태 인칭꼬리가 직접 붙으면 현재완료 중 · 수동태이다.

14.1 제2시상(1부정과거, 미완료, 2부정과거) 중간태 인칭꼬리 기본

	단수		복수
1인칭	−μην	〈 μο	−μεθα
2인칭	−ω 또는 ου	〈 σο	−σθε
3인칭	−το		−ντο

14.2 제1부정과거 중간태 직설법

ἐ■□□□ σα⇝[228]

	단수	복수
1인칭	ἐπίστευσάμην	ἐπιστευσάμεθα
2인칭	ἐπίστεύσω	ἐπιστεύσασθε
3인칭	ἐπίστεύσατο	ἐπίστεύσαντο

✦ 1부정과거 수동태 직설법

ϵ ■□□□□ θη↝[229]

	단수	복수
1인칭	ἐπιστεύθην	ἐπιστεύθημεν
2인칭	ἐπιστεύθης	ἐπιστεύθητε
3인칭	ἐπιστεύθη	ἐπιστεύθησαν

14.3 미완료 중 · 수동태 직설법

ἐ■□□□□ $^{o}_{\epsilon}$⇝

	단수	복수
1인칭	ἐπίστευομην	ἐπιστεύομεθα
2인칭	ἐπίστευου	ἐπιστεύεσθε
3인칭	ἐπίστευετο	ἐπίστευοντο

14.4 제2부정과거 중간태 직설법

ἐ ■■■■ $^{o}_{\epsilon}$⇝ λέγω 나는 말한다 [2부정 몸통: εἰπ]

	단수	복수
1인칭	εἰπόμην	εἰπόμεθα
2인칭	εἴπου	εἴπεσθε
3인칭	εἴπετο	εἴποντο

---

228 a) 제1부정과거 중간태 직설법은 과거를 나타내는 모자(ϵ)를 동사 몸통 앞에 쓴다. b) 제품화된 1부정과거 표시인 σα가 들어오고 2시상표시인 인칭꼬리(μην ω[σο] το μεθα σθε ντο)가 붙는다.

229 a) 제1부정과거 수동태 3인칭 단수엔 인칭꼬리 변형이 없다. b) 수동태 표시인 qh (q+접착모음)만 나타난다. c) 제1부정과거 수동태는 2시상 능동태 인칭꼬리를 사용한다.

✓ 중간태는 행동의 주체를 행위의 목적이나 상태를 강조한다. 우리말로는 거의 강조를 나타내는 능동체로 번역해야 한다. λέγω(나는 말한다)의 2부정과거 중간태(εἰπόμην)는 다음과 같이 편의상 번역한다.

나는 [나를 위해] 말했다.	우리는 [우리를 위해] 말했다.
당신은 [당신을 위해] 말했다.	너희는 [너희를 위해] 말했다.
그는 [그를 위해] 말했다.	그들은 [그들을 위해] 말했다.

✓ 미완료 중 · 수동태와 2부정과거 중간태는 형태는 동일하다. 단지 2부정과거는 변이된 2부정과거 몸통을 갖고 미완료는 현재 몸통을 그대로 유지한다.

✦ 미완료 능동태 직설법

ἐ■□□□ ᵒε↝

	단수	복수
1인칭	ἐπίστευον	ἐπιστεύομεν
2인칭	ἐπίστευες	ἐπιστεύετε
3인칭	ἐπίστευε(ν)	ἐπίστευον

✦ 2부정과거 능동태 직설법

ἐ ■■■■ᵒε↝ λαμβάνω 내가 취한다 [뿌리 λαβ]

	단수	복수
1인칭	ἔλαβον	ἐλάβομεν
2인칭	ἔλαβες	ἐλάβετε
3인칭	ἔλαβε(ν)	ἐλάβον

14.5 γίνομαι의 형태와 사용법

	현재형[중수-디포]		2부정과거[중간-디포]	
	단수	복수	단수	복수
1인칭	γίνομαι	γινόμεθα	ἐγενόμην	ἐγενόμεν
2인칭	γίνῃ	γίνεσθε	ἐγένου	ἐγενέσθε
3인칭	γίνεται	γίνονται	ἐγενέτο	ἐγενόντο

1) γίνομαι는 현재 중 · 수동태 형태이지만 디포넌트 동사로 능동태로 번역한다.
2) γίνομαι의 과거형은 2부정과거 (중간태) 디포넌트 동사로 능동태로 번역한다.
3) γίνομαι는 "내가 ~이 된다", "~이다", "~이 나타난다", "생긴다", "일어난다", "만들어진다", "온다" 등의 의미로 다양한 용도로 사용된다.

τὰ δὲ ἱμάτια αὐτοῦ ἐγένετο λευκὰ ὡς τὸ φῶς. (마 17:2)
그의 옷들이 빛처럼 흰[것들로] 되었다.

καὶ φωνὴ ἐγένετο ἐκ τῶν οὐρανῶν· σὺ εἶ ὁ υἱός μου. (막 1:11)
소리가 하늘(들)로부터 소리가 들려왔다(나왔다).

ἐγένετο ἐν ταῖς ἡμέραις Ἡρῴδου βασιλέως τῆς Ἰουδαίας ἱερεύς τις ὀνόματι Ζαχαρίας. (눅 1:5)
유다 왕 헤롯의 날들에, 이름이 사가랴인 한 제사장이 있었다.

καὶ ἐγένετο ἐν ἐκείναις ταῖς ἡμέραις ἦλθεν Ἰησοῦς. (막 1:9)
그날들에 예수께서 왔었다[는 일이] 일어났다.

14.6 연습문제

1) ἀπελθὼν Ἰούδας ἀπήγξατο. (마 27:5) [재귀적 중간태]

2) λαβὼν ὁ Πιλᾶτος ἀπενίψατο τὰς χεῖρας ὕδωρ. (마 27:24) [강조적 중간태]

3) ἐμάχοντο οὖν πρὸς ἀλλήλους οἱ Ἰουδαῖοι. (요 6:52) [상호적 중간태]

4) διεμερίσαντο τὰ ἱμάτιά μου ἑαυτοῖς. (요 19:24)

5) Σίμων οὖν Πέτρος τὸν ἐπενδύτην διεζώσατο, ἦν γὰρ γυμνός. (요 21:7)

6) ἐβαπτίζοντο ἐν τῷ Ἰορδάνῃ ποταμῷ ὑπ' αὐτοῦ. (마 3:6) [미완료 수동태]

7) τὸν Ἰησοῦν καὶ τὴν ἀνάστασιν ὁ Παῦλος εὐηγγελίζετο. (행 17:18) [미완료 디포]

8) διὰ τῶν ἀποστόλων ἐγίνετο σημεῖα καὶ τέρατα ἐν τῷ λαω. (행 5:12)

14.7 단어

ἀλλήλων [상호대명사 속격 복수] 서로의, 상호간에 ἀλλήλους [대격 복수]

ἀπάγχω 내가 목을 매다. ἀπηγξάμην 신약에 1부정과거 중간태만 사용된다.

ἀπέρχομαι 내가 떠난다, 가버린다(depart, go away).

ἀπονίζω(ἀπονίπτω) 내가 씻는다. ἀπενιψάμην [1부정과거 중간태]

γίνομαι 나는 ~이다, 된다(become), 일어난다(happen).
γενήσομαι ἐγενόμην γέγονα[현재완료] γεγένημαι ἐγενήθην

γυμνός -ον -η 벌거벗은(naked), 옷을 입지 않은

διαζώννυμι 내가 ~에 묶는다(tie around), 두른다.

διαμερίζω 내가 나눈다, 분리한다. διεμερισάμην [1부정과거 중간태]

ἑαυτού ἑαυτοῦ ἑαυτῆς [재귀 대명사] 그 자신의(himself), 그녀 자신의,
그것 자체의

ὁ ἐπενδύτης -ου 겉옷(outer garment, coat)

λαμβάνω 내가 취한다, 붙잡다. λήμψομαι ,또는 λήψομαι. ἔλαβον εἴληφα

τό ἱμάτιον 옷 [겉옷] (cf. χίτων 속옷)

λευκός -ον -η [형] 흰, 빛나는, 눈부신 τὰ λευκά 흰 옷, 눈부신 옷

ἡ μάχαιρα -ης 칼(sword), 단검, (상징적으로) 전쟁

μάχομαι 내가 싸운다, 논쟁한다. ἐμαχόμην [미완료 중]

νίπτω 내가 씻는다(wash).

ὁ Παῦλος 바울

ὁ ποταμός 강(river), 시내

τό σημεῖον 표적, 기적, 이적

τὸ τέρας -ατος 이적, 경이, 징조

τό ὕδωρ -ατος 물(water)

φωνέω 내가 부른다, 소리 낸다.

ἡ φωνή 소리, 어조, 말, 목소리

τό φῶς, φωτός 빛(light)

ἡ χείρ, χειρός 손(hand)

☐ 부록

14.8 동사 가족과 전철역

μαι–νται 가족
현재완료수동 (현재중수동/미래중–σ/미래수동–θησ)

μι–ασι 가족
(μι 현재능동)

ω–ουσι 가족
(ω 현재능동/미래능)

ον–ον 가족
미완료=제2부정과거
$\overset{\text{'}}{\epsilon}$ ■ ☐☐☐☐ ον

μην–ντο 가족
1과거/미완료/2과거 중간태

σα–σαν 가족
제1부정과거
$\overset{\text{'}}{\epsilon}$ ■ ☐☐☐☐ σα↷

ν–σαν 가족
제1부정과거 수동태
$\overset{\text{'}}{\epsilon}$ ■ ☐☐☐ θη+ν

과거완료능동
[$\overset{\text{'}}{\epsilon}$]■ ε ■ ☐☐☐ κει+ν

κα–κασι[καν 가족
현재완료능동
■ ε ■ ☐☐ κα+

✓ 지금까지 익혀온 동사 변화를 동사 변화 철길로 연결하여 복습해 보라.

1호선: εἰμι동사, μι동사(능동), 현재(능동), 미래(능동), 현재완료(능동)

2호선: μι동사(중·수동), 현재(중·수동), 미래(중간), 미래 (수동)

3호선: 과거완료(능동), [1부정과거(수동)].[230] 미완료(능동), 2부정과거(능동),
1부정과거(능동)

4호선: 과거완료(중·수동), 1부정과거(중간), 2부정과거(중간)

[230] 1부정과거 수동은 능동태 꼬리를 취함으로 수동태이지만 3호선과 4호선에 속해 있어 환승역과 같다.

제15과: 핵심명사(3변화 명사)

15.1 핵심명사의 기본변형

	남성/여성[231]		중성	
	단수	복수	단수	복수
	ς	ες	[−]	α
속격	ος	ων	ος	ων
여격	ι	σι	ι	σι
대격	α[232] 또는 ν	ας	[x][233]	α
주격	ς	ες	[x]	α

1) 핵심변화 여성명사[234]

✍ ὁ ἄρχων (그 통치자) [뿌리: ἄρχοντ]

	ὁ ἄρχων [뿌리: ἄρχοντ]	
	단 수	복 수
	ἄρχων	ἄρχοντες
속격	τοῦ ἄρχοντος	τῶν ἀρχόντων
여격	τῷ ἄρχοντι	τοῖς ἄρχουσι(ν)[235]
대격	τὸν ἄρχοντα	τοὺς ἄρχοντας
주격	ὁ ἄρχων[236]	οἱ ἄρχοντες
호격	ὦ ἄρχων	ὦ ἄρχοντες

231 핵심(3변화)명사 변형은 남성과 여성이 동일하다.

232 남성 단수 대격을 나타내는 α는 중성 복수 대격과 주격과도 동일하다.

233 [x 또는 −]은 격꼬리가 없다는 표시이다.

234 제2과 "관사와 핵심(3변화) 명사"의 설명을 참조하라.

235 ἄρχοντ+σι= ἄρχον[τ 탈락]σι → ἄρχον+σι [σ 앞에 ν 탈락] → 탈락 보충을 위한 장음화(ου) = ἄρχουσι (ντ가 탈락한 흔적이다.)

236 ἄρχοντ+ς = ἄρχον[σ앞에 τ탈락] ς → ἄρχον+ς [ν 뒤에 ς 탈락] = ἄρχων [탈락보충을 위한 장음화(ω)]

2 중성 핵심명사

1) 뿌리가 ματ로 끝나는 명사는 중성 명사이다: τὸ ὄνομα (그 이름) [뿌리: ονοματ]

		단수		복수
		ὄνομα		ὀνόματα
소격	τοῦ	ὀνόματος	τῶν	ὀνομάτων
여격	τῷ	ὀνόματι	τοῖς	ὀνόμασι(ν)
대격	τὸ	ὄνομα	τὰ	ὀνόματα
주격	τὸ	ὄνομα[237]	τα	ὀνόματα

단어	뜻	[뿌리]	단어	뜻	[뿌리]
τὸ αἷμα	피	[αἷματ]	τὸ βάπτισμα	침례	[βάπτισματ]
τὸ γράμμα	문자, 성경	[γράμματ]	τὸ θέλημα	뜻, 의지	[θέλῆματ]
τὸ πνεῦμα	영, 바람	[πνεῦματ]	τὸ ῥῆμα	말, 사건	[ῥῆματ]

2) 뿌리가 ες로 끝나는 중성명사: τὸ γένος (그 민족, 종족) [뿌리: γενεσ]

		단수		복수
		γένος[238]		γένη[239]
속격	τοῦ	γένους[240]	τῶν	γενῶν
여격	τῷ	γένει[241]	τοῖς	γένεσι(ν)[242]
대격	τὸ	γένος	τὰ	γένη
주격	τὸ	γένος	τὰ	γένη

법칙: 모음에 갇힌 σ는 탈락한다. τὸ γένος의 뿌리(γενεσ)가 σ로 끝났기 때문에 변칙적인 변형이 일어나 대격/주격 단수는 ος, 속격 단수는 ους, 여격 단수는 ει, 대격/주격 복수는 η이다.

237 ὄνοματ 〉 (끝음 τ 탈락) 〉 ὄνομα 법칙: 중성 격꼬리 변화는 주격과 대격이 동일하다.

238 γενες는 불규칙 형태로 γενος로 사전에 있는 그대로 기억해야 한다. 주격 단수가 ος로 끝난 핵심명사 중성은 뿌리 끝이 εσ임으로 속격은 ους가 된다.

239 γενεσ+α〉 (모음에 갇힌 σ 탈락) 〉 γενε+α (ε+α=η) = γένη

240 γενεσ+ος 〉 (모음에 갇힌 σ 탈락) 〉 γενε+ος (ε+ο=ου) = γένους

241 γενεσ+ι 〉 (모음에 갇힌 σ 탈락) 〉 γενει

242 γενεσσι(ν) 〉 (모음에 갇힌 σσ 중 하나 탈락) 〉 γένεσι(ν)

✦ τὸ ἔτος (년[year], 살)[243] [뿌리: ετεσ]

	단수	<u>ἔτος</u>	복수	<u>ἔτη</u>
속격	τοῦ	ἔτους[244]	τῶν	ἔτων
여격	τῷ	ἔτει[245]	τοῖς	<u>ἔτεσι</u>(ν)
대격	τὸ	ἔτος	τὰ	ἔτη
주격	το	ἔτος	τὰ	ἔτη

법칙: 모음에 갇힌 σ는 탈락한다. τὸ ἔτος의 뿌리 ἔτεσ이다. τὸ ἔτος의 변형의 핵심은 뿌리가 자음(ἔτεσ)이 σ로 끝났기 때문에 변칙변형이 일어난다.

3) 여성 핵심명사

핵심명사의 기본형은 뿌리 끝이 이에 부딪히는 자음(δ, τ, θ)으로 끝난다. σ(또는 ν) 앞에서 이에 부딪히는 자음(δ, τ, θ)이 탈락하기 때문에 주격 단수와 여격 복수에서 변형이 일어난다.

✦ ἡ ἐλπίς (그 소망, 희망) [뿌리: ἐλπιδ]

	단수	<u>ἐλπίς</u>		복수	<u>ἐλπίδες</u>	
속격	τῆς	ἐλπίδος	그 소망의	τῶν	ἐλπίδων	그 소망들의
여격	τῇ	ἐλπίδι	그 소망에게	ταῖς	ἐλπίσι(ν)	그 소망들에게
대격	τὴν	ἐλπίδα	그 소망을	τὰς	ἐλπίδας	그 소망들을
주격	ἡ	ἐλπίς[246]	그 소망은	αἱ	ἐλπίδες	그 소망들은

단어	뜻	[뿌리]	단어	뜻	[뿌리]
ἡ ἐλπίς	소망	[ἐλπιδ]	ἡ παῖς	종, 아이	[παιδ]
ἡ θριξ	(머리) 털	[τριχ]	ἡ σάλπιγξ	나팔	[σάλπιγγ]
ἡ σάρξ	육체	[σάρκ]			

243 τὸ ἔθνος(나라, 이방인)도 동일하게 변한다.

244 원 뿌리는 ἔτεσ+ος = ἔτεος (εσο 〉 모음에 갇힌 σ탈락) 〉 ετε+ο (ε+ο=ου)= ἔτους

245 원 뿌리는 ἔτεσ+ι = ἔτε(σ탈락)ι = ἔτει

246 ἐλπίδ+ς 〉 (ς 앞에 δ탈락) 〉 ἐλπίς

1) 핵심명사의 기본형은 모든 명사 변화의 기본이 된다.
2) 관사와 핵심명사(남성, 여성, 중성)를 같이 암기하는 것은 동시에 α명사와 ο 명사의 변화를 이해하고 암기하는 데 도움을 준다.

15.2 핵심명사 정지음(stop) 변형

핵심명사 복합기식음 변형의 뿌리 끝에 온 자음은 정지(stop)음이다. σ 앞에 정지(stop)음 자음이 올 때 기식(s)음 형태로 주격 단수와 여격 복수가 불규칙하게 변형된다. 즉 이에 부딪히는 정지(stop)음이 σ 앞에 생략되거나 축약되기 때문에 핵심명사의 불규칙 변화가 일어난다.

		육체 σαρκ	밤 νυκτ	소망 ἐλπιδ	은혜 χαριτ
		σάρξ	νύξ[247]	ἐλπίς	χάρις
단수	속격	τῆς σαρκός	τῆς νυκτός	τῆς ἐλπίδος	τῆς χάριτος
	여격	τῇ σαρκί	τῇ νυκτί	τῇ ἐλπίδι	τῇ χάριτι
	대격	τὴν σαρκά	τὴν νύκτα	τὴν ἐλπίδα	τὴν χάριν[248]
	주격	ἡ σάρξ	ἡ νύξ	ἡ ἐλπίς	ἡ χάρις
		σάκες	νύκτες	ἐλπίδες	χάριτες
복수	속격	τῶν σαρκῶν	τωῦ νυκτῶν	τῶν ἐλπίδων	τῶν χάριτων
	여격	ταῖς σαρξί(ν)	ταῖς νύξι(ν)	ταῖς ἐλπίσι(ν)	ταὶς χάρισι(ν)
	대격	τᾶς σαρκας	τὰς νύκτας	τὰς ἐλπίδας	τὰς χάριτας
	주격	αἱ σάκες	αἱ νύκτες	αἱ ἐλπίδες	αἱ χάριτες

1) 주격단수가 ξ로 끝나는 단어들

단어	뜻	[뿌리]	단어	뜻	[뿌리]
ἡ νύξ	밤	[νύκτ]	ἡ σάρξ	육체	[σάρκ]
ἡ θριξ	(머리)털	[τριχ]	ἡ σάλπιγξ	나팔	[σάλπιγγ]
ἡ γυνή	여자	[γυναικ]			

1) 주격 단수 끝이 ξ이면, 뿌리 끝이 목에 부딪히는 자음(γ, κ, χ)과 σ가결합한 복합기식음이기 때문이다. 주격 단수가 ξ로 끝나는 단어들은 주격 단수

---

247 뿌리 νυκτ와 σ의 결합이 νυκτξ가 아닌 νύξ로 되는 것은 (σ 앞에) τ 탈락 현상에 의한 것이다. νυκτ+σ = (τ 탈락) νυκς 〉 τ+σ = ξ) νυκ +ς = νυξ

248 ἡ χάρις의 대격 단수는 χάριτα가 아니라 χάριν이다.

와 여격 복수 외에 뿌리에 핵심명사 격꼬리가 붙어 규칙적으로 변화한다.

ξ = γ + σ 〉 ἡ σάλπιγξ 나팔 σάλπιγγ+σ
ξ = κ + σ 〉 ἡ σάρξ 육체 σάρκ+σ
ξ = κτ + σ 〉 ἡ νύξ[249] 밤 νύκτ+σ
ξ = χ + σ 〉 ἡ θρίξ (머리)털 θριχ+σ

2) 여격 복수가 ξι(ν)로 끝나는 것은 자음(γ, κ, χ 또는 τ)과 σ가 결합하였기 때문이다. ξι(ν)은 자음(γ, κ, τ)과 σι(ν)가 결합한 형태이다.

ξ = γ + σ = ξ ταῖς σάλπιγξι(ν) σάλπιγγ + σι(ν)
ξ = κ + σ = ξ ταῖς σαρξί(ν) σαρκ + σι(ν)
ξ = κτ + σ = ξ ταῖς νυξί(ν)[250] νυκτ + σι(ν)
ξ = γ + σ = ξ ταῖς θρίξι(ν) θριχ + σι(ν)

2) 뿌리 끝이 유음(λ, μ, ν 또는 ρ)인 변화

1) 유음(λ, μ, ν)은 σ 앞에 탈락한다. (λ, μ, ν + σι = [ν 탈락] → σι)
2) 예외로 유음 ρ는 σ 앞에 그대로 유지한다. (ρ + σι = ρσι)

✍ 뿌리 끝이 유음(λ, μ, ν)인 형태 명사[251]

✦ ὁ αἰῶν (때, 시대) [뿌리 αἰων]

		αἰών		αἰῶνες
속격	τοῦ	αἰῶνος	τῶν	αἰῶνων
여격	τῷ	αἰῶνι	τοῖς	αἰῶσι(ν)[252]
대격	τὸν	αἰῶνα	τοῦς	αἰῶνας
주격	ὁ	αἰών[253]	οἱ	αἰῶνες

---

249 뿌리 νυκτ와 σ의 결합이 νυκτξ가 아닌 νύξ로 되는 것은 (σ 앞에) τ 탈락현상에 의한 것이다. νυκτ+σ = (τ 탈락) νυκς 〉 τ+σ = ξ) νυκ +ς = νυξ

250 뿌리 νυκτ와 σι(ν)의 결합이 νυκτσί(ν)가 아닌 νυξί(n)으로 되는 것은 (σ음 앞에) τ 탈락에 의한 것이다. νυκτ + σι(ν) = (τ 탈락) νυκσι(ν) → (κ+ς = ξ) νυκ + σι(ν) = νυξί(ν)

251 뿌리 끝이 -λ -μ -ν인 단어는 ὁ αἰῶν [αἰων], ὁ ποιμην [ποιμεν], ὁ ἡγεμῶν [ἡγεμῶν] 등이 있다. 유음 앞에 α는 장음으로 변형된 η로 끝난다.

252 σ 앞에 ν이 탈락한다. αιων + σι= αἰῶνσι → (ν+σι= [σ 앞에 ν 탈락] = αἰῶσι

253 ν는 σ 앞에, ς는 ν 뒤에 탈락한다. (αιων+ς [ς탈락] = αιων). ς탈락으로 뿌리만 남은 상태이다.

✦ 뿌리 끝이 ρ 형태 명사

1) 유음 ρ는 σ 앞에 그대로 유지한다(ρ + σι = ρσι).

2) 명사 뿌리가 ρ일 경우에 ρ 앞에 ε가 첨가되기도 하고 생략하여 뿌리는 −(ε)ρ 형태를 취한다.

−(ε)ρ 명사			−(ε)ρ 명사		
ὁ ἀήρ	공기	[ἀνερ−]	ἡ χείρ	손	[χειρ−]
τὸ πῦρ	불	[πυρ−]	ὁ ἀνήρ	남자	[ἀνδρ−]
ὁ σωτήρ	구원자	[σωτ(ε)ρ−]	ἡ θυράτηρ	딸	[θυρατ(ε)ρ−]
ὁ πατήρ	아버지	[πατ(ε)ρ−]	ἡ μήτηρ	어머니	[μητ(ε)ρ−]

✦ 핵심명사 유음(ρ) 변화표

	[뿌리 μητ(ε)ρ−] 어머니		[뿌리 πατ(ε)ρ−] 아버지	
	단 수	복 수	단 수	복 수
	μῆτηρ	μηέρες	πατήρ	πατέρες
속격	τῆς μητρός[254]	τῶν μητέρων	τοῦ πατρός	τῶν πατέρων
여격	τῇ μητρί	ταῖς μητράσι(ν)[255]	τῷ πατρί	τοῖς πατράσι(ν)[257]
대격	τὴν μητέρα	τὰς μητέρας	τὸν πατέρα	τοὺς πατέρας
주격	ἡ μῆτηρ[256]	αἱ μηέρες	ὁ πατήρ	οἱ πατέρες
	[뿌리 θυγατ(ε)ρ−] 딸		[뿌리 ἀνδρ−] 남자	
	단 수	복 수	단 수	복 수
	θυγάτηρ	θυγατέρες	ἀνήρ	ἄνδρες
속격	τῆς θυγατρός	τῶν θυγατέρων	τοῦ ἀνδρός	τῶν ἀνδρῶν
여격	τῇ θυγατρί	ταῖς θυγατράσι(ν)	τῷ ἀνδρί	τοῖς ἀνδράσι(ν)
대격	τὴν θυγατέρα	τὰς θυγατέρας	τὸν ἄνδρα	τοὺς ἄνδρας
주격	ἡ θυγάτηρ	αἱ θυγατέρες	ὁ ἀνήρ	οἱ ἄνδρες

254 μητ(ε)ρός 〉 속격과 여격의 뿌리형태는 μητρ이다. μητρ+ος = μητρος / μητρ+ι = μητρι

255 μητ(ε)ρσι 〉 (ε) 가 생략되고 σι 앞에 α가 변칙 보충되었다. 여격 단수 표시인 ι 앞에 σ가 온 전형적인 여격복수 형태이다. σι 앞에 ρ도 유지되어 τρσιν 〉 α 첨가 된다. 그래서 μητρασι(ν)이 된다.

256 μητ(ε)ρς 〉 끝에 오는 ς(자음)이 자음과 부딪쳐 탈락되고, 보충을 위해 ε가 η로 장음화된다.

257 유음 ρ와 σ 사이에 α가 삽입된다.

3) 뿌리 끝이 모음(−ι −υ −ευ)인 변화

1) −ι/ε로 끝나는 명사 뿌리

	−ι 뿌리	
ἡ ἀνάστασις	[αναστασ−ι/ε]	부활(resurrection)
ἡ γνῶσις	[γνωσ−ι/ε]	지식(knowledge)
ἡ δύναμις	[δυναμ−ι/ε]	권능, 능력(power)
ἡ κρίσις	[κρισ−ι/ε]	심판(judgment)
ὁ ὄφις[258]	[ὄφ−ι/ε]	뱀(serpent)
ἡ πίστις	[πίστ−ι/ε]	신앙, 믿음(faith, faithfulness)
ἡ πόλις	[πολ−ι/ε]	도시(city)

✦ **ἡ πόλις** [뿌리 πολ−ι/ε] 도시(city)

		단수		복수
		πόλις		πόλεις
속격	τῆς	πόλεως[259]	τῶν	πόλεων
여격	τῇ	πόλει	ταῖς	πόλεσι(ν)
대격	τὴν	πόλιν[260]	τὰς	πόλεις[261]
주격	ἡ	πόλις[262]	αἱ	πόλεις[263]

258 ὁ ὄφις를 제외하고는 신약에서 주격단수가 −ις인 단어는 모두 여성 명사이다.

259 πόλε+ος(ε+ο가 단축하지 않고, ε가 탈락하고 ο가 ω로 장음화 됨) 〉 πόλεως

260 πόλις의 단수 주격과 대격은 뿌리는 πόλι이다. [πόλι+ν = πόλιν]. πόλις의 단수 대격 꼬리형은 α가 아닌 ν이다. (α 〉 ν) 뿌리의 끝이 모음인 뒤에 대격 단수의 α가 ν으로 변형되었다.

261 주격 복수와 대격 복수가 같은 형태이지만 격변화 변형 과정은 다르다. 동일한 형태가 된 것은 모음단축 때문이다. πόλε+ας 〉 (모음단축 ε+ας = εις 〉 πόλεις [ε+ας는 단축모음 규칙을 위배하여 변형된 형토로 εις이다.

262 πόλις의 단수 주격과 대격은 뿌리는 πόλι이다. πόλι+ς = πόλις 주격 단수의 꼬리변화는 α가 아닌 ν이다. (πόλι+ν = πόλιν)

263 πόλε+ες 〉 (모음단축 ε+ες = εις 〉 πόλεις

2) -υ로 끝나는 명사 뿌리

-υ	뿌리	
ἡ ἰσχύς	[ἰσχυ-]	힘(power)
ὁ ἰχθύς	[ἰχθυ-]	물고기(fish)
ὁ στάχυς	[σταχυ-]	곡식의 낟알(ears of corn)

뿌리 끝이 υ-인 경우는 명사몸통에 격꼬리가 그대로 붙는다. 단 예외로 대격단수는 α가 ν으로 변형된다.

	단수		복수	
		ἰχθύς		ἰχθύες
속격	τοῦ	ἰχθύος	τῶν	ἰχθύων
여격	τῷ	ἰχθύι	τοῖς	ἰχθύσι(ν)
대격	τὸν	ἰχθύν[264]	τοὺς	ἰχθύας
주격	ὁ	ἰχθύς	οἱ	ἰχθύες

3) -ευ(εF)가 ε로 끝나는 명사 뿌리

-ευ(εF)	뿌리	
ὁ ἀρχιερεύς έως	[ἀρχιερευ-]	대제사장(chief priest)
ὁ βασιλεύς έως	[βασιλευ-]	왕
ὁ γραμματεύς έως	[γραμματευ-]	서기관
ὁ ἱερεύς έως	[ἱερευ-]	제사장(priest)

뿌리 끝이 ευ일 경우, 격꼬리가 모음일 경우에 υ가 탈락하여 ε로 된다.[265]

βασιλευ+ος → (모음단축) υ+ος = ως → βασιλέως

βασιλε+ι → (모음단축) ε+ι = ει → βασιλεί

---

264 α → ν 뿌리의 끝이 모음인 뒤에 대격단수의 α가 ν으로 변형되었다.

265 모음에 갇힌 υ(F)탈락한다. 그러므로 격꼬리가 자음인 σ로 시작하는 주격 단수와 여격 복수에만 υ이 유지되고 그 외에는 격꼬리가 모음으로 시작되기 때문에 υ이 탈락한다.

✦ ὁ βασιλεύς[266] [뿌리 βασιλ–ευ/ε = ευ/ε] 그 왕(king)

		단수		복수
		βασιλεύς		βασιλεῖς
속격	τοῦ	βασιλέως[267]	τῶν	βασιλέων
여격	τῷ	βασιλεῖ	τοῖς	βασιλεῦσι(ν)
대격	τὸν	βασιλέα	τοὺς	βασιλεῖς[268]
주격	ὁ	βασιλεύς	οἱ	βασιλεῖς[269]

15.3 연습문제

1) ἡ σάρξ μού ἐστιν βρῶσις. (cf. 요 6:55)

2) ἐγὼ ἐλήλυθα ἐν τῷ ὀνόματι τοῦ πατρός μου· (요 5:43)

3) οἱ βασιλεῖς τῆς γῆς φέρουσιν τὴν δόξαν αὐτῶν εἰς αὐτήν. (계 11:12)

4) τὸ πνεῦμα λέγει.[270] καί λαμβάνετε τὸ πνεῦμα ἀπ᾽ αὐτου.[271] (cf. 계 2:7)

5) ἔδειξέν μοι τὴν πόλιν τὴν ἁγίαν Ἰερουσαλὴμ ἐκ τοῦ οὐρανοῦ ἀπὸ τοῦ θεοῦ. (계 21:10)

6) ὁμολογήσω τῷ ὀνόματι τοῦ πατρὸςἐνώπιον τοῦ πατρός μου καὶ ἐνώπιον τῶν ἀγγέλων αὐτοῦ. (cf. 눅 1:59; 계 3:5)

---

266 신약에서 ὁ ὄφις 제외하고 주격 단수가 -ις이면 여성 명사이고, 주격 단수가 -εύς이면 남성 명사이다.

267 βασιλευ+ος 〉 (υ 탈락과 모음단축 υ+ος = ως 〉 βασιλέως i) 모음과 모음 사이에 갇힌 υ가 생략되었다. (ευος 〉 εος) ii) 모음과 모음이 합쳐 단축되었다. (υ+ος = ως)

268 βασιλε+ας 〉 (υ 탈락과 모음단축 υ+ας = εις 〉 βασιλείς

269 βασιλε+ες 〉 (υ 탈락과 모음단축 υ+ες = εις 〉 βασιλείς

270 λέγει 그는 말하고 있다 λέγω(내가 말한다)의 현재 3인칭 단수

271 ἀπ̓ αὐτου 그로부터 [ἀπό + αὐτου]

15.4 단어

ἀκούω 내가 듣는다. [속격 혹은 대격을 취한다.]

ἀποκρίνομαι [디포넌트 동사] 내가 대답한다.

디포넌트 동사는 중/수동태 형태이지만 능동태로 번역함

ὁ βασιλεύς -εως 왕(king), 임금

ἡ βρῶσις -εως 양식(food, eating)

τὸ δαιμόνιον 귀신, 악령, 신(deity, divinity)

τὸ γένος -ους (또는 ως) 민족, 종족 〈 γεννάω 내가 낳다(beget).

ἡ γῆ 땅, 지구

ἐκβάλλω 내가 내던지다, 내쫓는다, (귀신을) 축출한다.

ἐνώπιον [전] ~앞에

δείκνυμι, δεικνύω 내가 보여준다, (보여서) 알려준다.

τὸ ἐλπίς -δος 소망(hope), 희망

ἐλήλυθα ἔρχομαι의 현재완료 1인칭 단수 능동태 직설법

ἔρχομαι 내가 온다(come), 간다(go).

τὸ ἔτος -ους 년(year)

ἔχω 내가 가진다, 소유한다.

ὁ ἰχθύς -ύος 물고기(fish)

λαμβάνω 내가 취한다(take), 받는다(receive).

μείζων -ον [형] ~보다 더 큰, ~보다 위대한 μέγας(큰, 위대한)의 비교급)

ὁμολογέω 내가 고백한다, 선언한다, 공포한다.

ὁ πατήρ -ος 아버지(father)

ἡ σάρξ,[272] σάρκος 육체, 살

φέρω 내가 옮긴다, 가져온다. 짐을 진다.

---

272 σάρκ+ς [κς = ξ] = σάρξ

제16과 부정과거 분사

✦ 분사의 기본형

	남성		중성		여성	
	단수	복수	단수	복수	단수	복수
	ς	ες	[−]	−α	α	αι
속격	ος	ων	ος	ων	ης	ων
여격	ι	σι	ι	σι	ῃ	αις
대격	α[273] 또는 ν	ας	[−]	−α	αν	ας
주격	ς	ες	[−]	−α	α	αι

✓ 능동태 분사의 남성과 중성은 핵심명사의 기본 꼬리형을 택하고, 여성은 ἡ δόξα의 격꼬리 변형을 택한다.

16.1 제1부정과거 능동태 분사

	남 성		중 성	
	단수	복수	단수	복수
	πιστεύσας	πιστεύσαντες	πιστεῦσαν	τιστεύσαντα
속격	πιστεύσαντος	πιστευσάντων	πιστεύσαντος	πιστευσάντων
여격	πιστεύσαντι	πιστεύσασι	πιστεύσαντι	πιστεύσασι
대격	πιστεύσαντα	πιστεύσαντας	πιστεῦσαν	πιστεύσαντα
주격	πιστεύσας	πιστεύσαντες	πιστεῦσαν	τιστεύσαντα

	여 성	
	단수	복수
속격	πιστευσάσης	πιστευσασῶν
여격	πιστευσάσῃ	πιστευσάσαις
대격	πιστεύσασαν	πιστευσάσας
주격	πιστεύσασα	πιστεύσασαι

* 남성과 중성의 속격과 여격은 동일하다.

* 중성의 대격과 주격은 동일하다.

1) 현재분사는 ο 소리가 나고, 제1과거분사는 σα 소리가 난다.
2) 제1부정과거 분사의 남성과 중성 표시는 σαντ이고, 여성은 σασ이다.
3) 분사는 모자(ϵ)를 쓰지 않는다. 시간개념이 없기 때문이다.

273 남성단수 대격을 나타내는 α는 중성복수 대격과 주격과도 동일하다.

16.2 제2부정과거 능동태 분사

✦ 2부정과거 분사 능동태 변형표 (λέγω)

	남 성		중 성	
	단수	복수	단수	복수
	εἰπῶν	εἰπόντες	εἰπόν	εἰπόντα
속격	εἰπόντος	εἰπόντων	εἰπόντος	εἰπόντων
여격	εἰπόντι	εἰποῦσι(ν)	εἰπόντι	εἰποῦσι(ν)
대격	εἰπόντα	εἰπόντας	εἰπόν	εἰπόντα
주격	εἰπῶν	εἰπόντες	εἰπόν	εἰπόντα
	여 성		* 남성과 중성의 속격과 여격은 동일하다.	
	εἰποῦσα	εἰποῦσαι	* 중성의 대격과 주격은 동일하다.	
속격	εἰπούσης	εἰπουσῶν	* λέγω의(나는 말한다)의 2부정과거 능동태 직설법은 εἶπον이다. 2부정과거의 첫음 e은 시간표시가 아니라 2부정과거 몸통에 해당된다.	
여격	εἰπούσῃ	εἰπούσαις		
대격	εἰποῦσαν	εἰπούσας		
주격	εἰποῦσα	εἰποῦσαι		

1) 제2부정과거 분사는 현재분사와 기본변형이 동일하다. 단지 현재분사는 현재몸통을 사용하고 제2부정과거는 변형된 몸통을 사용하는 것이 차이점이다.

2) 능동태 현재형과 제2부정과거의 꼬리변형은 εἰμι의 현재분사와 동일하다. 그러므로 εἰμι의 현재 분사형을 암기하는 것은 능동태 현재분사와 2부정과거의 꼬리형을 동시에 암기하는 것이다.

εἰμι의 현재분사 = (능) 현재분사 = (능) 2부정과거

✦ εἰμι 현재분사 변화표

	남성		중성		여성	
	단수	복수	단수	복수	단수	복수
	ὤν	ὄντες	ὄν	ὄντα	οὖσα	οὖσαι
속격	οντος	ὄντων	οντος	ὄντων	οὔσης	οὐσῶν
여격	ὄντι	οὖσι	ὄντι	οὖσι	οὔσῃ	οὔσαις
대격	ὄντα	ὄντας	ὄν	ὄντα	οὖσαν	οὔσας
주격	ὤν	ὄντες	ὄν	ὄντα	οὖσα	οὖσαι

✦ 현재분사 능동태 변형표

	남 성		중 성	
	단수	복수	단수	복수
	πιστεύων	πιστεύοντες	πιστεῦον	πιστεύοντα
속격	πιστεύοντος	πιστευόντων	πιστεύοντος	πιστευόντων
여격	πιστεύοντι	πιστεύουσι(ν)	πιστεύοντι	πιστεύουσι(ν)
대격	πιστεύοντα	πιστεύοντας	πιστεῦον	πιστεύοντα
주격	πιστεύων	πιστεύοντες	πιστεῦον	πιστεύοντα

	여 성		
	πιστεύουσα	πιστεύουσαι	
속격	πιστευούσης	πιστευουσῶν	* 남성과 중성의 속격과 여격은 동일하다.
여격	πιστευούσῃ	πιστεύουσαις	* 중성의 대격과 주격은 동일하다.
대격	πιστεύουσαν	πιστευούσας	
주격	πιστεύουσα	πιστεύουσαι	

16.3 제1부정과거 중간태 분사

	남 성		중 성	
	단수	복수	단수	복수
	πιστεύ**σα**μενος	πιστεύ**σα**μενοι	πιστεύ**σα**μενον	πιστευ**σα**μενα
속격	πιστεύσαμενου	πιστευσαμένων	πιστεύσαμενου	πιστευσαμένων
여격	πιστευσαμένῳ	πιστευσαμένοις	πιστευσαμένῳ	πιστευσαμένοις
대격	πιστεύσαμενον	πιστευσαμένους	πιστεύσαμενον	πιστευσαμενα
주격	πιστεύσαμενος	πιστεύσαμενοι	πιστεύσαμενον	πιστευσαμενα

	여 성		
	πιστευ**σα**μένη	πιστεύ**σα**μεναι	
속격	πιστεύσαμενης	πιστευσαμένων	* 남성과 중성의 속격과 여격은 동일하다.
여격	πιστευσαμένῃ	πιστευσαμέναις	* 중성의 대격과 주격은 동일하다.
대격	πιστεύσαμνην	πιστευσαμένας	
주격	πιστευσαμένη	πιστεύσαμεναι	

1) 제1부정과거 중간태는 시상표시는 σα이다.
2) σα뒤에 수동태 분사표시인 μέν이 붙는다. [σα+μέν = σαμέν]
3) σαμέν는 제품화 된 1부정과거 중간태의 표시이다.
4) 제1부정과거 중간태 분사의 격꼬리 변화는 관사 격꼬리 변화를 따른다.

✦ 현재 중 · 수동태 분사

	남 성		중 성	
	단수	복수	단수	복수
	πιστεύομενος	πιστεύομενοι	πιστεύομενον	πιστεύομενα
속격	πιστεύομενου	πιστευομένων	πιστεύομενου	πιστευομένων
여격	πιστευομένῳ	πιστευομένοις	πιστευομένῳ	πιστευομένοις
대격	πιστεύομενον	πιστευομένους	πιστεύομενον	πιστεύομενα
주격	πιστεύομενος	πιστεύομενοι	πιστεύομενον	πιστεύομενα
	여 성			
	πιστευομένη	πιστεύομεναι		
속격	πιστεύομενης	πιστευομένων	* 남성과 중성의 속격과 여격은 동일하다.	
여격	πιστευομένῃ	πιστευομέναις	* 중성의 대격과 주격은 동일하다.	
대격	πιστεύομενην	πιστευομένας		
주격	πιστευομένη	πιστεύομεναι		

16.4 제1부정과거 수동태 분사

	남 성		중 성	
	단수	복수	단수	복수
	πιστευθείς	πιστευθέντες	πιστευθέν	πιστευθέντα
속격	πιστευθέντος	πιστευθέντων	πιστευθέντος	πιστευθέντων
여격	πιστευθέντι	πιστευθείσι(ν)	πιστευθέντι	πιστευθείσι(ν
대격	πιστευθέντα	πιστευθέντας	πιστευθέν	πιστευθέντα
주격	πιστευθείς[274]	πιστευθέντες	πιστευθέν	πιστευθέντα
	여 성			
	πιστευθεῖσα	πιστευθεῖσαι		
속격	πιστευθείσης	πιστευθεισῶν	* 남성과 중성의 속격과 여격은 동일하다.	
여격	πιστευθείσῃ	πιστευθείσαις	* 중성의 대격과 주격은 동일하다.	
대격	πιστευθεῖσαν	πιστευθείσας		
주격	πιστευθεῖσα	πιστευθεῖσαι		

✓ 제1부정과거의 남성과 중성은 수동태 표시인 θε에 능동태 분사 격꼬리 변화를 취하고(예외로 남성 주격단수, 여격복수은 θει이다), 여성은 제품화된 제1부정과거 분사표시

274 σ 앞에 θε는 θεῖ로 변한다.

θεῖσ에 δόξα의 격꼬리 변화를 따른다. 단 1부정과거 남성 주격 단수와 남성·중성 여격 복수에는 분사표시 ντ가 탈락됨으로 θέντ가 아닌 θει 형태로 변형된다.

남성/중성 분사 ■□□□□θεντ〜 몸통+1부정수동태 남성/중성분사+핵심명사 격꼬리
여성 분사 ■□□□□θεισ〜 몸통+제품화된 1부정수동태 여성분사+δόξα 격꼬리

16.5 부정과거 분사의 사용법

시간 부사적 사용법

제2부정과거는 주동사 이전에 시작된 행동의 존재나 양태를 표현한다.

ἀκούσας δὲ ταῦτα ὁ Ἰησοῦς ἐθαύμασεν αὐτὸν. (눅 7:9)
이것들을 들은 후에, 예수께서 그에 대해 놀랐다.

ἀκούσας δὲ ὁ Ἰησοῦς εἶπεν αὐτῷ· ἔτι ἕν σοι λείπει· (눅 18:22)
[예수께서] 들은 후에, 예수께서 그에게 말했다. "아직 하나가 너에게 남아 있다."

1) ὄφελον(2부정 능동태 분사)[275]는 미래 직설법과 함께 미래 소원을 표현한다.

"Οφελον καὶ ἀποκόψονται οἱ ἀναστατοῦντες[276] ὑμᾶς.(갈 5:12)
너희를 소란케 하는 [자들은] 절단되어지길 기원합니다.

2) ὄφελον(2부정 능동태 분사)는 미완료 직설법과 함께 현재적 소원을 표현한다.

οἶδά σου τὰ ἔργα ὅτι οὔτε ψυχρὸς εἶ οὔτε ζεστός. ὄφελον ψυχρὸς ἦς ἢ ζεστός. (계 3:15)
나는 너희 일들을 안다. 차지도 않고 뜨겁지도 않다는 것을. 네가 차거나 뜨겁기를 원한다.

3) ὄφελον(2부정 능동태 분사)과 부정과거 직설법과 함께 과거에 대한 소원을 표현한다.

χωρὶς ἡμῶν ἐβασιλεύσατε· καὶ ὄφελόν γε ἐβασιλεύσατε, ἵνα καὶ ἡμεῖς ὑμῖν συμβασιλεύσωμεν. (고전 4:8)

우리와 관계없이 너희가 임금이 되었다. 정말 너희가 임금이 되어서 우리 역시 너희와 함께 임금이 되었으면 한다.

---

275 ὄφελον는 ὀφείλω(나는 빚지다, ~해야만 한다)의 2부정과거 능동태 분사로 격변화가 없이 고착된 형태로 현실 불가능한 소원이나 의지를 소개하는 불편사이다(고전 4:8; 고후 11:1; 갈 5:12; 계 3:5).

276 ἀποκόπτω(잘라낸다)의 중간태 미래 3복수/ ἀναστατόω(혼란케 한다)의 현재분사 능동태 남성주격

16.6 연습문제

1) εἶδον[277] τὸν ἄγγελον ἀναβαίνοντα ἀπὸ ἡλίοῦ. (계 7:2)

2) τοῦτο δέ ἐστιν τὸ θέλημα θεοῦ τοῦ πέμψαντός με. (요 6:39)

3) ἐρωτάω τῷ θεῷ περὶ τῶν πιστευόντων εἰς ἐμέ διὰ τοῦ λόγου. (cf. 요 17:20)

4) ἐλθόντες εἰς τὴν οἰκίαν εἶδον τὸ παιδίον μετὰ τῆς μητρὸς αὐτοῦ. (마 2:11)

5) ἀκούσας δὲ ὁ Ἰησοῦς εἶπεν αὐτῷ· ἔτι ἕν σοι λείπει. (눅 18:22).

6) ἀκούσας δὲ ταῦτα ὁ Ἰησοῦς ἐθαύμασεν αὐτὸν καὶ οὐδὲ ἐν τῷ Ἰσραὴλ τοσαύτην πίστιν εὗρον. (눅 7:9):

7) ἐγώ εἰμι ὁ ἄρτος ὁ ζῶν ὁ ἐκ τοῦ οὐρανοῦ καταβάς. (요 6:51)

8) παράγων παρὰ τὴν θάλασσαν εἶδεν Σίμωνα καὶ Ἀνδρέαν ἀμφιβάλλοντας ἐν τῇ θαλάσσῃ· ἦσαν γὰρ ἁλιεῖς. (막 1:16)

---

277 ὁράω(나는 본다)의 제2부정과거 1인칭 단수 혹은 3인칭 복수

16.7 단어

	ἀκούω	내가 듣는다, 청취한다. ἀκούσω ἤκουσα ἀκήκοα ᾿κούσθην
ὁ	ἁλιεύς -έως	어부(fisherman)
	ἀμφιβάλλω	내가 그물을 던진다(cast a net). [두 손으로 그물을 던지는 것].
	ἀναβαίνω	내가 올라간다(go up).
ὁ	ἄρτος	빵(bread, loaf of bread)
ἡ	θάλασσα -ης	바다, 호수
	θαυμάζω	내가 놀란다, 경탄한다. ἐθαύμασα ἐθαύμακα ἐθαυμάσθην
τὸ	θέλημα -ατος	의지(will), 뜻
	εἶδον	ὁράω의(내가 본다)의 제2부정과거 능동태 1인칭 단수, 3인칭 복수 직설법
	εὑρίσκω	내가 발견한다, 만난다, 획득한다. εὑρήσω εὗρον εὕρηκα εὑρέθην
	ἐρωτάω	내가 묻는다, 요구한다. ἠρώτησα ἠρώτηκα ἠρώτημαι ἠρώτηθην
	ζάω, ζῶ	나는 산다 ἔζων[미완료] ζήσω (또는 ζήσομαι[미래 중]) ἔζησα
ὁ	ἥλιος	태양, 해(sun)
	ἦλθον	ἔρχομαι(내가 간다, 온다)의 2부정과거 1인칭 단수, 3인칭 복수
	ἦσαν	εἰμί의(내가 ~이다)의 미완료 3인칭 단수
	καταβαίνω	내가 내려간다.
	λέγω	내가 말한다. ἐρῶ εἶπον εἴπον εἴρημαι ἐρρέθην ,또는 ἐρρήθην.
	λείπω	내가 남긴다, 남아 있다. λείψω ἔλιπον λέλοιπα λέλειμμαι ἐλείφθην
ἡ	μήτηρ -τρος	어머니
	πέμπω	내가 보낸다, 파송한다. πέμψω ἔπεμψα ἐπέμφθην
	περί	[전] [+속격] ~관하여(about), [+대격] ~곁에(beside), ~넘어(beyond)
ἡ	οἰκία	집(house), 거처
	οὐδέ	[부] 그리고 ~아니, 또 ~아니, 역시 ~아니
τό	παιδίον	어린아이, 유아, 소년
	παράγω	내가 지나간다(pass by).
	τοσοῦτοςοῦτον -οῦτο -αύτη	아주 많은, 아주 큰, 아주 오래

μι동사의 특징은

몸통 뒤에 꼬리가 바로 붙어요.

현재형 몸통은 화통 두 개가 있는데

그 사이에 ι가 접착모음으로 사용되네요.

현재형 몸통의 모음은 단수는 길고, 복수는 짧지요.

ω동사의

현재형이나 미완료에서

몸통 뒤에 접착모음(ε)오고 꼬리가 붙어요.

제17과 μι동사

현재 능동태 1인칭 단수의 인칭꼬리가 ω로 시작하면 ω동사이고, μι로 시작하면 μι동사이다. μι동사는 현재, 미완료(=제2부정과거), 제2현재완료형의 능동태에서만 ω동사와 다르다.[278] 다른 이유는 현재형에서 첫음반복(단수는 διδω, 복수는 διδο)이 일어난 몸통에 직접 인칭 꼬리가 붙기 때문이다. 그리고 미완료에서는 첫음반복(διδο)+접착모음($^{o}_{\epsilon}$)+인칭꼬리(↝)가 붙기 때문이다. 그 밖의 다른 변형은 ω동사와 동일하다.

	μι동사		ω동사
현재 능동	■ι■□□□↝	διδομεν, πιστευομεν	■□□□$^{o}_{\epsilon}$↝
미완료 능동	ἐ■□□□$^{o}_{\epsilon}$↝		ἐ■□□□$^{o}_{\epsilon}$↝
2부정과거 능동	ἐ■□□□$^{o}_{\epsilon}$↝		ἐ■□□□$^{o}_{\epsilon}$↝
현재완료 능동	■ϵ■□□□κα↝		■ϵ■□□□κα↝

현재 능동태 직설법에서 μι동사와 ω동사는 두 가지 차이점이 있다. 1) μι동사의 몸통에 이미 첫음반복이 일어났지만, ω동사는 첫음반복이 없다. 2) μι동사는 접착모음 없이 바로 인칭꼬리가 붙지만(δίδομεν), ω동사는 접착모음($^{o}_{\epsilon}$)이 몸통과 인칭꼬리 사이에 들어온다(πιστευομεν).

✦ 능동태 1시상 원형 인칭꼬리변화

	능동태 1시상 원형꼬리		1시상 수동태 원형꼬리	
인칭	단수	복수	단수	복수
1인칭	−μι	−μεν	−μαι[279]	−μεθα
2인칭	−σι	−τε	−σαι	−σθε
3인칭	−τι	−ντι(ν)	−ται	−νται

278 μι동사는 현재, 미완료(=2부정과거(능/중), (간혹 제2현재완료)만 다르고 ω동사와 동일하게 변한다.

279 μι동사의 1시상 수동태 원형 인칭꼬리는 능동태 형태(μι에 모음 α가 들어간 형태(μαι)이다. 수동태 3인칭 단수 인칭꼬리(ται)의 앞에 ν이 붙으면 복수형이 된다. −ται 〉 νται

17.1 μι 동사 직설법

✦ 현재 능동태 직설법

	δίδωμι [뿌리 δο 준다]		τίθημι [뿌리 θε 놓다]		ἵστημι [뿌리 στα 서다]	
	단수	복수	단수	복수	단수	복수
1인칭	δίδωμι	δίδομεν[280]	τίθημι	τίθεμεν	ἵστημι	ἵσταμεν[281]
2인칭	δίδως	δίδοτε	τίθης	τίθετε	ἵστης	ἵστατε
3인칭	δίδωσι	διδόασι(ν)	τίθησι	τιθέασι(ν)	ἵστησι	ἵστασι(ν)

✦ 현재 중 · 수동태 직설법

	단수	복수	단수	복수	단수	복수
1인칭	δίδομαι[282]	διδόμεθα	τίθεμαι	τιθέμεθα	ἵσταμαι	ἱστάμεθα
2인칭	δίδο<u>σαι</u>	δίδοσθε	τίθε<u>σαι</u>	τίθεσθε	ἵστα<u>σαι</u>	ἵστασθε
3인칭	δίδοται	δίδονται	τίθεται	τίθενται	ἵσταται	ἵστανται

✦ 미래 능동태 직설법[283]

	단수	복수	단수	복수	단수	복수
1인칭	δώσω	δώσομεν	θήσω	θήσομεν	στήσω	στήσομεν
2인칭	δώσεις	δώσετε	θήσεις	θήσετε	στήσεις	στήσετε
3인칭	δώσει(ν)	δώσουσι	θήσει	θήσουσι	στήσει	στήσουσι

✦ 미완료 능동태 직설법

	단수	복수	단수	복수	단수	복수
1인칭	ἐδίδουν	ἐδίδομεν	ἐτίθην	ἐτίθεμεν	ἵστην	ἵσταμεν
2인칭	ἐδίδους	ἐδίδοτε	ἐτίθεις	ἐτίθετε	ἵστης	ἵστατε
3인칭	ἐδίδου	ἐδίδοσαν	ἐτίθηει	ἐτίθεσαν	ἵστη	ἵστασαν

---

280 μι동사의 뿌리 δο가 반복된 형태이다. δο 〉 δδο 〉 διδο (발음을 위해 약성모음 ι가 들어왔다. 즉 μι동사의 현재형 단수 몸통의 끝모음 ο가 ω로 장음화한 것이다. 그러므로 μι동사의 현재 능동태의 몸통 끝이 단수에는 장음 ω가, 복수에는 단음 ο이 온다.

281 ἵστημι의 1인칭 복수(ἵσταμεν)와 2인칭 복수(ἵστατε)는 현재와 미완료는 동일한 형태이다.

282 수동태에서는 뿌리 (δο의 반복형인 διδο가 몸통으로 사용된다.

283 ✓ 미래(능동, 중간, 수동태)와 1부정과거 수동태는 규칙적으로 변한다.

1) μι동사 능동태 미완료 직설법은 ω동사와 동일하게 과거를 나타내는 모자(ϵ)를 쓰고 동일하게 인칭꼬리변화를 한다. 그러나 두 가지가 다르다. 1) 첫음반복된 몸통을 사용한다(δίδο). 2) 단수 형의 몸통이 장음화된다. 현재 능동태에서는 δίδω로 장음화되었지만 미완료에서는 δίδου로 형태로 장음화된다.[284]

ω동사(미완료 능동태)
μι동사(미완료 능동태)

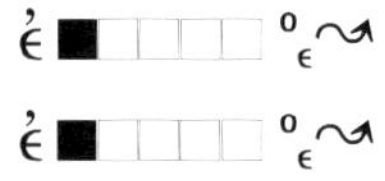

2) μι동사 미완료와 제2부정과거는 동일한 형태이다. 단지 차이점은 미완료는 첫음반복이 된 (현재형) 몸통을 그대로 사용하지만, 2부정과거는 변형된 (뿌리)몸통 사용한다.

μι동사(미완료 능동태)
μι동사(2부정과거 능동태)

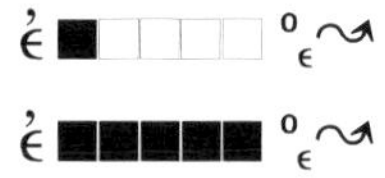

✦ 미완료 중 · 수동태 직설법

	단수	복수	단수	복수	단수	복수
1인칭	ἐδιδόμην	ἐδιδόμεθα	ἐτιθέμην	ἐτιθέμεθα	ἱστάμην	ἱστάμεθα[285]
2인칭	ἐδίδοσο	ἐδίδοσθε	ἐτίθεσο	ἐτίθεσθε	ἵστασο	ἵσταθε
3인칭	ἐδίδοτο	ἐδίδοντο	ἐτίθετο	ἐτιθέντο	ἵστατο	ἵσταντο

✦ τίθημι의 2부정과거 능동태 직설법[286]

	단수	복수
1인칭	ἔστην	ἔστημεν
2인칭	ἔστης	ἔστητε
3인칭	ἔστη	ἔστησαν[287]

284 제20과의 단축동사의 단축 형태를 참조하라.

285 ἵστημι의 1인칭복수와 2인칭복수(ἱστάμεθα와 ἵστασθε)는 현재와 미완료가 동일하다.

286 ἵστημι는 2부정과거와 1부정과거 둘 다 존재한다.

287 ἵστημι의 2부정과거 능동태 3인칭 복수(ἔστησαν)는 1부정과거 능동태와 동일하다.

✦ 第1부정과거 능동태 직설법

	단수	복수	단수	복수	단수	복수
1인칭	ἔδωκα	ἐδώκαμεν	ἔθηκα	ἐθήκαμεν	ἔστησα	ἐστήσαμεν
2인칭	ἔδωκας	ἐδώκατε	ἔθηκας	ἐθήκατε	ἔστησας	ἐστήσατε
3인칭	ἔδωκε	ἔδωκαν	ἔθηκε	ἔθηκαν	ἔστησε	ἔστησαν

✦ 현재완료 능동태 직설법 δίδωμι

	단수	복수
1인칭	δέδωκα	δεδώκαμεν
2인칭	δέδωκας	δεδώκατε
3인칭	δέδωκε	δεδώκασι(ν)

✦ 과거완료 능동태 직설법 δίδωμι

	단수	복수
1인칭	δεδώκειν	δεδώκειμεν
2인칭	δεδώκεις	δεδώκειτε
3인칭	δεδώκει	δεδώκεισαν

✦ 부정과거 중간태 직설법

	단수	복수	단수	복수	ἵστημι[없음]
1인칭	ἐδόην	ἐδόμεθα	ἐθέμην	ἐθέμεθα	
2인칭	ἔδου	ἔδοσθε	ἔθου	ἔθεσθε	
3인칭	ἔδοτο	ἔδοντο	ἔθετο	ἔθεντο	

✦ 부정과거 수동태 직설법

	단수	복수	단수	복수	단수	복수
1인칭	ἐδόθην	ἐδόθημεν	ἐτεθην	ἐτέθημεθα	ἐστάθην	ἐστάθημεν
2인칭	ἐδόθης	ἐδόθητε	ἐτέθης	ἐτεθησθε	ἐστάθης	ἐστάθητε
3인칭	ἐδόθη	ἐδόθησαν	ἐτέθη	ἐτέθεθησαν	ἐστάθη	ἐστάθησαν

17.2 μι동사의 구조 이해

1) μι의 일반법칙

a) 현재와 미완료는 첫음반복이 있다. 첫음반복의 접착모음은 ι이다.
b) 현재 능동태 몸통 끝이 단수는 길고, 복수는 짧다.
c) μι동사의 부정과거 몸통은 첫음반복이 없는 동사 뿌리 형태이다.
d) 미래, 현재완료, 과거완료는 ω동사와 동일하게 규칙적으로 변화한다.
e) 현재와 부정과거의 부정사의 꼬리는 ναι이다.
f) 뿌리가 υ, F(죽은 감마)로 끝날 때 ω동사처럼 변화한다. (δείκνυμι, ἀπολλυμι)

2) δίδωμι의 규칙

a) δίδωμι의 뿌리는 δο이다.
b) 현재 능동태는 첫음반복한 몸통에 인칭꼬리가 바로 붙는다.
c) 현재 능동태 단수는 διδω이고 복수는 δίδο 형태로 변화한다.
d) 미완료 능동태 단수는 εδιδου이고 복수는 εδίδο형태로 변화한다.
e) 제1부정과거의 시간표시 σ 대신 κ가 붙은 것을 제외하고 규칙적으로 변화한다. ἔδωκα는 1부정과거이고, δέδωκα는 현재완료이다.
f) 완료 중·수동태와 1부정과거 수동태의 뿌리 끝이 장음화가 없고 그 외에서는 뿌리 끝이 장음화된다. δέδομαι[현재완료 중·수동태] ἐδόθην[1부정 수동태]
g) 현재 중·수동태 (부정과거 중간태) 가정법의 꼬리 끝은 모두 ω이다.

3) τίθημι의 규칙

a) τίθημι의 뿌리는 θε이다.
b) 현재 능동태는 첫음반복한 몸통에 인칭꼬리가 바로 붙는다.
c) 현재 능동태 단수는 τιθη이고 복수는 τιθη 형태로 변화한다.
d) 미완료 능동태 단수는 ἐτιθη, ετιθει이고 복수는 ετιθε 형태로 변화한다.
e) 제1부정과거의 σ 대신 κ 붙은 것을 제외하고 규칙적으로 변화한다.
f) 1부정과거 수동태에서 뿌리 θε가 τε로 바뀐다. (발음편리를 위해 εθιθ를 ετίθ로 된다.)
g) 완료형에서 뿌리 θε가 θει로 바뀐 것 외에는 규칙적이다.

3) ἵστημι의 규칙

a) ἵστημι의 뿌리는 στα이다.
b) 거친 쉼표는 σ 탈락의 흔적이다.
c) ἱ는 σ 탈락 후 첫음반복을 위한 모음만 남은 상태이다.
d) 현재 능동태는 첫음반복한 몸통에 인칭꼬리가 바로 붙는다.
e) 현재와 미완료의 능동태 단수는 ἱστη이고 복수는 ἱστα 형태로 동일하게 변화한다. 단 현재형은 1시상 μι동사꼬리, 미완료에는 2시상 꼬리가 붙는다.
f) 부정과거와 미래에서 σ 앞에 α가 η로 장음화된다.
g) ἵστημι의 1부정과거(ἔστησα)는 타동사[서게 했었다]이고, 2부정과거(ἔστην)는 자동사[서 있었다]이다.

17.3 μι 동사 가정법

✦ 현재 능동태 가정법

δίδωμι [뿌리 δο 준다] τίθημι [뿌리 θε 놓다] ἵστημι [뿌리 στα 서다]

	단수	복수	단수	복수	단수	복수
1인칭	δίδῶ	δίδῶμεν	τιθῶ	τιθῶμεν	ἱστῶ	ἱστῶμεν
2인칭	δίδῷς	δίδῶτε	τίθῇς	τίθῆτε	ἱστῇς	ἱστῆτε
3인칭	δίδῷ	δίδῶσι(ν)	τίθῇ	τίθῶσι(ν)	ἱστῇ	ἱστῶσι(ν)

✔ 가정법에서는 접착 장모음(ω/η)을 취한다. 1인칭 단수·복수와 3인칭 복수에는 ω를 붙이고 2인칭 단수·복수와 3인칭 단수에는 η가 붙인다.

1인칭	δίδω+ω+μι	δίδο+ω+μεν
2인칭	δίδω+η+ς	δίδο+η+τε
3인칭	δίδω+η+σι	δίδο+ω+ασι(ν)

✦ 부정과거 능동태 가정법

	δίδωμι [뿌리 δο 준다]		τίθημι [뿌리 θε 놓다]		ἵστημι [뿌리 στα 서다]	
	단수	복수	단수	복수	단수	복수
1인칭	δῶ	δῶμεν	θῶ	θῶμεν	στῶ	στῶμεν
2인칭	δῷς	δῶτε	θῇς	θῆτε	στῇς	στῆτε
3인칭	δῷ	δῶσι(ν)	θῇ	θῶσι(ν)	στῇ	στῶσι(ν)

✓ μι동사의 현재 가정법은 1시상 꼬리에 장음화된 접착모음(ω/η)을 사용하고, 부정과거 가정법은 제2시상 꼬리에 장음화된 접착모음(ω/η)을 사용한다.

17.4 μι 동사 명령법

✦ 현재와 1부정과거 능동태 명령법 기본형

	능동태		중 · 수동태	
	단수	복수	단수	복수
2인칭	ε/ ς/ θι	τε	σο	σθε
3인칭	<u>τ</u>ω	<u>τω</u>σαν	<u>σθω</u>	<u>σθω</u>σαν

✦ 현재와 1부정과거 능동태 명령법

		δίδωμι (뿌리 δο)		τίθημι (뿌리 θε)		ἵστημι (뿌리 στα)	
		단수	복수	단수	복수	단수	복수
현재	2인칭	δίδου[288]	δίδοτε	τίθει	τίθετε	ἵστη	ἵστατε
	3인칭	διδότω	διδότωσαν	τιθέτω	τιθέτωσαν	ἱστάτω	ἱστάτωσαν
부정과거	2인칭	δός	δότε	θές	θέτε	στῆθι	στήτε
	3인칭	δότω	δότωσαν	θέτω	θέτωσαν	στῆτω	στήτωσαν

288 διδο+ε [ου로 단축] = διδου) μι동사는 접착모음이 붙지 않는다. 2) 1부정과거 명령법에는 부정과거 몸통(뿌리 δο)에 꼬리가 붙고, 현재 명령법에는 현재 몸통(뿌리에 첫음반복 διδο)가 붙는다.

17.5 μι 동사 분사

✦ δίδωμι현재 능동태 분사

		남 성	중 성	여 성
		διδούς	διδόν	διδοῦσα
단수	속격	διδόντος	διδόντος	διδοῦσης
	여격	διδόντι	διδόντι	διδούσῃ
	대격	διδόντα	διδόν	διδοῦσαν
	주격	διδούς	διδόν	διδοῦσα
		διδόντες	διδόντα	διδοῦσαι
복수	속격	διδόντων	διδόντων	διδουσῶν
	여격	διδοῦσι	διδοῦσι	διδοῦσαις
	대격	διδόντας	διδόντα	διδοῦσας
	주격	διδόντες	διδόντα	διδοῦσαι

✦ ἵστημι 현재 중 · 수동태 분사

		남 성	중 성	여 성
		ἱστάμενος	ἱστάμενον	ἱσταμένη
단수	속격	ἱσταμένου	ἱσταμένου	ἱσταμένης
	여격	ἱσταμένῳ	ἱσταμένῳ	ἱσταμένῃ
	대격	ἱστάμενον	ἱστάμενον	ἱσταμένην
	주격	ἱστάμενος	ἱστάμενον	ἱσταμένη
		ἱστάμενοι	ἱστάμενα	ἱστάμεναι
복수	속격	ἱσταμένων	ἱσταμένων	ἱσταμένων
	여격	ἱσταμένοις	ἱσταμένοις	ἱσταμέναις
	대격	ἱσταμένους	ἱστάμενα	ἱσταμένας
	주격	ἱστάμενοι	ἱστάμενα	ἱστάμεναι

✦ δίδωμι 부정과거 능동태 분사

	남 성		중 성		여 성	
	단수	복수	단수	복수	단수	복수
	δούς	δόντες	δόν	δόντα	δοῦσα	δοῦσαι
속격	δόντος	δόντων	δόντος	δόντων	δοῦσης	δουσῶν
여격	δόντι	δοῦσι	δόντι	δοῦσι	δούσῃ	δοῦσαις
대격	δόντα	δόντας	δόν	δόντα	δοῦσαν	δοῦσας
주격	δούς	δόντες	δόν	δόντα	δοῦσα	δοῦσαι

✦ τίθημι 부정과거 중간태 분사

	남 성		중 성		여 성	
	단수	복수	단수	복수	단수	복수
	θέμενος	θέμενοι	θέμενον	θέμενα	θεμένη	θέμεναι
속격	θεμένου	θεμένων	θεμένου	θεμένων	θεμένης	θεμένων
여격	θεμένῳ	θεμένοις	θεμένῳ	θεμένοις	θεμένῃ	θεμένοις
대격	θέμενον	θεμένας	θέμενον	θέμενα	θεμένην	θεμένας
주격	θέμενος	θέμενοι	θέμενον	θέμενα	θεμένη	θέμεναι

✦ τίθημι 부정과거 수동태 분사

	남 성		중 성		여 성	
	θείς	θέντες	θέν	θέντα	θεῖσα	θεῖσα
단수						
속격	θέντος	θέντων	θέντος	θέντων	θείσης	θεισῶν
여격	θέντι	θεῖσι	θέντι	θεῖσι	θείσῃ	θείσαις
대격	θέντα	θέντας	θέν	θέντα	θεῖσαν	θείσας
주격	θείς	θέντες	θέν	θέντα	θεῖσα	θεῖσα

1) 제1부정과거 수동태에는 능동태 꼬리가 붙는다.

2) τίθημι의 부정과거 수동태 분사형 앞에 동사의 뿌리인 몸통을 붙이면, 1부정과거 수동태 분사형이 된다.

ἵστιμι[자동사]	내가 서 있다.	στα [뿌리]	σταθείς
πιστεύω	내가 믿는다.	πιστευ[뿌리]	πιστευθείς
πορεύομαι[디포]	내가 간다.	πορευ [뿌리]	πορυθείς

17.6 μι 동사 부정사

		δίδωμι	τίθημι	ἵστημι
현재	능동태	διδόναι	τιθέναι	ἱστάναι
	중 · 수동태	δίδοσθαι	τίθεσθαι	ἵστασθαι
부정 과거	능동태	δοῦναι	θεῖναι	στῆναι
	중간태	δόσθαι	θέσθαι	
	수동태	δοθῆναι	τεθῆναι	σταθῆναι

17.7 연습문제

1) ἔσομαι αὐτῶν θεὸς καὶ αὐτοὶ ἔσονταί μου λαός. (고전 6:160)

2) ἡ κεφαλὴ αὐτοῦ ἐδόθη τῇ μητρὶ αὐτῆς.[289] (마 14:11)

3) ἔθηκεν αὐτὸν ἐν τῷ καινῷ αὐτοῦ μνημείῳ. (마 27:60)

4) τοὺς μαθητὰς ἔδωκεν αὐτοῖς αὐτου ἐξουσίαν πνευμάτων[290] ἀκαθάρτων. (마 10:1)

5) Εγώ εἰμι ὁ ποιμὴν ὁ καλός. ὁ ποιμὴν ὁ καλὸς τὴν ψυχὴν αὐτοῦ τίθησιν[291] ὑπὲρ τῶν προβάτων. (요 10:11)

6) ἑγει αὐτῷ ὁ Πέτρος· κύριε, τὴν ψυχήν μου ὑπὲρ σοῦ θήσω. (요 13:37)

7) τὸ πνεῦμα τὸ ἅγιον ἔθετο[292] ἐπισκόπους ποιμαίνειν[293] τὴν ἐκκλησίαν τοῦ θεοῦ. (행 20:28)

8) συνίστημι ὑμῖν Φοίβην τὴν ἀδελφὴν ἡμῶν, οὖσαν διάκονον τῆς ἐκκλησίας τῆς ἐν Κεγχρεαῖς. (롬 16:1)

9) Εἰρήνην ἀφίημι ὑμῖν, εἰρήνην τὴν ἐμὴν δίδωμι ὑμῖν· οὐ καθὼς ὁ κόσμος δίδωσιν ἐγὼ δίδωμι ὑμῖν. (요 14:27)

---

289 τίθημι(내가 내가 둔다, 놓는다, 지명한다)의 1부정과거 능동태 3인칭 단수

290 τὸ πνεῦμα ατος 바람, 영, 성령: 목적을 나타내는 속격이다. '더러운 영을 제압하는 힘을 준다'는 뜻이다.

291 τίθημι(내가 내가 둔다, 놓는다, 지명한다)의 제1부정과거 중간태 3인칭 단수

292 τίθημι(내가 내가 둔다, 놓는다, 지명한다)의 제1부정과거 능동태 3인칭 단수

293 현재 능동태 부정사 ποιμαίνω 목양하다(pasture), 기르다(tend), 인도하다(lead to).

17.8 단어

ἡ ἀδελφή 자매(sister)
ἀκάθαρτος -ον [형] 불결한, 불순한
ἀφίημι 내가 용서한다, 허용한다.
ἀφήσω ἀφῆκα ἀφεῖκα ἀφεῖμαι ἀφεῖθην
ὁ˝ἡ διάκονος 시종인(helper), 집사
δίδωμι 내가 준다(give). δώσω ἔδωκα δέδωκα δέδομαι ἐδόθην
εἰμί 나는 ~이다. ἤμην[미완료] ἔσομαι[미래]
ἡ ἐξουσία 권세, 권위, 권한
ὁ ἐπίσκοπος 감독, 관리자(overseer, supervisor)
ἵστημι [타동] 내가 일으킨다, 세운다, 고정시킨다.
[자동] 내가 서 있다, 나타나다, 정지한다.
στήσω ἔστησα ἔστην[2부정과거] ἔστηκα(ἕστηκα) εἱστήκειν[2부정과거]
ἐστάθην σταθήσομαi[미래 수]
καθώς [부] ~과 같이, ~대로
καινός -όν -ή 새로운 [질적으로 새로운]
καλός -όν -ή [형] 좋은, 아름다운
ἡ κεφαλή -ῆς 머리(head)
ὁ λαός 사람들(people), 백성, 무리
ἡ μήτηρ -τρός 어머니
τὸ μνημεῖον 무덤, 기념비(monument, memorial)
συνίστημι 내가 추천한다(recommend).
παραδίδωμι 내가 넘겨준다, 배반하다.
ὁ ποιμήν -ένος 목자(shepherd)
ποιμαίνω 내가 목양한다(pasture), 기르다(tend), 인도하다(lead to).
συνίστημι 내가 확립하다, 추천하다(recommend).
τίθημι 내가 둔다, 놓는다, 지명한다. θήσω ἔθηκα τέθειμαι ἐτέθην
φέρω 내가 가져온다, 지고 간다, (열매를) 맺는다.
οἴσω ἤνεγκα ἤνεγκον ἐνήνοχα ἐνήνεγμαι ἠεχθην
ἡ ψυχή 목숨(life), 혼(life soul)

❒ 부록

17.9 ἐιμί 의 변형표[294]

		단수		복수	
현재 직설법		εἰμί	나는 ~이다	ἐσμέν	우리는 ~이다
		εἶ	너는 ~이다	ἐστέ	너희는 ~이다
		ἐστί(ν)	그는 ~이다	εἰσί(ν)	그들은 ~이다
미래 직설법		ἔσομαι	너는 ~일 것이다	ἐσόμεθα	우리는 ~일 것이다
		ἔσῃ	너는 ~일 것이다	ἔσεσθε	너희는 ~일 것이다
		ἔσται	그는 ~일것이다	ἔσονται	그들은~일 것이다
미완료 직설법		ἤμην	나는 ~이었다	ἦμεν	우리는 ~이었다
		ἦς	너는 ~이었다	ἦτε	너희는 ~이었다
		ἦν	그는 ~이었다	ἦσαν	그들은 ~이었다
부정사	현재	εἶναι	있는 것		
	미래	ἔσεσθαι	있을 것		

εἰμι 현재분사 변화표

	남성		중성		여성	
	단수	복수	단수	복수	단수	복수
	ὤν	ὄντες	ὄν	ὄντα	οὖσα	οὖσαι
속격	οντος	ὄντων	οντος	ὄντων	οὔσης	οὐσῶν
주격	ὄντι	οὖσι	ὄντι	οὖσι	οὔσῃ	οὔσαις
대격	ὄντα	ὄντας	ὄν	ὄντα	οὖσαν	οὔσας
주격	ὤν	ὄντες	ὄν	ὄντα	οὖσα	οὖσαι

μι동사 현재 직설법 변형: μι–ς–σιν μεν–τε–ασι(ν)

		꼬리	[뿌리 ἐσ]			
단수	1인칭	–μι	ἐσ+ μι	=	εἰμί	나는 ~이다.
	2인칭	–σι	ἐσ+ σι	=	εἶ	너는 ~이다.
	3인칭	–τι	ἐσ+ τι	=	ἐστί(ν)	그(녀/그것)는 ~이다.
복수	1인칭	–μεν	ἐσ+ μεν	=	ἐσμέν	우리는 ~이다
	2인칭	–τε	ἐσ+ τε	=	ἐστέ	너희는 ~이다
	3인칭	–ντι	ἐσ+ ντι	=	εἰσι(ν)	그(것)들은 ~이다.

294 εἰμι동사는 태가 없다.

제 18과 전치사

18.1 전치사와 명사의 만남

1) 전치사는 명사 격변화의 의미를 명확하고 분명하게 하는 역할을 한다.
2) 명사의 격변화는 형태상으로는 주격, 속격, 여격, 대격, 호격 등 5개로 구분될 수 있지만 그 의미상으로는 주격, 속격, 탈격, 여격, 조격, 처격, 대격, 호격으로 8개로 구분된다. 예를 들면 5격 형태로 격변화를 본다면 θεου는 속격에 해당한다. 그러나 8격 의미로 본다면, 동일한 형태의 τοῦ θεοῦ는 "그 하나님의" 란 속격의 의미를 내포하고 있는 동시에 "그 하나님으로부터" 란 탈격의 의미도 포함하고 있다. 결국 τοῦ θεοῦ는 격의 형태에 의하여 그 의미가 결정되는 것이 아니라 문맥 안에서 그 의미가 결정된다. 그러나 명사의 같은 격 안에 내포된 여러 의미 중에서 표현하고자 하는 의미를 더욱 분명하게 표현하기 위하여 명사는 전치사를 초청함으로 이미 명사 자체가 전달하고자 하는 의미를 선명하게 해 준다. 그러므로 전치사의 역할은 명사 격변화의 의미를 보조적으로 더욱 분명하게 한다.
3) 명사의 격은 특정한 전치사만을 불러와 그 격의 의미를 분명하게 할 수 있다. 속격은 ἀντι(~대항하여, ~의 반대편에), ἐπί(~위에, 바로 위에), κατά(~밑으로), μετά(~와 함께), περί(~에 관하여), πρός(~전에, ~앞에), ὑπέρ(~을 위하여, ~대신) 만을 불러 올 수 있고, 탈격은 ἀπο(~로부터), διά(~를 통하여, ~에 의해, ~을 위해), ἐκ(~밖으로), παρά(~로부터), πρό(~전에, ~앞에)만을 불러올 수 있다. 조격은 ἐν(~의하여), σύν(~와 함께) 만을 불러 올 수 있으며, 처격은 ἐν(~안에, ~에), ἐπί(~위에, ~바로 위에), παρά(~앞에, ~곁에) 만을 불러올 수 있다. 대격은 ἀνά(~위로, 위에), διά(~ 때문에), ἐπί(~위에, ~바로 위에), κατά(~에 따라서, ~의하여), μετά(~후에), παρά(~넘어, ~곁을 따라), περί(~곁에, 넘어), ὑπέρ(~위에, ~위로, ~넘어) 만을 불러올 수 있다. 어떤 전치사는 한 명사의 격으로만 사용되지만, 대체적으로 전치사는 둘 혹은 세 개의 격들에 사용된다. 결국 전치사와 특정한 명사의 격이 만나 명사의 격이 전달하고자 하는 의미를 더 분명하게 규정되게 된다.

18.2 전치사 모음

ἀνά[295] +[대격] ~위로(up), ~위에(on), ~바로 위로(upon)

ἀμφι[296] ~양쪽에(on both sides)

ἀντί +[속격] ~위에(over), ~에 대항하여, ~의 반대편에(opposite)

ἀπό +[탈격] ~로부터(from), ~로부터 떨어진(away from)

δια[297] +[탈격] ~를 통하여[방향], ~의해[대리적 행위], ~을 위해(for)[관계]
+[대격] ~ 때문에(because)[이유]

εἰς[298] +[대격] ~에게(into, to), ~안에(in) = ἐν + [처격]), ~위해(for)

ἐκ +[탈격] ~밖으로(out of)[방향]

ἐν +[처격] ~안에(in), ~에(to);
+[조격] ~에 의하여(by)

ἐπί +[속격] ~바로 위에(upon), ~위에(on)
+[처격] ~바로 위에(upon), ~위에(on)
+[대격] ~바로 위에(upon), ~위에(on), ~로(to)

κατά +[속격] ~밑으로(down), ~에 대항하여
+[대격] ~에 따라서(according to), 의해서

μετά[299]+[속격] ~와 함께(with)
+[대격] ~후에(after)

μέχρι [모음 앞에 μέχρις]
[전] +[탈격] 까지[시간], 어떤 점에 이르기까지[장소]
[접] +[가정법] 까지(엡 4:13)

παρά +[탈격] ~로부터(from)
+[처격] ~전에(before), ~곁에(by the side of)
+[대격] ~넘어(beyond), ~곁을 따라(along side of)

---

295 ἀνά는 부사 ἄνω로부터 기인한 것으로 "위"라는 기본 개념을 가지고 있다.

296 ἀμφι는 신약시대 또는 그 이전 헬라시대 헬라어에도 독립적으로 사용되지 않고 오직 동사의 몸통 앞에 붙어 동사의 의미를 구체적으로 설명해 준다.

297 δίψυχος (두 마음, double-lived, 약 1:8) 〉 "사이에"(between)

298 εἰς는 ἐν으로부터 파생되었음으로 원래적 의미는 "안에"(within, in)이다.

299 원 뜻은 "중간에"(in the midst of)이나, 종종 생각(idea)의 차이나 사물의 변형을 표현한다.

περί +[속격] ~에 관하여(about)
+[대격] ~곁에(beside), ~넘어(beyond)

πρό[300] +[탈격] ~전에(before), ~전면에(in front of)

πρός +[속격] ~에(at, to)
+[대격] ~향하여(toward), ~너머(beyond)

σύν +[조격] ~와 함께(with)

ὑπέρ +[속격] ~을 위하여(in behalf of), ~대신(instead of)
+[대격] ~위에(over), ~위로(above), ~넘어(beyond)

ὑπό +[속격] ~에 의하여(by)
+[대격] ~밑에(under)

18.3 전치사의 일반적 사용법

1) 전치사는 명사의 격을 구체적으로 규정하는 전치사구로 사용한다.

χάρις ὑμῖν καὶ εἰρήνη ἀπὸ θεοῦ πατρὸς ἡμῶν καὶ κυρίου Ἰησοῦ Χριστοῦ (갈 1:3)

너희에게 하나님 우리 아버지와 주 예수 그리스도로부터 은혜와 평강이 [있기를 원한다].

2) 동사, 분사, 부정사, 형용사를 수식하는 부사적 기능을 수행한다.

μετὰ ἔτη τρία ἀνῆλθον εἰς Ἱεροσόλυμα. (갈 1:18)
삼 년 후에, 내가 예루살렘에 갔었다.

3) 전치사구는 독립적으로 명사로 사용한다.

γινώσκετε ὅτι οἱ ἐκ πίστεως υἱοί εἰσιν Ἀβραάμ. (갈 1:18)
너희는 안다. "믿는 자들이 아브라함의 아들들이다."

4) 전치사구는 간접 목적어로 사용한다.

εἶπεν πρὸς αὐτὸν ὁ ἄγγελος. (갈 1:18)
그 천사가 그에게 말했다.

---

300 πρό는 시간과 장소를 나타내는 전치사

18.4 전치사 도표

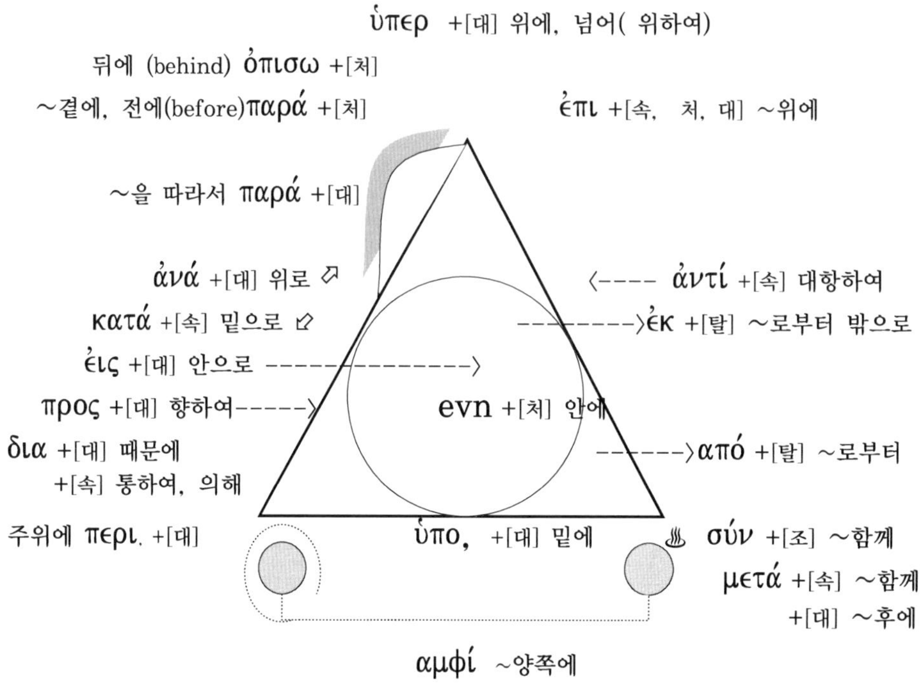

17.5 전치사의 단모음 생략법

1) 모음 앞에 단모음 탈락 때는 생략표시로 '(쉼표 apostrophe)를 사용한다.

ἀπ' αὐτοῦ ἀπο αὐτοῦ "그[것으]로부터"

2) 거친 쉼표가 붙은 기식모음(aspirated vowel) 앞에 온 전치사의 모음이 탈락했을 때, 철자가 변형된다. καθ' ἡμέραν "매일"

κ → χ
π → φ
τ → θ

3) 모음으로 시작되는 동사 앞에 전치사의 끝모음이 결합되어 복합동사가 형성될 때, 전치사의 끝모음이 생략된다.

ἀνα + αἴρω = ἀναίρεω 내가 죽인다, 파괴하다, 내가 입양하다. (중간태)

παρα	+ εἰμί	= πάρειμι	내가 (여기) 있다, 온다.
παρα	+ ερχομαι	= πάρέρχομαι	내가 지나간다, 사라진다.
απο	+ αἱρέω	= αφίαιρέω	내가 거두어들인다, 잘라낸다, 치운다.
κατα	+ ἵστημι	= καθίστημι	내가 세운다, 임명한다, [중] ~을 증명한다.

✦ 전치사의 강세

1) 강세(accent)가 있는 경우는 후접사이다.
2) 전치사가 앞에 올 때는 accent를 유지한다. (예외: πρός με 나를 향해)

18.6 전치사와 명사의 만남

1) 전치사는 명사와 만나면 명사의 격을 더 구체적으로 규정해 주고 그 격의 의미를 분명하게 설명해 주는 역할을 한다. 그러므로 전치사와 명사의 격에 따라 규정된 전치사의 기본 의미에 따라 번역하는 것이 필요하다.

2) 전치사 자체에 기본 의미를 내포하고 있지만 명사의 격에 따라 의미가 달라진다.

Παῦλος ἀπόστολος οὐκ ἀπ' ἀνθρώπων οὐδὲ δι' ἀνθρώπου ἀλλὰ διὰ Ἰησοῦ Χριστοῦ. (갈 1:1)

바울은 사람으로부터 또는 사람에 의해서 사도가 [된 것이] 아닙니다. 그러나 예수 그리스도에 의해서 [된 것입니다.]

διὰ Χριστοῦ	[탈격]	그리스도에 의해 [수단, 방법(means)]
		그리스도를 통하여 [대행자(agency)]
	[대격]	그리스도 때문에 [이유]

3) ἀντί +[속격] 명사의 기본 의미는 "~에 대항하여" "~반대편에' 이지만 신약 시대에 대리적(substitutionary) 장소 개념을 표현한다. 이 경우에 "~의 공간 안에"(in place of)로 번역한다.

ὁ υἱὸς τοῦ ἀνθρώπου οὐκ ἦλθεν διακονηθῆναι ἀλλὰ διακονῆσαι καὶ δοῦναι τὴν ψυχὴν αὐτοῦ λύτρον ἀντὶ πολλῶν. (막 10:45)

[그] 사람의 아들은 섬김을 받으러 온 것이 아니었다. 그러나 섬기고 도리어 자기 목숨을 많은 사람들을 위해 속죄물로 주기 위하여 [왔었다]. [ἀντὶ는 공간적인 대치]

ἡμεῖς πάντες ἐλάβομεν καὶ χάριν ἀντὶ χάριτος. (요 1:16)
우리 모두 은혜 위에 은혜를 받았다. [은혜를 대치하는 은혜]

4) ἐκ +[탈격] 명사는 "~[공간]으로부터 나온", ἀπο +[탈격] 명사는 "~[장소]로부터"를 의미한다.

εἰ ὁ ὀφθαλμός σου σκανδαλίζει σε, ἔξελε αὐτὸν καὶ βάλε[301] ἀπὸ σοῦ. (마 5:29)
만약 너희 눈이 죄짓게 한다면, 너로부터 그것을 빼라. 그리고 던져 버려라.

5) ἀπό는 어떤 사건이 일어난 후로부터의 특정한 시간을 표현한다.

ὁ νόμος ἐστί μέχρι Ἰωάννου· ἀπὸ τότε ἡ βασιλεία τοῦ θεοῦ εὐαγγελίζεται καὶ βιάζεται. (눅 16:16)
[그] 율법은 요한 때까지이다. 그때로부터 하나님의 왕국은 선포되어지고 침략되어진다.

6) δια +[속격] 명사는 장소적 개념 또는 통과하는 과정이나 시간을 표현한다.

παρεπορεύοντο[302] διὰ τῆς Γαλιλαίας. (눅 16:16)
그들이 갈릴리를 통과하고 있었다. [갈릴리 지역을 통과]

δύναμαι καταλῦσαι τὸν ναὸν τοῦ θεοῦ καὶ διὰ τριῶν ἡμερῶν οἰκοδομῆσαι. (마 26:61)

나는 하나님의 성전을 파괴할 수 있다. 그리고 내가 삼 일 만에 세울 것이다.
[삼일 동안의 시간상 기간]

7) εἰς +[대격] 명사는 일반적으로 공간 안으로 뚫고 들어가는 동사의 행동 양태를 강조한다. 특별 사용법으로 εις+[대격] 명사는 공간적으로 쌓여 있는 장소적 개념을 강조할 때는 ἐν+[처격]과 동일하게 "~안에"로 번역한다.[303]

ἦλθεν Ἰησοῦς ἀπὸ Ναζαρὲτ τῆς Γαλιλαίας καὶ ἐβαπτίσθη εἰς τὸν Ἰορδάνην ὑπὸ Ἰωάννου. (막 1:9)

예수께서 갈릴리 나사렛으로부터 왔었다. 그리고 그가 요단[강]에서 요한에 의해서 침례를 받으셨다. [물속으로 들어간 동작과 물속에 머물러 있는 시간과 공간을 강조한다.]

---

301 βάλλω(내가 던진다)의 현재 명령법 2인칭 단수

302 παραπορεύομαι(내가 통과한다)의 미완료 3인칭 복수

303 David L. Cooper, "The Use of ἐν and εἰς in the New Testament and the Contemporaneous Non-Literary Papyri" .(Ph.D. diss.: The Southern Baptist Theological Seminary, 1930).

18.7 전치사와 동사의 만남

전치사가 명사의 격의 속성을 더 구체적으로 규정하여 의미를 명확하게 해 주는 것처럼, 전치사는 동사와의 결합을 통해 동사의 의미를 강조하기도 하고 행동 방향이나 장소를 더 구체적으로 표현해 준다.

역사적으로 전치사는 원래 부사의 범주에 속하였으나 점차적으로 명사나 동사와 밀접한 관계성을 가지면서 전치사적 특성을 갖게 되었다. 전치사가 원래 부사적 사용법으로 사용된 흔적을 신약에서 찾아볼 수 있다.

διάκονοι Χριστοῦ εἰσιν; λαλῶ, ὑπὲρ ἐγώ. (고후 11:23)
"그들이 그리스도의 사역자들이냐?" 내가 말합니다. "나는 더욱"

전치사 ὑπὲρ은 ἐγω를 부사적으로 수식한다. 부사적으로 사용되던 전치사가 동사와 결합하면 부사가 동사를 설명해 주는 것 같이 동사의 의미를 설명해 주게 되었다. 전치사가 동사를 설명할 때, 동사의 의미를 강하게 표현하거나 발전시키며, 동사 행위적 반경을 한정시켜 주는 역할을 한다.

1) 동사의 의미를 강조하는 전치사

ἀνάγω	[ἀν + ἄγω]	내가 인도한다, 위로 인도한다, 올린다.
εἰσέρχοαι	[ἐις + ἔρχομαι]	내가 들어온다.
ἐξέρχομαι	[ἐκ + ἔρχομαι]	내가 나간다, 나온다.
ἐξαιρέω	[ἐκ + αἵρεω]	내가 빼낸다(take out), 구원한다.
ἐξίστημι	[ἐκ + ἵστημι]	내가 놀라다, 정신을 잃다.
παραπορεύομαι	[παρα+πορεύομαι]	내가 통과한다, 간다(pass by).

2) 동사의 동작 행위를 한정시키는 전치사

ἐμβλέπω 내가 꿰뚫어 본다.
καταβαίνω 내가 내려간다.
καταβάλλω 내가 아래로 던진다. [신약에서 중 · 수동태만 사용된다.]
κατεσθίω 내가 먹어 치운다, 삼킨다.
καταλύω 내가 파괴한다, 분쇄하다, 끝낸다(stop).
κατέρχομαι 내가 내려가다(온다).

3) 동사의 의미를 발전시키는 전치사

ἀναγεννάω 내가 다시 태어난다.
ἀναγινώσκω 내가 읽는다(read),
παραδίδωμι 내가 넘겨준다, 배반하다.

18.8 연습문제

1) ἀσπάζονται ὑμᾶς αἱ ἐκκλησίαι τοῦ Χριστοῦ. (롬 16:16)

2) ἀνέβησαν[304] εἰς τὸν οὐρανὸν ἐν τῇ νεφέλῃ. (계 11:12)

3) ἐγώ εἰμι ἀνὴρ Ἰουδαῖος κατὰ τοῦ νόμου τοῦ θεοῦ. (cf. 행 22:3)

4) οὐδεὶς ἐπιγινώσκει τὸν υἱὸν εἰ μὴ ὁ πατήρ ἐπιγινώσκει αὐτόν. (마 11:27)

5) μισθὸν λαμβάνει καὶ συνάγει καρπὸν εἰς ζωὴν αἰώνιον. (요 4:36)

6) παρελάβετε τὸν Χριστὸν Ἰησοῦν τὸν κύριον, ἐν αὐτῷ περιπατεῖτε. (골 2:6)

7) Παῦλος ἀπόστολος Χριστοῦ Ἰησοῦ ἀσπάζεται ὑμᾶς τῇ ἐκκλησίᾳ τοῦ θεοῦ. (고후 1:1)

8) οἱ δὲ Φαρισαῖοι εἶπον· ὁ Ἰησους ἐκβάλλει τὰ δαιμόνια ἐν τῷ ἄρχοντι τῶν δαιμονίων. (마 12:24)

---

304 ἀναβαίνω(내가 올라간다)의 3인칭 복수 1부정과거 능동태

18.9 단어

	ἀναβαίνω	내가 올라간다(go up).
	ἀσπάζομαι	내가 인사한다(salute).
	ἀνάγω	내가 위로 인도한다. 올린다. ἀνήγαγον [2부정과거]
	διακονέω	내가 섬기다, 직무를 감당하다(ministry).
	βάλλω	내가 던진다. βαλῶ ἔβαλον βέβληκα βέβλημαι ἐβεβλήμην ἐβλήθην
τὸ	δαιμόνιον	귀신(demon), 악령
ἡ	διακονία -ας	섬김(service), 직무(ministery), 봉사
ὁ	διάκονος	시종인(helper), 집사[ἡ διάκονος 여자 집사][305]
	ἐκβάλλω	내가 좇아낸다, 축출한다.
	ἐμβλέπω	내가 꿰뚫어 본다(look at, fix one's gaze upon 행 1:11). (간혹 여격과 택하거나 전치사 εἰς를 취한다).
	ἐξαίρω [ἐκ αἶρω]	내가 빼낸다(take out), 구원한다.
	ἐπιγινώσκω	내가 인식한다(recognize), 발견한다(discover).
ὁ	καρπός	과실, 열매
	κατεσθίω	내가 먹어치운다(eat up, devour). κατέδομαι κατέφαγον[2부정과거] κατεδήδοκά κατέδηδα[2완료 수동]
	μέχρι	[모음 앞에 μέχρις] [전] +[탈격] 까지[시간], ~에 이르기까지[장소]
ὁ	μισθός	품삯, 보상(reward), 임금(wage)
ἡ	νεφέλη ης	구름(cloud)
ὁ	ὀφθαλμος	눈(eye), 보는 것
	παραπορεύομαι	내가 통과한다, 간다(go or pass by).
	περιπατέω	내가 걸어간다, 행한다. περιπατήσω περιεπάτησα περιεπάτηκα
ὁ	Φαρισαῖος	바리새인(Pharisee), 분리주의자(separatist)
	σκανδαλίζω	내가 ~를 죄짓게 한다, [걸림돌로] 넘어지게 한다.
	συνάγω	내가 함께 모인다, 모은다.
	τότε	[부] 그때에(then)

305 ὁ διάκονος는 남자 사역자를 지칭하는 남성 명사이다. 그러나 신약에서는 여자 사역자를 지칭하는 여성 명사로 사용된다. ἡ νύμφη(신부)는 여자를 의미하는 여성 명사이다. 그러나 신약에서 그리스도의 신부를 의미하는 그리스도인들의 공동체인 교회를 지칭할 때 남성 명사로 사용한다.

❐ 부록

18.10 전치사, 전치사적 부사, 접속사, 종속사

✦ 명사나 동사 앞에 오는 전치사

ἀντί +[속격] ~대항하여	διά +[대격, 탈격] ~ 때문에, ~을 통하여	ἐπί
ἀπό +[탈격] ~로부터	ἐν +[처격, 조격] ~안에, ~의하여	+[속격] 위에
ἐκ(ἐξ) +[탈격] ~밖으로	κατά +[속격, 대격] ~밑으로, 에 따라	+[처격] 위에
πρό +[탈격] ~전에	μετά +[속격, 대격] ~과 함께, ~후에	+[대격] 위에
σύν +[조격] ~과 함께	περί +[속격, 대격] ~에 관하여, ~ 곁에	παρά
ἀνά +[대격] ~위로	πρός +[속격, 대격] ~에(at), ~를 향하여	+[탈격] ~로부터
εἰς +[대격] ~안으로	ὑπό +[속격, 대격] ~를 위하여, 위에(over)	+[처격 ~전에
	ὑπέρ +[속격, 대격] ~의하여, ~ 밑에	+[대격] ~넘어

✦ 전치사처럼 사용되는 부사

ἄρτι 지금	ἕνεκεν [속격] ~ 때문에	ὀπισω [속격] ~후에
ἐγγύς 가깝게	ἐνώπιον [속격] ~ 앞에	πέραν [속격] ~건너편에
ἔμπροσθεν [속격] ~ 앞에	ἔξω [속격] ~ 앞에, 면전에	χωρις [속격] ~없이

✓ 비록 전치사는 아니지만 전치사와 같은 역할을 하는 부사들이 있다. 이 경우 부사지만 기능상 전치사로 사용된다.

✦ 접속사

연결(Continuation)	καί, δέ, τε	그리고(and)
분리(Disjunction)	ἤ, εἴτε	또는(or)
부정적(Negative)	οὐδέ, οὔτέ, μηδέ, μήτε	그리고 아니(and not), 아니
결과(Inference)	οὖν, δίο, ἄρα	그러므로(therefore)
이유(Cause)	γάρ	왜냐하면(for, because)
반의적(Adversative)	ἀλλά, δέ, πλήν μέντοι, καιτοι, μεν ~ δέ	그러나(but) 그렇지만(however)

제19과 완료 분사와 τίθημι 분사

19.1 완료 능동태 분사

	단수 (남성)	복수	단수 (중성)	복수
	■ε■ _κώς	■ε■ _κότες	■ε■ _κός	■ε■ _κότα
속격	■ε■ _κότος	■ε■ _κότων	■ε■ _κότος	■ε■ _κότων
여격	■ε■ _κότι	■ε■ _κόσι	■ε■ _κότι	■ε■ _κόσι
대격	■ε■ _κότα	■ε■ _κότας	■ε■ _κός	■ε■ _κότα
주격	■ε■ _κώς	■ε■ _κότες	■ε■ _κός	■ε■ _κότα
	단수 (여성)	복수		
	■ε■ _κυία	■ε■ _κίαι	* 남성과 중성의 속격과 여격은 동일하다. * 중성의 대격과 주격은 동일하다.	
속격	■ε■ _κυίας	■ε■ _κυίων		
여격	■ε■ _κυίᾳ	■ε■ _κυίαις		
대격	■ε■ _κυίαν	■ε■ _κυίας		
주격	■ε■ _κυία	■ε■ _κίαι		

1) 현재완료 분사는 완료표시로 첫음반복한 현재완료 몸통을 사용한다.
2) 현재완료 능동태 분사의 남성 · 중성은 κοτ가 여성은 κυι가 들어간다.
3) 남성 · 중성은 핵심명사 꼬리, 여성은 순수 α명사(ἡ θύρα) 격꼬리로 변한다.
4) 현재완료의 강세는 피널트에 불규칙적으로 붙는다. (예외로 남성 주격 단수, 중성 주격과 대격 단수, 여성 복수는 얼티마에 강세가 붙는다.)

	단수 남성	복수	단수 중성	복수
	πεπιστευκώς[306]	πεπιστευκότες	πεπιστευκός	πεπιστευκότα
속격	πεπιστευκότος	πεπιστευκότων	πεπιστευκότος	πεπιστευκότων
여격	πεπιστευκότι	πεπιστευκόσι	πεπιστευκότι	πεπιστευκόσι
대격	πεπιστευκότα	πεπιστευκότας	πεπιστευκός	πεπιστευκότα
주격	πεπιστευκώς	πεπιστευκότες	πεπιστευκός	πεπιστευκότα
주격				
	단수 여성	복수		
	πεπιστευκυῖα	πεπιστευκῖαι	* 남성과 중성의 속격과 여격은 동일하다. * 중성의 대격과 주격은 동일하다.	
속격	πεπιστευκυίας	πεπιστευκυιῶν		
여격	πεπιστευκυίᾳ	πεπιστευκυίαις		
대격	πεπιστευκυῖαν	πεπιστευκυίας		
주격	πεπιστευκυῖα	πεπιστευκῖαι		

19.2 완료 중 · 수동태 분사

	남성 단수	남성 복수	중성 단수	중성 복수
	πεπιστευμένος	πεπιστευμένοι	πεπιστευμένον	πεπιστευμένα
속격	πεπιστευμένου	πεπιστευμένων	πεπιστευμένου	πεπιστευμένων
여격	πεπιστευμένῳ	πεπιστευμένοις	πεπιστευμένῳ	πεπιστευμένοις
대격	πεπιστευμένον	πεπιστευμένους	πεπιστευμένον	πεπιστευμένα
주격	πεπιστευμένος	πεπιστευμένοι	πεπιστευμένον	πεπιστευμένα
	여성 단수	여성 복수		
	πεπιστευμένη	πεπιστευμέναι		
속격	πεπιστευμένης	πεπιστευμένων	* 남성과 중성의 속격과 여격은 동일하다.	
여격	πεπιστευμένῃ	πεπιστευμέναις	* 중성의 대격과 주격은 동일하다.	
대격	πεπιστευμένην	πεπιστευμένας		
주격	πεπιστευμένη	πεπιστευμέναι		

1) 현재완료 분사는 완료표시로 첫음반복을 한다.
2) 현재완료 중 · 능동태 분사의 격꼬리 변화는 현재 중 · 수 능동태 분사의 격꼬리변화(μεν+관사 격꼬리)와 동일하다.
3) 현재완료 중 · 수 능동태 분사에는 접착모음 없이 격꼬리가 바로 붙고, 현재형에서는 접착모음(ο)이 붙는다.

19.3 완료 분사 사용법

신약에서 완료 분사가 거의 나타나지 않고 주로 우회적 분사 사용법으로 사용된다. 우회적 분사란 주동사로 연결 동사(εἰμί) 또는 약간의 상태 동사(γίνομαι ὑπάρχω ἔχω)와 분사가 함께하는 구조로 한 동작의 상태를 우회적으로 설명하는 표현 방식이다. 우회적 분사는 주동사에 시상과 완료 분사의 특징을 규정해 준다.

A. 분사에 의해 규정되는 우회적 분사

1) 우회적 완료 분사

우회적 완료분사는 현재형 εἰμί와 완료 분사가 함께하는 구조를 가진다.

τῇ γὰρ χάριτί ἐστε σεσῳσμένοι διὰ πίστεως. (엡 2:8)
은혜로 말미암아 믿음으로 너희는 구원받았다.[307] [구원받은 상태를 강조]

---

[306] κοτ + ς [σ 앞에 τ 탈락하고, ο가 ω로 장음화] = κως

2) 우회적 과거완료 분사

우회적 과거완료 분사는 미완료형 εἰμί와 완료 분사가 함께하는 구조를 가진다.

οὔπω γὰρ ἦν βεβλημένος εἰς τὴν φυλακὴν ὁ Ἰωάννης. (요 3:24)
그러므로 요한이 아직 감옥에 던져지지 않았었다.

γυναῖκές ἦσαν τεθεραπευμέναι ἀπὸ πνευμάτων πονηρῶν. (눅 8:2)
여자들이 악한 영들로부터 고침을 받았었다.

3) 우회적 미래완료 분사

우회적 미래완료 분사는 미래형 εἰμί와 완료 분사가 함께하는 구조를 가진다.

ὃ ἐὰν δήσῃς ἐπὶ τῆς γῆς ἔσται δεδεμένον ἐν τοῖς οὐρανοῖς. (마 16:19)
무엇이든지 너희가 땅에서 맨 것은 하늘(들)에서 풀릴 것이다.

B. 주동사에 의해 규정되는 우회적 분사

1) 우회적 현재 분사

우회적 현재분사는 현재형 εἰμί와 현재 분사가 함께하는 구조를 가진다.

ἐλθόν εἰς τόπον λεγόμενον Γολγοθᾶ, ὅ ἐστιν Κρανίου Τόπος λεγόμενος. (마 27:33)

그들이 골고다라 불리우는 곳에 도착했었다. 그곳은 해골 터라 불리워진다.
그들이 골고다 곧 해골이라 불리는 곳에 도착했었다.

2) 우회적 미완료 분사

우회적 미완료 분사는 미완료형 εἰμί와 현재분사가 함께하는 구조로 신약에서 주로 사용된다.

ἦν διδάσκων αὐτοὺς ὡς ἐξουσίαν ἔχων. (막 1:22)
그는 권위를 가진 사람처럼 그들을 가르치고 있었다.

3) 우회적 미래 분사

우회적 미래 분사는 미래형 εἰμί와 현재분사가 함께하는 구조로 신약에서 주로 사용된다.

ἀπὸ τοῦ νῦν ἀνθρώπους ἔσῃ ζωγρῶν. (눅 5:102)
이제부터 너는 사람들을 낚을 것이다.

---

307 상태를 나타내는 완료형은 현재형으로 번역한다.

19.4 τίθημι의 능동태 현재분사 (내려놓다, 놓다)

	남 성		중 성	
	단수	복수	단수	복수
	τιθεις	τιθέντες	τιθέν	τιθέντα
속격	τιθέντος	τιθέντων	τιθέντος	τιθέντων
여격	τιθέντι	τιθεισι(ν)	τιθέντι	τιθεισι(ν)
대격	τιθέντα	τιθέντας	τιθέν	τιθέντα
주격	τιθεις	τιθέντες	τιθέν	τιθέντα

	여 성	
	단수	복수
	τιθεῖσα	τιθεῖσαι
속격	τιθεῖσης	τιθεισῶν
여격	τιθεῖσῃ	τιθείσι,ν.
대격	τιθεῖσαν	τιθείσας
주격	τιθεῖσα	τιθεῖσαι

* 남성과 중성의 속격과 여격은 동일하다.

* 중성의 대격과 주격은 동일하다.

✓ τίθημι의 현재 능동태 분사를 기초로 다른 분사 변화를 기억하는데 적용하라.

1) τίθημι의 현재 능동태 분사에 τι를 빼면 1부정과거 수동태 분사의 꼬리와 동일하다.

	τίθημι	격꼬리	πιστεύω
속격	τιθέντος	θέντος	πιστευθέντος
여격	τιθέντι	θέντι	πιστευθέντι
대격	τιθέντα	θέντα	πιστευθέντα
주격	τιθεις	θεις	πιστευθείς

2) τίθημι의 현재(능동태)분사 형태에서 τιθέ 제외하면 현재와 2부정과거 능동태 분사의 격꼬리 변화와 동일하다.

3) τίθημι의 현재(능동태)분사 형태에서 남성과 중성은 θε를 σα로 바꾸며, 여성은 σασ로 바꾸면 1부정과거 능동태 분사의 격꼬리 변화와 동일하다.

✦ 제1부정과거 분사 수동태

	남성		중성	
	단수	복수	단수	복수
	πιστευθείς	πιστευθέντες	πιστευθέν	πιστευθέντα
속격	πιστευθέντος	πιστευθέντων	πιστευθέντος	πιστευθέντων
여격	πιστευθέντι	πιστευθευθεῖσι(ν)	πιστευθέντι	πιστευθευθεῖσι(ν)
대격	πιστευθέντα	πιστευθέντας	πιστευθέν	πιστευθέντα
주격	πιστευθείς[308]	πιστευθέντες	πιστευθέν	πιστευθέντα

	여성	
	단수	복수
	πιστευθεῖσα	πιστευθεῖσαι
속격	πιστευθείσης	πιστευθεισῶν
여격	πιστευθείσῃ	πιστευθείσιν
대격	πιστευθεῖσαν	πιστευθείσας
주격	πιστευθεῖσα	πιστευθεῖσαι

* 남성과 중성의 속격과 여격은 동일하다.

* 중성의 대격과 주격은 동일하

1) τίθημι[309]의 현재 (능동태) 분사 형태와 제1부정과거 수동태 분사 변형은 동일하다.
2) 분사에는 시간개념이 없기 때문에 분사의 몸통에 모자(ϵ)를 쓰지 않는다.
3) 제1과거 수동 표시는 θϵ이다.
4) 제1과거 수동태 분사는 능동태 격(꼬리) 변화를 한다. 그러므로 1과거 수동태 분사의 남성과 중성 격(꼬리) 변화는 핵심명사의 격꼬리 변화를 따른다.
5) 여성은 불규칙적 분사표기를 갖는 이유는 σ 앞에 θϵ는 θϵῖ로 변하기 때문이다. 그러므로 여성은 제품화된 1부정과거 분사표시 θϵῖσ에 δόξα의 격꼬리 변화를 따른다.

남성과 중성 분사 ■□□□□θϵντ↗ 몸통+수동태 표시+분사표시+핵심명사 격꼬리

여성 분사 ■□□□□θϵισ↗ 몸통+제품화된 1부정수동태 분사+δόξα 격꼬리

308 σ 앞에 θϵ는 θϵῖ로 변한다.

309 τίθημι 놓다(place), 내려놓다(put down).

✦ 현재 분사 능동태 변형표

	남 성		중 성	
	단수	복수	단수	복수
	πιστεύων	πιστεύοντες	πιστεῦον	πιστεύοντα
속격	πιστεύοντος	πιστευόντων	πιστεύοντος	πιστευόντων
여격	πιστεύοντι	πιστεύουσι	πιστεύοντι	πιστεύουσι
대격	πιστεύοντα	πιστεύοντας	πιστεῦον	πιστεύοντα
주격	πιστεύων	πιστεύοντες	πιστεῦον	πιστεύοντα
	여 성			
	단수	복수		
	πιστεύουσα	πιστεύουσαι	* 남성과 중성의 속격과 여격은 동일하다. * 중성의 대격과 주격은 동일하다.	
속격	πιστευούσης	πιστευουσῶν		
여격	πιστευούσῃ	πιστευούσαις		
대격	πιστεύουσαν	πιστευούσας		
주격	πιστεύουσα	πιστεύουσαι		

1) 현재 능동태 분사 남성과 중성의 표시는 (ο)ντ [ὁ ἄρχων]이며 핵심명사 꼬리변형을 따르고, 여성의 표시는 ουσ이며 δόξα의 꼬리변형 형태를 따른다.
2) 중성 주격과 목적격은 동일한 형태이다. 중성 속격과 여격은 남성 변형과 같다

✦ 미래 분사 능동태 변형표

	남 성		중 성	
	단수	복수	단수	복수
	πιστεύσων	πιστεύσοντες	πιστεῦσον	πιστεύσοντα
속격	πιστεύσοντος	πιστευσόντων	πιστεύσοντος	πιστευσόντων
여격	πιστεύσοντι	πιστεύσουσι	πιστεύσοντι	πιστεύσουσι
대격	πιστεύσοντα	πιστεύσοντας	πιστεῦσον	πιστεύσοντα
주격	πιστεύσων	πιστεύσοντες	πιστεῦσον	πιστεύσοντα
	여 성			
	단수	복수		
속격	πιστεύσουσα	πιστεύσουσαι	* 남성과 중성의 속격과 여격은 동일하다. * 중성의 대격과 주격은 동일하다.	
여격	πιστευσούσης	πιστευσουσῶν		
대격	πιστευσούσῃ	πιστευσούσαις		
주격	πιστευσόυσαν	πιστευσούσας		
	πιστεύσουσα	πιστεύσουσαι		

✓ 미래 능동태 분사에는 현재 능동태 분사형에 미래표시인 σ가붙는다. σ는 미래 표시인 동시에 제1부정과거 표시이기도 하다. 제1부정과거 분사는 미래 분사에서 σο를 σα로 바꾸면 된다.

✦ 제1부정과거 분사 능동태

	남성		중성	
	단수	복수	단수	복수
	πιστεύσας	πιστεύσαντες	πιστεῦσαν	πιστεύσαντα
속격	πιστεύσαντος	πιστευσάντων	πιστεύσαντος	πιστευσάντων
여격	πιστεύσαντι	πιστεύσασι	πιστεύσαντι	πιστεύσασι
대격	πιστεύσαντα	πιστεύσαντας	πιστεῦσαν	πιστεύσαντα
주격	πιστεύσας	πιστεύσαντες	πιστεῦσαν	πιστεύσαντα

	여성	
	단수	복수
	πιστεύσασα	πιστεύσασαι
속격	πιστευσάσης	πιστευσασῶν
여격	πιστευσάσῃ	πιστευσάσαις
대격	πιστεύσασαν	πιστευσάσας
주격	πιστεύσασα	πιστεύσασαι

* 남성과 중성의 속격과 여격은 동일하다.

* 중성의 대격과 주격은 동일하다.

현재 분사 능동태 ■□□□οντ↷ 몸통+접착모음+능동태 분사표시+핵심명사 격꼬리

미래 분사 능동태 ■□□□σοντ↷ 몸통+미래표시+ο+능동태 분사표시+핵심명사 격꼬리

1부정과거 분사 능동태 ἐ■□□□σαντ↷ 몸통+부정과거표시+능동태 분사표시+핵심명사 격꼬리

19.5 연습문제

1) εἶδον νεανίσκον περιβεβλημένον στολὴν λευκήν. (막 6:5)

2) ὁ πιστεύσας καὶ βαπτισθεὶς σωθήσεται. (막 16:16)

3) δικαιωθέντες οὖν ἐκ πίστεως εἰρήνην ἔχομεν πρὸς τὸν θεὸν διὰ τοῦ κυρίου ἡμῶν Ἰησοῦ Χριστοῦ. (롬 5:1)

4) ὃ ἐὰν λύσῃς ἐπὶ τῆς γῆς[310] ἔσται λελυμένον ἐν τοῖς οὐρανοῖς. (마 16:19)

5) οἱ κτισθέντες ἐν Χριστῷ Ἰησοῦ ἐν τῇ σκοτίᾳ οὐ περιπατεῖ. (cf. 엡 2:10; 요일 2:11)

6) ἀποκριθεὶς ὁ Ἰησοῦς εἶπεν[311] αὐτῷ· μακάριος εἶ.[312] (마 16:17)

7) παρακαθεσθεῖσα πρὸς τοὺς πόδας[313] τοῦ κυρίου Μαριάμ ἀκούει τὸν λόγον αὐτοῦ. (눅 10:39)

8) ἐγώ εἰμι ἀνὴρ Ἰουδαῖος, γεγεννημένος ἐν Ταρσῷ, ἀνατεθραμμένος[314] δὲ ἐν τῇ πόλει ταύτῃ, πεπαιδευμένος κατὰ τοῦ νόμου τοῦ θεοῦ. (행 22:3)

---

310 λύσῃς = λύω의 1부정과거 2인칭 단수 가정법; "무엇이든지 너희가 땅에서 푼 것은"

311 λέω(나는 말한다)의 2부정과거 3인칭 단수

312 εἰμί(나는 ~이다)의 2인칭 단수

313 ὁ πούς ποδός(발)의 대격 복수

314 ἀνατρέφω(내가 양육한다)의 완료 수동태 분사

19.6 단어

ὁ ἀνήρ, ἀνδρός [성인] 남자(man), 사람, 남편(고전 7:3)

ἀνατρέφω 내가 양육한다, 기른다, 돌본다.

ἀποκρίνομαι [디포] 내가 대답한다.
ἀποκρινοῦμαι ἀπεκρινάμην ἀποκέκριμαι ἀπεκρίθην

βάλλω 내가 던진다. βαλῶ ἔβαλον βέβληκα βέβλημαι ἐβεβλήμην ἐβλήθην

γεννάω 내가 낳다(beget). ἐγέννησα γεγέννηκα γεγέννημαι ἐγεννήθην

ἡ Γολγοθᾶ 골고다 [대격] Γολγοθᾶν

δικαιόω 내가 의롭다고 선언한다. 하나님과 올바른 관계를 갖다.

ζωγρέω 내가 산 채로 생포한다(capture), 낚는다.

θεραπεύω 내가 고친다, 낫게 한다.

κάθημαι [디포] 내가 앉는다.

τό κρανίον 해골(skull)

κτίζω 내가 창조한다, 만든다.

λευκός -ον -η [형] 흰, 빛나는, 눈부신

μακάριος -ον -ια [형] 행복한, 복된(blessed)

ὁ νεανίσκος 청년(young man)

παιδεύω 내가 가르친다, 교육한다, 훈육한다.

τό παιδίον 어린아이, 유아, 소년

παρακαθέζομαι 내가 ~주위에 앉다.

περιβάλλω 내가 ~두르다. 옷을 입다.

περιπατέω 내가 걸어간다, 행한다. περιπατήσω περιεπάτησα περιεπάτηκα

ἡ πόλις εως 도시, 시(city)

ὁ πούς ποδός 발(foot)

οὔπω [부] 아직 ~아니(not yet)

ἡ στολή -ης 긴 옷, 겉옷, 두루마기

τὸ σκότος -ους 어둠(darkness, sin, evil)

ὁ τόπος 장소, 곳(place)

몸통 끝이 모음(α ε ο)일 때

접착모음(ο 또는 ε)과 합하여 모음단축이 되면

모음이 장음화 되어 불규칙처럼 동사가 변해요.

몸통 끝이 유음(λ μ ν)일 때

뒤에 σ가 붙지 못해요.

유음동사의 미래와 1부정과거에 σ가 없지요.

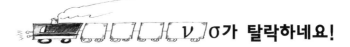

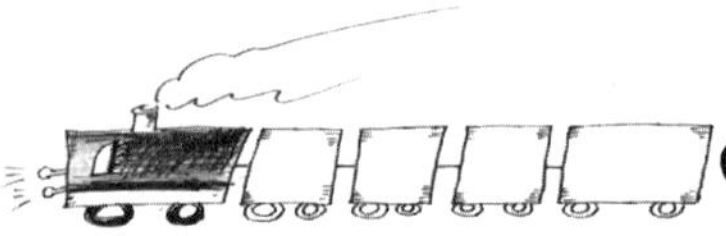

ε+ε = ει

σ가 탈락하네요!

제20과 단축동사와 유음동사

단축동사(contract verb)는 동사 몸통(stem)이 모음으로 끝나는 동사이다. 단축동사는 모음과 모음, 또는 모음과 중모음이 결합하여 단축될 때 장음화된다. 단축동사는 –αω, –εω, –οω이다.

법칙: 동사의 몸통이 닫힌 모음(ι, υ)이나 이중모음(αι, αυ, ει, οι, ου, υι, ευ)으로 끝나는 동사꼬리 변형은 규칙적이다. 닫힌 모음에는 다른 모음을 만나도 단축이 일어나지 않기 때문에 동사의 인칭꼬리는 규칙적으로 변화된다.

예외: 미래형에서는 αι가 αυ로 변하는 경우가 있는데, 이는 현재형 몸통 끝이 ι로 나타나지만, 원래는 동사의 뿌리가 죽은 감마(*F: digamma*)로 끝났기 때문이다. *F*는 현재형 몸통에 ι로 나타나지만, σ 앞에서 원형인 *F*(υ)가 회복된다. *F*(υ)s = υ+σ = υσ가 된다.

κλαὶω: κλα*F*(→ι)+ω → κλαιω[현재]
κλαι(ι←*F* = υ)+σω → κλαυσω[미래]

20.1 단축동사 법칙

1) 열린 모음(open vowel) 뒤에 닫힌 모음(close vowel) 오면 단축된다.

ε + ι = ει (열린 모음 + 닫힌 모음 = 단축 됨)
ι + ε = ιε (닫힌 모음 + 열린 모음 = 단축되지 않음)

2) ο(ω)소리는 앞뒤 관계없이 ω로 장음화된다.

α + ο = ω
α + ω = ω

예외: ο와 ε의 결합은 앞뒤 관계없이 ου로 장음화된다.

ε + ο = ου
ο + ε = ου
ο + ο = ου

3) 같은 소리를 내는 모음이 결합하면 같은 음으로 장음화된다.

α + α = α

ϵ + η = η

ο + ω = ω

예외:

ϵ + ϵ = ϵι

ο + ο = ου

4) α, ϵ, η가 서로 결합하면 앞의 모음이 장음화된다.

α + ϵ = α

ϵ + η = η

ϵ + α = η

5) 이중모음 앞에 다른 모음이 와서 단축할 때는 끝모음이 탈락한다. 그리고 일반 단축 법칙에 따라 단축된다. 탈락한 ι는 단축모음 아래에 표기한다.

α + ου = ω (υ 탈락, α + ο = ω)

ϵ + ου = ου (υ 탈락, ϵ + ο = ου) [ϵ + ο 앞뒤 관계없이 ου]

ϵ + ϵι = ϵι (ι 탈락, ϵ + ϵ = ϵι)

ο + ου = ου (υ 탈락, ο + ο = ου)

α + ϵι = ᾳ (ι 탈락, α + ϵ = ᾳ) (탈락한 ι가 단축모음 아래에 표기)

예외:

1) ο + ῃ = οι (η 탈락, ι 유지)
2) ο + ϵι = οι (ϵ 탈락, ι 유지)
3) οω 동사의 현재 능동태 부정사 ο+ϵιν는 οιν 아니라 οῦν이다.
4) αω 동사의 현재 능동태 부정사 α+ϵιν는 ᾷν 아니라 ᾶν이다.

6) 동사 몸통이 열린 모음(α, ϵ, ο)으로 끝나는 동사 꼬리변형은 단축변화(contracted conjugation)가 일어난다.[315] 특히 접착모음이 붙은 현재와 미

---

315 동사의 뿌리(stem)는 장모음인 η, ω으로 끝날 수 없다. 뿌리가 닫힌 모음(ι, υ) 혹은 이중모음(αι, αυ, ϵι, οι, ου, υι, ϵυ)으로 끝나는 동사 꼬리변형은 규칙적이다.

완료 시상에서 모음과 모음이 만나면 단축되어 장음화한다.

ὁ πατὴρ ἀγαπᾷ[316] τὸν υἱὸν καὶ πάντα δέδωκεν ἐν τῇ χειρὶ αὐτοῦ. (요 3:35)

하나님이 그 아들을 사랑하신다. 그리고 그는 그의 손에 모든 것을 주셨다.

7) 단축동사는 σ와 θ에 앞에서 장음화한다. 그러므로 단축동사는 미래나 1부정과거에서 장음화한다.

εἰ τις ἀγαπᾳ με τὸν λόγον μου τηρήσει, καὶ ὁ πατήρ μου ἀγαπήσει αὐτὸν (cf. 요 14:23)

만약 누군가가 나를 사랑한다면, 그는 나의 말을 지킬 것이다. 그리고 나의 아버지가 또한 그를 사랑할 것이다.

✍ 단축 변화표: ϵ 〈 α 〈 ο

	α	ϵ	η	ῃ	ϵι	αι	ο	οι	ου	ω
α	α	α	α	ᾳ	ᾳ	ᾳ	ω	ῳ	ω	ω
ϵ	η	**ϵι**	η	ῃ	ϵι	ῃ	**ου**	οι	ου	ω
η		η	η	ῃ	η		ω		ω	
ο	ω	**ου**	ου	οι/ῳ	ου		**ου**	οι	ου	ω

1) ου로 단축되는 경우는 ο+ο, ο+ϵ, ϵ+ο이다.
2) ϵ+ϵ = ϵι, α+ο = ω, α+ϵ= α 이다.
3) Ι는 절대 사라지지 않는다. 탈락한 ι는 단축모음 아래에 다시 표기한다. ;

* ϵ + ο= ου　α + ο = ω　ο + ο = ου
ϵ + ϵ= ϵι　α + ϵ = α　ο + ϵ = ου로 변한다.

ἐλαλοῦμεν ← λαλϵ+ομϵν　λαλϵω 내가 말한다.
[현재 1인칭 복수의 단축형태]

뿌리가 자음으로 끝나는 동사의 몸통은 인칭꼬리 앞에 모음 α나 ϵ을 삽입한 단축동사이다. 그러므로 동사의 몸통과 인칭꼬리의 결합과정에서 장음화 현상이 일어난다.

---

316 ἀγαπάω 내가 사랑한다. ἀγαπα+ϵι [ᾳ] = ἀγαπᾳ 그는 사랑한다. α+ϵι 〉ᾳ 탈락한 ι 가 이오타 하기로 다시 붙는다.

a) ἀγαπάω [뿌리 αγαπ] ἀγαπ+α+σω → ἀγαπήσω [미래] 내가 사랑할 것이다.
ἠγάπα+κ+α → ἠγάπηκα [현재완료] 내가 사랑해왔다.
ἀγαπα+σας → ἀγαπήσας [과거분사] 내가 사랑했었다.
b) φωνέω [뿌리: φων] φωνε+σω → φωνησω [미래] 내가 소리지를 것이다.
c) σταυρόω [뿌리: σταυρ] σταυρο+σα → ἐσταυρῶσα [1부정] 내가 십자가에 못박았다.

예외: 동사 몸통이 α나 ε로 끝난다 할지라도 장음화되지 않는 경우가 있는데, 이런 경우에는 사전(lexicon)에서 확인할 수밖에 없다.

γαλάω(내가 웃는다) → γαλάσα [1과거] 내가 웃었다.
καλέω(내가 부른다) → καλέσα [1과거] 내가 불렀다.

20.2 단축동사의 적용

단축 동사는 α, ε, ο 형태로 변형된다.

✦ 단축동사의 현재형 직설법

		α 동사		ε 동사		ο 동사	
		단수	복수	단수	복수	단수	복수
능동태	1인칭	ω	μεν	ω	ουμεν	ω	ουμεν
	2인칭	ᾳς	ατε	εις	ειτε	οις	ουτε
	3인칭	ᾳ	ωσι(ν)	ει	ουσι(ν)	οι	ουσι(ν)
수동태	1인칭	ωμαι	ωμεθα	ουμαι	ουμεθα	ουμαι	ουμεθα
	2인칭	ᾳ	ασθε	ῃ	εισθε	οι	ουσθε
	3인칭	αται	ωνται	ειται	ουνται	ουται	ουνται

1) ἀγαπάω(나는 사랑한다)의 현재형 직설법

	능동태 단수	능동태 복수	중·수동태 단수	중·수동태 복수
1인칭	ἀγαπῶ	ἀγαπῶμεν	ἀγαπῶμαι	ἀγαπώμεθα
2인칭	ἀγαπᾷς[317]	ἀγαπᾶτε	ἀγαπᾷ[318]	ἀγαπᾶσθε
3인칭	ἀγαπᾷ	ἀγαπῶσι(ν)	ἀγαπᾶται	ἀγαπῶνται

317 α+εις = ᾳς (ι 탈락, α + ε, α, ε, η가 결합하면 앞의 모음이 장음화) = ᾳ (죽었다 살아난 ι는 이오타 하기로 표기)

318 α+ῃ 〉 ᾳ (α와 ῃ의 결합은 뒤에 오는 모음은 죽고 앞 모음이 장음화) = ᾳ [이오타 하기는 생략하지 않는다.]

	능동태		수동태	
	단수	복수	단수	복수
1인칭	ω = α+ω	ωμεν = α+ο	ωμαι = α+ο	ωμεθα = α+ο
2인칭	ᾳς = α+ει	ατε = α+ε	ᾳ = α+ῃ	ασθε = α+ε
3인칭	ᾳ = α+ει	ωσι(ν) = α+ο	αται = α+ε	ωνται = α+ο

✦ ζητέω(내가 찾는다)의 현재형 직설법

	능동태		수동태	
	단수	복수	단수	복수
1인칭	ζητῶ	ζητοῦμεν	ζητοῦμαι	ζητούμεθα
2인칭	ζητεῖς	ζητεῖτε	ζητῇ	ζητεῖσθε
3인칭	ζητεῖ	ζητοῦσι(ν)	ζητεῖται	ζητοῦνται

	능동태		수동태	
	단수	복수	단수	복수
1인칭	ω = ε+ω	ουμεν = ε+ο	ουμαι = ε+ο	ουμεθα = ε+ο
2인칭	εις = ε+ει	ειτε = ε+ε	ῃ = ε+ῃ	εισθε = ε+ε
3인칭	ει = ε+ει	ουσι(ν) = ε+ο	ειται = ε+ε	ουνται = ε+ο

✦ ἀγαπάω(나는 사랑한다)의 현재형 직설법

	능동태		수동태	
	단수	복수	단수	복수
1인칭	ἀγαπῶ	ἀγαπῶμεν	ἀγαπῶμαι	ἀγαπώμεθα
2인칭	ἀγαπᾷς	ἀγαπᾶτε	ἀγαπᾷ	ἀγαπᾶσθε
3인칭	ἀγαπᾷ	ἀγαπῶσι(ν)	ἀγαπᾶται	ἀγαπῶνται

✦ δικαιοω(나는 의롭다고 선언한다)의 현재형 직설법

	능동태		수동태	
	단수	복수	단수	복수
1인칭	δικαιῶ	δικαιοῦμεν	δικαιοῦμαι	δικαιούμεθα
2인칭	δικαιοῖς	δικαιοῦτε	δικαιοῖ	δικαιοῦσθε
3인칭	δικαιοῖ	δικαιοῦσι(ν)	δικαιοῦται	δικαιοῦνται

	능동태		수동태	
	단수	복수	단수	복수
1인칭	ω = ο+ω	ουμεν = ο+ο	ουμαι = ο+ο	ουμεθα = ο+ο
2인칭	οις = ο+ει	ουτε = ο+ε	οι = ο+ῃ	ουσθε = ο+ε
3인칭	οι = ο+ει	ουσι(ν)) = ο+ο	ουται = ο+ε	ουνται = ο+ο

✦ 현재 부정사

	ἀγαπαω(내는 사랑한다)	ζητέω(내가 찾는다)	δικαιόω(내가 의롭다 선언한다)
능동태	ἀγαπᾶν [α+ειν]	ζητεῖν [ε+ειν]	δικαιουν [ο+ειν]
수동태	ἀγαπᾶσαι [α+εσαι]	ζητεῖσθαι [ε+εσαι]	δικαιοῦσθαι [ο+εσαι]

✦ 단축 동사의 예문

ποῦ ὁ χριστὸς γεννᾶται;[319] 어디에서 그리스도가 태어나게 됩니까? (cf. 마 2:4)

λέγει τῷ Πέτρῳ ὁ Ἰησοῦς· ἀγαπᾷς[320] με; (요 21:15)
예수께서 베드로에게 말하고 있다. "네가 나를 사랑하느냐?"

20.3 유음동사 법칙[321]

유음동사(liquid verb)는 몸통이 −λ, −μ, −ν 또는 −ρ로 끝나는 동사로서 끝음이 유음이기 때문에 뒤에 σ가 붙지 못한다. 그러므로 유음동사의 미래형과 1과거형에 σ가 없는 불규칙 형태로 나타난다.

■□□□ σ$^{o}_{\epsilon}$↝ 미래 능동태 ■□□□ $^{o}_{\epsilon}$↝ 유음동사 미래 능동태

ἐ■□□□ σα↝ 1부정과거 능동태 ἐ■□□□ α↝ 유음동사 1부정과거 능동태

법칙: 뿌리 끝이 유음(−λ, −μ, −ν, −ρ)인 경우에 뒤에 σ가 올 수 없다. 그러므로 1) ε이 유음(λ μ ν ρ과 σ 사이에 첨가된다. 2) 유음 뒤에 오는 σ는 탈락

319 γεννάω(내가 낳는다, 아버지가 된다)의 현재 수동 직설법 3인칭 단수 γεννα+εται = γεννᾶται

320 ἀγαπάω(내가 사랑한다)의 현재 능동 직설법 3인칭 단수 ἀγαπα+εις = γεννᾶται ἀγαπᾷς

321 유음동사는 뿌리가 λ, μ, ν, ρ로 끝나는 동사이다. κρίνω(내가 심판한다); κλίνω(내가 [무릎을 굽혀] 절하다); πλύνω(내가 씻다); φαίνω [능동] 내가 빛을 발한다, [수동] 나타난다, 빛난다.

한다.[322] 그래서 유음동사의 미래형이나 1부정과거에 σ가 없다. σ가 없는 대신에 미래에 ϵ이 사용된다. 3) ϵ 뒤에 접착모음이 ο가 오면 ω로, ϵ가 오면 ϵι로 단축된다.

유음동사의 1부정과거의 제품화된 접착제는 σα가 아니라 α이다. 1부정과거 표시인 σ가 탈락한 것을 보충하기 위해 삽입된 ϵ이 η가 아닌 ϵι로 장음화된다.

✦ 유음동사 1부정과거 직설법

	단수	복수
1인칭	ἔμεινα[323]	ἐμείναμεν
2인칭	ἔμεινας	ἐμείνατε
3인칭	ἔμεινε(ν)	ἔμειναν

✦ 유음동사 능동태 미래형[324]

	단수	복수
1인칭	κρινῶ	κρινοῦμεν
2인칭	κρινεῖς	κρινεῖτε
3인칭	κρινεῖ	κρινοῦσι(ν)

✦ 유음동사 중간태 미래형

	단수	복수
1인칭	κρινοῦμαι	κρινούμεθα
2인칭	κρινῇ	κρινεῖσθε
3인칭	κρινεῖται	κρινοῦνται

---

322 유음동사의 미래 혹은 1부정과거의 경우 σ가 탈락하는 대신 보상으로 ϵ가 들어올 수도 있다.

323 μένω의 1과거 가정법은 μείνω, 부정과거 부정사는 μεῖναι, 부정과거 분사는 μείνας이다. 모음이 장음화한 것은 과거 시상표시이다.

324 κρίνω의 미래형은 3인칭 단수와 복수의 경우 현재형과 동일하다. 단지 뒤에 서컴플렉스(^) 강세가 온다. 그 이유는 현재형에서는 ι가 길고 미래형에서는 ι가 짧기 때문이다. 현재형에서는 ι가 길어 피널트에애큐트 강세가 붙고, 미래형에서는 ι가 짧아 얼티마에 서컴플렉스(^)가 붙는다. μένω는 현재형과 미래형이 동일하다. 참고로 λέγω는 미래 시상에서만 유음동사이다. (λέγω → ἐρῶ)

κρίνω[325] κρινσω → κρίν(σ)ω κρινῶ [미래]
→ κρίν(σ)α ἔκρινα [1과거]
ἐκρίνθην → ἐκρί(ν)θην[326] ἐκρίθην[1과거 수동]

1) 유음의 현재형 몸통 뒤에 오는 σ가 탈락될 경우에 모음이 장음화된다. 몸통이 변한 2부정과거 몸통처럼 나타나지만 1부정과의 인칭꼬리를 따르는 σ 없는 1부정과거에 해당된다. (ϵ, αι → η)

φαίνω → φαίνω → ϵφαίνσα → ϵφαίνα → ἔφηνα [σ 없는 1부정과거]

2) 뿌리가 유음 λ로 끝나는 경우에 현재형에서는 이중l(λλ)이 올 수 있다.

βάλλω의 뿌리는 βάλλ 아니라 βαλ이다.[327]

βάλλω → βαλλσω → βαλω [σ탈락 보충 장음화] → βαλῶ "미래]

3) 뿌리에 첨가된 모음은 미래형에서 삭제된다.

φαίνω의 뿌리는 φαν이다.

φαίνω → φανσω → φανω [σ탈락 보충 장음화] → φανῶ [미래]

법칙: 유음(λ, μ, ν, ρ)은 혀에 부딪히는 소리(δ, τ, θ) 앞에 올 수 없음으로 탈락한다. 예로 현재완료형에서 μ이나 ν은 κ 앞에 올 수 없다.

κρίνω ν+σ = σ탈락 〉 κρινσω → κρινω → κρινῶ [미래]
κρινα → ἔκρινα [1과거]
ν+θ = ν타락 〉 ἐκρίνθην → ἐκρί(ν)θην → ἐκρίθην [1과거 수동태]

a) 예외로 μ이나 ν이 탈락하지 않는 경우에는 κ 앞에 장모음이 오기도 한다.

μένω → μεμένηκα [현재완료]

b) 현재완료 수동태에서 유음 ν이 μαι 앞에 올 때는 σ 또는 μ으로 바뀐다.

ἐξηραίνω 내가 (완전히) 말린다.

ἐξήρανομαι [현재 중 · 수동태 1인칭 단수]

ἐξήραμμαι [현재완료 중 · 수동태 1인칭 단수] μ앞에 ν가 μ로 바뀐다.

---

325 κρίνω 내가 심판하다.

326 θ[σσ] 앞에 ν은 탈락한다.

327 ἔβαλον [2부정과거 능] ἐβλήθην [1부정과거 수] βέβληκα [현재완료 능] βέβλημαι[현재완료 중 · 수] ἐβεβλήμην [과거완료 중 · 수]

* 유음 법칙은 1) 유음동사는 과거나 미래형의 상징인 σ가 탈락한다. 2) 유음동사는 완료형의 상징인 κ가 탈락한다. 3) 접착모음이 장음화된다(ϵ → η).

* 유음의 예외 법칙으로 ν이 뿌리에 속해 있지 않은 경우에 ν이 탈락한다.

a) πίνω 내가 마시다. [뿌리 πι] → πιομαι [미래 수동][328]
b φθάνω 내가 예상하다. [뿌리 φθα] → φθάσω [미래]
c) κάμνω 내가 지친다. [뿌리 καμ] → κάμσω [미래]
d) δάκνω 내가 물어뜯는다. [뿌리 δακ] → δάκσω [미래]
e) ἐλαύνω 내가 움직인다. [뿌리 ἐλα] → ϵλασω [미래]
f) βαίνω[329] 내가 간다. [뿌리 βα] → βήσομαι [미래] ἔβην[2부정과거]

✦ 유음동사 정리: μένω (내가 거한다. 살고 있다.)

		현재 능동태	미래 능동태	미래 중간태	1부정과거 능동태
단수	1인칭	μένω	μενῶ	μενοῦμαι	ἔμεινα[330]
	2인칭	μένεις	μενεῖς	μενῇ	ἔμεινας
	3인칭	μένει	μενεῖ	μενεῖται	ἔμεινε(ν)
복수	1인칭	μένομεν	μενοῦμεν	μενούμεθα	ἐμεινάμεν
	2인칭	μένετε	μενεῖτε	μενεῖσθε	ἐμεινάτε
	3인칭	μένουσι(ν)	μενοῦσι(ν)	μενοῦνται	ἔμειναν

✦ 유음동사의 예문

ὑμεῖς μοι μαρτυρεῖτε. 당신들이 나에게 증거하고 있다. (요 3:28)

ὁ πιστεύων εἰς με οὐ κρίνεται· ὁ δὲ μὴ πιστεύων ἤδη κέκριται.[331]
나를 믿는 자는 심판을 받지 않는다. 그러나 믿지 않는 자는 이미 심판을 받았다. (요 3:18)

328 πίνω의 뿌리는 πι로 미래 중간태 인칭꼬리 σομαι와 결합하여 πισομαι가 되어야 하지만, 동사 뿌리(원형) πι에 현재 중간태 인칭꼬리가 붙은 형태인 πιομαι로 미래 중간태가 된다. Herbert Weir. Smyth, *Greek Grammar*, (N.P: Harvard University Press, 1920), 172.

329 신약에는 βαίνω, 나는 간다)는 복합동사로만 나타난다. αναβαίνω 내가 올라간다.

330 동사뿌리 끝이 μ, ν, ρ일 때 뒤에 온 ρ는 탈락되고, 탈락을 보충하기 위해 ϵ가 ϵι로 장음화된다.

331 현재 완료 수동태 직설법 3인칭 단수로 τ 앞에 ν가 탈락하였다.

20.4 연습문제

1) ὁ κόσμος με οὐκέτι θεωρεῖ. (요 14:19a)

2) ὑμεῖς μοι μαρτυρεῖτε ὅτι οὐκ εἰμὶ ἐγὼ ὁ Χριστός. (요 3:28)

3) Ἰωάννης μαρτυρεῖ περὶ αὐτοῦ καὶ κέκραγεν[332] λέγων· οὗτος ἦν[333] ὃν εἶπον.[334] (요 1:15)

4) ὑμεῖς δὲ θεωρεῖτέ με, ὅτι ἐγὼ ζῶ καὶ ὑμεῖς ζήσετε. (요 14:19b)

5) ἐγὼ περὶ αὐτῶν ἐρωτῶ, οὐ περὶ τοῦ κόσμου ἐρωτῶ. (요 17:9)

6) ἐφανέρωσεν ἑαυτὸν πάλιν ὁ Ἰησοῦς τοῖς μαθηταῖς. (요 21:1)

7) ἐλάλουν τὸν λόγον τοῦ θεοῦ. (행 4:31)

8) λέγει αὐτοῖς· τί ζητεῖτε; οἱ δὲ εἶπαν αὐτῷ· διδάσκαλε, ποῦ μένεις; (요 1:38)

9) λέγει τῷ Σίμωνι Πέτρῳ ὁ Ἰησοῦς· Σίμων Ἰωάννου, ἀγαπᾷς με; λέγει αὐτῷ· ναὶ κύριε, σὺ οἶδας ὅτι φιλῶ σε. (요 21:15)

---

332 κράζω(내가 외친다)의 현재완료 능 직 3인칭 단수

333 εἰμί(나는 ~이다)의 미완료 직 3인칭 단수

334 λέγω(내가 말한다)의 2부정과거 능 직 1인칭 단수 또는 3인칭 복수

20.5 단어

ἑαυτου, ἑαυτοῦ, ἑαυτῆς [재귀 대명사] 그 자신의(himself), 그녀의(herself), 그것 자체의(itself)

ἔβαλον βάλλω의 제2부정과거

ἀγαπάω 내가 사랑한다 ἀγαπήσω ἠγάπησα ἠγάπηκα ἀγαπηθήσομαι

ἐρωτάω 내가 묻는다, 요구한다.
ἐρωτήσω ἠρώτησα ἠρώτηκα ἠρώτημαι ἠρώτηθην

ἐξηραίνω 내가 (완전히) 말린다.

ζάω 나는 산다 ἔζων[미완료] ζήσω(또는 ζήσομαι[미래 중]) ἔζησα

θεωρέω 내가 본다, 관찰한다. θεωρήσω ἐθεώρησα

κλαίω 내가 운다, 울부짖는다. ἔκλαυσα[1부정과거]

κρίνω 나는 심판한다, 결정한다.
κρινῶ ἔκρινα κέκρικα κέκραμαι ἐκρίθην

λαλέω 내가 말한다 λαλήσω ἐλάλησα λελάληκα λελάλημαι ἐλαλήθην

μαρτυρέω 내가 증거한다, 증인이 되다.

ναί 예, 참으로, 확실히(indeed, certainly)

οὐκέτι [부] 더이상 ~아니(no more, no longer, no further)

παλιν [부] 다시

περί +[속격] ~에 관하여(about);
+[대격] ~곁에(beside), ~넘어(beyond)

πίνω 내가 마신다.
πίομαι[미래 중] ἔπιον πιεῖν, πεῖν[2부정과거] 부정사] πέπωκα[현재완료]

προσεύχομαι 내가 기도한다. προσεύξομαι προσηυξάμην

φανερόω 내가 명백하게 나타낸다, 드러낸다.
φανερώσω ἐφανέρωσα πεφανέρωκα πεφανέρωμαι ἐφανερώθην

φαίνω [능동태] 내가 빛을 발한다; [수동태] 비친다, 나타난다.

φιλέω 내가 사랑한다 ἐφιλήσω ἐφίλησα πεφίληκα πεφίλημαι ἐφιλήθην

ὁ ὑποκριτής -οῦ 위선자(hypocrite), 외식하는 자

ἡ συναγωγή -ῆς 회당(synagogue)

완료시상에는 기차 화통이 두 개 사용하지요.

원칙적으로 기차의 화통 앞에 ε이 오면 과거완료
없으면 현재완료!

완료시상의 중 · 수동태에 꼬리가 바로 붙고

능동태에는 몸통 뒤에 κει가 붙으면 과거완료

κα가 붙으면 현재완료군요.

제21과 현재완료와 과거완료

✦ 현재완료와 과거완료의 기본형 복습

■□□□□	$^{o}_{\epsilon}$↝	현재
■□□□□	σ$^{o}_{\epsilon}$↝	미래
ἐ■□□□□	σα↝	1부정과거 능동태
■ϵ■□□□□	κα↝	현재완료 능동태
[ἐ]■ϵ■□□□□	κει↝	과거완료 능동태

✓현재완료 능통태의 제품화된 표식은 κα(단 3인칭 단수에서 κε)이고, 과거완료 능동태의 제품화된 표식은 κει이다.

21.1 현재완료 능동태 직설법 (κα변화)

■ϵ■□□□□ κα↝

	단수	복수
1인칭	πεπίστευκα	πεπιστεύκαμεν
2인칭	πεπίστευκας	πεπιστεύκατε
3인칭	πεπίστευκε	πεπιστεύκασι(ν)[335]

21.2 과거완료 능동태 직설법 (κει변화)

[ἐ]■ϵ■□□□□ κει↝

	단수	복수
1인칭	[ἐ]πεπίστευκειν	[ἐ]πεπίστευκειμεν
2인칭	[ἐ]πεπίστευκεις	[ἐ]πεπιστεύκειτε
3인칭	[ἐ]πεπίστευκει	[ἐ]πεπιστεύκεισαν

---

335 또는 καν (κασαν [모음에 갇힌 σ 탈락]) 〉 κααν[모음 단축] 〉 καν

21.3 현재완료 중 · 수동태 직설법 (μαι변화)

■ε■□□□ ⇝

	단수	복수
1인칭	πεπίστευμαι	πεπίστευμεθα
2인칭	πεπίστευσαι	πεπιστευσθε
3인칭	πεπίστευται	πεπιστεύνται

21.4 과거완료 중 · 수동태 직설법 (μην—σο변화)

[ἐ]■ε■□□□ κει⇝

	단수	복수
1인칭	[ἐ]πεπίστευμην	[ἐ]πεπίστευμεθα
2인칭	[ἐ]πεπίστευσο	[ἐ]πεπιστεύσθε
3인칭	[ἐ]πεπίστευτο	[ἐ]πεπιστεύντο

✦ 완료형의 시상과 인칭꼬리[336]

	능동태		중 · 수동태	
	단수	복수	단수	복수
1 시상	μι ς σι ω εις ει	μεν τε ασι(ν) 또는 κασι ομεν ετε ουσι(ν)	μαι σαι ται ομαι ῃ εται	μεθα σθε νται ομεθα εσθε οντα
2 시상	ν ς – ον ες ε	μεν τε σαν ομεν ετε ον	μην σο το [μο] σω/ου	μεθα σθε ντο

336 인칭꼬리가 능동태인가 수동태인가를 구별하면 동사의 절반을 구분해 낼 수 있다. 그리고 시상이 과거를 기점으로 한 2시상인지 아니면 현재를 기점으로 한 1시상인지를 구별하면, 동사의 1/4로 범위를 축소할 수 있다. 그리고 동사의 행동 양태가 진행과 반복을 나타내는가 아니면 단순한 사건을 기술하는가를 구별하면 거의 동사의 위치를 찾아낼 수 있다.

시상과 동작상태 구분

	표 시	1시상		2시상	
		현 재	미 래	과 거	
진 행	ο 또는 ϵ	현재			미완료
완 료	κ	현재완료	(미래완료)		
부 정	σ		미래	부정과거	

1) 1시상의 현재와 2시상 미완료는 행위의 진행, 연속, 반복을 강조하는 시간 양태를 나타낸다. 이들의 공통적인 특징은 동사의 몸통과 인칭꼬리 사이에 접착모음 ο 또는 ϵ이 들어온다.
2) 완료 시상을 나타내는 표시 κ가 동사 몸통 뒤에 붙는다. 단 현재완료 중·수동태에서 동사 몸통에 인칭꼬리가 바로 붙는 관계로 κ가 붙지 않는다.
3) 현재완료는 1시상에 속하고 과거완료는 2시상에 속한다.

■□□□□ $^{o}_{\epsilon}$↝ 현재
■□□□□ σ$^{o}_{\epsilon}$↝ 미래
ϵ■□□□□ σα↝ 1부정과거 능동태
■ϵ■□□□□ κα↝ 현재완료 능동태
[ἐ]■ϵ■□□□□ κει↝ 과거완료 능동태

✦ 완료형의 특징

1) 현재완료와 과거완료 중·수동태는 몸통에 인칭꼬리가 바로 붙는다. 현재완료의 중·수동태는 접착모음과 κ가 없이 제1시상 중·수동태 기본 인칭 꼬리변화(μαι σαι ται μεθα σθε νται)를 취하고, 과거완료의 중·수동태는 접착모음과 κ가 없는 제2시상 중·수동테 기본 인칭꼬리(μην σο το μεθα σθε ντο)를 취한다.

■ϵ■□□□□ κα↝ 현재완료 능동태
[ἐ]■ϵ■□□□□ κει↝ 과거완료 능동태
■ϵ■□□□□ ⇝ 현재완료 중·수동태
[ἐ]■ϵ■□□□□ ⇝ 과거완료 중·수동태

2) 현재완료와 과거완료의 능동태 κ와 접착모음이 결합되어 이미 제품화된 완료표시인 κα나 κει를 붙이며, 현재완료는 1시상 인칭꼬리가 붙고, 과거완료는 2시상 인칭 꼬리변형이 온다.

✦ 완료형의 1인칭 단수 특징들

■ϵ■□□□□κα
[ἐ]■ϵ■□□□□κειν[337]

(능) 현재	(능) 현재완료	(능) 과거완료	(중 · 수) 현재완료	(중 · 수) 과거완료
βαπτιζω γεννάω λύω ποιέω τηρέω	βεβάπτικα γεγέννηκα λέλυκα πεποίηκα τετήρηκα	λέλυκειν	βεβάπτισμαι γεγέννημαι λελυμαι πεποίημαι τετήρημαι	λέλυμην

1) 첫음반복을 통해 완료시상을 나타낸다(■ϵ■□□□□〰). 동사 몸통 앞에 βϵ, γϵ, λϵ, πϵ, τϵ와 같은 첫음반복을 확인하여 완료형을 찾는다.
2) 동사의 몸통 뒤에 κ가 붙어 완료시상을 나타낸다(■ϵ■□□□□κ〰). 그러나 간혹 첫음반복만 있고 κ가 빠진 완료형태가 있다.
3) 현재완료는 완료시상표시 κ와 접착모음 α가 결합하여 제품화된 κα를 사용하고, 과거완료는 κ와 접착모음 ϵι가 결합하여 제품화된 κϵι를 사용한다.

■ϵ■□□□□κα 현재완료
[ἐ]■ϵ■□□□□κειν 과거완료

4) 현재완료와 과거완료는 중간태와 수동태의 인칭변화가 동일하다.[338]
5) 중 · 수동태 현재완료와 과거완료에는 동사 몸통 뒤에는 κ와 접착모음이 없이 바로 인칭꼬리 변형이 붙는다.

21.5 완료 부정사

1) 완료 능동태 부정사: 완료형 몸통+ϵναι ■ϵ■□□□□ϵναι
2) 완료 중 · 수동태 부정사: 완료형 몸통+σθαι ■ϵ■□□□□σθαι

337 능동태 현재완료 3인칭 단수는 κα가 아니고 불규칙적인 형태인 κϵ이다. 1인칭 단수 κα와 구분하기 위하여 원래 접착모음이 ϵ이 와서 κϵ가 된다고 기억하라.
338 부정과거와 미완료, 미래에서만 중간태와 수동태가 분리되어 그 형태가 다르다.

21.6 완료 명령법

	능동태		중·수동태	
	단수	복수	단수	복수
2인칭	κε	κετε	σο	εθε
3인칭	κετω	κετωσαν	σθω	σθωσαν

1) 신약에서 능동태 완료 명령법은 사용되지 않으며 단지 중·수동태 완료 명령법만이 사용한다.

   πεφιμωσο (2인칭 단수): [너] 재갈이 물려져라(잠잠하라 막 4:39) 〈 φιμόω
   ἔρρωσο (2인칭 단수): [너] 강하여져라[인사말] 〈 ῥώννυμι 또는 ῥώννυμαι
   ἔρρωσθε (2인칭 복수): [너희는] 강하여져라[인사말, 행 15:29] 〈 ῥώννυμι

2) 신약에서 완료 가정법은 사용되지 않는다.

21.7 완료 시상의 사용법

완료시상은 완료된 행위를 강조하며 그 행위의 결과가 지속적으로 영향을 미친다는 점에서 영어의 완료시상과 유사하다.

1) 현재완료는 화자의 시점에서 이미 완료된 행위가 현재까지 영향을 미치고 있는 것을 강조할 때 사용된다. 과거의 어느 시점에 완료된 것보다 완결된 사건이 현재 지대한 영향을 주어 현재 존재하는 실체를 강조함으로 오래 전에 완료되었거나 방금 전 완료되었느냐는 중요하지 않다. 그러므로 현재완료가 완료된 사건의 결과를 통해 현재의 상태를 강조하기 때문에 현재 시점을 강조하는 1시상에 속한다.

현재완료		
과거	현재	미래
———⇝	⇝○ ©	

ὁ Ἰησοῦς εἶπεν τετέλεσται. (요 19:30) [현재완료 수]
예수께서 말씀하셨다. 그것이 이루어졌다.
(지금까지 해 왔던 사역이 이미 다 이루었다. 그 이룬 결과의 실체가 여기 있다.)

2) 과거완료는 화자 입장에서 과거의 사건 이전에 이미 발생한 사건이 성취되었거나 완료되었던 것을 말할 때 사용된다. 즉 과거완료는 과거에 종결된 사건이 과거의 어느 시점까지 지속해서 영향을 미친 것을 지적해 준다.[339]

과거완료		
과거	현재	미래
——⇝○	Ⓒ	

Βαρναβᾶς καὶ Παῦλος παρέθεντο[340] αὐτοὺς εἰς τὸν κύριον ὃν πεπιστεύκεισαν. (cf. 행 14: 14, 23)

바나바와 바울이 그들이 믿었던 그 주님에게 그들을 의탁하였다.

21.8 완료 분사

✦ 현재완료 능동태 분사 변화

	남성 단수	남성 복수	중성 단수	중성 복수
	▮ϵ▮ _κως	▮ϵ▮ _κοτες	▮ϵ▮ _κος	▮ϵ▮ _κοτα
속격	▮ϵ▮ _κοτος	▮ϵ▮ _κότων	▮ϵ▮ _κοτος	▮ϵ▮ _κότων
여격	▮ϵ▮ _κοτι	▮ϵ▮ _κοσι	▮ϵ▮ _κοτι	▮ϵ▮ _κοσι
대격	▮ϵ▮ _κοτα	▮ϵ▮ _κοτας	▮ϵ▮ _κος	▮ϵ▮ _κοτα
주격	▮ϵ▮ _κως	▮ϵ▮ _κοτες	▮ϵ▮ _κος	▮ϵ▮ _κοτα

	여성 단수	여성 복수
	▮ϵ▮ _κυια	▮ϵ▮ _κιαι
속격	▮ϵ▮ _κυίας	▮ϵ▮ _κυιῶν
여격	▮ϵ▮ _κυίᾳ	▮ϵ▮ _κυίαις
대격	▮ϵ▮ _κυιαν	▮ϵ▮ _κυίας
주격	▮ϵ▮ _κυια	▮ϵ▮ _κιαι

* 남성과 중성의 속격과 여격은 동일하다.

* 중성의 대격과 주격은 동일하다.

339 과거완료 한 예, J. 팩스턴(1801~1865)이 3층으로 561m의 유리로 근대 건축의 전환점을 이룬 건물을 설계하여 9개월 만에 조립하여 완성했다. 사람들이 투명하고 경쾌한 이 건물을 수정궁(crystal palace)이라고 불렀다. 국제박람회가 끝난 후에 해체하여 1854년에 런던 근교에 재건했다. 그러나 1936년에 한순간에 굉음을 내며 모든 유리가 쏟아져 내렸다. 이유는 단순한 화재였다. 팩스턴이 1954년에 수정궁이 완성된 것은 과거완료 시상이다. 1954년 수정궁이 완공되어 1936년까지 건물이 지속하였다. 그런데도 화재로 인해 유리가 쏟아져 내리기 전까지의 과거에 초점이 맞춰져 있다.

340 παρατίθημι(내가 앞에 놓다, 지명하다, 의탁하다)의 제1부정과거 3인칭 복수 중간태 직설법. 중간태는 "내가 의탁한다", "위탁한다"로 번역한다.

✦ 현재완료 중·수동태 분사 변화

	남 성		중 성	
	단수	복수	단수	복수
	▮ϵ▮ _μενος	▮ϵ▮ _μενοι		
속격	▮ϵ▮ _μενου	▮ϵ▮ _μενων	▮ϵ▮ _μενου	▮ϵ▮ _μενων
여격	▮ϵ▮ _μενῳ	▮ϵ▮ _μενοις	▮ϵ▮ _μενῳ	▮ϵ▮ _μενοις
대격	▮ϵ▮ _μενον	▮ϵ▮ _μενους	▮ϵ▮ _μενον	▮ϵ▮ _μενα
주격	▮ϵ▮ _μενος	▮ϵ▮ _μενοι	▮ϵ▮ _μενον	▮ϵ▮ _μενα
	여 성			
	단수	복수		
	▮ϵ▮ _μενη	▮ϵ▮ _μεναι		
속격	▮ϵ▮ _μενης	▮ϵ▮ _μενῶν		
여격	▮ϵ▮ _μενῃ	▮ϵ▮ _μεναις		
대격	▮ϵ▮ _μενην	▮ϵ▮ _μενας		
주격	▮ϵ▮ _μενη	▮ϵ▮ _μεναι		

✦ 완료 분사 도표

				남 성	중 성	여 성
완료분사	능동태	단수		▮ϵ▮ _κως	▮ϵ▮ _κος	▮ϵ▮ _κυια
			속격	▮ϵ▮ _κοτος	▮ϵ▮ _κοτος	▮ϵ▮ _κυιας
			여격	▮ϵ▮ _κοτι	▮ϵ▮ _κοτι	▮ϵ▮ _κυιᾳ
			대격	▮ϵ▮ _κοτα	▮ϵ▮ _κος	▮ϵ▮ _κυιαν
			주격	▮ϵ▮ _κως	▮ϵ▮ _κος	▮ϵ▮ _κυια
		복수		▮ϵ▮ _κοτες	▮ϵ▮ _κοτα	▮ϵ▮ _κυιαι
			속격	▮ϵ▮ _κοτων	▮ϵ▮ _κοτων	▮ϵ▮ _κοτων
			여격	▮ϵ▮ _κοσι(ν)	▮ϵ▮ _κοσι(ν)	▮ϵ▮ _κυιαις
			대격	▮ϵ▮ _κοτας	▮ϵ▮ _κοτα	▮ϵ▮ _κυιας
			주격	▮ϵ▮ _κοτες	▮ϵ▮ _κοτα	▮ϵ▮ _κυιαι
	수동태	단수		▮ϵ▮ _μενος	▮ϵ▮ _μενον	▮ϵ▮ _μενη
			속격	▮ϵ▮ _μενου	▮ϵ▮ _μενου	▮ϵ▮ _μενης
			여격	▮ϵ▮ _μενῳ	▮ϵ▮ _μενῳ	▮ϵ▮ _μενῃ
			대격	▮ϵ▮ _μενον	▮ϵ▮ _μενον	▮ϵ▮ _μενην
			주격	▮ϵ▮ _μενος	▮ϵ▮ _μενον	▮ϵ▮ _μενη
		복수		▮ϵ▮ _μενοι	▮ϵ▮ _μεντα	▮ϵ▮ _μεναι
			속격	▮ϵ▮ _μενων	▮ϵ▮ _μενων	▮ϵ▮ _μενων
			여격	▮ϵ▮ _μενοις	▮ϵ▮ _μενοις	▮ϵ▮ _μεναις
			대격	▮ϵ▮ _μενους	▮ϵ▮ _μεντα	▮ϵ▮ _μενας
			주격	▮ϵ▮ _μενοι	▮ϵ▮ _μεντα	▮ϵ▮ _μεναι

1) 완료 중 · 수동태 분사는 완료 몸통에 –μενος, –μενον, –μενη를 붙인다.
2) 완료 능동태 분사는 완료 몸통에 남성과 중성에는 κοτ를 여성에는 κυι를 붙여 격변화시킨다. 단 주격 단수는 –κως, –κος, –κυια로 불규칙이다.

✦ 완료 시상의 불규칙 형태

1) 전치사와 합성된 동사는 첫음반복이 전치사와 동사의 몸통 사이에서 일어난다.
ἀπολύω〉 ἀπολέλυμαι [현재완료 수직] 내가 해방되어져 왔다.

2) 모음이나 이중모음으로 시작하는 동사는 장음화로 첫음반복을 대신한다.
ἠφπηκα 〈 ἀγαπάω 내가 사랑한다.
ἡτοίμακα 〈 ἑτοιμάζω 내가 준비한다.
ἥγημαι 〈 ἡγέομαι 내가 여기다(regard).
ὥρισμαι 〈 ὁρίζω 내가 지명을 받는다(appoint).
ᾕτηκα 〈 αἰτέω 내가 질문한다.
ᾕτημαι 〈 αἰτέω 내가 질문을 받는다. [수동]
εὕρηκα 〈εὑρίσκω 내가 찾는다.

3) 동사의 몸통 끝이 정지(stop) 자음이나 유음(λ, μ, ν, ρ)으로 끝나는 완료형에는 발음에 의한 변칙이 일어난다.
β, π, φ +κα= φα πέπομφα 〈 πέμπω 내가 보낸다.
πέπτωκα 〈 πίπτω 내가 떨어진다.
γ, κ, χ +κα= χα δεδίωχ 〈 δεώκω 내가 박해한다.
δ, τ, θ, ζ+κα= κα σέσωκα 〈 σώζω 내가 구원한다.
λ, μ, ν, ρ+κα=κα κέκρικα〈 κρινω 내가 심판한다.

4) φ, θ, χ로 시작하는 동사의 첫음은 강한 대표음 π, τ, χ로 첫음반복이 된다.
πεφίληκα 〈 φιλέω 내가 사랑한다.
πεφανέρωκα 〈 φανερόω 내가 나타낸다.
τεθεράπευκα 〈 θεραπεύω 내가 고쳐준다.
τέθνηκα 〈 θνήσκω 내가 죽는다.
κεχώρυκα 〈 χωριω 내가 갈라놓는다.
κεχαρισμαι[341] 〈 χαρίζομαι 내가 기뻐한다. [현재완료 디포넌트 직]

5) λ, ρ를 제외한 두 개의 자음, 중자음(ζ ξ ψ)으로 시작하는 동사는 첫음반복을 하지 않고 대신 ϵ이 붙는다. 이 경우에 붙은 ϵ은 과거 시상을 표시하는 모자가 아닌 발음의 편리를 위해 앞에 첫음반복이 생략된 것을 의미한다. ϵ도 완료표시인 첫음반복의 한 형태이다.

불규칙 완료형태	규칙 완료형태
ϵ■□□□□ κα↷	■ϵ■□□□□ κα↷
η■□□□□ κα↷	

ἔκτισμαι	[현재완료 수 직] 〈 κτίζω	내가 창조한다.
ἐσταύρωται	[현재완료 수 직] 〈 σταυρόω	내가 십자가에 달린다.
πεπλήρωκα	[현재완료 수 직] 〈 πληρόω	내가 채운다. [예외]
ἐζήτηκα	[현재완료 능 직] 〈 ζητέω	내가 찾는다.
ἐξένικα	[현재완료 능 직] 〈 ξενίζω	내가 접대한다(entertain).
ἐξήραμμαι[342]	[현재완료 수 직] 〈 ξηραίνω	내가 마르다.
ἔγνωκα	[현재완료 능 직] 〈 γινώσκω	내가 안다.
–ἔσταλκα	[현재완료 능 직] 〈 –στέλλω	내가 보낸다.[343]
ϵψώμικα	[현재완료 능 직] 〈 ψωμίζω	내가 먹는다.

6) ρ로 시작하는 동사는 간혹 규칙적으로 첫음반복이 되기도 하고, 동사 몸통 앞에 ϵ이 옴으로 첫음반복을 대신한다.

ῥϵράνισμαι	[현재완료 수 직] 〈 ῥαντίζω	내가 물을 뿌린다(sprinkle).
ἔρριμμαι	[현재완료 수 직] 〈 ῥίπτω	내가 던진다(throw).

7) 소수의 동사들은 불규칙 완료형이다. 그러나 대체로 완료표시 κ를 유지한다.

현재완료(능)	현재완료(수)	현재형(능)
ἦρκα	ἦρμαι	αἴρω 내가 취한다(take).
______	ἐγήγερμαι	αἴρω 내가 일어난다(raise).
δέδωκα	δέδομαι	δίδωμι 내가 준다(give)
ἔγνωκα	ἔγνωσμαι	γινώσκω 내가 안다.
ἔσκηκα	______	ἔχω 내가 가진다(have).

---

341 발음의 편리를 위해 ζ는 이에 부딪히는 음(δ, τ)이 탈락하여 단순히 σ만 남는다. ζμαι 〉 σμαι

342 장모음인 이중모음, αι가 단음화 되어 α로 이 발음의 편리를 위해 ν이 μ으로 바뀐다. [ν+μ= μμ]

343 앞에 전치사가 붙어 합성동사로 사용된다.

현재완료(능)	현재완료(수)	현재형(능)
ἕστηκα		ἵστημι 내가 세운다(establish).
εἴληφα	εἴλημμαι	λαμβάνω 내가 붙잡는다(take).
ἑώρακα	ὦμμαι	ὁράω 내가 본다.
ἑόρακα.		
τέθεικα	τέθειμαι	τίθημι 내가 놓는다(put).
–εἶκαι	–εἶμαι	–ἵημι

✦ 제2현재완료형 특징들

1) 동사 몸통의 원형을 찾을 수 없는 불규칙 완료형태를 제2완료형이라고 한다. 완료형 몸통이 불규칙한 이유는 제2부정과거 몸통을 가지고 있기 때문이다.
2) 완료표시인 κ가 빠져 있다. 현재완료에서는 κα가 아닌 α의 형태이다.

현재완료(능)	현재완료(수)	2부정과거(능)	현재(능)
ἀκήκοα	________	ἤκουσα	ἀκούω 내가 듣는다.
ἀνέῳγα	ἠνέῳγμαι	ἤνέῳξα	ἀνοίγω 내가 연다(open)
γέγονα	γεγένημαι	ἐγενόμην	γίνομαι 내가 된다
ἐλήλυθα	________	ἦλθον	ἔρχομαι 내가 간다
ἐπόνθα	________	ἔπαθον	πάσχω 내가 고통한다.
πέποιθα	πέπεισμαι	ἔπεισα	πείθω 내가 설득시킨다
πέφευγα	________	ἔφυγον	πεύφω 내가 도망친다.
–ὄλωλα	________	–ὄλλυμι	

✦ 완료형 몸통 끝의 철자 변형

완료형 중·수동태 몸통이 자음을 끝날 때, 인칭꼬리와 결합될 때 발음상 철자의 변형이 아래와 같이 일어난다.

	μ	σ	τ	σθ
π β φ	μμ	ψ	πτ	φθ
κ γ χ	γμ	ξ	κτ	χθ
τ δ θ	σμ	σ	στ	σθ
λ	λμ	λσ	λτ	λθ
ρ	ρμ	ρσ	ρτ	ρθ
ν	μμ	νσ	ντ	νθ

π, β, φ + μ = μμ γεφραφ+μαι 〉 γέγραμμαι
κ, γ, χ + σ = ξ τεταγ+σαι 〉 τέταξαι
τ, δ, θ + σ = σμ πεπειθ+ται 〉 πέπεισται
λ + σ θ = λθ ἐσταλ+σθε 〉 ἔσταλθε

✓ 간혹 동사의 몸통과 뿌리가 다른 경우에 완료형 몸통에 뿌리가 나타난다.

εβαπτιζω 〈 βαπτι<u>δ</u> κηρύσσω 〈 κηρυ<u>κ</u>

21.9 οἶδα의 특수형태

	현재완료(나는 안다)		과거완료		미래	가정법	
	단수	복수	단수	복수	단수	단수	복수
1인칭	οἶδα	οἴδαμεν	ᾔδειν	ᾔδειμεν	εἰδήσω	εἰδῶ	εἰδῶμεν
2인칭	οἶδας	οἴδατε	ᾔδεις	ᾔδειτε		εἰδῇς	εἰδῆτε
3인칭	οἶδε(ν)	οἴδασι(ν)	ᾔδει	ᾔδεισαν		εἰδῇ	εἰδῶσι(ν)
	명령법		부정사		분사		
	ἴστε[344]		εἰδέναι		(주격) εἰδώς -ος -υῖς		

οἶδα(나는 안다)는 2현재완료형으로 현재형으로 사용되는 특수 단어이다. οἶδα는 오직 현재완료와 과거완료 형태만 있다. οἶδα의 현재완료형은 단순히 현재로 번역해야 하고, 과거완료형은 과거로 번역해야 한다.

οὐκ οἴδατε ὅτι τὰ σώματα ὑμῶν μέλη Χριστοῦ ἐστιν; (고전 6:15)
너희들의 몸(들)이 예수의 파편(들)인 줄을 너희가 알지 못하느냐?

περὶ τῆς ἡμέρας ἐκείνης καὶ ὥρας οὐδεὶς οἶδεν,
ὁ δέ πατὴρ μόνος οἶδε. (마 24:36)
저 날과 시간에 대하여 아무도 알지 못한다. 그러나 유일하게 아버지께서만 아신다.

Ιησοῦς εἶπεν αὐτῇ· ᾔδεις τὴν δωρεὰν τοῦ θεοῦ· (cf. 요 4:10-11)
예수께서 그녀에게 말했다. 네가 하나님의 선물을 알았었다.

ᾔδει ἐξ ἀρχῆς ὁ Ἰησοῦς ὅτι τίς ἐστιν ὁ παραδώσων αὐτόν. (cf. 요 6:64)
처음부터 예수는 그를 배반하는(팔아넘기는) 자가 누구인줄 알았었다.

---

344 신약에서 완료형 명령은 2인칭 복수로만 사용된다.

21.10 연습문제

1) ἡμεῖς οἴδαμεν ὅτι ὁ θεός λελάληκεν ταυτα τὰ ῥηματα. (요 9:29)

2) ὁ Πέτρος λέγει αὐτῷ· ῥαββί, ἡ συκῆ ἐξήρανται.[345] (막 11:21)

3) ἐν αὐτῷ ἐκτίσθη τὰ πάντα ἐν τοῖς οὐρανοῖς καὶ ἐπὶ τῆς γῆς καὶ τὰ πάντα δι' αὐτοῦ ἔκτισται. (골 1:16)

4) ζάω τῷ σταυρῷ τοῦ κυρίου ἡμῶν Ἰησοῦ Χριστοῦ ὅτι ἐσταύρωται κἀγὼ κόσμῳ. (cf. 갈 6:14)

5) οὐ γέγραπται ὅτι ὁ οἶκός μου οἶκος προσευχῆς κληθήσεται; ὑμεῖς δὲ πεποιήκατε αὐτὸν σπήλαιον λῃστῶν. (막 11:17)

6) Χριστὸς ἀπέθανεν ὑπὲρ τῶν ἁμαρτιῶν ἡμῶν καὶ ἐγήγερται τῇ ἡμέρᾳ τῇ τρίτῃ κατὰ τὰς γραφὰης. (고전 15:3-4)

7) Λάζαρος ἐβέβλητο πρὸς τὸν πυλῶνα αὐτοῦ. (눅 16:20)

8) καθὼς γέγραπται ὁ θεὸς ἀγαπᾷ κόσμον, καὶ διδωσι τὸν υἱὸν εἰ πιστεύεις εἰς αὐτὸν ἔχεις ζωὴν αἰώνιον. (요 3:16)

9) ὁ Ἰησοῦς ἐγήγερται τῇ ἡμέρᾳ τῇ τρίτῃ κατὰ τὰς γραφὰς.

10) ἐπληρώθη τὸ ῥηθὲν[346] ὑπὸ κυρίου διὰ τοῦ προφήτου λέγοντος. (요 3:16)

---

345 ξηραίνω의 수동태 3인칭 단수 현재완료

346 λέγω(내가 말한다)의 1부정과거 수동태 분사 중성 주격 단수

21.11 단어

	ἀποθνῄσκω (ἀποθνήσκω)	내가 죽는다. ἀπέθανον[2부정과거]
	βάλλω	내가 던진다(cast).
		βαλῶ ἔβαλον βέβληκα βέβλημαι ἐβεβλήμην[과거완료 수] ἐβλήθην
ἡ	γῆ	땅, 지구
	ἐγείρω	나는 일어난다, 깨운다. 일으킨다(raise).
		ἐγερῶ ἤγειρα ἐγήγερμαι ἠγέρθην
	καλέω	내가 부른다.
	κτίζω	내가 창조한다, 만든다. (뿌리가 원래는 δ로 끝남)
	λαλέω	내가 말한다.
ὁ	λῃστής	강도(robber)
τὸ	μέλος -ους	부분, 파편, 구성원
	μόνον	[부] 유일하게, 다만, 뿐만,
	νυνί	[부] 지금, 현재에 [νῦν의 강조형]
	ξηραίνω	나는 건조시킨다. [주름지어] 접히다, 마르다.
		ἐξήρανα ἐξήραμμαι[수 현재완료] ἐξηράνθην [수 1과거부정]
	οἶδα	내가 안다 εἴδω의 현재완료형으로 현재 의미
	πληρόω	내가 채운다, 이룬다, 성취한다.
ἡ	προσευχή -ης	기도(prayer)
	προσεύχομαι	내가 기도한다. προσεύξομαι προσηυξάμην
ἡ	πύλη -ης	문(gate)
ὁ	πυλών ῶνος	입구, 대문, 정문 (성벽이 있는 도시로 들어가는 큰 문)
τό	σπήλαιον	동굴(cave), 소굴(den), 강도들의 은신처
ἡ	συκῆ -ης	무화과나무
ὁ	σταυρός	십자가(cross)
	σταυρόω	내가 십자가에 못 박는다, 십자가에 달다.

❐ 부록

21.12 동사 정복의 비법

✦ 시상 도표

	1호선	2호선
1시상	μι ς σι μεν τε ασι(ν) ω εις ει ομεν ετε ουσ(ν)	μαι σαι ται μεθα σθε νται
	3호선	4호선
2시상	ν ς – μεν τε σαν [ν]	μην σο το μεθα σθε νται

1) 동사는 시간상으로 현재 시점을 강조하는 1시상과 과거 시점을 강조하는 2시상으로 나누어진다. 과거 시점을 강조하는 2시상은 동사 몸통 앞에 모자(ϵ)를 쓴다. 그러나 현재 시점을 강조하는 1시상 동사 몸통 앞에는 모자(ϵ)를 쓸 수 없다. 과거 시점 표시는 몸통 앞에 ϵ이다.

ἐ■□□□ 2시상(과거완료, 미완료, 부정과거)

■□□□ 1시상(현재완료, 현재 미래)

2) 동사의 꼬리 변형은 크게 능동태와 중·수동태로 분리된다. 꼬리를 보고 능동태인지 중 · 수동태인지를 분리하면 4호선으로 구분하여 생각할 수 있다.

a) 제1호선 ■□□□□↝ 1시상 능동태

b) 제2호선 ■□□□□⇝ 1시상 중 · 수동태

c) 제3호선 ἐ■□□□□↝ 2시상 능동태

d) 제4호선 ἐ■□□□□⇝ 2시상 중 · 수동태

A. 제1호선(1시상 능동태)

1) 제1시상에 현재완료, 현재 미래형이 속한다.

2) 제1시상 능동태는 1시상 능동태 인칭꼬리만 붙는다.

3) 제1시상 능동태는 동사 몸통 앞에 모자(ϵ)를 쓸 수 없다.

4) μι동사(능동태 현재)는 인칭꼬리는 동사 몸통에 바로 붙는다.

5) 능동태 현재형은 동사 몸통과 인칭꼬리 사이에 접착모음 ο/ϵ가 들어온다.

6) 능동태 미래형은 동사 몸통 뒤에 σ가 붙은 형태이다.

μι동사(현재 능동태)	■□□□↷	δίδομι
현재완료 능동태	■ϵ■□□□□ κα	πεπιστευκα
현재 능동태	■□□□ $^{o}_{\epsilon}$↷	πιστευω
미래 능동태	■□□□ σ$^{o}_{\epsilon}$↷	πιστευσω
과거완료 능동태	[ἐ]■ϵ■□□□□ κει↷	ἐπεπιστευκειν
미완료능동태	ἐ■□□□□ ον	ἐπιστευον
2부정과거 능동태	ἐ■■■■■ον	εἶπον
1부정과거 능동태	ἐ■□□□□ σα	ἐπιστευσα

B. 제3호선(2시상 능동태)

1) 제2시상에는 과거완료, 미완료, 2부정과거, 1부정과거가 속한다.

2) 제2시상 능동태에는 2시상 능동태 인칭꼬리만 붙는다.

3) 능동태 과거완료는 2시상표시인 모자(ϵ)를 쓸 수도 있고 쓰지 않은 수도 있다. 제품화된 과거완료 표시 κει 뒤에는 능동태 2시상 인칭꼬리가 붙는다.

4) 미완료의 1인칭 단수와 3인칭 복수의 제품화된 인칭꼬리가 동일하다.

5) 미완료와 2부정과거는 동일한 형태이다. 단 차이는 미완료은 현재 몸통을 사용하고, 2부정과거는 원형을 알아볼 수 없이 변형된 몸통을 사용한다.

6) 제1부정과거는 동사 몸통에 모자(ϵ)를 쓰고, 1부정과거 표시인 σ가 몸통 뒤에 붙는다.

C. 제2호선(1시상 중 · 수동태)

1) 제1시상 수동태는 1시상 중·수동태 인칭꼬리만 붙는다.
2) 현재완료 중 · 수동태는 몸통 앞에 첫음반복이 있다. 첫음반복은 과거를 표시하는 모자(ϵ)가 아니다. 현재완료 수동태는 동사 몸통 앞에 모자(ϵ)를 쓸 수 없고, 몸통 뒤에 바로 1시상 중 · 수동태 인칭꼬리가 바로 붙는 특징이 있다.
3) 현재 중·수동태는 몸통 앞에 모자(ϵ)를 쓸 수 없고, 몸통 뒤에 접착모음(ο/ϵ)과 함께 1시상 중 · 수동태 인칭꼬리가 붙는다.
4) 미래 시상에서는 중간태와 수동태의 형태가 분리된다.
5) 미래 중간태는 현재 중 · 수동태의 몸통 뒤에 미래 표시인 σ가 들어온다.
6) 미래 수동태는 미래 중간태의 몸통 뒤에 수동태 표시인 θη가 들어온다.

현재완료 중·수동태	■ϵ■□□□ ⇝	πϵπιστϵυμαι
현재 중·수동태	■□□□ $^{o}/_{\epsilon}$⇝	πιστϵυομαι
미래 중간태	■□□□ σ$^{o}/_{\epsilon}$⇝	πιστϵυσομαι
미래 수동태	■□□□ θησ$^{o}/_{\epsilon}$⇝	πιστϵυθησομαι
과거완료 중·수동태	[ἐ]■ϵ■□□□ ^{2}⇝	[ἐ]πϵπιστϵυμην
1부정과거 중간태	ἐ■□□□ σα^{2}⇝	ἐπιστϵυσαμην
1부정과거 수동태	ἐ■□□□ θη↷	ἐπιστϵυθην

D. 제2호선(1시상 중·수동태)

1) 제1부정과거 수동태는 동사의 몸통 뒤에 수동태 표시인 θη가 붙는다.
2) 제1부정과거 수동태의 인칭 꼬리변화는 1시상 능동태 꼬리가 붙는다.
3) 제1부정과거 중·수동태는 첫음반복된 동사 몸통의 뒤에 2시상 중·수동태 인칭꼬리가 곧바로 붙는다.

제22과 부정사

부정사는 동사도 명사도 아니지만, 동사처럼 또는 명사처럼 사용한다. 부정사는 동사의 몸통에 부정사 꼬리를 붙어 명사적 또는 동사적 기능을 수행한다. 즉 부정사는 인칭과 수가 없이 동사처럼 사용되고, 격과 성이 없는 명사처럼 사용한다.

1) 부정사는 미래, 현재, 부정과거, 완료가 있다.
2) 부정사는 시간개념이 없고 동작의 양태를 표현한다.
3) 부정사는 시간개념이 없기에 주동사의 시간에 종속된다.
4) 부정사는 시간개념이 없기에 동사 몸통 앞에 모자(ϵ)를 쓸 수 없다. 완료부정사 앞에 첫음반복은 제2시상표시가 아니라 완료표시이다.

■□□□□ 부정사꼬리　　일반적 부정사 형태

■ϵ ■□□□□ κ부정사꼬리　　완료 부정사 형태

22.1 부정사 도표

	능동태	중·수동태	중간태	수동태
미래	σειν		σεσθαι	θησεσθαι
현재	ειν	εσθαι		
제2부정과거	ειν		εσθαι	ναι
제1부정과거	σαι		σασθαι	θηναι
완료	▮ϵ−κεναι	▮ϵ▮ −σθαι		

미래 능동태 부정사　πιστεύσειν
현재 능동태 부정사　πιστεύειν
2부정과거 능동태 부정사　εἰπεῖν [λέγω, 나는 말한다]
1부정과거 능동태 부정사　πιστεῦσαι
현재완료 능동태 부정사　πεπιστευκέναι
현재완료 중·수동태 부정사　πεπιστεύσθαι[347]
현재 중·수동태 부정사　πιστεύεσθαι

347 현재완료 중·수동태의 특징은 첫음반복만 있고, 완료표시 κ나 접착모음이 붙지 않는다.

2부정과거 중간태 부정사 εἰπέσθαι [λέγω 나는 말한다]
미래 중간태 부정사 πιστεύσεσθαι
미래 수동태 부정사 πιστευθήσεσθαι
부정과거 중간태 1부정사 πιστευσασθαι
1부정과거 수동태 부정사 πιστευθῆναι
2부정과거 수동태 부정사 εἰπναῖ [λέγω 나는 말한다]

✦ 부정사의 변화 이해

1) 현재 부정사와 2부정과거 부정사의 꼬리는 동일하다. 단 2부정과거는 변형된 몸통을 가진다.

현재 부정사 형태 ■□□□ 부정사 꼬리
2부정과거 부정사 형태 ἐ■■■■ 부정사 꼬리

	능동태	중 · 수동태	중간태	수동태
현재	πιστύειν	πιευτευέσθαι		
	ἀγαπᾶν ποεῖν πληροῦν	ἀγαπᾶσαι ποιεῖσθαι πληροῦσθι		
2부정	εἰπεῖν		εἰπέσθαι	
미래	πιευτεύσειν		πιευτεύσεσθαι	πιευτευθήσεσθαι
완료	πεπιευτευκέναι	πεπιευτεύσθαι		
1부정	πιευτεῦσαι		πιευτεύσασθαι	πιευτευθῆναι
εἰμί	εἶναι [현재]	ἔσεσθαι [현재]	* εἰμί동사는 태가 없다.	

2) 부정사에는 시간개념이 없기 때문에 동사 몸통 앞에 모자(ϵ)를 쓸 수 없다. 완료의 첫음반복은 모자(ϵ)가 아닌 완료표시이다.

■ϵ■□□□□ κεναι 완료 능동태 부정사 πεπιευτευκέναι

3) 단축 동사는 부정사 꼬리와 결합과정에서 단축이 일어난다.

■□□□ α+ειν =ᾶν
■□□□ ϵ+ειν =εῖν
■□□□ ο+ειν =οῦν

✦ 부정사의 특징

1) 부정사는 시간개념이 없기에 몸통 앞에 모자(ε)를 쓸 수 없고, 주동사의 시간에 종속한다.
2) 가정법과 명령법에서 현재 부정사와 부정과거 부정사의 시간상 차이는 존재하지 않는다.
3) 직설법에서 현재 부정사는 계속 진행되는 행위 동작을 표현하며, 부정과거는 시작 행위 동작을 강조하고, 완료부정사는 동작의 완결된 상태를 나타낸다.

22.2 부정사의 사용법

부정사의 형태는 단순하지만, 그 사용법은 다양하다. 부정사의 동사적 사용법에서는 동사와 같이 목적어를 취할 수 있고 부사처럼 주동사를 수식한다. 또한 부정사는 명사처럼 주어의 역할을 한다.

1. 부정사의 주어적 사용법

대격(명사나 대명사)이 부정사의 주어 역할을 한다.

δεῖ λυθῆναι <u>αὐτὸν</u> μικρὸν χρόνον.[348] (계 20:3)

잠시[동안] <u>그가</u> 풀려나게 되는 것이 필요하다.

It is necessary that he is loosed in a little while.

2. 부정사의 부사적 사용법(The Adverbial Infinitive)

부정사는 주동사를 진술하거나 한정해 주는 부사 역할을 한다.

1) 목적이나 결과를 나타내는 부정사

a) 부정사는 주로 움직이는 동사의 동작이나 상태의 목적을 표현한다. 동작을 강조하는 동사는 ἔρχομαι(나는 간다, 온다), ἐξέρχομαι(나는 나간다, 나온다), ἐισέρχομαι(내가 들어간다), ἀποστέλλω(내가 보낸다) 등이 있다.

348 시간을 나타내는 대격이다.

b) 부정사는 주동사로 인해 나타낸 동작이나 상태의 (실재적, 추측된, 의도된) 결과를 표현한다. 목적을 나타내는 부정사는 "~을 위하여"로 번역하고, 결과를 나타내는 부정사는 "~하게", "~결과로", "~해서", "~그러므로" 등으로 번역한다. 목적이나 결과를 나타내는 부정사의 형태는 다음과 같다.

① 부정사 단독으로[349]

ἤλθομεν προσκυνῆσαι αὐτῷ. (마 2:2)
우리가 그에게 경배하기 위하여 왔다. [목적]

οὐκ ἦλθον καταλῦσαι τὸν νόμον ἀλλὰ πληρῶσαι. (마 5:17)
내가 율법을 폐하기 위하여 온 것이 아니라 성취하기 위하여 [왔다]. [목적]

οὐ μετενόησαν δοῦναι αὐτῷ δόξαν. (계 16:9)
그들은 회개하지 않았다. [그 결과로] 그에게 영광을 돌리지 않았다. [결과]
그들은 회개하여 그에게 영광을 돌리지 않았다.

② τοῦ + 부정사

ἐξῆλθεν ὁ σπείρων τοῦ σπείρειν. (마 13:3)
씨 뿌리는 자가 씨를 뿌리기 위하여 나갔었다. [목적]

διότι ἐγώ εἰμι μετὰ σοῦ καὶ οὐδεὶς ἐπιθήσεταί[350] σοι τοῦ κακῶσαί σε. (행 18:10)
내가 너와 함께 있기 때문에 아무도 너를 공격하지 않을 것이다. [결과로] 너를 해롭게 [하는 것을 할 수 없다]

내가 너와 함께 있기 때문에 아무도 너를 공격하여 해치지 못할 것이다. [추측된 결과]

③ εἰς το + 부정사

ὁ υἱὸς τοῦ ἀνθρώπου παραδίδοται εἰς τὸ σταυρωθῆναι. (마 26:2)
[그] 사람의 아들이 십자가에 매달려지기 위하여 넘겨지고 있다. [목적]

αὐτοῦ δύναμις καὶ θειότης ἀποκαλύπτεται ἀπὸ κτίσεως κόσμου, εἰς τὸ εἶναι αὐτοὺς[351] ἀναπολογήτους. (롬 1:17, 20)

그의 능력과 신성이 세상 창조 때부터 나타났다. 그러므로[결과] 그들은 핑계할 수 없다.

---

349 관사가 붙지 않는 부정사는 동사의 특정한 목적을 나타낸다.
350 ἐπιτίθημι의 중간태 미래; 내가 ~위에 놓을 것이다. 손을 댈 것이다. 공격할 것이다.
351 중성 대격은 부정사의 주어로 사용하며 동사처럼 번역한다.

④ πρός τό + 부정사

τὰ ἔργα ποιοῦσιν πρὸς τὸ θεαθῆναι τοῖς ἀνθρώποις. (마 23:5)

그들은 사람들에게 보여지기 위하여 그 일들을 행한다. [목적]

2) 시간을 나타내는 부정사

헬라어 부정사는 전치사나 관사와 함께 동사와의 시간상 관계개념(temporal idea)을 표현한다. 선행적 시간을 나타내는 경우는 "~하기 전에"로 번역하고 동시적 시간을 나타낼 때는 "~할 때에", 이후의 시간(subsequent time)은 "~한 후에", "~한 다음에", "~하고 나서"로 번역한다.

a) ἐν τῷ + 부정사 = ~하는 동안에(while)

ἐν τῷ εὐλογεῖν αὐτὸν αὐτοὺς ἀνεφέρετο εἰς τὸν οὐρανόν. (눅 24:51)

그가 그들을 축복하시면서, 그가 하늘로 들림을 받으셨다. [동시적 시간]

b) μετα + 부정사 = ~후에(after)

ὁ Ἰησοῦς ἐγήγερται[352] τῇ ἡμέρᾳ τῇ τρίτῃ κατὰ τὰς γραφὰς μετὰ τὸ παθεῖν αὐτὸν καὶ λέγει τὰ περὶ τῆς βασιλείας τοῦ θεοῦ· (고전 15:4; 행 1:3)

그가[예수] 고난을 당한 후에, 성경대로 삼일 만에 예수는 일으킴을 받으셨다. 그리고 그가 하나님의 왕국에 대한 것들을 말씀하셨다. [역사적 현재형[353]]

c) πρίν + 부정사 = ~이전에(before)
πρὸ τοῦ + 부정사 = ~이전에(before)
πρὶν ἤ + 부정사 = ~이전에(before)

οἶδεν γὰρ ὁ πατὴρ ὑμῶν πρὸ τοῦ ὑμᾶς αἰτῆσαι αὐτόν. (마 6:8)

너희가 그것을 구하기 전에 너희의 아버지가 안다. [선행적 시간]

352 현재완료 수동태이다.
353 과거의 사건을 지금 일어나고 있는 것처럼 생생하게 그림언어로 전달할 때는 현재형을 사용한다.

ἐπεθύμησα τὸ πάσχα <u>φαγεῖν</u> μεθ᾽ ὑμῶν <u>πρὸ τοῦ με παθεῖν</u>. (눅 22:15)

내가 고난을 당하기 전에. 내가 너희와 함께 그 유월절[만찬]을 먹는 것을 원하였다.

λέγει αὐτῷ ὁ Ἰησοῦς· ἀμὴν λέγω σοι ὅτι ταύτῃ τῇ νυκτὶ πρὶν ἢ ἀλέκτορα φωνῆσαι σὺ τρίς με ἀπαρνήσῃ.[354] (막 14:30)

예수께서 그에게 말씀하신다. 내가 진실로 너에게 말한다.
"이 밤에 닭이 울기 전에, 네가 나를 세 번 부인할 것이다."

3) 현재 부정사의 사용법

현재 부정사는 완료되지 않은 동작이나 계속 진행하고 있는 사건을 표현하는 데 사용한다.

ἐγένετο[355] ἐν τῷ προσεύχεσθαι αὐτὸν[356] ὁ ἱματισμὸς αὐτοῦ λευκὸς ἐξαστράπτων. (눅 9:29)
그가 기도하고 있을 때, 그[예수]의 옷이 빛나는 하얀 [것이] 되었다.
[예수가 기도하고 있는 동안에, 예수의 옷이 하얗게 번쩍이는 것으로 변했다.]

4) 부정과거 부정사의 사용법

a) 부정과거 부정사는 먼 곳에서 일어난 사건을 한 점으로 끌어당겨 동작의 시작 점을 강조한다.

ἐζήτουν[357] αὐτὸν κρατῆσαι[358] (막 12:12)
그들은 그들 체포하는 것을 찾고 있었다.

a) 부정과거 부정사가 시간을 나타내는 πρὸ τοῦ와 사용할 때, 예외적으로

---

354 ἀπαρνέομαι의 미래 중간태 1인칭 단수

355 ἐγένετο의 주어는 ὁ ἱματισμὸς αὐτοῦ이다.

356 중성 대격(αὐτόν은 부정사의 주어로 사용할 수 있다.

357 οἶδεν는 γινώσκω의(내가 안다)의 3인칭 단수 2부정과거 능동태 직설법이다.

358 κρατῆσαι는 κρατέω의(내가 붙잡다, 체포한다)의 1부정과거 능동태 부정사로 체포하는 한 시점을 강조한다.

부정과거 부정사는 주동사 사건 기술 이후에 일어난 것을 표현한다.

οἶδεν[359] γὰρ ὁ πατὴρ ὑμῶν πρὸ τοῦ ὑμᾶς[360] αἰτῆσαι αὐτόν. (마 6:8)
왜냐하면 너희가 그것을 구하기 전에, 너희 아버지는 안다.

5) 완료 부정사의 사용법

완료 부정사는 이전에 일어날 사건과 행동의 완료된 상태나 그 결과를 강조하는 데 사용한다.

ἤκουσαν τοῦτο αὐτὸν[361] πεποιηκέναι τὸ σημεῖον. (요 12:18)
그가 그 표적을 행하였다는 것을 그들이 [그것을][362] 들었다.

οὐκ ἴσχυσεν σαλεῦσαι αὐτὴν διὰ τὸ καλῶς οἰκοδομῆσθαι αὐτήν. (눅 6:48)

그것이 잘 지어졌기 때문에, 그것[홍수]이 그것[반석 위의 집]을 흔들 것을 [할] 힘이 없었다.

3. 부정사의 명사적 사용법(The Substantival Infinitive)

1) 동사의 주어(As Subject of a Finite Verb)[363]

부정사는 명사처럼 동사의 주어로 사용되기도 하며, "~하는 것은", "~하는 것이"로 번역한다. 부정사가 동사의 주어로 사용되는 경우는 다음과 같다.

a) 부정사 단독으로

δεῖ τὸν υἱὸν τοῦ ἀνθρώπου πολλὰ παθεῖν. (눅 9:22)
많은 고난을 경험하는 것이 [그] 사람의 아들에게 필요하다.

---

359 ἐζήτουν는 ητέω의(내가 찾고 있다)의 3인칭 단수 미완료 능동태 직설법으로 시작을 나타내는 시작을 나타내는 미완료 용법이다. 그들이 그를 체포하려는 계획을 막 시작했다는 것을 강조한다.

360 중성 대격(ὑμᾶς)은 부정사의 주어로 사용할 수 있다.

361 중성 대격(αὐτόν은 부정사의 주어로 사용할 수 있다.

362 τοῦτο는 "그가 그 표적을 행했다"는 것을 지칭하는 부정사 절의 동격임으로 번역하지 않는다.

363 부정사의 주어는 비인칭동사(ἐξέστιν 합당하다]), 연결동사인 εἰμί, 또는 동사 γίνομαι와 함께 사용된다. ἐγενετο + 부정사구는 히브리어 관용구로 70인역을 인용한 누가복음에 많이 나타난다.

ὁ Πέτρος λέγει τῷ Ἰησοῦ· ῥαββί, καλόν ἐστιν ἡμᾶς ὧδε εἶναι. (막 9:5)

베드로가 예수께 말하고 있다. "선생님, 우리가 여기에 있는 것이 좋습니다."

b) τὸ + 부정사

τὸ χερσὶν φαγεῖν[364] οὐ κοινοῖ τὸν ἄνθρωπον. (마 15:20)

손으로 먹는 것이 사람을 더럽히지 않는다.

c) τοῦ + 부정사

ἐκρίθη τοῦ ἀποπλεῖν ἡμᾶς εἰς τὴν Ἰταλίαν. (행 27:1)

우리가 이탈리아로 항해하는 것이 판결(결정)되어 졌다.

2) 동사의 직접 목적어

부정사는 명사처럼 사용할 때, 주동사의 직접 목적어로 많이 사용된다. 관사가 붙지 않는 부정사는 동사의 동작을 한정해 주는 직접 목적어로 사용된 것이다.

a) 부정사가 동사의 직접 목적어로 사용되는 경우

① 주로 부정사 단독으로 사용된다.

ἤρξατο διδάσκειν αὐτοὺς ἐν τῇ συναγωγῃ. (막 6:2, 34)

회당 안에서 그가 그들을 가르치는 것을 시작하였다.

② τὸ + 부정사

οὐ παραιτέομαι τὸ ἀποθανεῖν. (행 25:11)

내가 죽는 것을 거절하지 않는다.

③ εἰς + 부정사

νυκτὸς καὶ ἡμέρας δέομαι εἰς τὸ ἰδεῖν[365] ὑμῶν τὸ πρόσωπον. (살전 3:10)

밤(과) 낮으로 내가 너희 얼굴을 보기를 기도하고 있다.

b) 부정사가 간접화법에 사용되는 경우

---

364 ἐσθίω(나는 먹는다)의 2부정과거 부정사. ἔφαγον [2부정과거]

365 ὁράω(나는 본다)의 2부정과거 부정사. εἶδον [2부정과거]

부정사가 있는 간접 진술은 동사의 적접 목적어가 된다. 부정사가 간접화법으로 사용될 때. 부정사 단독으로 사용되거나 τὸ + 부정사가 결합하여 사용한다.

ἡ Ἡρῳδιὰς ἤθελεν αὐτὸν ἀποκτεῖναι, καὶ οὐκ ἠδύνατο· (막 6:19)
그가 죽임을 당하는 것을 헤로디아가 원했다. 그러나 그녀는 할 수 없었다.

4. 부정사의 서술적 주격 사용법(As a Predicate Nominative)

1) 동사의 주어(As Subject of a Finite Verb)[366]

부정사가 서술적 명사로 사용할 경우가 간혹 있다. 이 경우에 관사가 붙지 않은 부정사는 보어로 사용된다. (τὸ + 부정사 형태를 띠기도 한다)

οὐδεὶς δύναται ἐλθεῖν πρός με. (요 6:44)

(아무도 할 수 없다. [무엇을?] 내게 오는 것을)
아무도 내게 오는 것을 할 수 없다.

οὐκ ἠδύναντο πιστεύειν. (cf. 요 12:39)

그들은 믿는 것을 할 수 없었다. [그들은 믿지 못했다.]

τοῦτο ἐστιν συμπαρακληθῆναι διὰ τῆς ἐν ἀλλήλοις πίστεως ὑμῶν τε καὶ ἐμοῦ. (롬 1:12)

이것은 함께 격려를 받으려고 하는 것이다. 너희의 믿음과 나의 [믿음]을 통하여 서로 간에 이것은 너희의 믿음과 나의 [믿음]을 통하여 서로 간에 함께 격려를 받으려고 하는 것이다.

2) ὥστε + 대격 부정사

ὥστε 뒤에 대격 부정사 올 경우에 주동사의 결과를 나타낸다.

ἐθεράπευσεν αὐτούς· ὥστε τὸν ὄχλον θαυμάσαι. (cf. 마 15:30-31)
그가 그들을 고쳤다. 그래서 그 군중이 놀랐다.

---

366 부정사의 주어는 비인칭 동사(ἐξέστιν[합당하다]), 연결동사인 εἰμί, 또는 동사 γίνομαι와 함께 사용된다. ἐγενετο + 부정사구는 히브리어 관용구의 번역으로 70인역을 인용한 누가복음에 많이 나타난다.

22.3 연습문제

1) οὐκ ἔξεστιν ποιεῖν[367] ἐν σαββάτῳ. (마 12:2)

2) οὐ δύνασθε[368] ἀκούειν τὸν λόγον μου. (요 8:43)

3) ἐποιήσατε τοὺς τύπους προσκυνεῖν αὐτοῖς. (행 7:43)

4) ἔλεγεν γὰρ ὁ Ἰωάννης αὐτῷ· οὐκ ἔξεστίν σοι ἔχειν αὐτήν. (마 14:4)

5) ἔξεστιν τοῖς σάββασιν ἀγαθὸν ποιῆσαι ἢ κακοποιῆσαι, ψυχὴν σῶσαι[369] ἢ ἀποκτεῖναι; (막 3:5)

6) ἦλθεν[370] ὁ υἱὸς τοῦ ἀνθρώπου ζητῆσαι καὶ σῶσαι ἁμαρτωλούς. (눅 9:10)

7) ἤρξατο[371] ὁ Ἰησοῦς κηρύσσειν καὶ λέγειν τὴν βασιλείαν τῶν οὐρανῶν. (마 4:17)

8) ἀρχόμεθα[372] διδάσκειν αὐτοὺς τὸν λαὸν καὶ καταγγέλλειν τὴν ἀνάστασιν[373] ἐκ νεκρῶν. (cf. 행 4:2; 고후 3:1)

---

367 ποιέω(내가 행한다)의 현재 부정사

368 δύναμαι[디포 동사] 나는 할 수 있다, 가능하다)의 현재 2인칭 복수

369 σῴζω(나는 구원한다)의 1부정과거 부정사

370 ἔρχομαι(내가 간다, 온다)의 2부정과거 1인칭 단수 또는 3인칭 복수

371 ἄρχομαι([중] 내가 시작한다)의 1부정과거 중간태 3인칭 단수

372 ἄρχομαι의 현재 중간태 1인칭 복수

373 ἡ ἀνάστασις εως 부활

22.4 단어

ὁ	ἀλέκτωρ -ορος	닭(cock, rooster)
	ἀναπολόγητος -ον	[형] 핑계할 수 없는(without excuse)
	ἀπαρνέομαι	내가 부인하다(deny), 거절한다. ἀπαρνήσομαι ἀπηρνησάμην
	ἀποκαλύπτω	내가 계시한다, 나타내다.
	ἀποθνῄσκω(ἀποθνήσκω)	내가 죽인다. ἀποθανοῦμαι ἀπέθανον ἀποκτείνω
	ἀποκτένω	내가 죽인다(kill). ἀποκτενῶ ἀπέκτεινα ἀπεκτάνθην
	δέομαι	내가 질문한다, 기도한다, 구한다(beg).
	ἐσθίω	내가 먹는다 φάγομαι [미 중] ἔφαγον [2부정과거]
	ἐπιτίθημι	내가 ~위에 놓는다, 눕게 하다, 두다, 공격하다.
	ἔξεστι(ν)	[무인칭 동사] 그것은 ~하는 것이 합당하다, ~합법적이다.
	θεάομαι	내가 본다, 지각하다.
	θέλω	내가 원하다, 바란다. ἤθελον[미완료] θελήσω ἠθέλησα
	κακόω	내가 해롭게 하다(harm), 악을 행하다.
	κακοποιέω	내가 잘못 행하다, 악을 행하다, 해를 입히다.
	καταγγέλλω	내가 선포한다.
	κρίνω	나는 심판한다, 결정한다. κρινῶ ἔκρινα κέκρικα ἐκρίθην
ἡ	νύξ, νυκτὸς	밤(night)
	παραδίδωμι	내가 넘겨준다(hand over), 배반한다, 허용한다.
	παραιτέομαι	내가 요구한다, 묻는다, 거절한다(reject).
	προσκυνέω	내가 예배한다. (대체로 여격을, 간혹 대격을 취한다)
τό	σάββατον	안식일 σαββάτων[속격 복수] σάββασι(ν) [여격 복수]
τὸ	σπέρμα -ατος	씨(seed), 자손
	σπείρω	내가 씨를 뿌린다.
ὁ	στρατιώτης	군인, 군대
	σταυρόω	내가 십자가에 못박는다, 십자가에 매달다.
	συμπαρακαλέω	내가 함께 격려한다, 서로 격려한다.
ὁ	τύπος -ου	도장, 흔적, 자국, 우상
	φωνέω	내가 부른다, 소리낸다.

❒ 부록

22.5 특별 연습문제: 할렐루야와 아멘

[374]ἄνθρωπός τις βούλεται ἵππον ἀγορζειὺ ὁ δὲ ἔμπορος λέγει αὐτῷ Οὗτος ὁ ἵππον εὐσεβής ἐστιὺ ὅτε γὰρ λέγεις ἀλληλουϊά, βαίνει,[375] ἀλλὰ ἐν τῷ λέγειν ἀμήν, παύεταὶ ὁ δὲ ἄνθρωπός ἀναβαίνει ἐπὶ τῷ ἵππῳ καὶ λέγει αὐτῷ ἀλληλουϊά [376]ἄρχεται δὲ ἔρχεσθαι ὁ ἵππος καὶ μετὰ μικρὸν χρονον πορεύονται πολὺ ταχὺ διὰ τῆς χώραὲ [377]ὁ δὲ ἄνθρωπός ἄρχεται φόβον ἔχειν ὅτι βλέπει πρὸ αὐτοῦ κρημνόν. ποσεύχεται οὖν Κύριε βούλομαι σώζεσθαι ἀμήν. [378]μετὰ δε παύεται ὁ ἵππος καὶ ιδοὺ εἰσιν παρὰ κρημνῷ ἐπὶ ἄβυσσον λέγεις δὲ ἄνθρωπός ἀλληλουϊά.

---

374 τιϛ τι 한 어떤 (사람, 것); 부정 대명사이다. τίϛ τί 누구, 무엇, 어느 것; 의문 대명사이다. 의문 대명사(τίϛ τι,)의 주격에 액센트가 붙는 반면에, 부정 대명사(τιϛ τi)의 주격에는 액센트가 붙지 않는다. 액센트가 붙을 경우에 의문 대명사에는 단어의 끝에서 두 번째 음절인 피널트(penult)에 오고, 부정 대명사의 경우에는 단어의 끝음인 얼티마(ultima)에 온다. 변화형식은 핵심명사 변화를 따른다. βούλομαι 나는 원한다. 계획한다; ἵππον 말; ἀγορζω 나는 산다, (돈을 주고) 구원한다 [부정사]; ἔμπορος 상인, 장사꾼 εὐσεβής ̂ές [형] 종교적, 경건한(godly, religious); ὅτε [시간을 나타내는 부사] ~때에, ~할 때에 [접속사] 왜냐하면; ἀλληλουϊα 할렐루야; βαίνω 나는 간다.

375 ἀλλά 그러나; ἀμήν 아멘; παύομαι [디포 동사] 내가 선다. 정지한다.

376 ἄρχομαι [중간태] 나는 시작한다; ἔρχομαι 내가 간다, 온다; ἔχειν는 ̏ἔχω의 부정사] 내가 가진다(have); πολὺ 매우, 많이; ταχυ 빨리; ἡ χώρα –ας 땅, 지역, 시골, 촌

377 ὁ φόβος 두려움, 공포(fear, terror), 존경, 경외(reverence for God); [부정사] ὁ κρημνός 절벽, 낭떠러지; βλέπω 내가 본다; προσεύχομαι 내가 기도한다; Κύριε [호격] 주여! σώζεσθαι σῴζω의 부정사] 내가 구원한다.

378 παύομαι [디포넌트] 내가 선다. 정지한다; ιδού [불변사] 보라, 보시오.

가정법의 특징은

접착모음(ο 또는 ε)이

장음화(ω 또는 η)되는 것이지요.

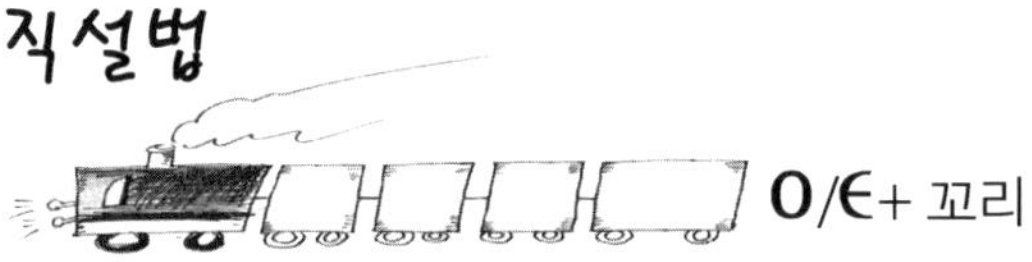

가정법에는 모자(ε)를 쓰지 않아요!

제23과 가정법

1) 직설법은 기술된 동사의 행위가 실제로 발생한 것을 서술한다면, 가정법은 사건이 실제로 일어난 사실이나, 참된 것과는 무관하다. 그러므로 가정법은 확언하는 것을 주저하지만 일어날 수 있는 가능성을 지적하거나, 선언한 내용에 대한 불확실성을 나타낸다.

2) 가정법은 비실재적인 것을 가상하는 것으로 시간개념이 없으며 단지 행동 양태를 보여 준다. 현재는 진행과 연속을 강조한다면, 부정과거는 단순히 사건 발생의 가능성을 표출한다. 그러므로 부정과거는 미래 의미가 있으므로 종종 미래형으로 번역한다.

23.1 현재와 제2부정과거 가정법

	εἰμι		능동태 현재(=2부정과거)		중 · 수동태 현재	
	단수	복수	단수	복수	단수	복수
1인칭	ᾧ	ὦμεν	-ω	-ωμεν	-ωμαι	-ωμεθα
2인칭	ᾖς	ἦτε	-ῃς	-ητε	-ῃ	-ησθε
3인칭	ᾖ	ὦσι(ν)	-ῃ	-ωσι(ν)	-ηται	-ωνται

1) 직설법의 접착모음(ο/ε)이 장음화(ω/η) 되면 가정법이 된다.

			직설법 (능)현재	가정법 (능)현재
ο	→	ω	πιστεύομεν	πιστεύωμεν
ω	→	ῶ	πιστεύω	πιστευῶ
ου	→	ω	πιστεύουσι(ν)	πιστεύωσι,ν.
ε	→	η	πιστεύετε	πιστεύητε
ει	→	η	πιστεύει	πιστεύῃ
			πιστεύεις	πιστεύῃς

2) 1인칭 단수 가정법의 ω에 서컴플렉스 강세가 붙는다(ῶ).

3) 2인칭, 3인칭 단수에는 이오타 하기(iota subscript)를 한다(ει → ῃ).

4) εἰμι의 현재 가정법 인칭변화와 현재 가정법 인칭꼬리는 동일하다.

5) 제2부정과거 가정법은 현재 가정법과 동일하다. 단 깨진 몸통이 취한다.

6) 가정법에는 제품화 된 인칭꼬리는 오직 1시상 현재형 꼬리만을 사용한다.[379]

[제품화된] 현재 능동꼬리: ω εις ει ομεν ετε ουσι

[제품화된] 현재 중・수동 꼬리: ομαι ῃ εται ομεθα εσθε ονται

7) 가정법 수동태 1부정과거는 수동태 꼬리가 아닌 능동태 꼬리를 취한다.[380]

8) 가정법의 미완료와 미래 형태가 없다. 만약 있다고 해도 형태상 1부정과거 가정과법 동일하다.

9) 가정법은 "~일는지 모른다"로 번역한다.

23.2 제1부정과거 가정법

	능동태		중간태		수동태	
	단수	복수	단수	복수	단수	복수
1인칭	-σω	-σωμεν	-σωμαι	-σωμεθα	-θω	-θωμεν
2인칭	-σῃς	-σητε	-σῃ	-σησθε	-θῃς	-θητε
3인칭	-σῃ	-σωσι(ν)	-σηται	-σωνται	-θῃ	-θωσι(ν)

1) 1부정과거 능동태 가정법은 현재형 가정법에 제품화한 σ가 몸통과 꼬리 사이에 들어온다.

2) 1부정과거 능동태 3인칭 단수와 1부정과거 중간태 2인칭 단수와 동일하다.

3) 1부정과거 중간태 가정법은 σ가 현재형 중・수동태 가정법 인칭꼬리 앞에 온다.

4) 1부정과거 수동태는 능동태 인칭꼬리를 취하고 그 앞에 θ가 온다.

---

379 가정법에는 2시상 인칭꼬리는 사용되지 않는다. 1시상 꼬리 변형의 노선을 연결해 보고 가정법과 직설법의 차이를 분별해 보라. 능동태: 1) μι ς σι μεν τε ασι 2) ω εις ει ομεν ετε ουσι 3) σω σεις σει σομεν σετε σουσί 중・수동태: 1) μαι σαι ται μεθα σθε ονται 2) ομαι ῃ εται ομεθα εσθε ονται 3) σομαι σῃ σεται σομεθα σεσθε[미래 중간태]

380 직설법 1부정과거 수동태가 능동태(과거완료) 꼬리를 택하는 것과 같다. 현재완료 능동태: κειν κεις κει κειμεν κειτε κεισαν; 1부정과거 수동태: θην θης θη θημεν θητε θησαν

5) 현재 중 · 수동태, 2부정과거 중간태, 1부정과거 중간태의 가정법은 제품화한 동일한 인칭꼬리를 사용한다. 단 1부정과거 중간태에 σ가 온다.

6) 현재 능동태, 1부정과거 능동태, 1부정과거 수동태의 가정법은 제품화된 동일한 인칭꼬리를 사용한다. 단 1부정과거 능동태에는 σ가 오고, 1부정과거 수동태는 θ가 온다.

23.3 완료 가정법

완료 가정법				
	능동태		중 · 수동태	
	단 수	복 수	단 수	복 수
1인칭	πεπιστεύκω	πεπιστεύκωμεν	πεπεπιστευμένος ὦ	πεπιστευμένοι ὦμεν
2인칭	πεπιστεύκῃς	πεπιστεύκητε	πεπιστευμένος ᾖς	πεπιστευμένοι ἦτε
3인칭	πεπιστεύκῃ	πεπιστεύκωσι	πιστευμένος ᾖ	πεπιστευμένοι ὦσι

1) 완료 중·수동태 가정법은 신약에서 우설적 구조(the periphrastic construction)만으로 사용된다. 우설적 구조란 완료분사+εἰμί의 현재 가정법의 형태를 말한다.

✦ 가정법 꼬리 변화표

능동태						
	현재		2부정과거		1부정과거	
1인칭	ῶ	ῶμεν ⇨	ῶ	ῶμεν ⇨	σῶ	σῶμεν
2인칭	ῇς	ῆτε	ῇς	ῆτε	σῇς	σῆτε
3인칭	ῇ	ῶσι(ν)	ῇ	ῶσι(ν)	σῇ	σῶσι(ν)
중 · 수동태						
	현재		완료			
1인칭	ωμαι	ωμεθα	▮ϵ▮ -μένος ὦ		▮ϵ▮ -μένοι	ὦμεν
2인칭	ῃ	ησθε	▮ϵ▮ -μένος ᾖς		▮ϵ▮ -μένοι	ἦτε
3인칭	ηται	ωνται ⇘	▮ϵ▮ -μένος ᾖ		▮ϵ▮ -μένοι	ὦσι
			중간태 2부정과거		중간태 1부정과거	
1인칭			ωμαι	ωμεθα	σωμαι	σωμεθα
2인칭			ῃ	εσθε	σῃ	σησθε
3인칭			ηται	ωνται ⇨	σηται	σωνται
					수동태 1부정과거	
1인칭					θω	θῶμεν
2인칭					θῇς	θῆτε
3인칭					θῇ	θῶσι

23.4 디포넌트 동사의 가정법

γίνομαι 가정법						
현재	γίνωμαι	γίνῃ	γίνηται	γινώμεθα	γίνησθε	γίνωνται
부정과거	γένωμαι γενηθῶ	γένῃ γενηθῇς	γένηται γενηθῇ	γενώμεθα γενηθῶμεν	γενησθε γενηθητε	γένωνται γενηθῶσιν
ἔρχομαι 가정법						
현재	ἔρχωμαι	ἔρχῃ	ἔρχηται	ἐρχώμεθα	ἔρχησθε	ἔρχωνται
부정과거	ἔλθω	ἔλθῃς	ἔλθῃ	ἔλθωμεν	ἔλθητε	ἔλθωσιν

✦ 부정과거 가정법과 미래 직설법 도표

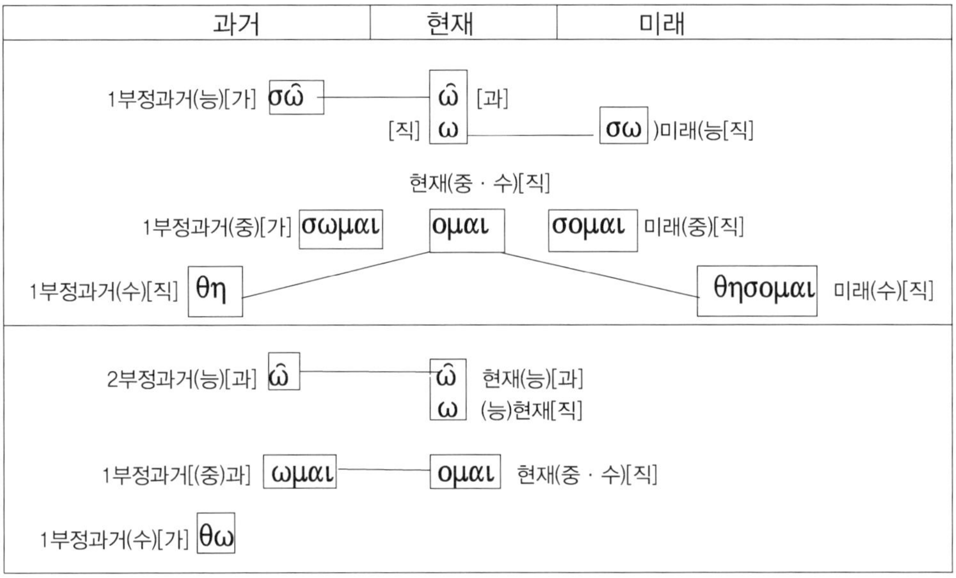

1) 제2부정과거 가정법은 변형된 몸통 뒤에 σ 또는 θ 없이 제품화한 (현재)가정법 인칭꼬리가 붙는다.

2) 제1부정과거 수동태는 능동태 인칭꼬리를 붙는다.

ϵ■□□□θη↝	수동태 1부정 수동태 직설법[ν ς – μεν τε σαν]
■□□□θ^{ω}/$_{η}$↝	수동태 1부정 수동태 가정법[ω ης η ωμεν ητε ησι(ν)]
πιστευωμεν	우리는 ~을 믿읍시다. 만약 ~하면, 우리는 믿을 것이다.
πιστευομεν	우리는 믿고 있다.
■□□□μεν	[현재 능동태 1인칭 복수 직설법]
■□□□ομεν	[현재 능동태 1인칭 복수 직설법]
■□□□ωμεν	[현재 능동태 1인칭 복수 가정법]

■□□□ σωμεν [1부정과거 능동태 1인칭 복수 가정법]
■□□□ μεθα [수동태 1인칭 복수]
■□□□ ομεθα [현재 중 · 수동태 1인칭 복수 직설법]
■□□□ ωμεθα [현재 중 · 수동태 1인칭 복수 가정법]
■□□□ σωμεθα [1부정과거 중간태 1인칭 복수 가정법]
■□□□ θωμεν [1부정과거 수동태 1인칭 복수 가정법]

✦ πιστεύω의 가정법 변화표

	현 재			
	능동태		중·수동태	
	단수	복수	단수	복수
1인칭 2인칭 3인칭	πιστεύω πιστεύῃς πιστεύῃ	πιστεύωμεν πιστεύητε πιστεύωσι(ν)	πιστεύωμαι πιστεύῃ πιστεύηται	πιστεύωμεθα πιστεύησθε πιστεύωνται
	완 료			
	능동태		중·수동태	
	단수	복수	단수	복수
1인칭 2인칭 3인칭	πεπιστεύκω πεπιστεύκῃς πεπιστεύκῃ	πεπιστεύκωμεν πεπιστεύκητε πεπιστεύκωσι	πιστευμένος ὦ πιστευμένος ᾖς πιστευμένος ᾖ	πιστευμένοι ὦμεν πιστευμένοι ἦτε πιστευμένοι ὦσι
	1부정과거			
	능동태		수동태	
	단수	복수	단수	복수
1인칭 2인칭 3인칭	πιστεύσω πιστεύσῃς πιστεύσῃ	πιστεύσωμεν πιστεύσητε πιστεύσωσι	πιστευθῶ πιστευθῇς πιστευθῇ	πιστευθῶμεν πιστευθῆτε πιστευθῶσι(ν)
	2부정과거 중간태 [λέγω]		1부정과거 중간태	
	단수	복수	단수	복수
1인칭 2인칭 3인칭	εἴπωμαι εἴπωῃ εἴπωηται	εἰπώμεθα εἴπησθε εἴπωνται	πιστεύσωμαι πιστεύσῃ πιστεύσηται	πιστευσώμεθα πιστεύσησθε πιστεύσωνται
	2부정과거			
	단수 **능동태**	수동태	단수 **수동태**	복수
1인칭 2인칭 3인칭	εἶπω εἶπῃς εἶπῃ	εἴπωμεν εἴπητε εἴπωσι(ν)	γραφῶ γραφῇς γραφῇ	γραφῶμεν γραφῆτε γραφῶσι(ν)

가정법과 직설법을 구별하는 열쇠는 다음과 같다.

1) ἵνα, ὅπως, ἄν, ὅταν(ὅτε+ἄν), ἐάν 등 뒤에 오는 가정법 동사를 확인한다.

2) 동사 몸통과 인칭꼬리 사이의 접착모음이 장음화(ω, η)된 것을 확인한다.

23.5 가정법의 사용법

1) 권유적 가정법(The Hortatory Subjunctive)

보통 가정법 1인칭 복수(간혹 단수)는 권유적 사용법으로 사용된다. 권유적 가정법은 "우리가 ~을 합시다"(Let us)라는 형식으로 번역할 수 있다.[381]

ἐγείρεσθε, ἄγωμεν ἐντεῦθεν. (요 14:31)

우리가 여기서 일어나 갑시다. [너희는] 일어서라, [우리가 여기로부터] 가자.

ἄφες[382] ἐκβάλω τὸ κάρφος ἐκ τοῦ ὀφθαλμοῦ σου. (마 7:4)

[너는] 허락하라, 내가 너의 눈으로부터 그 티를 빼내도록 하라.

πιστεύωμεν εἰς τὸν κύριον καὶ ἀγαπῶμεν τοὺς ἀδελφούς.
(cf. 요일 3:14)

[우리는] 주를 믿읍시다. 그리고 형제들을 사랑합니다.

2) 토의적 가정법(Deliberative Subjunctive)

가정법(주로 부정과거)와 직설법 미래는 질문의 사실 자체보다는 가능성, 요구나 필요에 대한 토의적 질문으로 사용된다. 이 경우 종종 θέλεις, θέλετε, 또는 βούλεσθε와 함께 사용된다. 토의적 가정법은 간혹 대답을 요구하지 않는 질문형식을 취한다. 이 경우에 화자 입장에서 질문이지만, 듣는 자 입장에 상대방의 명령적 질문에 대답해야 한다.

οἱ ὄχλοι ἐπηρώτων αὐτὸν λέγοντες· τί οὖν ποιήσωμεν; (눅 3:10)

군중이 그에게 묻고 있었다. 말하길, "무엇을 우리가 해야 합니까?"

---

381 권유적 가정법은 종종 ἄφες 또는 ἄφετε(ἀφίημι의 명령법 부정과거 2인칭), δεῦρο 또는 δεῦτε (부사로 "오라" 또는 전혀 번역하지 않음)와 함께 사용된다.

382 ἀφίημι(내가 버린다, 용서한다, 허락한다)의 명령법 부정과거 2인칭 단수

οἱ δὲ λέγουσιν αὐτῷ· ποῦ θέλεις ἑτοιμάσωμεν; (눅 22:9)

그러나 그들이 그에게 말한다. “당신은 어디에 우리가 준비하기를 원합니까?”

[“당신은 원합니까? + 우리가 어디에 준비해야 합니까?”]

τί γράφωσι;

그들이 무엇을 기록할 것인가? [그들이 무엇가를 기록해야만 한다.]

3) 목적이나 결과를 나타내는 가정법

접속사 ἵνα나 ὅπως 뒤에 오는 가정법은 주절의 목적, 결과, 내용을 표현하는 종속절을 이룬다. 그러므로 ἵνα나 ὅπως 뒤에 오는 가정법 동사가 목적을 나타내는지 결과를 나타내는 문맥에 따라 결정된다.

a) ἵνα +가정법은 “~위하여” , 또는 “~때문에”로 번역한다.

ργάφω ἵνα πιστεύῃ.

그가 믿게 되길 위하여 나는 기록한다. [목적]

ποιήσωμεν τὰ κακά, ἵνα ἔλθῃ τὰ ἀγαθά; (롬 3:8)

선한 것들이 오게 하기 위하여 우리가 악한 것들을 하느냐? [목적]

ποιέω οὖν τό σκάνδαλον ἵνα πέσωσιν; (cf. 롬 11:11)

그러므로 내가 그 덫을 만들었다. [그 결과로] 그들이 넘어질 것이다. [결과]

αὕτη ἐστιν ἡ ἀγάπη τοῦ θεοῦ,[383] ἵνα τὰς ἐντολὰς αὐτοῦ τηρῶμεν. (요일 5:3)

우리가 그의 개명을 지키는 것이 [바로] 이것이 하나님의 사랑이다. [내용][384]

이것이 하나님을 사랑하는 것이다. = 우리가 그의 계명을 지키자.

b) ὅπως +가정법은 ἵνα와 동의어로 대체로 결과를 나타내는 가정법 종속절이 뒤에 온다. ὅπως는 ἄν와 종종 사용되는데, 이때 ἄν은 번역하지 않는다.

ὑμεῖς ἐστε τὸ φῶς τοῦ κόσμου. ὅπως ἴδωσιν ὑμῶν τὰ καλὰ ἔργα. (마 5:14, 16)

너희는 세상의 소금이다. [그 결과로] 그들이 너희의 좋은 일들을 볼 것이다. [결과]

---

383 여기서 ἡ ἀγάπη τοῦ θεοῦ은 목적을 나타내는 속격으로 “하나님을 향한 사랑”이다.

384 내용을 나타내는 가정법은 종속절이 주절의 주어 역할을 한다.

4) 종속절을 설명하는 가정법

ὁ κόσμος πιστεύῃ ὅτι σύ με ἀπέστειλας. (요 17:21)

당신이 나를 보냈다는 것을 [그] 세상이 믿는다.

5) ὅταν + 가정법

시간을 나타내는 종속절은 시간 접속사인 ὅταν이나 ἐπάν가 사용된다.

τῶν προφητῶν οὐκ ἀκούουσιν ὅταν ὁ υἱὸς τοὺ ἀνθρώπου ἀναστῇ. (눅 16:31)

사람의 아들이 일어날 때, 그들은 그 음성들을 듣지 않는다.

ὅταν ὁ ὀφθαλμός σου ἁπλοῦς ᾖ, καὶ ὅλον τὸ σῶμά σου φωτεινόν ἐστιν· ἐπὰν δὲ πονηρὸς ᾖ, καὶ τὸ σῶμά σου σκοτεινόν. (눅 11:34b)

너희 눈이 성할 때에 너희 온 몸이 빛난다. 그리나 그것이 악할 때에 너희 몸이 어두운 것이다.

6) 가정법의 기타 사용법

a) <u>ἄν</u> τι +가정법은 '<u>무엇이든지</u> ~하면' 으로 사용된다.

τι ἂν αἰτήσητε ἐν τῷ ὀνόματί μου τοῦτο ποιήσω, ἵνα δοξασθῇ ὁ πατὴρ ἐν τῷ υἱῷ. (요 14:13))

너희가 무엇이든지 내 이름으로 하면 내가 그것을 할 것이다.
[그 결과로] 그 아들 안에서 그 아버지가 영광을 받을 것이다.

b) κἄν = και+ἐάν ~할지라도, 그리고 만약(even if, and if)
κἄν ~ κἄν 만약 ~하고 또는(if ~ or)

✦ 가정법의 부정문

일반적으로 οὐ는 사실적 시간개념이 분명한 직설법에, μή는 시간개념이 분명하지 않는 가정법, 명령법, 희구법, 부정사에 사용한다.

a) 금지를 표현하는 가정법

부정과거 가정법(2인칭 3인칭)은 금지를 표현하거나 금지 명령형으로 사용한다.

μὴ σκληρύνητε τὰς καρδίας ὑμῶν. (히 3:8)
[너희는] 너희 마음을 완고하게 하지 말라.

μή τις οὖν αὐτὸν ἐξουθενήσῃ. (고전 16:11)[385]
그러므로 아무도 그를 격멸하지 못하게 하라.

b) 강한 미래부정

직설법 미래와 같이 부정과거 가정법은 종종 미래적 의미로 사용된다. 강한 미래부정을 나타내는 가정법은 주로 οὐ μή과 함께 사용된다. 헬라어의 이중부정(οὐ μή)을 강한 부정을 표출한다.

οὐ μὴ εἰσέλθητε εἰς τὴν βασιλείαν τῶν οὐρανῶν (마 5:20)
너희는 결코 하늘(들의) 나라에 들어가지 못할 것이다.

οἱ δὲ λόγοι μου οὐ μὴ παρέλθωσιν (마 24:35)
나의 말들은 결코 사라지지 않을 것이다.

λέγω γὰρ ὑμῖν, οὐ μή με ἴδητε ἕως βλέπετε τόν ἐρχόμενον ἐν ὀνόματι κυρίου. (마 23:39)
그러므로 내가 너희에게 말한다. "주의 이름으로 오는 자를 너희가 보기까지는 너희가 나를 결코 보지 못할 것이다."

23.6 가정법과 조건문

조건문은 문장의 주절에 연결되는 종속절의 한 형태이다. 조건문의 조건절은 "만약 ~한다면", 결과절에서 "~한다"로 번역한다. 그러므로 조건문은 εἰ 또는 ἐάν로 시작하는 조건절(protasis)과 주절에 해당하는 결과절(apodosis)로 구성된다. 조건문은 크게 네 종류로 구분된다.

---

385 금지를 나타내는 가정법에 3인칭이 사용되는 것은 아주 드문 일이다(고후 11:16; 살후 2:3).

1) 제1조건문(The First-Class Conditional Sentence)

제1조건문은 단순한 조건문(simple condition)으로 확인할 수 있는 사실이거나 참된 것으로 짐작할 수 있는 조건문이다. 화자의 관점에서 실재하는 것에 대한 확실성을 강조한다. 제1조건문의 조건절은 εἰ로 시작하여 직설법 동사가 오고, 결과절은 어느 법에든 관계없이 사용된다.

조건절	결과절
εἰ + [모든] 직설법 동사, 부정문에는 οὐ가 사용된다.	직설법, 명령법, 가정법이 사용될 수 있다.

τί οὖν βαπτίζεις εἰ σὺ οὐκ εἶ ὁ χριστός; (요 1:25)
만약 당신이 그 그리스도가 아니라면, 왜 당신이 침례를 주고 있느냐?

εἰ οὐ ποιῶ τὰ ἔργα τοῦ πατρός μου, μὴ πιστεύετέ μοι. (요 10:37)
만약 내가 나의 아버지의 일들을 하지 않는다면, 너희가 나를 믿지 못한다.

εἰ δὲ ποιῶ, τὰ ἔργα τοῦ πατρός μου, πιστεύετε μοι. (cf 요 10:38)
만약 내가 나의 아버지의 일들을 한다면, 너희가 나를 믿는다.

2) 제2조건문(The Second-Class Conditional Sentence)

제2조건문은 사실과 반대되는 것을 기술하는 데 사용된다. 제2조건문의 조건절은 참된 것이 아닌 것을 전제한다. 제2조건문은 화자의 관점에서 현재 일반적으로 믿어지거나 미래에 실현될 수 있다고 믿는 [미래] 조건문이다. 그러므로 미래 조건문은 제1조건문보다 제2조건문에 더 사용된다.

제2조건문의 조건절은 εἰ로 시작하여 2시상(과거시상) 직설법 동사가 오고, 결과절은 일반적으로 ἄν과 함께 2시상(과거시상) 직설법 동사가 사용된다.

조건절	결과절
εἰ + 2시상(과거시상 직설법 동사) 부정문에는 μή가 사용된다.	ἄν + 2시상(과거시상 직설법: 조건절과 동일한 시상이 아닐 수 있다)이 사용된다.

εἰ κύριος μὴ ἐκολόβωσεντὰς ἡμέρας, οὐκ ἂν πᾶσα σάρξ ἐσώθη. (막 13:20)

만약 주님이 [그] 날들을 단축하지 않는다면,[386] 각 육체는 구원받지 못할 것이다.

εἶπεν αὐτοῖς ὁ Ἰησοῦς· εἰ ὁ θεὸς πατὴρ ὑμῶν ἦν ἠγαπᾶτε ἂν ἐμέ. (요 8:42)

예수께서 그들에게 말했다. 만약 하나님이 너희의 아버지라면,[387] 너희는 나를 사랑했었을 것이다.

εἰ γὰρ ἐπιστεύετε Μωϋσεῖ, ἐπιστεύετε ἂν ἐμοί. (요 5:46)

만약 너희가 모세를 믿고 있었다면, 너희가 나를 믿었다.
[미완료: 모세를 믿지 않고 있었다. 미완료: 그래서 나를 믿지 못하고 있었다.]

εἶπεν οὖν ἡ Μάρθα πρὸς τὸν Ἰησοῦν· κύριε,
εἰ ἦς ὧδε οὐκ ἂν ἀπέθανεν ὁ ἀδελφός μου. (요 11:21)

마르다가 예수께 말하였다. "주여, 만약 당신이 여기에 있었다면, 나의 오빠(brother)가 죽지 않았을 것입니다." [예수께서 이곳에 있지 않았다는 것을 전제한다.]

✓ 미완료가 조건절과 결과절에 다 사용되며, 현재의 사실과 반대되는 조건을 표현한다. 반면에 부정과거가 조건절과 결과절에 모두 사용할 때 과거 시간의 사실과 반대되는 조건을 표현한다.

3) 제3조건문(The Third-Class Conditional Sentence)

제3조건문은 일어날 가능성(probability)에 대한 미래 조건을 나타낸다. 전제문이 결정된 것이 아니라 화자의 관점에서 현재에는 아직 일어나지 않았지만, 미래에 일어날 수 있는 것을 짐작한다. 제3조건문의 조건절은 ἐάν(εἰ+ἄν)으로 시작하여 가정법 동사가 사용된다. 제3조건문의 결과절은 1조건문의 결과절처럼 모든 법의 동사가 다 사용될 수 있다.

조건절	결과절
ἐαν + 가정법 동사, 부정문에는 μή가 사용된다.	직설법, 명령법, 가정법이 사용될 수 있다.

386 "주님이 그날을 단축했다"는 것을 전제한다.
387 "하나님이 너희의 아버지가 아니다"라는 것을 전제한다.

ἐὰν <u>εἰσέλθητε</u> εἰς οἰκίαν, ἐκεῖ μένετε ἕως ἂν <u>ἐξέλθητε</u> ἐκεῖθεν. (막 6:10)

만약 당신이 한 집에 들어간다면, 거기로부터 나올 때까지 거기에 머물러라.

ταῦτα γράφω ὑμῖν ἵνα μὴ ἁμάρτητε. <u>καὶ</u> ἐάν τις ἁμάρτῃ, παράκλητον ἔχομεν πρὸς τὸν πατέρα. (요일 2:1)

내가 이것들을 너희를 위해 기록하는 이유는 너희가 죄짓지 않게 하려는 것이다. <u>그러나</u> 만약 누구든지 죄를 짓는다면, 하나님 앞에서 우리를 돕는 자가 계신다.

4) 제4조건문(The Fourth-Class Conditional Sentence)

제4형 조건문은 실현가능성이 거의 없는 미래를 표현한다. 실현가능성이 없기에 원칙적으로는 조건절에서 εἰ+희구법이 사용되고, 결과절에서도 ἄν+희구법이 사용된다. 그러나 신약성서에는 동시에 사용되는 완전한 4형 조건문은 사용되지 않는다. 조건절만 사용되거나 결과절에만 사용된다.

제4형 조건문은 현실적 실현 불가능을 암시하고 있기에 미래형으로 이해하고 번역한다.

ἀλλ' εἰ καὶ πάσχοιτε διὰ δικαιοσύνην, μακάριοι. (벧전 3:14)

그러나 너희가 의(義) 때문에 고난마저 겪는다면, 행복한 [사람들이다].

εὐξαίμην ἂν τῷ θεῷ. (행 26:29)

내가 하나님께 기도할 수 있을 것이다.

23.7 연습문제

1) εἶπεν δὲ αὐτοῖς· ἐὰν ὑμῖν εἴπω, οὐ μὴ πιστεύσητε· (눅 22:67)

2) λέγει αὐτοῖς· ἄγωμεν εἰς τὸν οἶκον, ἵνα κηρύξω·[388] (cf. 막 1:38)

3) τί ποιήσωμεν τοῖς ἀνθρώποις τούτοις; (행 4:16)

4) ἀμὴν λέγω ὑμῖν ὅτι οὐ μὴ παρέλθῃ[389] ὁ λόγος μοῦ. (마 24:34)

5) εἶπεν ὁ Πέτρος πρὸς τὸν Ἰησοῦν· ποιήσωμεν σκηνὰς τρεῖς. (눅 9:33)

6) λέγοντες· εἰ σὺ εἶ ὁ χριστός, εἰπὸν ἡμῖν. εἶπεν δὲ αὐτοῖς· ἐὰν ὑμῖν εἴπω, οὐ μὴ πιστεύσητε· (눅 22:67)

7) μενῶ ὑμῖν ἵνα τὸ καύχημα ὑμῶν περισσεύῃ ἐν Χριστῷ. (빌 1:25-26)

8) καὶ λέγει αὐτῷ· εἰ υἱὸς εἶ τοῦ θεοῦ, βάλε σεαυτὸν κάτω. (마 4:6)

9) εἶπον πρὸς αὐτόν· τί ποιῶμεν ἵνα ἐργαζώμεθα τὰ ἔργα τοῦ θεοῦ; (요 6:28)

10) εἰ ταῦτα οἴδατε, μακάριοί ἐστε ἐὰν ποιῆτε αὐτά. (요 13:17)

11) οὗ οὐκ εἰμὶ ἐγὼ ἄξιος ἵνα λύσω αὐτοῦ τὸν ἱμάντα τοῦ ὑποδήματος. (요 1:27)

---

388 κηρύσσω(내가 선포한다, 설교한다)의 1부정과거 능 직 1인칭 단수

389 παρέρχομαι(내가 지나간다, 사라진다)의 2부정과거 능 직 3인칭 단수 (부정과거 직설법은 미래형으로 번역한다.)

23.8 단어

	ἀναβαίνω	내가 올라간다(go up).
	ἀφίημι	용서하다(forgive), 버리다, 허락하다.
τό	ἔλεος -ους	긍휼, 자비(mercy)
	ἐντεῦθεν	[부] 여기로부터 ἐντεῦθεν καὶ ἐντεῦθεν 양편에
	ἐργάζομαι	내가 노동한다, 일한다.
ἡ	ἐξουσία	권세, 권위, 권한
	ἐξουθενέω (ἐξουθενόω)	내가 조롱한다, 업신여긴다, 권위를 발하다.
ὁ	θρόνος	보좌(throne), 왕좌
τὸ	κάρφος -ους	작은 조각, 부서진 조각, 티(speck, chip)
	σκληρύνω	내가 완고하게 된다, 굳어진다(harden).
	καυχάομαι	내가 자랑한다, 뽐내다.
τό	καύχημα -ατος	자랑(pride, boast), 칭송(praise)
	κολοβόω	내가 단축한다(cut short), 줄인다, 감한다.
	κηρύσσω	내가 선포한다, 설교한다.
ἡ	κώμη	마을(village, small town)
	μακάριος -ον-ια	[형] 행복한, 복된(blessed)
	παρέρχομαι	내가 곁에 온다(간다), 지나간다, 사라진다. παρῆλθον [2부정과거]
	ποιέω	내가 행한다, 만든다. ποιήσω ἐποίησα πεποίηκα πεποίημαι
	προάγω	[자동사] 내가 앞서 간다(온다). [타동] 내가 인도한다. προήγαγον [능 2부정과거] προαγαγεῖν[부정과거 부동사)
	προσέρχομαι	내가 ~에게로 간다, 접근한다. (여격을 목적어로 취한다.)
	οἶδα	내가 안다 εἴδω의 현재완료형으로 현재 의미로 사용한다.
	σκανδαλίζω	내가 ~를 죄짓게 한다.
τό	σκάνδαλον	덫, 올가미, 함정, 걸려 넘어지게 하는 것(stumbling block)
ἡ	σκηνή -ης	천막(tent), 장막, 초막, 거처
ἡ	χάρις -ιτος	은혜, 선물

❐ 부록

23.9 μι동사의 가정법

			τίθημι		ἵστημι		δίδωμι[390]	
			단수	복수	단수	복수	단수	복수
능동태	현재	1인칭	τιθῶ	τιθῶμεν	ἱστῶ	ἱστῶμεν	διδῶ	διδῶμεν
		2인칭	τίθῇς	τιθητε	ἱστῇς	ἱστῆτε	διδῷς	διδῶτε
		3인칭	τιθῇ	τιθῶσι(ν)	ἱστῇ	ἱστῶσι(ν)	διδῷ	διδῶσι(ν)
	부정과거	1인칭	θῶ	θῶμεν	στῶ	στῶμεν	δῶ[391]	δῶμεν
		2인칭	θῇς	θητε	στῇς	στῆτε	δῷς	δῶτε
		3인칭	θῇ	θῶσι(ν)	στῇ	στῶσι(ν)	δῷ	δῶσι(ν)
중수동	현재	1인칭	τιθῶμαι	τιθώμεθα	ἱστῶμαι	ἱστώμεθα	διδῶμαι	διδώμεθα
		2인칭	τιθῇ	τιθῆσθε	ἱστῇ	ἱστῆσθε	διδῷ	διδῶσθε
		3인칭	τιῆται	τιθῶνται	ἱστῆται	ἱστῶνται	διδῶται	διδῶνται
중간태	부정과거	1인칭	θῶμαι	θῶμεθα	στῶμαι	στῶμεθα	δῶμαι	δῶμεθα
		2인칭	θῇ	θῆσθε	στῇ	στῆσθε	δῳ	δῶσθε
		3인칭	θῆται	θῶνται	στῆται	στῶνται	δωταῖ	δῶνται
수동태	부정과거	1인칭	τεθῶ	τεθῶμεν	στθῶ	τεθῶμεν	δοθῶ	δοθῶμεν
		2인칭	τεθῇς	τεθητε	στθῇς	τεθῆτε	δοθῇς	δοθῆτε
		3인칭	τεθῇ	τεθῶσι(ν)	στθῇ	τεθῶσι(ν)	δοθῇ	δοθῶσι(ν)

1) μι동사의 가정법 인칭변화를 찾는 열쇠는 동사의 뿌리를 기억하는 것이다. 왜냐하면 μι동사는 현재형 몸통과 부정과거의 몸통이 다르기 때문이다. 부정과거 몸통은 μι동사의 뿌리와 동일하다.

---

390 δίδωμι 동사의 일부는 불규칙으로 변화한다.

391 δίδωμι 동사의 가정법 부정과거는 현재 몸통에서 첫음반복을 삭제한 동사 뿌리를 사용한다. δίδωμι의 뿌리는 δο이다. μι동사의 현재형 몸통을 만들기 위해 뿌리 δο의 첫음반복이 일어난 것을 보충하기 위해 ο가 ω로 장음화되었다. [δο 〉 διδο 〉 διδω] 직설법 현재형에서 단수는 διδω, 복수는 διδο 형태로 변화된다. 부정과거 δίδωμι의 가정법 부정과거의 형태를 찾는 열쇠는 철자 δ이다. δ+ εἰμι의 가정법 꼬리이다(δῶ).

현재(가능)	뿌리	부정과거(가능)	부정과거(직능)	현재(직능)
δίδωμι	[δο]	δῶ	ἔδωκα	δίδωμι
τίθημι	[τε, θε)]	θῶ	ἔθηκα	τίθημι
ἵστημι	[στα]	στθῶ	ἔστησα	ἵστημι

23.10 종속절을 이끄는 접속사 모음

목적(Purpose)	ἵνα, ὅπως	~를 하기 위하여(in oder that)
결과(Result)	ὥστε, ἵνα	~함으로(so that)
원인(Cause)	ὅτι, διότι, ἐπει	왜냐하면(because)
조건(Condition)	εἰ, ἐάν, εἴπερ	만약(if)
양보(Consession)	εἰ καί, ἐαν και, κἄν	~일지라도(even if)
비교(Comparsion)	καθώς, ὥσπερ, ὡς	꼭 ~처럼(just as), ~같이
장소(Place)	ὅπου, οὗ	~하는 곳(where)
시간(Place)	ὅτε, ὅταν, ὡς, ὡς, ἄν, ἕως	~하는 때, 하는 동안(when), ~까지(until)
선언(Statement)	ὅτι	목적절 표시(that), 인용구 표시

제24과 명령법

1) 명령법은 화자의 의지에 따라 행동이 일어나게 하는 명령(commands)을 표현한다.
2) 명령법은 화자의 시각에서 잠재적 미래 시간을 의미한다.
3) 명령법은 2인칭과 3인칭만 있다. 헬라어는 3인칭에도 명령법을 사용한다.
4) 신약에서 명령법은 현재와 부정과거가 주로 사용된다.
5) 명령법에는 다음과 같은 기본 인칭꼬리가 붙는다.

	능동태		중·수동태	
	단수	복수	단수	복수
2인칭	−x	−τε	−σο	−σθε
3인칭	−τω	−τωσαν	−σθω	−σθωσαν

24.1 현재 명령법과 2부정과거 명령법

1) 현재 명령법과 2부정과거 명령법의 인칭꼬리는 동일하다. 단 2부정과거는 변형된 몸통을 사용한다.
2) 명령법은 2인칭 단수와 복수를 암기한 후, 3인칭 단수와 복수를 암기하라.

ε → τε → ετω → ετωσαν / ου → εσθε → εσθω → εσθωσαν

✦ 현재와 2부정과거 명령법

	능동태		중 · 수동태		2부정과거 수동태	
	단수	복수	단수	복수	단수	복수
2인칭	ε	τε	ου	εσθε	ητι	ητε
3인칭	ετω	ετωσαν	εσθω	εσθωσαν	ητω	ητωσαν

1) 명령법 능동태 3인칭 단수 ετω가 3인칭 복수에도 동일하게 나타난다.
2) 명령법 능동태 2인칭 복수는 직설법 2인칭 복수의 기본 꼬리와 동일하다.
3) 현재와 2부정과거 능동태 명령법은 인칭꼬리가 동일하다. 단 2부정과거는 불규칙 몸통이 온다. 현재 중 · 수동태와 2부정과거 중간태의 인칭꼬리는 동일하다. 2부정과거 수동태는 능동태 인칭꼬리 앞에 θη가 아닌 η가 온다.

24.2 제1부정과거 명령법

	능동태		중간태		수동태	
	단수	복수	단수	복수	단수	복수
2인칭	σον	σατε	σαι	σασθε	θητι	θητε
3인칭	σατω	σατωσαν	σασθω	σασθωσαν	θητω	θητωσαν

1) 2인칭 단수를 제외하고는 ε가 σα로 바뀐 것이 특징이다. 단 2인칭 단수는 σον으로 불규칙으로 변한다.
2) 제1부정과거 수동태 명령법은 능동태 꼬리를 취한다.
3) 제1부정과거 수동태의 접착모음(θι)은 τ 앞에서 발음을 쉽게 θη로 바뀐다.
4) 제2부정과거 수동태에서는 θι가 유지되지만,[392] 간혹 η 형태로 나타날 수도 있다.

24.3 명령법 변화표

현재				
	능동태		중 · 수동태	
2인칭	πίστευε	πιστεύετε[393]	πιστεύου	πιστεύεσθε
3인칭	πιστευέτω	πιστευέτωσαν	πιστευέσθω	πιστευέσθωσαν
	εἰμί			
2인칭	ἴσθι	ἔστε	* εἰμί는 태가 없다.	
3인칭	ἔστω	ἔστωσαν		
1부정과거				
	능동태		중간태	
2인칭	πίστευσον	πιστεύσατε	πίστευσαι	πιστεύσασθε
3인칭	πιστευσάτω	πιστευσάτωσαν	πιστευσάσθω	πιστευσάσθωσαν
	2부정과거		1부정과거	
	능동태 [λέγω]		수동태	
2인칭	εἶπε	εἴπετε	πιστεύθητι	πιστεύθητε
3인칭	εἰπέτω	εἰπέτωσαν	πιστευθήτω	πιστευθήτωσαν
	2부정과거 중간태 [λέγω]		2부정과거 수동태 [γράφω]	
2인칭	εἴπου	εἴπεσθε	γράφητι	γράφητε
3인칭	εἰπέσθω	εἰπέσθωσαν	γραφήτω	γραφήτωσαν

---

392 μετάβηθι (1부정 능 2 단, 요 7:3) "올라가라" from μεταβαίνω 나는 올라간다, 간다.
393 2인칭 복수 능동태 가정법과 직설법은 동일하다.

✦ 명령법 꼬리 변화표

능 동 태				
	현재	완료	1부정–σα	
2인칭	ε ετε	κε κετε	σον σατε	
3인칭	ετω ετωσαν	κετω κετωσαν	σατω σατωσαν	
중 · 수동태				
	현재	완료		
2인칭	ου εσθε	σο σθε		
3인칭	εσθω εσθωσαν	σθω σθωσαν		
중 간 태				
			1부정과거	미완료/2부정과거
2인칭			σαι σασθε	ε ετε
3인칭			σασθω σασθωσαν	ετω ετωσαν
수 동 태				
			1부정과거	2부정과거
2인칭			θητι θητε	ητι ητε
3인칭			θητω θητωσαν	ητω ητωσαν

✦ 명령법의 특징

명령법은 시간의 차이를 나타내지 않고 동작의 차이를 나타낸다. 일반적으로 현재 명령법이 계속 진행이나 반복을 표현한다면, 부정과거는 규정될 수 없는 과거의 사건을 나타낸다. 또한 현재 명령법이 진행 과정을 강조하는 반면에 부정과거는 동작의 시작 단계를 강조한다. 이러한 차이는 금지를 나타내는 명령법에서 더 강하게 그 차이점이 나타난다.

1) 명령, 간청, 권고, 허락, 양보를 나타내는 문장에 일상적으로 사용된다.
2) 시간개념이 없으므로 단어 앞에 모자(ε)를 쓰지 않는다.
3) 명령법에서도 직설법과 동일하게 능동태 1부정 시상표시로 σα 사용되며 1부정과거 수동태 표시로 θη가 사용된다.
4) 직설법에서는 부정사 ου가 사용되지만 가정법, 희구법, 명령법에서는 μη를 사용한다.

5) 현재 명령은 행위의 계속이나 반복을 강조하고, 부정과거 명령은 동작의 시작을 강조하며, 완료 명령은 행위의 성취나 완성을 표현한다.
6) 현재 능동태와 1부정과거 2인칭 복수는 직설법과 명령법이 동일하기 때문에 문맥의 의미에 따라 직설법인지 명령법인지가 결정된다.

ἀπεκρίθη αὐτοῖς Ἰησοῦς· ἄρτι πιστεύετε; (요 16:31)

예수께서 그들에게 대답하셨다. 너희가 이제는 믿느냐?

λέγει αὐτοῖς Ἰησοῦς· πιστεύετε εἰς τὸν θεὸν καὶ εἰς ἐμὲ πιστεύετε.

1) 예수께서 그들에게 말씀한다. [너희는] 하나님을 믿어라. 또 나를 믿어라.
2) 예수께서 그들에게 말씀한다. [너희는] 하나님을 믿고 나를 믿어라.

1) **현재 명령**은 반복적 행위나 진행 상태는 강조한다.

πεπλήρωται[394] ὁ καιρὸς καὶ ἤγγικεν[a] ἡ βασιλεία τοῦ θεοῦ· μετανοεῖτε[b)] καὶ πιστεύετε ἐν τῷ εὐαγγελίῳ. (막 1:15)

그 시간이 성취되어져 왔다. 그리고 하나님의 왕국이 가까이 왔다.
[너희는] 회개하라. 그리고 그 복음을 믿어라. (현재 명령법: 믿는 행위의 계속 진행을 강조)

2) **부정과거 명령**은 동작의 시작을 강조한다.

οἱ δὲ εἶπαν·[395] πίστευσον ἐπὶ τὸν κύριον Ἰησοῦν καὶ σωθήσῃ σὺ καὶ ὁ οἶκός σου. (행 16:31) (부정과거: 믿는 행위의 시작을 강조)

그들이 말하였다. "주 예수를 믿어라. 그러면 너와 너희 집이 구원을 받을 것이다."

3) **금지 명령문**에는 μή를 사용한다.

a) 현재 부정명령은 지속적인 동작의 금지를 강조한다.
b) 부정과거는 동작의 시작을 금지하는 것을 강조한다.

εἶπεν δὲ ὁ Ἰησοῦς· οὐδὲ ἐγώ σε κατακρίνω· πορεύου,[χ] ἀπὸ τοῦ νῦν μὴ ἁμάρτανε. (요 8:11)

예수께서 말씀하셨다. 나는 너를 아무것도 정죄하지 않는다. 가라, 지금부터는 죄를 짓지 말라.[396]

---

394 πληρόω의 3인칭 단수 현재완료 수동태 a) ἐγγίζω의 3단 현재완료 능동태 b) μετανοέω의 명령법(또는 직설법) 3복 현재 능동태 c) πορεύομαι의 명령법(또는 직설법) 디포(중간) 2복 현재

395 λέγω(나는 말한다)의 2부정과거 능 3인칭 복수로 εἶπον의 변의 형태이다.

396 "가라" (현재)는 연속적 삶의 방식을 표현하며, 부정과거는 죄짓는 것을 시작하지 말 것을 강조한다.

εἴ τις οὐ θέλει ἐργάζεσθαι μηδὲ ἐσθιέτω. (살후 3:10)
만약 누구든지 일하는 것을 원하지 않는다면, [그는] 먹지도 말라.

c) μή + 부정과거 가정법 역시 금지 명령법으로 사용된다.

24.4 명령법의 사용법

1) 명령(Command)[397]

πάντοτε χαίρετε. (살전 5:16) 항상 기뻐하라.
γίνεσθε ποιηταὶ λόγου. (살전 5:16) 말씀을 행하는 자가 되라.

2) 허락(Permission)[398]

ὀργίζεσθε καὶ μὴ ἁμαρτάνετε. (엡 4:26)
화를 내라. 그러나 죄짓지 말라. [화는 낼 수도 있다는 것을 허락]

3) 권유(Entreaty)[399]

βοήθησον ἡμῖν. (막 9:22) 우리를 도와 주십시오.

4) 금지(Prohihibition)[400]

μὴ φοβοῦ·[401] ἐγώ εἰμι ὁ πρῶτος καὶ ὁ ἔσχατος. (계 1:17)
두려워하지 말라. 나는 처음이요 나중이다.

ἀδελφοί μου, μὴ ὀμνύετε τὸν οὐρανὸν. (약 5:12)
나의 형제들아! 하늘로 맹세하지 말라.

5) 양보나 조건문(Concession or Condition)[402]

λύσατε τὸν ναὸν καὶ ἐν τρισὶν ἡμέραις ἐγερῶ αὐτόν. (요 2:19)
[너희가] 그 성전을 무너뜨려라. 그러면 내가 그것을 삼일 안에 세울 것이다.
만약 너희가 그 성전을 무너뜨리면, 내가 그것을 삼일 안에 세울 것이다.

---

397 미래 직설법 또는 부정과거 가정법으로 명령을 표현할 수 있다.
398 명령보다는 화자의 허락을 강조하여 표현할 때도 명령법을 사용한다.
399 권유적 명령법은 간청이나 부탁 등에 사용되는 부드러운 명령이다.
400 금지를 나타내는 명령법에는 μή를 사용한다.
401 형태는 현재 중수동태 명령법이나 디포넌트 동사이기 때문에 능동태로 번역한다.
402 명령법이 양보나 조건문에 사용되기도 한다.

24.5 연습문제

1) ἀδελφοί μου, χαίρετε ἐν κυρίῳ. (빌 3:1)

2) μετανοεῖτε καὶ πιστεύετε ἐν τῷ εὐαγγελίῳ. (막 1: 15)

3) λύσατε αὐτὸν καὶ φέρετε. (막 11:2)

4) λέγει αὐτῷ ὁ Ἰησοῦς· ὕπαγε, σατανᾶ· (마 4:10a)

5) ἀπεκρίθη Ἰησοῦς καὶ εἶπεν[403] αὐτοῖς· λύσατε τὸν ναὸν τοῦτον καὶ ἐν τρισὶν ἡμέραις ἐγερῶ αὐτόν. (요 2:19)

6) μὴ ταρασσέσθω ὑμῶν ἡ καρδία· πιστεύετε εἰς τὸν θεὸν καὶ εἰς ἐμὲ πιστεύετε. (요 14:1)

7) πιστεύετέ μοι ὅτι ἐγὼ ἐν τῷ πατρὶ καὶ ὁ πατὴρ ἐν ἐμοί· διὰ τὰ ἔργα αὐτὰ πιστεύετε. (요 14:11)

8) νεκροὺς ἐγείρετε, λεπροὺς καθαρίζετε, δαιμόνια ἐκβάλλετε· δωρεὰν ἐλάβετε, δωρεὰν δότε. (마 10:8)

9) κύριον τὸν θεόν σου προσκυνήσεις καὶ αὐτῷ λατρεύσεις. (마 4:10b)[404]

---

403 λέγω(나는 말한다)의 2부정과거 1인칭 단수 혹은 3인칭 복수

404 미래 시상은 명령문으로 사용될 수 있다.

24.6 단어

ἀποκρίνομαι	[디포] 내가 대답한다. ἀπεκρινάμην ἀποκέκριμαι ἀπεκρίθην
βοηθέω	내가 돕는다(aid, help).
γίνομαι	나는 ~이다, 된다(become), 일어난다(happen).
τὸ δαιμόνιον	귀신(demon), 악령
δίδωμι	내가 준다(give) δώσω ἔδωκα δέδωκα δέδομαι ἐδόθην
δωρεάν	거저, 공짜로(as a gift); δωρεα,의 중성 단수는 부사로 사용된다.
ἐγείρω	나는 일어난다, 일으킨다. ἤγειρα ἐγήγερμαι ἠγέρθην
ἐκβάλλω	내가 쫓아낸다, 축출한다.
ἐσθίω	내가 먹는다 φάγομαι[미 중] ἔφαγον[2부정과거]
καθαίρω	내가 깨끗하게 만든다, 간결하게 한다.
λαμβάνω	내가 취한다, 붙잡다 λήμψομαι ἔλαβον εἴληφα ἐλήμφθην
λατρεύω	내가 예배한다. 봉사한다(serve by carring out religious duties).
λεπρός -ον -α	나병의(leprous)
λύω	내가 푼다, 파괴한다.
ὁ λαός	백성, 민중
ὁ ναός	성전, 성소, 지성소 ἱερόν은 성전 전체 구역, ναός는 성전 건물 자체나 지성소를 의미한다.
πάντοτε	항상(always), 언제나
ὁ ποιητής	행하는 자(one who does)
προσκυνέω	내가 예배한다, 엎드린다. (대체로 여격을, 간혹 대격을 취한다)
ταράσσω	내가 휘젓는다. 당황하게 한다, 혼동하게 한다.
τρεῖς, τρία	셋(3) τριῶν[속격], τρισίν[여격]
ὑπάγω	내가 떠난다(go away)
φέρω	내가 가져온다, (열매) 맺는다. ἤνεγκα ἤνεγκον ἐνήνοχα ἐνήνεγμαι
φοβέω	내가 두려워한다 φοβηθήσομαι ἐφοβήθην (신약에서 수동태만 사용된다)
φοβέομαι	[디포 동사] 내가 두려워하다, 무서워하다.
χαίρω	내가 즐거워한다. 기뻐하다, 유쾌하게 되다, 행복하다.
χωρίζω	내가 분리한다, 구분한다, [수동] 이혼한다. 떠난다.

냉면에 오이가 들어 있어 맛이 살듯이
희구법에는 οι가 들어간다.
아이가 쓴 (오)이 꼭지를 잘라내듯이
희구법에는 모자(ε)를 쓰지 않고
제1시상 꼬리를 잘리고, 2시상 꼬리만 사용한다.
2시상 꼬리에 모자(ε)를 써야 제격인데
모자 없는 꼬리만을 사용하니,
있을 수 없는 일을 표현할 수밖에,

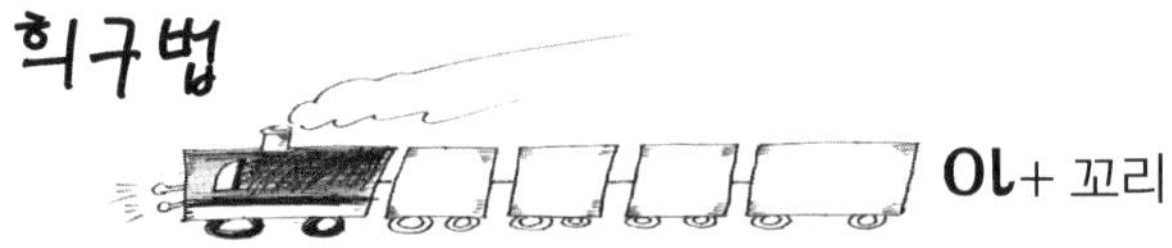

희구법은 가정법보다 가능성은 희박하지만
화자 입장에서 간절한 소원을 표현한다.

제 25과 희구법[405]

희구법은 확신할 수 없지만, 간절한 소원이나 기도와 같은 가능성에 대한 강한 기대감을 표현한다. 희구법은 가정법보다 실현 가능성이 적다. 가정법은 있음직한 것이나 현실로 실현 가능성(probability)에 대해 표현한다면, 희구법은 현실적으로 불가능한 일이 일어날 가능성(possibility)을 희사해 준다.

1) 희구법에는 능동태는 1시상 기본(μι, ς, σι, μεν, τε, ασι) 꼬리만 붙고, 중·수동태에는 2시상 인칭꼬리만 붙는다. 2) 희구법 표시는 ι 또는 ιη이다.

a) ι는 시상 접착모음이 붙은 몸통에 사용된다. [ἔχοι εὐξαίμην]

b) ιη는 시상접착모음이 없는 몸통에 사용된다. [εἴη δῴη]

25.1 희구법 꼬리 변화표

	능동태					
	현재 –οι		1부정과거 –σαι			
1인칭 2인칭 3인칭	οιμι οις οι	οιμεν οιτε οιεν	σαιμι σαις σαι	σαιμεν σαιτε σαιεν[406]		
	중 · 수동태					
	현재					
1인칭 2인칭 3인칭	οιμην οιο οιτο	οιμεθα οισθε οιντο				
	중간태					
	1부정과거		2부정과거			
1인칭 2인칭 3인칭	σοιμην σοιο σοιτο	σοιμεθα σοισθε σοιντο	οιμην οιο οιτο	οιμεθα οισθε οιντο		
	수동태					
	1부정과거		2부정과거		미래	
1인칭 2인칭 3인칭	θειην θειης θειη	θειημεν θειητε θειησαν	ειην ειης ειη	ειημεν ειητε ειησαν	θησοιμην θησοιο θησοιτο	θησοιμεθα θησιοσθε θησοιντο

---

405 희구법은 5시상(현재, 미래, 미래완료, 부정과거, 완료)에서 사용한다. 희구법은 신약에 거의 사용되지 않는다. 대부분은 바울의 기도와 누가복음과 사도행전(67회)에서 현재형과 부정과거로 사용한다.

406 또는 σειαν [ποιήσαιεν (눅 6:11)]

25.2 πιστεύω의 희구법 변화

현재				
	능동태[407]		중·수동태[408]	
1인칭	πιστεύοιμι	πιστεύοιμεν	πιστευοίμην	πιστευοίμεθα
2인칭	πιστεύοις	πιστεύοιτε	πιστεύοιο	πιστεύοισθε
3인칭	πιστεύοι	πιστεύοιεν	πιστεύοιτο	πιστεύοιντο
1부정과거				
	능동태[409]		중간태[410]	
1인칭	πιστεύσαιμι	πιστεύσαιμεν	πιστευσαίμην	πιστευσαίμεθα
2인칭	πιστεύσαις	πιστεύσαιτε	πιστευσαιο	πιστεύσαισθε
3인칭	πιστεύσαι[411]	πιστεύσαιεν	πιστευσαιτο	πιστεύσαιντο
	εἰμί의 현재 희구법		1부정과거 수동태[412]	
1인칭	εἴην	εἴημεν	πιστευθείην	πιστευθείημεν
2인칭	εἴης	εἴητε	πιστευθείης	πιστευθείητε
3인칭	εἴη	εἴησαν	πιστευθείη	πιστευθείησαν
	2부정과거 능동태		2부정과거 수동태	
	εἴποιμι	εἴποιμεν	εἰποίμην	εἰποίμεθα
	εἴποις	εἴποιτε	εἴποιο	εἴποισθε
	εἴποι	εἴποιεν	εἴποιτο	εἴποιμιντο

407 a) 능동태 현재 희구법의 접착모음은 οι이다. b) 인칭꼬리는 2시상 능동태 꼬리를 사용한다. 1인칭 단수와 3인칭 복수에 약간의 변형이 있다. 1인칭 단수 꼬리 μι 2시상 꼬리의 변형이다.

408 a) 중수동태 현재 희구법의 접착모음은 οι이다. b) 인칭꼬리는 2시상 수동태 꼬리를 사용한다. c) 2인칭 단수에서 σ가 탈락한다. [οισο (모음에 갇힌 σ탈락) 〉 οιο]

409 a) 능동태 1부정과거 희구법의 접착모음은 αι이다. b) 희구법에는 몸통 앞에 절대 모자(ϵ)을 쓰지 않는다. 그러나 동사 몸통 뒤에 σ가 붙는다. c) 현재와 동일하게 2시상 인칭꼬리가 붙는다.

410 접착모음 αι에 중수동 현재꼬리가 붙은 형태이다.

411 1부정과거 3인칭 단수 능동태 희구법과 1부정과거 능동태 부정사, 부정과거 2인칭 단수 중간태 명령법과 동일하다. 단지 강세(accent)가 다르다. πιστεύσαι[1부정과거 3인칭 단 능동태 희구법] πιστεῦσαι[1부정과거 능동태 부정사] πίστευσαι[1부정과거 2인칭 단수 중간태 명령법]

412 1부정과거 수동태의 직설법과 희구법과의 차이는 두 가지이다. 첫째로 직설법에는 수동태 표시가 θη이고, 희구법은 θειη이다. 둘째로 희구법은 직설법에 사용되는 과거 표시인 모자(ϵ)를 동사 몸통 앞에 쓰지 않는다.

25.3 신약에 나오는 희구법

신약에서는 희구법이 거의 사용되지 않는다. 그러므로 희구법의 모든 인칭변형을 암기하는 데 시간을 소비할 필요가 없다. 그보다는 희구법에 표시로 접착모음 οι나 αι를 확인하는 것이 더 효과적이다.

✦ 현재 희구법 (능동태)

δυναίμην 현재 능 1 단 (행 8:31)
ἔχοι 현재 능 3 단 (벧전 3:14), ἔχοιεν 현 능 3 복 (행 24:19)
θέλοι 현재 능 3 단 (눅 1:62; 행 17:18; 벧전 3:17)
εἴη 현재 능 3 단, < εἰμί 이것들이 무엇입니까? ἂν εἴη ταῦτα; (cf. 눅 15:26)
πάσχοιτε (현재 능 2 복, 벧전 3:14)

✦ 제2부정과거 희구법(능동태)

γένοιτο (2부정 능 3 단, 롬 3:4, 6) λάβοι (2부정 능 3 단, 행 25:16)
τύχοι (2부정 능 3 단, 고전 14:10; 15:37) φάγοι (2부정 능 3 단, 마 11:14)

✦ 제1부정과거(능동태)

εὔξαίμην(행 26:29) στηρίξαι[413](살후 2:8)
περισσεύσαι (살전 3:12) πλεονάσαι (딤전 3:12)
καταρτίσαι (히 13:21) κατευθύναι (딤전 3:11)
ποιήσαιεν(눅 6:11) ψηλαφήσειαν(행 17:27)

✦ 제1부정과거 희구법 (수동태)

λογισθείη(딤후 4:16) πληθυνθείη(벧전 1:2) τηρηθείη (살전 5:23)
δῴη 1부정 중[능] 3 단 (롬 15:5) εὕροιεν 1부정 능 3 복 (행 17:27)

✦ 현재 희구법 (중간태)

ὀναίμην[414] 현 중 1 단 (몬 1:20) δύναιντο 현 중 3 복 (행 27:12, 39)

---

413 στηρίξαι < στηρίζ + σαι = ζαι from στηρίζω 내가 강하게 하다(strengthen).
414 ὀνίναμαι 나가 유익하다(benefit), 기쁨을 누린다(have joy).

25.4 희구법 사용법

1) 미래적 소원을 표현하는 희구법

신약에서 미래적 소원은 일반적으로 부정과거 희구법이 사용된다.

Αὐτὸς δὲ ὁ κύριος τῆς εἰρήνης δῴη[415] ὑμῖν τὴν εἰρήνην. (살후 3:16)
(그) 平和의 주님이 친히 (그) 平和를 너희에게 주시기를 기원합니다.

αὐτὸς δὲ ὁ θεὸς τῆς εἰρήνης ἁγιάσαι[416] ὑμᾶς ὁλοτελεῖς. (살전 5:23)
(그) 平和의 하나님이 친히 너희를 온전히 거룩하게 하실 것을 기원합니다.

신약성서에서 강한 소원을 나타내는 부정문으로 μὴ γένοιτο(능동태 3인칭단수 희구법)을 사용한다.[417]

λέγω, μὴ ἀπώσατο[418] ὁ θεὸς τὸν λαὸν αὐτοῦ; μὴ γένοιτο. (롬 11:1)
그러므로 내가 말한다. 하나님이 그의 백성을 거절하신 것입니까? 있을 수 없습니다.

μὴ γένοιτο. ἀπεθάνομεν τῇ ἁμαρτίᾳ, πῶς ἔτι ζήσομεν ἐν αὐτῇ;(롬 6:2)
결단코 있을 수 없습니다. 우리는 죄에 대해 죽었습니다. 어떻게 우리가 아직도 그것[안에 사는 것]을 구하려고 할 수 있습니까?

2) 가능성을 표현

ὁ δὲ εἶπεν·[419] πῶς γὰρ ἂν δυναίμην[420] ἐὰν μή τις ὁδηγήσει με; (행 8:31)
그가 말했다. 누군가 나를 인도하지 않는다면 어떻게 내가 할 수 있겠습니까?

---

415 δίδωμι의 2부정 3인칭단수 능동태 희구법
416 ἁγιάζω의 1부정 3인칭단수 능동태 희구법
417 눅 20:16; 행 5:24; 롬 3:4, 6, 31; 6:15; 7:7, 13; 9:14; 11:, 11; 고전 6:15; 갈 2:17; 3:21; 6:14. cf. 눅 1:38.
418 ἀπωθέω의 2부정 3인칭단수 중간태 직설법
419 λέγω의 2부정 3인칭단수 능동태 직설법
420 δύναμαι의 현재 1인칭단수 중간태 희구법

25.5 연습문제

1) ὑμᾶς ὁ κύριος πλεονάσαι καὶ περισσεύσαι τῇ ἀγάπῃ εἰς ἀλλήλους. (살전 3:12)

2) δυνατεῖ δὲ ὁ θεὸς πᾶσαν χάριν περισσεῦσαι εἰς ὑμᾶς (고후 9:8)[421]

3) δῴη ἔλεος ὁ κύριος τῷ Ὀνησιφόρου[422] οἴκῳ. (딤후 1:16)

4) μήποτε δώῃ αὐτοῖς ὁ θεὸς μετάνοιαν εἰς ἐπίγνωσιν ἀληθεία. (딤후 2:25)

5) ὁ πατὴρ τῆς δόξης, δώῃ[423] ὑμῖν πνεῦμα σοφίας. (엡 1:17)

6) σὺ εἶ Πέτρος, καὶ ἐπὶ ταύτῃ τῇ πέτρᾳ οἰκοδομήσω[424] μου τὴν ἐκκλησίαν. (마 16:18)

7) καὶ ἐπὶ ταύτης τῆς πέτρας θέλω οἰκοδομήσει τὴν ἐκκλησίαν μου. (마 16:18: 현대 헬라어)

8) σπείρεις κόκκον εἰ τύχοι σίτου. (고전 15:37) [희구법]

9) πάντα ὑπομένω διὰ τοὺς ἐκλεκτούς, ἵνα τῆς σωτηρίας τύχωσιν ἐν Χριστῷ Ἰησοῦ. (딤후 2:10) [가정법]

---

421 제1부정과거 부정사

422 ὁ Ὀνησίφορος 오네시보르

423 δίδωμι의 부정과거 3인칭 단수 가정법. δῴη는 희구법이고 δώῃ는 가정법이다.

424 원형은 οἰκοδομέω(집을 짓다, 건축하다)이다. 명사형은 ὁ οἶκος(집) 혹은 ἡ οἰκια(집)이다. 동사형은 οἰκέω(살다, 거한다)이다. cf. οἰκονομία (가정을 경영, 임무, 직무: economy); οἰκουμένη(세상, 인류: ecumenic, -ical 전반적인, 보편적인, 세계적인; 전기독교(회)의; ecumenism의)

25.6 단어

	ἐπιγινώσκω	내가 인식하다, 발견하다(discover).
	ἀπωθέω (ἀπωθέομαι)	[중간태] 내가 밀어버린다. 거절한다.
	δύναμαι	[디포 동사] 나는 할 수 있다. 가능하다.
		ἠδυνάμην (ἐδυνάμην)[미완료] δυνήσομαι ἠδυνήθην(ἠδυνάσθην)
ἡ	δύναμμις -εως	능력, 힘(power), 기적
	δυνατέω	내가 힘이 있다, 힘을 발휘할 수 있다.
ἡ	ἐπίγνωσις -εως	지식, 인식(recognition, consciousness)
ὁ	κόκκος	씨앗, 곡식
ἡ	μετάνοια -ας	회개, 개심, 길을 바꿈
	περισσεύω	[타동] 내가 풍부한다, 넘친다.
		[자동] 과잉되다(be more than enough), 부자가 된다.
	πλεονάζω	[타동] 내가 많게 하다(cause to increase).
		[자동] 증가하다, 성장하다.
	οἰκοδομέω	내가 세우다(build up), 건축자가 된다.
	ὅλος -ον -η	[형] 전체의, 전부의, 모든
	ὁλοτελής -ες	끝까지 완전한, 온전한, 완벽한
τὸ	σπέρμα -ατος	씨(seed), 자손
	σπείρω	내가 씨를 뿌린다.
ὁ	σῖτος	알곡, 곡식(wheat, grain)
	τυγχάνω	나는 만난다, 얻는다, 찾는다. 획득한다.
	ὑπομένω	내가 견딘다, 거한다, 유한다.

부록

1. 불규칙 동사 변화표

	현재	미래	부정과거	현재완료(능)	현재완료(수)	부정과거(수)
1	ἀγγέλλω	ἀγγεωλῶ	ἤγγειλα	_____	ἤγγελμα	ἠγγελην
2	ἄγω	ἄξω	ἤγαγον	_____	ἦγμαι	ηχθην
3	αἱρέω	αἱρήσομαι[중]	εἷλον	_____	ᾕρημαι	εἱλόμην[a]
4	αἴρω	ἀρῶ	ἦρα	ἦρκα	ἦρμαι	ἤρθην
5	ἀκούω	ἀκούσω[b]	ἤκουσα	ἀκήκοα	_____	ἀκούσθην
6	ἁμαρτάνω	ἁμαρτήσω	ἡμάρτησα[c]	ἡμάρτηκα	ἡμάρτημαι	_____
7	ἀνοίγω	ἀνοίξω[d]	ἤνέῳξα[e]	ἀνέῳγα	ἠνέῳγμαι[f]	ἠνεῴχθην[g]
8	ἀποκτείνω[h]	ἀποκτενῶ	ἀπέκτεινα	_____	_____	ἀπεκτάνθην
9	ἀπόλλυμι[i]	ἀπολέσω[j]	ἀπώλεσα[k]	ἀπόλωλα	_____	_____
10	ἀρέσκω	ἀρέσω	ἤρεσα	ἤρεσα	_____	_____
11	ἀρνέομαι	ἀρνήσομαι	ἠρνησάμην	_____	ἤρνημαι	ἠρνήθην
12	ἄρχω	ἄρξω[l]	ἦρξα[m]	_____	_____	
13	ἀφίημι	ἀφήσω	ἀφῆκα	ἀφεῖκα	ἀφεῖμαι	ἀφεῖθην
14	βαίνω	βήσομαι	ἔβην	βεβηκα	_____	_____
15	βάλλω	βαλῶ	ἔβαλον	βέβληκα	βέβλημαι[n]	ἐβλήθην
16	γαμέω	γαμήσω	ἔγημα[o]	γεγάμηκα	_____	ἐγαμήθην
17	γίνομαι	γενήσομαι	ἐγενόμην	γέγονα	γεγένημαι	ἐγενήθην
18	γινώσκω	γνώσομαι	ἔγνων	ἔγνωκα	ἔγνωσμαι	ἐγνώσθην

---

[a]또는 εἱλάμην[중 2부정] [b]또는 ἀκούσομαι [c]또는 ἥμαρτον [d]또는 ἀνέῳξα εἀνέῳξα [e]또는 ἤνοιξα [f]또는 ἀνέωγμαι ἤοιγμαι [g]또는 ἀνεῴχθην ἠνοίχθην [h]또는 ἀποκταίνω ἀποκτέμνω, ἀποκτέννω ἀποκτένω [I]또는 ἀπόλλύω [j]또는 ἀπολω ἀπολοῦμαι[중 미래] [k]ἀπωλόμην[중 2부정과] [l]ἄρξομαι[중 미래] [m]ἠρξάμην[중] [n]ἐβεβλήμην[수 과거완료] [o]또는 ἐγάμησα

[1]내가 전한다. 알린다. [2]내가 인도한다. [3]내가 들어올린다. 취한다. [4][능] 잡자. 붙잡다. [중] 선택하다. [5]내가 듣는다. [6]내가 죄를 짓는다. [7]내가 연다(open). [8]내가 죽인다. [9][능] 내가 멸망시킨다. 죽인다. [중] 잃다. 멸망하다. [10]내가 기쁘게 하려고 한다. 기쁘게 한다. [11][디포] 내가 거절한다. 부인한다. [12]내가 통치한다. 지배한다. [중] 시작한다. [13]내가 취소한다. 용서한다. 허락한다. 버린다. 이혼한다. [14]내가 간다. [15]내가 던진다. [16]내가 결혼한다. [17]내가 된다. ~이다. [18]내가 안다.

	현재	미래	부정과거	현재완료(능)	현재완료(수)	부정과거(수)
19	γράφω	γράξω	ἔγραψα	γέγραφα	γέγραμμαι	ἐγράφην
20	δείκνυμι[a]	δείξω	ἔδεξα	δέδεχα	δέδειγμαι	ἐδείχθην
21	δέχομαι	ἐδέξομαι	ἐδεξάμην	_____	δέδεγμαι	ἐδέχθην
22	δίδωμι	δώσω	ἔδωκα	δέδωκα	δέδομαι	ἐδόθην
23	διώκω	διώξω	ἐδίωξα	δέδωκα	δεδίωγμαι	διώχθην
24	δύναμαι	δυνήσομαι	δυνάμην	_____	_____	ἠδυνήθην[b]
24	ἐγγίζω	ἐγγίσω	ἤγγισα	ἤγγικα	_____	_____
25	εἰμί	ἔσομαι	ἤμην[미완료]	_____	_____	
26	ἐλπίζω	ἐλπιῶ[c]	ἤλπισα	ἤλπικα	_____	_____
27	ἐργάζομαι	_____	ἠργασάμην[d]	_____	εἴργασαμαι	εἰργάσθην
28	ἔρχομαι	ἐλεύσομαι	ἦλθον[e]	ἐλήλυθα	_____	_____
29	ἐρωτάω	ἐρωτήσω	ρώτησα	ἠρώτηκα	ἠρώτημαι	ἠρώτηθην
30	ἐσθίω	φάγομαι	ἔφαγον	_____	_____	
30	εὐαγγελίζω	εὐηγγελίσω	εὐηγγέλισα[f]	εὐηγγέλικα	εὐηγγέλισμαι	εὐηγγελίσθην
31	εὑρίσκω	εὑρήσω	εὗρον	εὕρηκα	_____	εὑρέθην
32	εὔχομαι	εὐξάομαι	εὐξάμην	_____	_____	
33	ἔχω	ἕξω	ἔσχον	ἔσχηκα	_____	_____
34	θέλω	θελήσω	ἠθέλησα	_____	_____	
35	θνῄσκω	θναοῦμαι	ἔθανον	έθνηκα	_____	_____
36	ἵστημι[g]	στήσω	ἔστησα	ἕστηκα[h]		ἐστάθην
37	καίω	καίσω	ὲκαυσα	_____	κέκαυμαι	ἐκαύθην
38	καλέω	καλέσω	ἐκάλεσα	κέκληκα	κέκλημαι	ἐκλήθην
39	κλίνω	κλίνω	ἔκλινα	κέκλικα	_____	_____

a 또는 δείκνυω b 또는 ἠδυνάσθην c 또는 ἐγγιῶ, ἐγγίξω d 또는 ἐλπίσω e 또는 εἰργασάμην f 또는 ἦλθα g 또는 εὐηγγέλισαμην h 또는 ἕστηκα

[19]내가 기록한다. [20]내가 보여 준다, 밝힌다, 설명한다. [21]내가 받는다, 영접한다. [22]내가 준다. [23]내가 추적한다, 핍박한다, 구한다. [24]내가 할 수 있다. [25]내는 ~이다. [26]내가 소망한다. [27]내가 일한다. [28]내가 간다, 온다. [29]내가 묻는다. [30]내가 복음을 전한다. [31]내가 찾는다. [32][디포] 내가 기도한다, 바란다. [33]내가 가진다. [34]내가 원한다. [35]내가 죽인다. [36][타동] 내가 세운다(make to stand), 일으킨다, 고정시킨다. [자동] 내가 서 있다, 나타나다, 정지해 있다 (막 13:9; 행 8:38). [37][능] 내가 불을 붙이다. [수] 빛난다, 탄다. [38]내가 부른다. [39][타] 내가 굽힌다, 절한다. [자] 기울다, (날이) 저물다, 늦다(be late).

현재	미래	부정과거	현재완료(능)	현재완료(수)	부정과거(수)
40 κρίνω	κρινῶ	ἔκρινα	κέκρικα	κέκραμαι	ἐκρίθην
41 λαμβάνω	λήμψομαι[a]	ἔλαβον	εἴληφα	___	ἐλήμφθην
42 λέγω	ἐρῶ	εἶπον[b]	εἴρημαι	___	ἐρρέθην[c]
43 λείπω	λείψω	ἔλιπον	λέλοιπα	λέλειμμαι	ἐλείφθην
44 μανθάνω	ἔμαθον	___	μεμένηκα	___	
45 μέλλω	μελλήσω	ἔμελλον[d]	___	___	
45 μένω	μενῶ	ἔμεινα	___	μεμένηκα	___
46 μιμνῄσκω	μνήσω	ἔμέμνηα	___	μέμνημαι	ἐμνήσθην
47 ὁράω	ὄψομαι	εἶδον	ἑώρακα[e]	ὦμμαι	ὤφθην
48 πάσχω	___	ἔπαθον	πέπονθα	___	___
49 πείθω[a]	πείσω	ἔπεισα[f]	πέποιθα	πέπεισμαι	ἐπείσθην
50 πίνω	πίομαι	ἔπιον	πέπωκα	___	ἐποθην
51 πίπτω	πεσοῦμαι	ἔπεσον	πέπτωκα	___	___
52 στέλλω	στελῶ	ἔστειλα	ἔσταλκα	ἔσταλμα	ἐστάλην
53 στρέφω	στρέψω	ἔστρεψα	___	ἔστραμμαι	ἐστράφην
54 σῴζω[g]	σώσω	ἔσωσα	σέσωκα	σέσῳσμαι	ἐσώθην
55 τελέω	τελέσω	ἐτέλεσα	τετέλεκα	τετέλεσμαι	ἐτελέσθην
56 τίθημι	θήσω	ἔθηκα	τέθεικα	τέθειμαι	ἐτέθην
57 τρέχω	ἔδραμον	___	___		
58 φέρω	οἴσω	ἤνεγκα[h]	ἐνήνοχα	ἐνήνεγμαι	ἠέχθην
59 φεύγω	φεύξομαι	ἔφυγον	πέφευγα	___	___
60 φημί	ἔφην[미완료]				
61 φθείρω	φθερῶ	ἔφθειρα	ἔφθαρμαι	ἐφθάρην	

---

a) λήψομαι [b]또는 εἶπον εἴπον [c]또는 ἐρρήθην [d]또는 ἤμελλον[미완료] [e]또는 ἑόρακα [f]또는 ἔπεσα [g]또는 σώζω [h]또는 ἤνεγκον

[40]내가 심판한다. [41]내가 취한다. [42]내가 말한다. [43]내가 남긴다, 버려둔다. [44]내가 배운다. [45]내가 ~하려고 한다. [46]내가 거한다. [47]내가 본다. [48]내가 고통을 당한다. [49]내가 설득시킨다. [50]내가 마신다. [51]내가 떨어지나(fall). [52]내가 보낸다. [53]내가 전환한다. [54]내가 구원한다. [55]내가 끝낸다, 완성한다. [56]내가 놓다, 내려놓다. [57]내가 달린다. [58]내가 운반한다. [59]내가 도망친다. [60]내가 말한다. [61]내가 부패한다(currupt), 썩는다.

2. 동사 변화표

2.1 동사 가족 분리표

능 1	중·수 2	능(수통) 3	중·수 4		직설법 능동태	 중간태	 수동태
μι ς σι μεν τε ασιν	μαι σαι ται μεθα σθε νται	ν ς — μεν τε σαν	μην σο το μεθα σθε ντο	μι동사 현재 미래 미완료 2부정 1 부 정 현재완 과거완	διδω+1 λυ+1^3 λυ+σ+1^3 ϵ+λυ+3^3 ϵ+ιδ+3^3 ϵ+λυ+σ+3^2 λϵ+λυ+κ+3^2 λϵ+λυ+κϵι+3	διδω+2 λυ+2^3 λυ+σ+2^3 ϵ+λυ+4^3 ϵ+ιδ+4^3 ϵ+λυ+σ+4^2 λϵ+λυ+2 [ϵ]+λϵ+λυ+4	διδω+2 λυ+2^3 λυ+θη+σ+2^3 ϵ+λυ+4^3 ϵ+γραφ+η+3 ϵ+λυ+θη+3 λϵ+λυ+2 [ϵ]+λϵ+λυ+4
		3^2	4^2				가정법
		α ας ϵ(n) αμεν ατε ασι(ν) =αν	αμην ω ατο αμεθα ασθϵ αντο	현재 1부정 2부정	λυ+1^4 λυ+σ+1^4 ιδ+1^4	λυ+2^4 λυ+σ+2^4 ιδ+2^4	λυ+2^4 λυ+θ+1^4 γραφ+1^4
1^3	2^3	3^3	4^3				부정사
ω ϵις ϵι ομεν ϵτϵ ουσι	ομαι ῃ ϵται ομϵθα ϵσθϵ ονται	ον ϵς ϵ ομεν ϵτϵ ον	ομην ου ϵτο ομϵθα ϵσθϵ ονται	현재 2부정 1부정 현재완	λυ+ϵιν ιδ+ϵιν λυ+σ+αι λϵ+λυ+σ+ϵναι	λυ+ϵσθαι ιδ+ϵσθαι λυ+σ+ασθαι λϵ+λυ+sθαι	λυ+ϵσθαι γραφ+ηναι λυ+θη+ναι λϵ+λυ+sθαι
1^4	2^4				분 사		
ω ῃς η ωμεν ητϵ ωσιν	ωμαι ῃ ηται ωμϵθα ησθϵ ωνται	현 재 2부정 1부정 현재완			λυ+ων -ον -ουσα ιδ+ων -ον -ουσα λυ+σ+ας -αν -ασα λϵ+λυ+κ+ως -ος -υια	λυ+ο+μενος -ον -η ιδ+ο+μενος -ον -η λυ+σα+μενος -ον -η λϵ+λυ+μενος -ον -η	λυ+ο+μενος -ον -η -ϵις ϵν -ϵισα -θϵις -θϵν -θϵισα λϵ+λυ+μενος -ον -η

* δίδωμι 내가 준다. * λύω 내가 풀어준다, 파괴한다.

* ϵἶδον = ὁραω[나는 본다]의 2부정과거 1인칭 단수 또는 3인칭 복수

* γράφω 내가 쓴다, 기록한다.

2.2 제1시상 동사 인칭꼬리 변형

	중 · 수동태 현재완료		중 · 수동태 현재		중간태 미래		수동태 미래	
1인칭	μαι	μεθα	ομαι	ομεθα	σομαι	σομεθα	θησομαι	θησομεθα
2인칭	σαι	σθε	ῃ[α]	εσθε	σῃ	σεσθε	θησῃ	θησεσθε
3인칭	ται	νται	εται	ονται	σεται	σονται	θησεται	θησονται
	■ε■□□□ ⇝		■□□□ ο/ε⇝		■□□□ σ ο/ε⇝		■□□□ θησ ο/ε⇝	

	현재완료 능동태		능동태 현재		능동태 미래		μι동사	
1인칭	κα	καμεν	ω	ομεν	σω	σομεν	μι	μεν
2인칭	κας	κατε	εις	ετε	σεις	σετε	ς	τε
3인칭	κε	κασι	ει	ουσι(ν)	σει	σουσι(ν)	σι	ασι(ν)
	■ε■□□□ κα↝		■□□□ ο/ε↝		■□□□ σο/ε↝		■ι■□□□↝	

2.3 제2시상 동사 인칭꼬리 변형

	과거완료 수동태		미완료 중 · 수동태		2부정과거 중간태		1부정과거 중간태	
1인칭	μην	μεθα	ομην	ομεθα	ομην	ομεθα	σαμην	σαμεθα
2인칭	σο	σθε	ου	εσθε	ου	εσθε	σω[β]	σασθε
3인칭	το	ντο	ετο	οντο	ετο	οντο	σατο	σαντο
	[ἐ]■ε■□□□ ⇝		ε■■■■ο/ε⇝		ε■■■■ο/ε⇝c		ε■□□□ σα ↝	

	1부정과거 수동태		과거완료 능동태		2부정과거 능동태		1부정과거 능동태	
1인칭	θην	θημεν	κειν	κειμεν	ον	ομεν	σα	σαμεν
2인칭	θης	θητε	κεις	κειτε	ες	ετε	σας	σατε
3인칭	θη	θησαν	κει	κεισαν	ε	ον	σε	σαν
	ε■□□□ θη ↝		■ε■□□□ κει ↝		ε■■■■ο/ε↝		ε■□□□ σα ↝	

---

a ε+σαι = εσαι → σ 탈락 → εαι → ῃ로 축약(장음화)

b σα+σο = εασο → σ 탈락 → σαοι → σω로 축약(장음화)

2.4 동사꼬리 변화

✦ 동사꼬리 변화 암기표

μαι	σαι	ται	μεθα	σθε	νται	μι동사(현재)와 현재완료(중 · 수) 직설법
ομαι	ῃ	εται	ομεθα	εσθε	ονται	현재(중 · 수), 미래(중), 미래(수) 직설법
μι	ς	σι	μεν	τε	ασι(ν)	μι동사 현재(능) 직설법
ω	εις	ει	ομεν	ετε	ουσι(ν)	현재(능), 미래(능) 직설법
μην	σο	το	μεθα	σθε	ντο	1과거완료 직설법
ομην	οῦ	ετο	ομεθα	εσθε	οντο	미완료(중 · 수) 직설법
σαμην	σω	σατο	σαμεθα	σασθε	σαντο	1부정(중) 직설법
ν	ς	—	μεν	τε	σαν	과거완료(능)=1부정과거(수) 직설법
α	ας	ε	αμεν	ατε	αν/ασι(ν)	1부정과거(능 σα), 현재완료(능 κα) 직설법
ον	ες	ε	ομεν	ετε	ον	미완료(능) = 2부정과거(능) 직설법

2.5 동사 시상 변화

		미완료	1과거(수θη)						
현완료	1과거	2과거	과거완료(κε)	모델[a]	μι동사	현재	미래	미래(가)	현재(가)
κα	σα	ον	ν	μι	μι	ω	σω	σω	ω
κας	σας	ες	ς	σι	ς	εις	σεις	σῃς	ῃς
κε	σε	ε	—	τι	σι	ει	σει	σῃ	ῃ
καμεν	σαμεν	ομεν	μεν	μεν	μεν	ομεν	σομεν	σωμεν	ωμεν
κατε	σατε	ετε	τε	τε	τε	ετε	σετε	σητε	ητε
κασι	σαν	ον	σαν	ντι	ασι(ν)	ουσι(ν)	σουσι(ν)	σωσι(ν)	ωσι(ν)

	미완료(중)					
1과거(중)	2과거(중)	모델	과거완료(수)	현재(수중)	미래(중)	미래(수)
σαμην	ομην	μο	μαι	ομαι	σομαι	θησομαι
σω[b]	ου	σο	σαι	ῃ	σῃ	θησῃ
σατο	ετο	το	ται	εται	σεται	θησεται
σαμεθα	ομεθα	μεθα	μεθα	ομεθα	σομεθα	θησομεθα
σασθε	εσθε	σθε	σθε	εσθε	σεσθε	θησεσθε
σαντο	οντο	ντο	ντο	οντο	σοντο	θησοντο

---

c 뿌리가 변형되는 대표적 단어 ερχομαι → ηλθον (λεγω) → ειπον (λαμβανω) → ελαβον

a 모델 형태에서 오른쪽으로 제1시상이며 왼쪽으로 제2시상이다. 현재완료 능동태만은 예외이다 (현재완료는 제1시상이다). 1시상에는 모자(ε)을 쓸 수 없고, 2시상만 모자(ε)를 쓴다.

b 원래는 ου이다. σα+ου = σω

3. ἐιμί 의 변형표

		단 수		복 수	
현재 직설법	1인칭	εἰμί	나는 ~이다.	ἐσμέν	우리는 ~이다.
	2인칭	εἶ	너는 ~이다.	ἐστέ	너희는 ~이다.
	3인칭	ἐστί(ν)	그는 ~이다.	εἰσι(ν)	그들은 ~이다.
미완료 직설법	1인칭	ἤμην	나는 ~이었다.	ἦμεν	우리는 ~이었다.
	2인칭	ἦς	너는 ~이었다.	ἦτε	너희는 ~이었다.
	3인칭	ἦν	그는 ~이었다.	ἦσαν	그들은 ~이었다.
미래 직설법	1인칭	ἔσομαι	나는 ~일 것이다.	ἐσομεθα	우리는 ~이 것이다.
	2인칭	ἔσῃ	너는 ~일 것이다.	ἔσεσθε	너희는 ~일 것이다.
	3인칭	ἔσται	그는 ~일 것이다.	ἔσονται	그들은 ~일 것이다.

4. 모음 단축 변화표 ϵ 〈 α 〈 ο

	α	ϵ	η	ῃ	ϵι	αι	ο	οι	ου	ω
α	α	α	α	ᾳ	α/ᾳ		ω	ῳ	ω	ω
ϵ	η	ϵι	η	ῃ	ϵι	ῃ	ου	οι	ου	ω
η		η	η	ῃ	η		ω		ω	
ο	ω	ου	ου	ῳ/οι	οῖου		ου	οι	ου	ω

5. 분사 변화표 요약

능동태 분사						
	남성		중성		여성	
	단수	복수	단수	복수	단수	복수
현재/2부정	ων	οντες	ον	οντα	ουσα	ουσαι
미래	σων	σοντες	σον	σοντα	σουσα	σουσαι
현재완료	κως	κοτες	κος	κοτα	κυια	κυιαι
1부정과거	σας	σαντες	σαν	σαντα	σασα	σασαι
중/수동태 분사						
현재완료	μενος	μενοι	μένον	μενα	μενη	μεναι
현재/2부정	ομενος	ομενες	ομενον	ομενα	ομενη	ομεναι
1부정과거(중)	σαμενος	σαμεναι	σαμενον	σαμενα	σαμενη	σαμεναι
1부정과거(수)	θεις	θεντες	θέν	θεντα	θεῖσα	θειαι

6. 명사, 형용사 변화표

	ἄρχων˝αρχοντ] 통치자		ὄνομα [ὀνοματ] 이름	
	단 수	복 수	단 수	복 수
	ἄρχων	ἄρχοντες	ὄνομα	ὀνόματα
속격	τοῦ ἄρχοντος	τῶν ἄρχοντων	τοῦ ὀνόματος	τῶν ὀνομάτων
여격	τῷ ἄρχοντι	τοῖς ἄρχουσι(ν)	τῳ ὀνόματι	τοὶς ὀνόμασι(ν)
대격	τὸν ἄρχοντα	τοῦς ἄρχοντας	τὸ ὄνομα	τὰ ὀνόματα
주격	ὁ ἄρχων	οἱ ἄρχοντες	τὸ ὄνομα	τα ὀνόματα
	βασιλεύς [βασιλευ] 왕		ὄρος [ὀρες] 산	
	단 수	복 수	단 수	복 수
	βασιλεύς	βασιλεῖς	ὄρος	ὄρη
속격	τοῦ βασιλεύς	τῶν βασιλέων	τοῦ ὄρους	τῶν ὀρῶν
여격	τῷ βασιλεῖ	τοῖς βασιλεῦσι(ν)	τῳ ὄρει	τοὶς ὄρεσι(ν)
대격	τὸν βασιλέα	τοῦς βασιλεῖς	τὸ ὄρος	τὰ ὄρη
주격	ὁ βασιλεύς	οἱ βασιλεῖς	τὸ ὄρος	τα ὄρη
	πόλις [πόλει] 도시		σάρξ [σαρκ] 육체	
	단 수	복 수	단 수	복 수
	πόλις	πόλεις	σάρξ	σάκες
속격	τῆς πόλεως	τῶν πόλεων	τῆς σαρκός	τῶν σαρκῶν
여격	τῇ πόλει	ταῖς πόλεσι(ν)	τῇ σαρκί	ταῖς σαρξί(ν)
대격	τὴν πόλιν	τὰς πόλεις	τὴν σαρκά	τᾶς σαρκας
주격	ἡ πόλις	αἱ πόλεις	ἡ σάρξ	αἱ σάκες

✦ O 명사(2변화)

	ὁ λογος (남성)		τό δῶρον (중성)	
	단수	복수	단수	복수
	λόγος	λόγοι	δῶρον	δωρα
속격	τοῦ λόγου	τῶν λόγῶν	τοῦ δώρου	τῶν δώρων
여격	τῷ λόγῷ	τοῖς λογοις	τῷ δώρῳ	τοῖς δώροις
대격	τόν λόγον	τοῦς λόγους	τό δῶρον	τὰ δωρα
주격	ὁ λόγος	οἱ λόγοι	τό δῶρον	τὰ δωρα

✦ α 명사(1변화)

	ἀρχή [ἀρχ] 시작		θύρα 문	
	단 수	복 수	단 수	복 수
	ἀρχή	ἀρχαί	θύρα	θύραι
속격	τῆς ἀρχῆς	τῶν ἀρχῶν	της θύρας	τῶν θύρων
여격	τῇ ἀρχῃ	ταῖς ἀρχαῖς	τῇ θύρᾳ	ταῖς θύραις
대격	τὴν ἀρχήν	τᾶς ἀρχάς	τήν θύραν	τᾶς θύρας
주격	ἡ ἀρχή	αἱ ἀρχαί	ἡ θύρα	αἱ θύραι
	δόξα 영광		προφήτης 선지자	
	단 수	복 수	단 수	복 수
	δόξα	δόξαι	προφήτης	προφήτηα
속격	της δόξης	τῶν δοξῶν	τοῦ προφήτου	τῶν προφητῶν
여격	τῇ δόξῃ	ταῖς δόξαις	τῷ προφήτῃ	τοῖς προφήταις
대격	τήν δόξαν	τᾶς δόξας	τόν προφήτην	τοῦς προφήτας
주격	ἡ δόξα	αἱ δόξαι	ὁ προφήτης	οἱ προφήτηαι

πολύς πολυ πολλη (많은)의 **변형**

	남 성		중 성		여 성	
	단수	복수	단수	복수	단수	복수
	πολύς	πολλοί	πολύ	πολλά	πολλὴ	πολλαι
속격	πολλοῦ	πολλῶν	πολλοῦ	πολλῶν	πολλῆς	πολλῶν
여격	πολλῷ	πολλοῖς	πολλῷ	πολλοῖς	πολλῇ	πολλαῖς
대격	πολύν	πολλούς	πολύ	πολλα	πολλη	πολλάς
주격	πολύς	πολλοί	πολύ	πολλά	πολλὴ	πολλαι

7. 명사 단어의 구성 요소와 특성

1) 단어 끝이 -εια -μη -μος -σις(-τις -μις -ψις)로 끝나는 명사는 행동(action)과 진행과정(process)을 나타낸다.

εια ευω로 된 동사로부터 파생된 명사이다.

ἡ ἀπώλεια 멸망(destruction, *Apollyon*), 패망

ἡ βασιλεια 왕국, 통치(rule, reign)
ἡ πορνεία 음란(fornication, *pornography*), 부도덕(immorality)

μη
ἡ δοκιμή 증명(proving), 시험(testing)
ἡ περιτομή 할례(circumcision)
ἡ τιμή 명예(honor, esteem) 영예, 존경, 가치, 값
μος
ὁ ἁγιασμός 성화(sanctification), 구분하는 것(setting apart)
ὁ κλαυθμός 통곡(bitter crying, wailing) 〈 κλαίω (나는 운다) 우는 것
ὁ ὀφθαλμος 눈(eye, *ophthamologist*), 보는 것
ὁ πειρασμός 시험, 유혹, 시도하는 것(trying)
ὁ ποταμός 강, 시내, 흐르는 것(a flowing)

σις (간혹 τ가 σ로 바뀐다.)
ἡ ἀνάστασις 부활(resurrection), 일어서는 것
ἡ ἀποκάλυψις 계시, 묵시(revelation, Apocalypse), 폭로하는 것
ἡ θλίψις 고난(tribulation), 짓누르는 것(pressing)
ἡ κρίσις 심판(judgment), 판단하는 것
ἡ κτίσις 창조(creation) 창조하는 것
ἡ παράδοσις 전통(creation), 전달하는 것
ἡ πίστις 믿음, 신앙, 신뢰(trust) 믿는 것

2) 단어 끝이 -μα -ος로 끝나는 명사는 결과(result)를 나타낸다.

μα
τὸ γράμα, ατος 문자, 편지, 성경(letter, writing, *grammar*)
τὸ κριμα, ατος 심판(judgment), 결정(sentence) 판단
τὸ σῶμα, ατος 몸(body *somatic*)
τὸ πνεῦμα, ατος 바람(wind) 영(spirit, *pneumatic*)
ὁ ὅραμα, ατος 시력(a sight) 시각, 환상(vision)

τὸ χάρισμα, ατος 은사, 선물(free gift, *charismatic*)

ος

τὸ ἔθνος, ους 이방인, 나라(nation, *ethnic*)

τὸ ἔθος, ους 습관, 관습(habit, custom, *ethics*)

τὸ ἔτος, ους 년(year)

τὸ μέρος, ους 조각 부분(part, portion)

τὸ τέλος, ους 끝(end), 목적(goal, *telescope*)

3) -της, -ευς -γος, -ων으로 끝나는 명사는 행위자(agent)를 나타낸다.

της

ὁ δεσπότης 주인(master, lord, *despot*)

ὁ κλεπης 도둑(thief, *kleptomaniac*)

ὁ κριτής 재판관(judge, *critic*)

ὁ μαθητής 제자(learner, disciple, *mathematics*)

ὁ προφήτης 선지자(prophet)

ὁ στρατιώτης 군인(soldier, *strategy*)

ευς 행동의 주체가 누구인가 또는 그 주체가 무엇을 하는가를 나타낸다.

ὁ ἁλιεύς 어부(fisherman)

ὁ βασιλευς 왕(king, *basilica*)

ὁ γραμματεύς 서기관(scribe, *grammarian*), 비서(secretry)

ὁ ἱερεύς 제사장(priest)

γος

ὁ ἀρχηγός 지도자, 통치자, 설립자(founder)

ὁ γεωργός 농부(farmer), 땅(γῆ)에서 일을 하는 사람(ἐργέω)

ων

ὁ ἄρχων 통치자(ruler, chief, *monarchy*)

ὁ ἡγεμών 지도자(leader, *hegemony*), 왕자

4) 단어 끝이 -ολος로 끝나는 명사는 성격(characteristic)이나 상태(condition)를 나타낸다.

ολος

ὁ ἁμαρτωλός 죄인

ὁ ἀπόστολος 사도(apostle) 대사, 보낸 받은 자

ὁ διάβολος 마귀, 비방하는 자, 고발하는 자 [diabolic]

5) 단어 끝이 -ιον, -ισκος(ισκη)로 끝나는 명사는 작은 것을 나타낸다.

ιον

τό ἀρνίον 어린양 [ἀρήν의 축소형]

τὸ βιβλίδιον 작은 책, 작은 두루마리

τὸ βιβλίον 책(book), 두루마리, 문서

τό παιδίον 어린아이, 소년, [pediatrics]

ισκος -ισκη

ὁ νεανίσκος 청년(young man)

ἡ παιδίσκη 어린 하녀(maidservant, girl slave) παῖς의 축소형

6) 단어 끝이 -ια, -συνη, -ος, -τητ로 끝나는 명사는 형용사로부터 파생된 것으로 추상적인 성질(quality)이나 상태(conditiomn)를 나타낸다.

συνη

ἡ δικαιοσύνη 의(義), 정의 〈 δίκαιος [형] 의로운(righteous)

ια

ἡ ἀκαθαρσία 불결, 불순(uncleanness, impurity)

ἡ ἀλήθεια 진리, 참 〈 ἀληθινός [형] 참된, 진실한

ἡ ἁμαρτία 죄, 과녁을 못 맞히는 것

ἡ ἐξουσία 권세, 권위, 권한
ἡ κοινωνία 교제(fellowship), 참여(participation) 나눔

ος

τὸ βάθος, ους 깊이(depth), 깊음
τὸ ἔλεος, ους 긍휼, 자비(mercy)
τὸ κράτος, ους 힘(power), 권능(might) [aristocracy]

τητ

ἡ ἁγιότης, ητος 거룩함, 정결함 〈 ἅγιος [형] 거룩한
ἡ νεότης, ητος 젊음, 청소년(youth) 〈 νέος [형] 젊은, 어린

7) 단어 끝이 -τηριον, -ων -ειον으로 끝난 명사는 장소(place)를 나타낸다.

τηριον

τό ποτήριον 잔, 컵, 마시는 곳
τὸ δεσμωτήριον 감옥(prison, jail)

ων

ὁ ἀμπελών, ῶνος 포도원(vineyard)
ὁ ἐλαιών, ῶνος 올리브, 감람나무, 올리브 동산(Mount of Olives)

ειον

τὸ μνημεῖον 묘지, 무덤, 기념비(monument, memorial)
τό ταμεῖον (ταμιεῖον) 창고, 밀실(secret room, inner chamber)

단어장

α A

[ἀγ] 인도하다 옮기다(bring, lead)

[ἀγαθ] 좋은(good)

ἀγαθός, όν, ή 선한(good), 좋은

[ἀγαπ] 사랑(love)

ἀγαπάω 내가 사랑한다. ἀγαπήσω ἠγάπησα ἠγάπηκα ἀγαπηθήσομαι

ἡ ἀγάπη 사랑, 애정, 애찬

ἀγαπητὸς, όν, ή 사랑받는, 사랑하는

[ἀγγελ] 전언(message)

ἡ ἀγγελία 전언(message), 소식

ἀγγέλλω 나는 선포한다, 알린다. ἀγγεωλῶ ἤγγειλα _____ ἤγγελμαι ἠγγελην

ὁ ἄγγελος 천사, 사자(messenger), 심부름꾼

ἀγγύς [부] 가까이

[ἀγι] [ἀγν] 거룩, 신성(holy, sacred)

ἀγιάζω 내가 거룩하게 한다(hallow).

ὁ ἀγιασμός 성화(sanctification), 거룩함

ἅγιος, ον, α [형] 거룩한, 신성한

ἡ ἁγιότης, ητος 거룩함, 정결함

ἁγνίζω 내가 정화한다, 청결하게 한다. 성결하게한다. [중] 내가 헌신한다.

[ἀγορ] 시장(market)

ἡ ἀγορά 시장, 장터, 공회장

ἀγοράζω 내가 산다(buy)

[ἀγρ] 땅, 야생(field, wild)

ὁ ἀγρός 들(field), 시골, 밭, 들판

[ἀγ] 인도하다, 옮기다(bring, lead)

ἄγω 내가 인도한다(lead), 가져오다(bring). ἄξω ἤγαγον ἦγμαι ηχθην

[ἀδελφι] 형제, 자매

ἡ ἀδελφή 자매(sister)

ὁ ἀδελφός 형제(brother), 형, 동생

ᾄδω 나는 노래한다. 찬송한다.

ἡ ἀδικία 불의(wickedness)

[αἱμ] 피(blood)

[αἰν] 찬미(praise)

ἡ αἴνεσις, εως 찬양(praise), 찬송, 찬미

αἰνέω 내가 찬송(찬양)한다, 칭찬한다.

[αἱρ] 잡다

[αἱρ] 잡다(take away, seize), 취하다, 선택하다.

αἱρέω [능] 내가 잡는다, 붙잡다 [중] 선택하다. (살후 2:13)

αἱρήσομαί [중] εἷλον ᾕρημαι εἱλόμην 또는 εἱλάμην [중간태 2부정과거]

ἄιρω 내가 들어올린다, 취한다. ἀρῶ ἦρα ἦρκα ἦρμαι ἤρθην

[αἰσχ] 부끄럽다(shame)

αἰσχύνομαι 내가 부끄러워한다.

[αἰτ] 질문하다(ask, reason, accusation)

αἰτέω, αἰτέομαι [중] 내가 묻는다, 구한다, 요구하다, 청구하다. αἰτήσω ᾔτησά ᾔτηκα ᾔτημαι

[αἰων] 때, 연대(age)

ὁ αἰών, ῶνος 시대, 영원 εἰς τὸν αἰῶνα 영원히 (for ever) εἰς τοὺς αἰῶνας τῶν αἰώνων 세세무궁토록

αἰώνιος, ον, α [형] 영원한(eternal), 영구한

ἡ ἀκαθαρσία 불결, 불순
ἀκάθαρτος, ο, αν [형] 불결한, 불순한

[ἀκο] 여기(hear)
ἀκήκοα [ἀκούω의 2현재완료] 내가 들어왔다.
[ἀκολουθ] 따르다, 제자가 되다.
ἀκολουθέω (ἀκολοθέω ἀκωλυθέω) 내가 따라간다. ἠκολούθουν ἀκολουθήσω ἠκολούθησα ἠκολούθηκα

[ἀκου] 듣는다(hear)
ἀκούω 내가 듣는다, 순종한다, 청취한다, 심문한다(요 7:51; 행 25:22), 듣고 깨닫다, 알아듣다, 들어서 알다. (마 14:13) ἀκούσω (또는 ἀκούσομαι)ἤκουσα ἀκήκοα ʼκούσθην

[ἀλ] 소금, 고기(salt, fish)
τὸ ἅλας 또는 ἅλα, ατος 소금
ἀλείφω 내가 기름을 붓는다. 기름을 바른다.
ὁ ἀλέκτωρ, ορος 수탉(cock, rooster)

[ἀληθ] 참, 진실(true)
ἡ ἀλήθεια 진리, 참, 진실성(롬 3:7)
ἀληθινός, όν, ή [형] 참된, 진실한, 믿을 만한
ἀληθεύω 내가 진리를 말한다(be truthful).
ἀληθής, ές [형] 참된, 진실한
ἀληθινός, όν, ή [형] 참된, 진실한
ἀληθῶς [부] 진실로(truly), 참으로
ὁ ἁλιεύς, έως 어부(fisherman)
ἁλιεύω 나는 고기를 잡는다.

[ἁλι] 소금, 고기(salt, fish)
ἁλίζω 내가 소금을 친다. (마 5:13)
τὸ ἀλίσγημα, ατος 불결, 오염(행 15:20)

[ἀλλ] 다른(other, change)
ἀλλά [접] 그러나, 도리어
(δε 보다 더 강한 대립을 나타낸다.)
ἀλλήλων [상호대명사 속격 복수] 서로의, 상호간에
ἄλλος, όν, ή [형] 다른(같은 종류)

[ἁμαρτ] 죄(sin)
ἁμαρτάνω 나는 죄를 짓는다. ἁμαρτήσω ἡμάρτησα ἥμαρτον ἡμάρτηκα ἡμάρτημαι
ἡ ἁμαρτία 죄, 과녁을 못 맞히는 것
ἀμάρτυρος, ον [형] 입증되지 않은
ὁ ἁμαρτωλός 죄인
[ἀμην] 참으로(truly)
ἀμήν 아멘, 진실로

[ἀμπελ] 포도원(grapevine)
ἡ ἄμπελος 포도나무
ὁ ἀμπελουργός 포도원 농부, 포도원 지기
ὁ ἀμπελών, ῶνος 포도원(vineyard)

[ἀν]₁ 우발성을 나타내는 불변사
ἄν [불변사] 우리말로 번역되지 않지만 동사의 불확실한 시간이나 가능성에 대한 소원이나 상상을 나타낸다. 1) ἐάν과 같은 의미로 가능성을 표현한다(요 13:20; 20:23). 2) 명확한 것을 수사적으로 표현한다(행 8:31; 17:18). 3) 불명확한 미래 시간을 표현한다. (a) 관계 대명사 함께 사용(ὃς ἄν whoever, ὅσοι ἄν as many as, whoever) (b) 접속사와 함께 ὅταν whenever, ἕως ἄν υντιλ ὡς ἄν as soon as, ὅπου ἄν

[ἀν]₂ 위에, 다시(up, again)
ἀνά +[대격] ~위로(up), ~위에, ~바로 위에
ὁ ἀναβαθμός 계단
ἀναβαίνω 내가 올라간다(go up).
ἀναβάλλω 내가 연기한다(postpone).
ἀναβήσομαι[미래 중] ἀνεβαλόμην[2부정과거 중]
ἀναβέβηκα ἀνέβην[2부정과거 수]
ἀναβλέπω 내가 쳐다보다, 다시 본다.
ἀναλαμβάνω 내가 들어 올린다.
ἀνέλαβον [ἀναβάλλω의 2부정과거]
ἀνελήμφθην 또는 ἀνελήφθην [ἀναβάλλω의 1부정 수동태]
ἡ ἀνάγκη 필요성, 강요, 고통
ἀναγγέλλω 내가 공표한다, 알리다. ἀναγγελῶ ἀνήγγειλα ἀνηγγέλην
ἀναγεννάω 내가 다시 태어난다.
ἀναγινώσκω 내가 읽는다(read)
ἀνάγω 내가 위로 인도한다. 올린다.

ἀνήγαγον [2부정과거]

[ἀναγκ] 필요성(necessity)

ἀναλαμβάνω 내가 들어올린다(lift up). ἀνέλαβον
ἀνελήμφθην (ἀνελήφθην)

ἀναπολόγητος, ον [형] 핑계할 수 없는

ἀνασπάω 내가 들어올리다, 끌어올린다.

ἡ ἀνάστασις, εως 부활

ἐνεργέω [타동] 나는 만든다, 행한다(work).
[자동] 나는 일한다.

[ἀνεμ] 바람(wind)

[ἀνδρ] [ἀνηρ] [ἀνθρωπ] 사람

ὁ ἀνήρ, ός [성인] 남자(man), 사람, 남편(고전 7:3)

ὁ ἄνθρωπος 사람

ἀνθίστημι 내가 대항하다, 버틴다(withstand).

ἀνίστημι [타동] 내가 일으킨다, 세우다.[a]
[자동] 내가 일어나다, 서다.

[ἀνοιγ] 열다(open, start)

ἀνοίγω 내가 연다(open) ἀνοίξω ἀνέῳξα ἤνοιξα
(ἠνέῳξα) ἠνέῳγα ἀνέῳγμαι (ἠνέῳγμαι)
ἀνεῴχθην (ἠνοίχθην ἠνεῴχθην ἠνοίγην)

[ἀντι] 대항하다(oppose, replace).

ἀντί +[속격] ~위에, ~에 대항하여(against),
~의 반대편에(opposite), ~대신에

ὁ ἀντίχριστος 적그리스도(antichrist) <
ἀντί(대항하여) + χρίω(기름을 붓다, anoint)

ἄνω [부] = ἀνά [전] 위로

[ἀξι] 가치(worthy)

ἄξιος, ον, ία [형] 가치 있는, 적합한(fitting) <
ἄγω[내가 인도한다. 저울에 무게를 측정 하는 것]

ἀπαγγέλλω 내가 선언하다, 공표하다.
ἀπαγγελῶ ἀπήγγειλα ἀπηγγέλην

ἀπάγχω 내가 목을 매다 ἀπηγξάμην
신약에 1부정과거 중간태만 사용된다.

ἀπαρνέομαι 내가 부인하다(deny), 거절한다.
ἀπαρνήσομαι ἀπηρνησάμην [신약에서 관계성을 부인하는데 주로 사용된다. 마 26:34].

ἅπας, αν, ασα 모든, 전체의 [πᾶς의 강조형][b]

ἅπαξ [부] 한번(once)

ἀπέθαναν ἀποθνήσκω의 2부정과거

ἀπέρχομαι 내가 떠난다, 가버린다(depart).

ἀπέστειλα ἀποστέλλω의 1부정과거

ἀπέχομαι 내가 막는다, 삼간다.

ἀπέχω 내가 멀리한다, (전부를) 받다.

[ἀπ] ~로부터(from)

ἀπό +[탈격] ~로부터(from), ~로부터
떨어진(away from)

ἀποδίδωμι 내가 돌려 준다, 갚는다.

ἀποθνῄσκω (ἀποθνήσκω) 내가 죽인다.
ἀποθανοῦμαι ἀπέθανον ἀποκτείνω

ἀπωθέω (ἀπωθέομαι) [중] 내가 밀어버린다.
거절한다.

ἀποκτένω 내가 죽인다(kill).
ἀποκτενῶ ἀπέκτεινα ἀπεκτάνθην

ἀποκρίνομαι [디포] 내가 대답한다.
ἀποκρινοῦμαι ἀπεκρινάμην ἀποκέκριμαι
ἀπεκρίθην

ἀποκαλύπτω 내가 계시한다, 나타내다.

ἀπολύω 내가 석방한다(release).
ἀπολύσω ἀπέλυσα ἀπολέλυμαι ἀπελύθην

ἡ ἀποκάλυψις 계시(revelation)

ἀποκρύπτω 내가 감춘다, 비밀로 하다.

ἀπόλλυμι (ἀπόλλύω) 내가 멸망시킨다.
파괴한다, 죽인다, [중] 잃다, 멸망하다.
ἀπολέσω(ἀπολω) ἀπολοῦμαι ἀπώλεσα
ἀπωλόμην ἀπόλωλα

ἀπονίζω (ἀπονίπτω) 내가 씻는다.
ἀπενιψάμην [1부정과거 중]

ἀποπλέω 내가 항해하다(sail sway).

ὁ Ἀπολλύων, ονος 아볼루온, 파괴자

ἀπόλλυω 내가 풀어 준다, 해방시킨다.
용서하다, 보낸다, 떠나다, 이혼하다.

---

a 타동사는 현재, 미래, 1부정과거 능동태, 자동사는 2부정과거와 완료 중·수동태에 사용된다.

b 관사가 붙으면 전체의 사람들을 강조하고 관사가 없으면 개개인을 강조한다.

ὁ ἀπόστολος 사도(apostle) 대사
ἀποκόπω 내가 절단한다. 잘라낸다.
ἀπωθέω (ἀπωθέομαι) [중] 내가 밀어버린다. 거절한다.
ἡ ἀπώλεια 멸망(destruction, Apollyon)
ἀποστέλλω 내가 보낸다 ἀποστελῶ ἀπέστειλα ἀπέσταλκα ἀπέσταλμαι ἀπεστάλην
[ἀπτ] 빛 (light, touch)
[ἀρ] 그러므로(then, therefore)
[ἀργυρ] 은, 돈(silver, money)
[ἀρεσκ] [ἀρεστ] 기쁘다(please).
ἀρέσκω 내가 기쁘게 하려한다. 기쁘게 한다. 받아들인다(be acceptable to), 기뻐할 만하다.
ἀρέσω ἤρεσα ἤρεσα
ἀρνέομαι [디포] 내가 부인한다(deny), 반대한다, 거절한다(refuse). ἀρνήσομαι ἠρνησάμην ἤρνημαι ἠρνήθην

[ἀριθμ] 수, 계산(number, count)
τό ἀρνίον 어린양, ἀρήν의 축소형

[ἀρπ] [ἀρπαγ] 붙잡다(seize)
ἄρσην, εν [형] 남성의 [명] 남자

[ἀρτ] (qualified, complete)

[ἀρτι] 지금(now)
ἄρτι [부] 지금, 바로 지금(just now)

[ἀρτ] 빵(bread)
ὁ ἄρτος 빵(bread, loaf of bread)
ἡ ἀρχη 시작, 첫, 태초 [hierarchy 성직자 계급 제도, 계급]
ὁ ἀρχιερεύς, έως 대제사장
ὁ ἀρχισυνάγωγος 회당장, 지도자
ἄρχομαι [중] 내가 시작한다.
ἄρχω 내가 다스린다[속격을 취함] ἄρξω ἄρξομαι ἦρξα ἠρξάμην

ὁ ἄρχων, οντος 통치자, 첫째 된 자
ἀρῶ [αἴρω의 미래]
ἡ ἀσθένεια 나약함(weakness), 질병, 연약
ἀσθενέω 나는 약하다, 병들다.
τό ἀσθένημα, ατος 허약, 병약
ἀσθενής, ές [형] 연약한, 무력한
ἀσπάζομαι 내가 인사한다(salute).

[αὐλ] 뜰(flute, courtyard)

[αὐξ] 성장하다(grow)

[αὐρ] 내일(tomorrow)
αὔριον [부] 내일, 다음 날(행 23:20)

[αὐτ] 이것(this)
[αὐτο] 자기자신(self)
αὐτός, αὐτό, αὐτή [인칭 대명사] 그, 그녀, 그것, 그 자신, 그 여자 자신, 그것 자체

[αφ] ~로부터(from)
ἡ ἄφεσις, εως 용서(remission), 해방, 구원, 탕감
ἀφίημι 내가 용서하다(forgive), 버린다. 허락한다 ἀφήσω ἀφῆκα ἀφεῖκα ἀφεῖμαι ἀφεῖθην
ἀφίστημι [타동] 내가 반역한다. [자동] 내가 떼어 놓는다, 출발한다(depart).
ἄφρων, ον [형] 어리석은, 모르는
ἄχρι [부] ~까지(until, as far as, even to)

β B

[βα] [βαιν] 간다(go), 발(foot)
τό βάθος, ους 깊이(depth), 깊음
βαίνω 내가 간다. βήσομαι ἔβην [2부정] βεβηκα

[βαλ] 던지다(throw)
βάλλω 내가 던진다 βαλῶ ἔβαλον βέβληκα βέβλημαι ἐβεβλήμην ἐβλήθην ληθήσομαι

[βαπτ] 침례주다(baptize), 담그다(dip).

βαπτίζω 내가 침례를 준다, [물에] 잠기게 한다, [물에] 담근다.

τὸ βάπτισμά, ατος 침례, 물에 담금

[βαρ] 짐(burden), 무게(weight)

[βασ] 간다(go), 발(foot)

[βασαν] 고문(torture)

[βασιλ] 왕위의(royal)

ἡ βασιλεια 통치(rule, reign), 왕권, 왕국

βασιλεύω 내가 다스린다, 통치한다, 왕이 된다.

ὁ βασίλευς, εως 왕, 임금

[βαστ] 옮기다(carry, bear)

βαστάζω 내가 운반한다, 든다, 옮긴다.

[βεβαι] [βεβαιο] 믿을 만한, 확고한

[βη] 간다(go), 발(foot)

βήσομαι βαίνω의 미래

[βιβλ] 책(book)

τὸ βιβλίδιον 작은 책, 작은 두루마리

τὸβιβλίον 책(book), 두루마리, 문서

ὁ βίος 생명(life) 존재하는 현 상태

βιόω 내가 산다.

[βλεμ] 보다(see).

τὸ βλέμμα, ατος 봄, 보기(sight)

[βλεπ] [βλεψ] 보다(see).

βλέπω 내가 본다. βλέψω ἔβλεψα, εἶδον (현재와 미완료 외에는 ὁράω를 사용)

[βλη] 던지다(throw)

βλητέος, ον, α [형] 던져진, 놓여지고 있는

[βο] [βοηθ] [βολ] 외치다(shout).

βοάω 내가 외친다(cry out), 부른다(call).

βοηθέω 내가 돕는다(aid, help).

[βουλ] 계획(plan)

τό βούλημα, ατος 목적, 뜻, 의도

βούλομαι [디포] 내가 원한다.

βραχύς, ύ, εῖα [형] 짧은, 적은, 작은

βρέχω 내가 운다. 비를 오게 한다.

βρέχει [비인칭] 비가 내린다.

ἡ βρεχή 비(rain)

[βρω] 음식(food)

ἡ βρῶσις, εως 양식(food, eating)

γ Γ

[γαμ] 결혼(marrage)

γαμέω 내가 결혼한다.

ὁ γάμος 결혼(marriage), 혼례

[γαρ] 그러므로(then, therefore)

γαρ [접] 왜냐하면, 때문에, 그러므로, 그래서

[γε]$_1$ 땅(earth)

[γε]$_2$ (강조하는 데 사용됨)

γέ [후치사] 참으로(indeed), 적어도(at least)

γέγονα [γίνομαι의 제2현재완료]

γενήσομαι [γίνομαι의 미래]

[γεμ] 가득(full)

[γεν]$_1$ [γιν] 가족(family), 출생(birth)

γεννάω 내가 낳다(beget).

γεννήσω ἐγέννησα γεγέννηκα γεγέννημαι ἐγεννήθην

τὸ γένος ους (또는 ως) 민족, 종족

ἡ γῆ 땅, 지구

γίνομαι 나는 ~이다, 된다(become), ~일어난다(happen). γίνομαι와 εἰμί는 존재의 의미를 동일하게 표현한다. γενήσομαι ἐγενόμην γέγονα[현재완료] εγένημαι ἐγενήθην

[γινω] 알다(know)

γινώσκω 내가 안다 γνώσομαι ἔγνων ἔγνωκα ἔγνωσμαι ἐγνώσθην

[γλωσσα] 혀(tongue)
ἡ γλῶσσα 혀(tongue)
τό γλωσσόκομον 돈 주머니, 전대, 돈 통

[γνο] [γνω] 알다(know).
ἡ γνῶσις, εως 지식(knowledge)

[γομ] 가득(full)
ὁ γόμος 짐(cargo), 화물, 뱃짐

[γον] 가족(family), 출생(birth)
ἡ Γολγοθᾶ 골고다 [대격] Γολγοθᾶν

[γραφ] 기록하다,ωριτε.
τὸ γράμα, ατος 문자, 책, 기록
ὁ γραμματεύς έως 서기관, 율법학자
ἡ γραφή 성경, 문서(wirting) αἱ γραφαί 성서
γράφω 나는 쓴다, 기록한다(write). γράξω
ἔγραψα γέγραφα γέγραμμαι ἐγράφην

[γρηγορ] 일어나다(rise, rouse).
[γυμν] 벌거벗은(naked), 운동하다.
γυμνός, όν, ή [형] 벌거벗은, 옷을 입지 않은

[γυνη] 여자(woman)
ἡ γυνή, αικός 여자, 여인, 부인

δ Δ

[δαιμ] 귀신(demon), 악령
τὸ δαιμόνιον 귀신(demon), 악령
δακρύω 내가 운다(weep)

[δε][1] 소경의(blind)

[δε][2] 부족한(lack)
[δε][3] 그러나(but)
δέ [접] (후치사) 그러나, 그리고, 또한, 그런데, 반면에(on the other hand), 그래서,
ἡ δέησις, εως 청원, 기도, 기원

δεῖ [비인칭 동사] 반드시 ~해야 한다, 필수적이다. (it is necessary.)

[δειγ] 표본(show, example)
δείκνυμι (δείκνυω) 내가 보여 준다, 밝힌다, 설명한다. δείξω ἔδεξα δέδεχα δέδειγμαι ἐδείχθην

[δειξ] 표본(show, example)
[δειπν] 식사(dine)
[δεκ] 받다(receive)
[δεκα] 열(ten)
[δεμ] 사람(people), 가정(home)
τὸ δαιμόνιον 귀신, 악령, 신(deity, divinity)

[δενδρ] 나무(tree)
τό δένδρον 나무
δέομαι 내가 질문한다, 기도한다, 구한다(beg).

[δεξ] 오른편(right)
[δεσμ] 감옥(bind, imprison)
δεσμεύω (δεσμέω) 내가 묶는다, 지퍼를 채운다.
ὁ δέσμιος 옥에 갇힌 자(prisoner)
τὸ δεσμωτήριον 감옥(prison, jail)

[δευ] 여기에(here to hither)
δεῦρο [부] 여기, 여기에
δεῦτε [부] (이리로) 오라. [δεῦρο의 복수형]
[δευτερ] 둘(two)
δευτεραῖος, ον, αία 둘째 날
δεύτερος, ον, τέρα 둘째의
δεύτερος, ον, τέρα 두 번째

[δεχ] 받다(receive)
δέχομαι 내가 받는다, 영접하다.
ἐδέξομαι ἐδεξάμην δέδεγμαι ἐδέχθην
δηλόω 내가 나타낸다, 보인다.
δηλώσω ἐδήλωσα δεδήλωκα δεδήλωμαι ἐδηλώθην
δέω 내가 묶는다(bind, tie).

ἔδησα δέδεκα δέδεμαι ἐδέθην

[δια] 통하여(through)

διά +[탈격] ~를 통하여(through)[방향]
~의해[대리적 행위] ~을 위해서[관계]
+[대격] ~때문에(because)

ὁ διάβολος [명] 마귀, 비방자 [형] 중상적인 <
διαβολος (βολή [던짐])

ἡ διαθήκη 언약(covemant), 계약, 유언, 유서

διαζώννυμι 내가 두른다 ~에 묶는다.

[διακον] 섬기다(serve, care for).

διακονέω 내가 섬기다(serve), 직무를 감당하다.

ἡ διακονία 섬김, 직무(ministery), 봉사

ὁ [ἡ] διάκονος 사역자(helper), 집사

διακωλύω 내가 막는다, 제지한다.

διαμερίζω 내가 나눈다, 분리한다.
διεμερισάμην[1부정과거 중]

[διδακ] 가르치다(teach).

ὁ διδάσκαλος 교사, 선생, 스승

διδάσκω 내가 가르친다 διδάξω ἐδίδαξα
δεδίδαχα δεδίδαγμαι ἐδιδάχθην

[διδαχ] 가르치다(teach)

ἡ διδαχή 교훈(teaching), 교리

[διδ] 주다(give)

δίδωμι 내가 준다(give) δώσω ἔδωκα δέδωκα
ἔδομαι ἐδόθην ἐδεδώκειν[과거완료]

διέρχομαι 내가 통과한다, 지나간다.

[δικ] 옳은(just), 파단(judgment)

δίκαιος, ον, α [형] 의로운(righteous)

ἡ δίκαιοσύνη 의(義), 정의

δικαιόω 내가 의롭다고 선언한다.
하나님과 올바른 관계를 갖다.

[διο] 그러므로(therefore)

δίς [부] 두 번(twice)

διψάω 내가 목마르다(thirst).

τό δίψος, ους 갈증, 목마름(thirst).

δίψυχος, ον [형] 두 마음을 품은(double-minded)

[διωκ] 핍박하다(persecute).

διώκω 내가 추적한다, 핍박한다. διώξω
ἐδίωξα δέδωκα δεδίωγμαι διώχθην

[δο] 주다(give)

[δοκ]$_1$ 받다(receive)

[δοκ]$_2$ 생각하다(think, seem)

δοκέω 내가 생각한다, ~으로 보이다

δοκιμάζω 내가 시험한다, 증명한다.

ἡ δοκιμασία 시험, 입증

ἡ δοκιμή 증명(proving), 시험, 시련

[δοξ] 영광(glory)

ἡ δόξα 영광, 영예

δοξάζω 내가 영화롭게 한다, 영광을 돌린다.
δοξάσω δοξήσω. ἐδόξασαδεδόξασμαι ἐδοξάσθην

[δουλ] 노예(slave)

δουλεύω 내가 섬긴다(serve), 내가 종이 된다.

ὁ δοῦλος 종, 노예, 일꾼

δουλόω 내가 ~를 노예로 삼는다.

[δοχ]$_1$ 받다(receive)

[δυνα] [δυναμ] 힘(power) 능력(ability)

δύναμαι [디포] 나는 할 수 있다, 가능하다.
ἠδυνάμην (ἐδυνάμην)[미완료] δυνήσομαι
ἠδυνήθην(ἠδυνάσθην)

ἡ δύναμις, εως 능력, 힘, 기적

δυνατέω 내가 힘이 있다, 힘을 발휘할 수
있다.

[δυο] 둘(two)

δύο 둘(two) [속격과 대격 δύο; 여격 δυσι]

δώδεκα [불격변화] 열둘(twelve)

[δω] 주다(give).

ἡ δωρεά 선물(gift)

δωρεάν 거저, 공짜로(as a gift)
δωρεα의 중성 단수는 부사로 사용

τὸ δῶρον 선물(gift), 예물, 희생제

ε E

[ε] (let, send)
ἐάν 만일 ~이라면 [가정법과 함께 사용]
ἐάν μή 만일 ~안 하면, 이외에는
ἑαυτού ἑαυτοῦ ἑαυτῆς [재귀 대명사]
그 자신의(himself), 그녀 자신의(herself),
그것 자체의(itself)
ἔβαλον [βάλλω의 제2부정과거]
ἐβλήθην [βάλλω의 제2부정과거]
ἔβην [βαίνω의 부정과거]
ἐγγίζω 내가 가까이 간다. 접근하다. ἐγγίσω
[ἐγγιῶ 또는 ἐγγίξω] ἤγγισα ἤγγικα
ἐγγύς [부] 가깝게

[εγειρ] 일어나다(raise, rouse).
ἐγείρω 나는 일어난다, 깨운다.
일으킨다(raise) ἐγερῶ ἤγειρα ἐγήγερμαι
ἠγέρθην 수동태도 능동태(디포)로 번역한다.
ἐγενόμην [γινομαι의 2부정과거]
ἔγνωκα [γινώσκω의 2부정과거]
ἐγνώσθην [γινώσκω의 1부정과거 수동]
ἐγχρίω 내가 [기름을] 문질러 바른다.

[εγω] 나(I)
ἐγώ [인칭 대명사] 나(I)
ἐδιδάχθην [διδασκω의 제1부정과거 수동]

[ἐθν] 나라(nation, gentile)
τὸ ἔθνος, ους 이방인, 민족(nation)
τὸ ἔθος, ους 습관, 관습(habit, custom), 관례,
태도(ethics)

[εἰ]₁ 이다(be), 존재하다(exit).
[εἰ]₂ 만약(if)
εἰ 만약 ~라면, ~인지(whether)
εἰ μέ 만일 ~ 아니라면, 이외에는
εἶ [εἰμί의 2인칭 단수]

[εἰδωλ] 형상(image), 우상(idol)

εἶδον [ὁράω의 제2부정과거]
εἰμί 나는 ~이다
ἤμην [미완료] ἔσομαι[미래]
εἶναι [εἰμι,의 현재 부정사]
εἶπον [λέγω의 2부정과거]
ἡ εἰρήνη 평화, 평안, 화평

εἰς ~으로(into, to) εἰς +[대격] ~에게로(into, to), ~안에, ~위해(for)

[εἰς ἐν μια] 하나(one)
εἰς, ἐν, μια [수사] 하나(one, only)
εἰσάγω 내가 들여보내다(bring in).
εἰσέρχομαι 내가 들어간다(enter).

[ἐκ] ~로부터(out, from)
ἐκ [+속] ~로부터, ~에서 밖으로(out of)
[ἑκαστο] 각각(each)
ἐκβάλλω 내가 내던진다, 쫓아낸다, 축출한다.
ἐκδέχομαι 내가 기다린다, 기대한다.
[ἐκει] [ἐκειν] 거기에(there)
ἐκει [부] 거기에, 그곳에, 그쪽에
ἐκεῖθεν [부] 거기서부터
ἐκεῖνος, ον, ή [지시 대명사]
저 사람(that man), 저것(that)
ἐκηρύχθην [κηρύσσω의 2부정과거]
ἡ ἐκκλησία 교회, 회중(assembly)
ἐκμάσσω 내가 닦는다(wipe), 마르게 훔치다.
ἐκπίπτω 내가 ~부터 떨어진다, 잃어버린다.
ἐκπορεύομαι 내가 나간다, 떠난다.
ἐκτείνω 내가 뻗친다(stretch out).
ἔβαβον [λαμβάνω의 2부정과거]

[ελαι] 올리브(olive)
ὁ ἐλαιών, ῶνος 올리브 나무, 감람산
ἐλαύω 내가 배를 젓는다, 몰다(drive wind).
ἐλέγχω 내가 잘못을 증명해 보인다, 정죄한다.

[ἐλε] 자비(mercy)

ἐλεέω 내가 불쌍히 여기다, 측은히 여기다.

동정하다. ἐλεήσω ἠλέησα ἠλέημαι ἠλεήθην

τό ἔλεος, ους 긍휼, 자비(mercy)

ἐλεύσομαι [ἔρχομαι의 미래]

ἐλήμφθην [λαμβάνω의 2부정과거 수동태]

[ἐλευθερ] 자유(free)

ἐλεύθερος, ον, έρα [형] 자유로운(free)

ἐλευθερόω 내가 자유하다(free), 자유케 한다.

[Ἑλλα] [Ἑλλη] 헬라(Greek)

[ἐλπ] 소망(hope)

ἐλπίζω 내가 소망한다, 바란다.

ἐλπιῶ ἤλπισα ἤλπικα

ἡ ἐλπίς, ίδος 소망, 희망

ἡ ἐμαυτοῦ [재귀 대명사] 나 자신의

ἐμβαίνω 내가 들어가다(go into), 신는다.

ἐμβλέπω 내가 꿰뚫어 본다.

종종 여격과 택하거나 전치사 εἰς를 취한다).

ἔμεινα [μένω의 1부정과거]

[ἐμ] 나의(my), 내 것(mine)

ἐμοί 나에게

ἐμος, ἐμού, ἐμή [소유 대명사] 나의

ἐμοῦ [인칭 대명사 속격 단수] 나의

ἔμπροσθεν [부 +속격] ~앞에

ἐν [처격: 위치] ~안에, ~에(to);

[조격: 수단, 도구] ~에 의하여

ἕνεκεν, ἕνεκα, εἵνεκεν [부 +속격] 때문에 ~위하여

ἐντέλλω ἐντέλλομαι [중] 내가 명령한다.

ἐντεῦθεν [부] ~여기로부터

ἐντεῦθεν καὶ ἐντεῦθεν 양편에

[ἐνεκ] 왜냐하면(because of)

ἡ ἐντολή ῆς 계명, 명령, 규정

ἐνώπιον [전: +속격] ~앞, 면전에

ἕξ [수사] 여섯

ἐξαίρω 내가 빼낸다, 구원한다.

ἐξέρχομαι 내가 나간다, 나온다.

ἔξεστι(ν) [무인칭 동사] (그것은) ~합법적이다, 합당하다.

ἐξηραίνω 내가 (완전히) 말린다.

ἐξίστημι 내가 놀라다, 정신을 잃다.

ἡ ἐξουσία 권세, 권위, 권한

ἐξουθενέω (ἐξουθενόω) 내가 조롱한다, 업신여긴다, 권위를 발한다, 격멸한다.

ἔξω [부 +속격] 밖에(outside)

ἕξω [ἔχω의 직설법 능동태 미래]

ἑόρακα (ἑώρακα) [ὁράω의 2부정과거]

[ἑορτ] 명절, 축제(feast)

ἡ ἑορτή 명절, 축제일

ἡ ἐπαγγελία 약속,

ἐπαγγέλλομαι [디포] 내가 약속한다.

ἐπαύριον [부] 내일, 다음 날에

[ἐπει] 왜냐하면(because, as since)

ὁ ἐπενδύτης, ου 겉옷(outer garment)

ἐπερωτάω 내가 묻는다, 심문한다.

ἔπεσον [πίπτω의 2부정과거]

[ἐπι] 위에(on)

ἐπί +[속격] ~바로 위에(upon), ~위에(on)

+[처격] ~바로 위에(upon), ~위에(on)

+[대격] ~바로 위에, ~위에(on), ~로(to)

ἐπιγινώσκω 내가 인식하다, 발견하다(discover).

ἡ ἐπίγνωσις, εως 지식, 인식

ἐπιδίδωμι 내가 넘겨주다(give over).

ἡ ἐπιθυμία 욕망, 욕정(lust), 정욕

ὁ ἐπίσκοπος 감독, 관리자

ἐπιστρέφω 내가 돌아선다(간다).

ἐπιστρέψω ἐπέστρεψα ἐπέστραμμαι ἐπεστράφην

ἐπιτελέω 내가 완성한다, 완결한다. 마친다.

ἐπιτίθημι 내가 ~위에 놓는다, 눕게 하다, 두다, 공격하다.

ἑπτά 일곱(seven)

[ἐργ] 일(work)

ἐργάζομαι 내가 노동한다, 일한다.

ἡ ἐργασία, ας 일(work), 수고

τὸ ἔργον 일(work), 행위, 공로 (F)ἔργον = 일

ἀργός, όν, η, [형] 일하는

[ἐρημ] 광야(desert)

ἡ ἔρημος 광야 쓸쓸한 곳, 황야

ἐρρήθην (ἐρρέθην) [λέγω의 1부정과거 수동태]

[ἐρχ] 오다(come).

ἔρχομαι 내가 간다, 온다. ἐλεύσομαι ἦλθον (ἦλθα) ἐλήλυθα

ἐρω [λέγω 또는 φημί.의 미래]

[ἐρωτ] 묻다(ask)

ἐρωτάω 내가 묻는다, 요구한다. ἐρωτήσω ἠρώτησα ἠρώτηκα ἠρώτημαι ἠρώτηθην

[ἐσθι] 먹다(eat)

ἐσθίω 내가 먹는다.

φάγομαι [미 중] ἔφαγον [2부정과거]

[ἐσ] 이다(be), 존재하다(exist).

ἐσμέν 우리는 ~이다. [εἰμί의 1인칭 복수]

ἔσομαι 우리는 ~일 것이다. [εἰμί의 미래 1인칭 복수] ἔσπεπος, ον 저녁의

ἐστέ 너희는 ~이다. [εἰμί의 2인칭 복수]

ἐστί(ν) 그는 ~이다. [εἰμί의 3인칭 단수]

ἔστω [εἰμί의 현재 명령법]

ἔσομαι [εἰμί의 미래]

[ἐσχατ] 마지막(last, final)

ἔσχατος, ον, ἡ [형] 마지막의, 끝의, 최후의

ἐσχάτως [부] 마지막으로, 최후로

[ἐσω] 안으로(into)

ἕτερος, ον, α 다른(다른 종류), ἄλλος은 단순히 수적 차이

ἔτι [부] 아직(yet, still), 더욱

[ἑτοιμι] 준비하다(ready, prepare).

ἑτοιμάζω 내가 준비한다. ἡτοίμασα ἡτοίμακα ἡτοίμασμαι ἡτοιμάσθην

[ἐτ] 년(year)

τὸ ἔτος, ους 년(year)

[ευ] 좋은(good)

εὖ 잘(well)

εὐαγγελίζω 내가 복음을 전파한다. εὐηγγέλισά εὐηγγέλικα εὐηγγέλισμαι εὐηγγελίσθην

τὸ εὐαγγέλιον 좋은 소식, 복음

[εὐδ] 잠(sleep)

[εὐθ] 직접(immediate), 곧바로(straight)

εὐθέως [부] 곧, 당장에, 즉시, 바로

εὐθύς [부] 곧, 당장에, 즉시

εὐλογέω 내가 축복한다(bless). εὐλογήσω εὐλόγησα εὐλόγηκα εὐλόγημαι εὐλογήθην

[εὐρ] 찾다(find)

εὑρίσκω 내가 발견한다, 찾는다, 만난다, 획득한다. εὑρήσω εὗρον εὕρηκα εὑρέθην

[εὐχ] 기도(pray)

εὐχαριστέω 내가 감사한다. εὐχαριστήσω εὐχαρίστησα ηὐχαρίστησα εὐχαρίστηκα εὐχαρίστημαι εὐχαριστήθην

εὐσχήμων, ον [형] 존경받는, 교양 있는

ἔφαγον [ἐσθίw의 2부정과거]

ἔφη [φημί의 미완료 능동 직설법]

[ἐχθρ] 적(enemy)

ἡ ἔχθρα 적의, 증오, 불화, 원수

ἐχθρός, ον, α [형] 증오하는, 미워하는, 원수의

ὁ ἐχθρός 원수(enemy), 적

[ἐχ] 갖다(have, hold)

ἔχω 내가 가진다, 소유한다. ἕξω ἔσχον ἔσχηκα

ἑώρακαν ὁράω의 현재완료

[ἑως] 까지(until)

ἕως [접] ~하는 동안, ~까지;
[전] [+속격] ~까지, ~하는 한

ζ Z

[ζα] 생명(life)

ζάω [ζῶ] 나는 산다.

ἔζων [미완료] ζήσω ζήσομαι[미래 중]

ἔζησα

[ζηλ] 열정(zealous, jealous)

ζηλόω 내가 [질투]시기한다, 열정을 가진다.

ὁ ζῆλος (또는 τὸ ζῆλος ους) 질투, 시기, 열정.

[ζητ] 구하다(seek, duscuss).

ζητέω 나는 구한다, 노력한다. ζητήσω ἐζήτησα ζητηθήσομαι

[ζυμ] 누룩(yeast)

[ζω] 생명

ἡ ζωή 생명(life), 생(生) [zoology].

ζῳοποιέω 내가 살린다, 소생시킨다.

[ζων] 잡다(fasten, bind)

ἡ ζώνη 띠(belt), 혁대

ζώννυμι 내가 띠를 띤다(fasten belt).

η H

[ἡ] 또는(or, than)

[ἡ] 그(the)

ἤ [접] 또는(or), ~보다(than)

ἡ 그(the), (여성관사 단수 주격) ὁ [남성] to [중성]

ἤγαγον 내가[그들이] 인도했었다. [ἄγω의 제2부정과거]

ἠγέρθην 내가 일으킴을 받았다. [ἐγείρω의 제2부정과거]

[ἡγ] [ἡγεμ] [ἡγεμον] 지배하다.

ὁ ἡγεμών 지도자, 통치자, 왕자

ἡγέομαι 내가 인도하다, 지배하다, 생각하다.

ὁ ἡγούμενος 지도자(leader, 행 14:13)

[ἤδη] 이미(now, already)

ἤδη 이미, 벌써, 바로 지금

ἤθελον [θέλω의 제2부정과거]

[ἡκ] 참석하다(be present)

ἦλθον [ἔρχομαι(내가 간다, 온다)의 2부정과거]

[ἡλι] 태양(sun)

ὁ ἥλιος 태양, 해

ἡμᾶς 우리를

ἡμεῖς 우리

[ἡμερ] 날(day)

ἡ ἡμέρα 날

ἡμέτερος, on, te,ra [소유 형용사] 우리의

ἤμην 나는 ~였다 [εἰμί의 미완료]

ἡμῖν 우리에게

[ἡμι] 절반(half)

ἦμεν 우리는 ~였다. [εἰμί의 미완료]

ἤμην 나는 ~였다. [εἰμί의 미완료]

ἤνεγκα [φέρω의 1부정과거]

ἠνέχθην [φέρω의 2부정과거]

ἦρα 내가 취했었다. αἴρω의 1부정과거]

ὁ Ἡρῴδης, ου 헤롯

ἡ Ἡρῳδιάς άδος 헤로디아(Herodia)

θ Θ

[θαλλασ] 바다(sea)

ἡ θάλασσα, ης 바다, 호수

[θαν] 죽음(death)

ὁ θάνατος 죽음

[θαυμ] 경이(Wonder)
θαυμάζω 내가 놀란다, 경탄한다. θαυμάσομαι ἐθαύμασα ἐθαύμακα ἐθαυμάσθην

[θε]$_1$ 신(god)
[θε]$_2$ 놓다(put, place)
[θεα] 보다(see)
θεάομαι 내가 본다, 지각하다.
[θελ] 목적(will)
τὸ θέλημα, ατος 의지(will), 뜻
θέλω 내가 원하다, 바란다. ἤθελον[미완료] θελήσω ἠθέλησα
[θεμελι] 기반(foundation)
[θεο] 신(god)
ὁ θεός 하나님(God), 신(god)
θεραπεύω 내가 고친다, 낫게 한다. θεραπεύσω ἐθεράπευσα τεθεράπευμαι ἐθεραπεύθην

[θερ] 덥히다(warm, harvest)
[θεραπ] 고치다(healing, serve)
θερμαίνομαι 내가 덥힌다, 따뜻하게 하다.

[θεωρ] 보다(see)
θεωρέω 내가 본다, 관찰한다. θεωρήσω ἐθεώρησα

[θη] 놓다(put, place)
[θηρ] 거친(wild), 맹수적(animal)
[θησαυρ] 보물(treasure)
[θλιβ] 고통(trouble, crowd)
θλίβω 내가 고통을 당한다.

[θλιψ] 고통(trouble, crowd)
ἡ θλίψις 환난(tribulation), 짓누르는 것

[θνη] 죽음(death)
θνῄσκω 내가 죽는다 θνᾳοῦμαι ἔθανον έθνηκα [현재완료] 신약에서 현재완료와 과거완료만 사용됨(막 2:20; 딤전 5:6)

[θρον] 보좌(throne)
ὁ θρόνος 보좌(throne) 왕좌

[θυσ] 희생(sacrifice)
[θυγατηρ] 딸(daughter)
ἡ θυγάτηρ, τρός 딸(daughter)
[θυμ] 느낌(feeling [emotion]

[θυρ] 문(door)
ἡ θύρα 문(door), 기회(opportunity)
ἡ θριξ, χος 머리털(hair), 털

[θυσ] 희생(sacrifice)
ἡ θυσία 희생제물, 제물을 드리는 의식
θύω 내가 죽인다(slaughter, kill, murder), 희생한다(sacrifice).
τὸ θυσιαστήιον 제단(altar)

ι I

ὁ Ἰάκωβος 야곱

[ἰα] 고치다(heal)
ἰάομαι 내가 치유하다, 온전하게 한다.

[ἰατρ] 고치다(heal)
ὁ ἰατρός 의사(physician, healer)

[ἰδ] 보다(see)
ἴδε (또는 εἶδε) 보라! [명령법 2인칭 단수]

[ἴδι]자신의(own)
ἴδιος, ον ία [형] 자신 자신의(one's own)
ὁράω [εἶδον]의 2부정과거 중성 분사 ἰδών ἰδόν ἰδοῦσα
ἰδού 보라! [명령법 2인칭 단수]

[ἰερ] [ἰερατ] 제사장(priest)
ὁ ἰερεύς, έως 제사장
ιδεῖν [ὁράω의 2부정과거 부정사]

εἶδον [ὁράω(βλέπω)의 2부정과거]

(F)ιδεῖν = video

τὸ ἱερόν 성전, 성소 [hierarchy 성직자 제도, 계급 제도]

ὁ Ιησοῦς 예수

[ἱη] ~하게 하다(let) 보낸다(send).

[ικαν] 할 수 있는(able)

ἱκανός, όν, ή [형] 충분한(worthy) 넉넉한, 적당한

ἱλάσκομαι [수] 내가 자비롭다. [디포] 내가 긍휼히 여긴다, 죄를 갚아준다.

ὁ ἱλασμός 속죄(redemption), (용서를 위한) 속죄 제물

[ιμτ] 옷(cloth)

ἱματίζω 내가 옷을 입다, 착복하다.

τό ἱμάτιον 옷 (cf. χίτων 겉옷)

[ἱνα] 하기 위하여(in order that)

ἵνα ~하기 위하여(in order that), ~할 목적으로[가정법과 함께]

Ἰουδαῖος ον αία 유다의

ὁ Ἰουδαῖος 유다인

[ιππ] 말(horse)

ὁ ἵππος 말(hourse)

[ἱστη] 서다(stand)

ἵστημι(ἱστάνω) [타동] 내가 일으킨다, 세운다, 고정시킨다; [자동] 내가 서 있다, 나타나다, 정지한다. στήσω ἔστησα ἔστην2부정과거 ἕστηκα (ἕστηκα) ἱστήκειν[2부정과거] ἐστάθην σταθήσομαι[미래 수]

[ἰσχυ] 강한(strong)

ἰσχυρός ού ά [형] 강한

ὁ ἰσχυρος 강한 힘, 능력, 힘, 권능, 강대함

ἰσχυροτερος, ον, α [형] 더 강한

ἡ ἰσχύς 힘(strength), 능력, 권능, 강력함, 권세

ἰσχύω 나는 강하다, 할 수 있다, 이기다.

[ἰχθυ] 물고기(fish)

ὀ ἰχθύς ους 물고기(fish)

ὀ ἰχνύς, ους 발자국(footstep), 걸음(step), 모형

ὀ Ἰωάννης (또는 Ἰωάνης) 요한

κ K

κἀγώ (καὶ αγω) [대] 그리고 내가

[καθ]₁ 아래, 의하면(according to)

[καθωρ] 깨끗하다(clean)

καθαρίζω 내가 깨끗하게 한다. αθαριῶ ἐκαθάρισα κεκαθάρισμαι ἐκαθαρίσθην

καθαίρω 내가 깨끗하게 만든다, 간결하게 한다.

καθαρός, όν, α [형] 깨끗한, 순결한

[καθ]₂ [καθεδρ] 앉다(sit). (κατα와 비교하라)

κάθημαι [디포] 내가 앉는다

καθίστημι(καθιστάνω) 내가 앉힌다(set down), 임명한다.

καθώς [부] ~과 같이, ~대로

καί 그리고, 그러나, 역시

καί ... καί ~과 ~이다(both ... and)

[καιν] 새로운(new)

καινός, ον, ή [형] 새로운[질적으로 새로운]

[καιρ] 때(time)

ὁ καιρός 시간(time), 시기, 정한 때

καίω [능] 내가 불을 붙이다. [수] 빛난다, 탄다. κέκαυμαι ἐκαύθην

[κακ] 나쁜

κακός, όν, ή [형] 나쁜(bad), 악한(evil), 유해한

κακόω 내가 해롭게 하다(harm).

κακοποιέω 내가 잘못 행하다, 악을 행하다, 해를 입히다.

[καλ]$_1$ 부르다(call)

καλέω 내가 부른다. καλέσω ἐκάλεσα κέκληκα κέκλημαι ἐκλήθην

κλάω 내가 떼어낸다(I break).

[καλ]$_2$ 좋은(good)

καλός, όν, ή [형] 좋은, 아름다운

καλῶς [부] 잘(well), 매우 잘, 좋게, 바르게

[καλυμ] [καλυπτ] [καλυψ] 숨기다.

[καρδ] 마음(heart)

ἡ καρδία 마음 [내부에 있는 자신(inner self)을 강조함)

[καρπ] 과실(fruit)

ὁ καρπός 과실, 열매

τὸ κάρφος, ους 작은 (부서진) 조각(speck, chip), 티

[κατ] 밑에(down)

κατά +[속격] ~밑으로(down), ~에 대항하여
+[대격] ~에 따라서(according to), ~의해서

καταβαίνω 내가 내려간다.

καταβάλλω 내가 아래로 던진다. [신약에서 중·수동태만 사용된다]

καταγγέλλω 내가 선포한다.

καταλύω 내가 파괴한다, 분쇄하다, 끝낸다(stop).

κατέρχομαι 내가 내려가다(온다).

κατεσθίω 내가 먹어 치운다. κατέδομαι κατέφἄγον[2부정과거] κατεδήδοκά κατέδηδα[2완료 수동]

κάτω [부] 밑으로, 밑에

[καυχα] [καυχη] 자랑(proud)

καυχάομαι 내가 자랑한다, 뽐낸다.

τό καύχημα, ατος 자랑(boast), 칭송(praise)

[κει] 눕다(lie)

[κελευ] 명령하다(command).

κελεύω 내가 명령한다. κελεύσω ἐκέλευσα

[κενο] 텅 빈(empty)

[κερδ] 곡식(grain)

[κεφαλ] 머리(head), 합계(sum)

ἡ κεφαλή 머리

ὁ κῆπος 동산, 정원(garde)

[κηρυγ] 선포하다(preach)

τό κήρυγμα, ατος 선포, 복음선포

[κηρυσσ] 선포하다(preach).

κηρύσσω 나는 선포한다, 공포하다. κηρύξω ἐκήρυξα κεκήρυχα κεκήρυγμαι ἐκηρύθην

[κλα] 부수다(break).

ὁ κλάδος 가지(branch)

[κλαι] 울다(weep)

κλαυθμός 통곡(bitter crying, wailing)

κλαίω [타동] ~을 위해 울부짖는다.
[자동] 내가 운다, ἔκλαυσα[1부정과거]

κλάω 내가 부순다 ἔκλασα[1부정과거]
신약에서 빵을 떼는데 유일하게 나타난다(마 15:36).

[κλει] 잠그다(lock), 닫다(shut).

κλῄς 열쇠(key) κλη(F)ίς = χλἀιχορδ

κλείω 내가 닫는다, 잠근다.

[κλεμ] 훔치다(steal)

ὁ κλέπτης, ου 도둑

[κλη] 부르다(call)

[κληρ] 나누다(share, choose).

[κλιν] 눕다(recline, incline, turn).

κλίνω [자] 기울다, [날이] 저물다, 늦다(be late).
[타] 내가 굽힌다, 절한다. ἔκλινα κέκλικα

[κλοπ] 훔치다(steal)

[κοιλ] 배(stomach)

ἡ κοιλία 자궁, 배(stomach)

κοῖλος 움푹 파인(hollow)

κοινός, όν, ή [형] 일반적인(common), 불결한

κοινόω 불경하게 하다, 더럽히다.

κοινωνέω 내가 나눈다, 참여한다, 나누어 준다.

ἡ κοινωνία 교제, 나눔, 참여(participation)

ὁ κόκκος 씨앗, 곡식

κολοβόω 내가 줄인다, 감한다, 단축한다.

[κοπτ] 자르다(cut).

[κοπ] 일(work)

κόπτω 내가 친다, 자른다(cut).

[중] 내가 곡한다(mourn)

[κοσμο] 순서(order), 세계(world)

κοσμέω 내가 꾸민다, 순서대로 놓다.

(cosmetics 화장품)

ὁ κόσμος 세상, 질서, 세계

κουφίζω 내가 짐을 내리다, 가볍게 하다.

ὁ κόφινος 바구니, 광주리 (σπυρίς 보다 작은 바구니)

ὁ κραβαττος 침대(bed, cot, strectcher)

[κραζ] 외치다(shout)

κράζω 내가 외친다, 부른다.

τό κρανίον 해골(skull)

[κρατ] 힘(strong, power)

τὸ κράτος, ους 힘, 권능(might)

ὁ κρημνός 절벽, 낭떠러지

[κραυγ] 외치다(shout)

[κρι] 판단(judge) [분리(separation)를 나타내는 어근]

κρίνω 나는 심판한다, 결정한다. κρινῶ ἔκρινα κέκρικα κέκραμαι ἐκρίθην

ἡ κρίσις, εως 심판, 판단

ὁ κριτής, οῦ 재판관(judge)

ὁ ὑποκριτής 위선, 위선자, 위장(pretense)

ἡ ὑπόκρισις 위선, 위선자, 위장(pretense)

[κρυτ] [κρυφ] 숨기다(hide)

κρύπτω (κρύβω) 내가 감춘다, 숨긴다, 비밀을 간직한다.

[κτ] [κτισ] 창조하다(creat).

κτίζω 내가 창조한다, 만든다. (뿌리가 d로 끝남)

ἡ κτίσις, σεως 창조(creation), 피조물

[κυρι] 주(lord), 주권(power)

κυριεύω 내가 통치하다, 지배하다, 주가 되다.

ὁ κύριος 주(Lord), 주인(lord), 통치자

[κωλυ] 금하다(hinder)

κωλύω 내가 금한다, 막는다.

[κωμ] 마을(town)

ἡ κώμη 마을(village, small town)

λ Λ

[λαθ] 잊다(forget)

λάθρᾳ 비밀리(secretly), 조용히

[λαλ] 말하다(speak)

λαλέω 내가 말한다. λαλήσω ἐλάλησα λελάληκα λελάλημαι ἐλαλήθην

[λαβ] 취한다(take), 받는다(receive).

λαμβάνω 내가 취한다, 붙잡다. λήμψομαι λήψομαι ἔλαβον εἴληφα ἐλήμφθην

[λα] 백성(people)

ὁ λαός 백성, 민중

[λαμπ] (lamp)

λαμπάς, άδος 등불(lamp)

[λατρ] 예배하다(worship).

λατρεύω 봉사한다, 섬긴다, 내가 예배한다. (serve by carring out religious duties)

[λεγ] [λεκτ] 말하다, 말(word)

λέγω 내가 말한다(say).

ἐρῶ εἶπον εἶπον εἴρημαι ἐρρέθην (또는 ἐρρήθην)

λαλέω 내가 말한다(speak), 음성을 들려준다.

[λειμ] 떠나다(leave), 부족하다(lack).

λείπω 내가 남긴다, 버려둔다. λείψω ἔλιπον λέλοιπα λέλειμμαι ἐλείφθην

[λειτουργ] 섬기다, 예배하다.
λεπρός, όν, ά [형] 나병의(leprous)

[λευκ] 흰(white)
λευκός, όν, ή [형] 흰, 빛나는, 눈부신
τὰ λευκά 흰 옷, 눈부신 옷
λήμψομαι [λαμβάνω의 미래] 내가 취할 것이다.
ὁ λῃστής 강도(robber)

[λημ] 취하다(take), 받다(receive).
[λιθ] 돌(stone)
ὁ λίθος 돌(stone)

[λειμ][λιμ] 떠나다(leave), 부족하다(lack).
ὁ λιμός 흉년(famine), 굶주림

[λογ] 말하다(say)
λογίζομαι 내가 계산한다, 생각한다. 여긴다, 믿는다.
ὁ λόγος 말씀(word), 말, 신탁

[λοιμ] 떠나다(leave), 부족하다(lack).
οἱ λοιποί 남은 사람들, 남는 자
λοιπός, όν, ή [형] 남은(remaining)
τό λουτρόν 목욕, (상징적으로) 침례
λούω 내가 목욕한다, (몸 전체를) 씻는다.

[λοιπ] 고통(pain)
λυπέω 내가 슬퍼한다(grieve), 고통을 당한다, 근심하다.

[λυτρ] 풀다(loose) 구원하다(redeem)
ὁ λύτρον 속전 값, 몸 값(means of release), 풀어 주는 어떤 것
λυτρόω 내가 구원한다, 속전한다.
ἡ λύτρωσις, εως 구원, 구속, 속죄
ὁ λυτρωτής 구원자, 해방자, 구속자

[λυχν] (lamp)
[λυ] 풀다(loose) 구원하다(redeem).
λύω 내가 푼다, 풀어 준다. 파괴한다.

μ M

[μαθ] 배우다(learn)
μαθητεύω 내가 제자가 되다, 제자를 만들다.
ὁ μαθητής, οῦ 제자, 학생

[μαλαρ] 행복한(blessed)
μακαρίζω 내가 행복하다, 복되다.
μακαριῶ [μακαρίζω의 미래]
μακάριος, ον, α [형] 행복한, 복된(blessed)

[μακρ] [μακρο] 먼(long)
[μαλ] [μαλλ] 더(more)
μάλα [비교급 부사] 아주 많이(exceedingly)
μᾶλλον [부] 더(more), 도리어, 오히려(rather)

[μανθ] 배우다(learn)
μανθάνω 내가 배운다, 이해한다.
ἔμαθον [μανθάνω의 2부정과거]

[μαρτυρ] 증거(witness)
μαρτυρέω 내가 증거하다, 증인이 되다.
μαρτυρήσω ἐμαρτύρησα μεμαρτύρηκα
μεμαρτύρημαι ἐμαρτυρήθην
ἡ μαρτυρία 증거, 목격
ὁ μάρτυς 증거, 증인, 순교자
ἡ μάστιξ, γος 회초리, 채찍질, 매질

[μαχ] 싸움(fight)
ἡ μάχαιρα, ης 칼(sword), 단검, (상징적으로) 전쟁
μάχομαι 내가 싸운다, 논쟁한다.
ἐμαχόμην[미완료 중]

[μαγ] [μαγαλ] [μειζ] 위대한(great)
μέγας, μέγα, μεγάλη [형] 큰, 위대한, 광대한
μεῖζων, ον [형] 더 큰, 더 위대한 [μέγας의 비교급]
τὸ μέλι ιτος 꿀(honey)

[μελ]$_1$ 대하여(about)

μέλλε [비인칭동사] ~에 관심을 갖다(it concerns).

μέλλω 내가 ~하려 한다. μελλήσω
ἔμελλον(ἤμελλον)

[μελ]$_2$ 부분(part)

τὸ μέλος, ους 부분, 파편, 구성원

μέμφομαι 내가 책망한다(blame), 잘못을 찾는다.

[μεν]$_1$ 대조 형태소(particle)

μέν [강조형 불변사, μήν의 약한 형태] 진실로, 참으로, 실로 μέν .... δέ 그러나 [de만 해석한다]

[μεν]$_2$ 머무르다(wait, remain)

μένω 내가 머무르다. 거하다.
μενῶ ἔμεινα μεμενήκειν

[μερ] 부분(part)

μερίζω 내가 나눈다, 배당한다.

[μεριμν] 부분(part)

[μεσο] 중간(middle)

ὁ Μεσσίας, ου 메시아, 그리스도

[μετα] 함께(with), 후에(after)

μετα,[a] +[속격] ~와 함께(with)
+[대격] ~후에(after)

μεταβαίνω 내가 떠난다, 넘어간다(pass over).

μετανοέω 내가 회개한다, 마음을 바꾼다.
μετανοήσω μετενόησα

ἡ μετάνοια 회개, 개심

[μετρ] 측략(measure)

μέχρι [모음 앞에 μέχρις] [전] +[탈격] ~까지[시간]
어떤 점에 이르기까지[장소]
[접] +[가정법] ~까지(엡 4:13)

[μη] 아니(not)

μή [정부사] 아닌(not) [가정법 또는 부정적 대답을 기대하는 의문문에 사용]

μή [접] ~나 않을까, ~지 않도록

μηδέ [부] 그리고 아니, ~도 아닌(and not, nor)
역시 아니

μηδέ ... μηδέ ~도 …도 다 아닌

μηδείς μηδέν(μηθέν) μηδεμία [형] 아무(것)도 아닌 ~아닌

μηκέτι [부] 이제는 더이상 아니, 결코 아니

μήποτε 혹시 ~않을까 하여 [가정법과 함께]

μηκέτι [부] 더이상 ~아닌(no longer)

μήτε ... μήτε ~도 아닌(neither ~nor), ~도 아니고, 또 ~도 아니다

[μετρ] 어머니(mother)

ἡ μήτηρ, τρός 어머니

[μια] 하나(one)

[μικρ] 작음(small)

μικρός, όν, α, [형] 작은, 미소한

[μιμν] 기억(remember)

μιμνῄσκω 내가 기억한다, 기념한다. μέμνημαι
ἐμνήσθην μνησθήσομαι

ἡ μνεία 기억, 언급

μισέω 내가 미워하다, 싫어한다.

[μισθ] 지불하다(pay)

ὁ μισθός 품삯, 보상(reward), 임금

[μνη] [μνημ] 기억(remember)

τὸ μνημεῖον 묘지, 무덤 기념비

[μοιχ] 간음(adultery)

[μον] 거하다(wait, remain)

[μονο] 유일한(only)

μονογενής, ές 유일한, 독생한(only begotten)

μόνον [부] 유일하게, 다만, 뿐만,

μόνος, ον, ή [형] 유일한, 단일한, 하나의
홀로(alone)

τό μύρον 향유(oinment, purfume), 몰약

---

a 원래적 의미는 "중간에(in the midst of)" 이다(cf. 마 1:23). 종종 생각(idea)의 차이나 사물의 변형을 표현할 때 사용한다.

[μυστηρ] 신비(mystery)
τό μυστήριον 비밀, 신비

[μωρ] 어리석은(foolish)
ἡ μωριά 어리석음(foolishness)
ἡ μωρολογία 어리석은 말
μωρός, ούν, ά 어리석은

ν N

Ναζαρα (Ναζαρεθ, Ναζαρετ) 나사렛(Nazareth)

[ναι]₁ 예(yes)
ναί 예, 참으로, 확실히

[ναι]₂ 성전(temple)
ὁ ναός 성전, 성소, 지성소 (ἱερόν은 성전 전체 구역, ναός는 성저 건물 자체나 지성소를 의미)

[νε] [νεα] 새로운(new)
ὁ νεανίας 청년(youth)
ὁ νεανίσκος 청년(young man)

[νεκρ] 죽음(death)
νεκρός, όν, ά [형] 죽은
λεπρός, όν, ά [형] 나병의, 거친
[νε] 새로운(new)
ἡ νεομηνία, ας (또는 νουμηνία) 초승달, 월삭, 달
νέος, ον, α [형] 젊은, 어린
ἡ νεότης, ητος 젊음, 청소년(youth)

[νεφ] 구름(cloud)
ἡ νεφέλη 구름(cloud)
νήπιος, ον, α [형] 갓 태어난, 미성숙한 [명] 갓난아이, 아기
νηστεύω 내가 금식한다.

[νικ] 승리(victory)
νικάω 내가 승리한다, 정복한다.

[νιπτ] 씻다(wash)
νίπτω 내가 씻는다(wash).

[νο] 마음(mind)
[νομ] 법(law)
νομίζω 내가 생각한다, 간주하다.
ὁ νόμος 율법, 법, 법규
νῦν [부] 지금, 현재에 (종종 명사나 형용사처럼 사용)
νυνί [부] 지금, 현재에 [νῦν의 강조형]

[νυ] [νυκ] 밤(night)
ἡ νύξ, νυκτὸς 밤(night)

[νυμφ] 신부(bride)
ἡ νύμφη 신부, [ὁ νύμφη]

ξ Ξ

[ξεν] 다른 데서 온(strange), 손님
ξένος, ον, ἡ [형] 외국의, [외국인]

[ξηρ] 마르다(dry)
ξηραίνω 마르다, 나는 건조시킨다. [주름지어] 접히다 ἐξήρανα ἐξήραμμαι[수 현재완료] ἐξηράνθην[수 1과거부정]

[ξυλ] 목제(wood)
τὸ ξύλον 목제(wood), 나무(tree)

ο Ο

ὁ, τό, ἡ [관사: 남성, 중성, 여성] 그(the)

[ὁδ] 길(way), 여행(travel)
ἡ ὁδός 길(road, way), 진로

[οι] (such, as)
[οἰδ] 알다(know).
οἶδα 내가 안다 [εἴδω의 현재완료형으로 현재 의미]
οἶδας [οἶδα의 현재완료 2인칭 단수]
οἴδασι (ἴσασι) [οἶδα의 현재완료 2인칭 복수]

[οἰκ] 집(house)
οἰκέω 거주하다(dwelling), 살다.
ἡ οἰκία 집(house), 거처
οἰκοδομέω 내가 세우다(build up).
ὁ οἶκος 집, 거주, 일가족, 가정, 집안, 나라, 성전

[οἰν] 술(wine)
ὁ οἶνος 포도주(wine) (F)οἶνος

[ὀλιγ] 작은(little), 적은(few)
ὀλίγος, ον, ή [형] 적은(small), 거의 없는(few)

[ὀλ] 전체의(whole), 모든(all)
ὅλος, ον, ή [형] 전체의, 전부의, 모든
ὁλοτελής, ές [형] 완전한, 온전한

[ὀλλ] 파괴하다(destroy).
[ὀμ] [ὀμν] 맹세하다(swear).
ὀμνύω (ὄμνυμι) 내가 맹세하다.
[ὁμο] [ὁμοι] 같은(same), 닮은(like)
ὁμοιάζω 내가 ~와 같다.
ὅμοιος, ον, ή [형] 같은, 유사한, 닮은
ὁμοιόω 내가 비교한다, 같게 만든다(make alike).
ὁμολογέω 내가 고백한다, 동의하다, 계약하다.
ὁ Ὀνησίφορος 오네시보르(딤후 1:16)

ὀνίναμαι 내는 유익하다, 기쁨을 누린다.
ὀναίμην [ὀνίναμαι의 2부정과거 희구법]

[ὀνομ] 이름(name)
τό ὄνομα, ατος 이름

[ὀντ] 이다(be) 존재한다(exit).
ὄντως [부] 실제로, 사실로, 진실로, 참으로

[ὀπισ] 뒤에(behind, after)
ὀπισω [전: 속격] ~후에, ~의 뒤에
[부] 뒤에서
ὅπου [부] ~곳에서(where), ~하는 동안(while)
ὅπως [접] ~하기 위하여(in order that)
[가정법과 함께 사용]

[ὀπ] [ὀπτ] 보다(see).
[ὁρα] 보다(see)
ὁ ὅραμα 시력(a sight), 시각, 환상
ὁράω 내가 본다. ὄψομαι εἶδον ἑώρακα,ἑόρακα.
ὦμμαι ὤφθην

[ὀργ] 화(anger)
ὁρκίζω 내가 맹세한다, 간청한다.

[ὁρ] 경계(boundary)
[ὁρκ] 맹세(oath)
[ὀρ] 작은 산(hill)
τό ὄρος, ους 산, 작은 산
ὅς, ὅ, ἥ [관계 대명사] ~하는 누구, ~하는 것 (who, which, that, what)

[ος] 많은(much, many)
ὅσος, ον, ή [관계형용사] ~얼마나 많은 (how much, as great as, as muchas, as many as)
ὅστις, ὅτι, ἥτις [부정관계 대명사] 누구든지, 어느 것이든지, 무엇이든지(whichever)
ὅταν [부] ~언제든지, ~할 때 [가정법과 함께 사용]
ὅτε [부] ~때에, ~동안
ὅτι [접] ~왜냐하면, ~ 때문에 [또는 직접 인용구로 해석하지 않음]

οὗ [의문 부사] ~어디에, 어디로

οὐ, οὐκ[모음 앞], οὐχ[거친 쉼표 앞] 아닌(not, no)
[직설법에 사용되며 질문에 긍정적인 대답을 기대한다.]

οὐδε, [부] 그리고 ~아니, 또 ~아니, 역시 ~아니 οὐδε ... οὐδέ ~도 ~아니(neither ~nor)

οὐδείς(οὐθείς), οὐδέν(οὐθέν), οὐδεμία 아무도 ~아니, 아무것도 ~아니

οὐδέποτε [부] 어느 때도 아닌, 전혀 아니

οὐδέπω [부] 아직까지도 아닌

οὐκ [모음 앞] 아닌(not) οὐ, οὐχ[거친 쉼표 앞]

οὐκέτι [부] [이제는] 더이상 아닌

οὔκουν [부] [οὐ+ου=ν] 그러므로 ~ 아니, 확실히 아니

οὖν [접: 후치사] 따라서, 그러므로

οὔπω [부] 아직 ~아니(not yet)

ἡ οὐρά 꼬리(tail)

[οὐραν] 하늘(heaven)

ὁ οὐρανός 하늘

[οὐργ] 일(work)

[οὐς] 귀(ear)

τό οὖς, ὠτός 귀(ear)

[οὐσ] 이다(be), 존재하다(exist).

οὐσία 재산(property), 물질

οὔτε [접] 그리고 아니, 또한 아니, ~조차 아니
οὔτε … οὔτε~도 ~ 도 아니

οὐκέτι [부] 더이상 ~아니(no more, no longer)

οὗτος, τοῦτο, αὕτη [지시 대명사] 이, 이것(this)

οὕτω (οὕτως) [부] 그래서(so, thus) 이 같은 방법(방식)으로

οὐχ [거친 쉼표 앞], οὐ οὐκ[모음 앞], 아닌(not)

[ὀφειλ] 빚(debt)

ὄφελον는 [ὀφείλω 나는 ~해야 한다(ought)]의2부정과거 능동태 분사로 격변화가 없이 고착된 형태로 현실 불가능한 소원이나 의지를 소개하는 불편사 이다(고전 4:8; 고후 11:1; 갈 5:12; 계 3:5).

ὀφείλω 내가 빚진다(owe), 마땅히 ~해야 한다.

[ὀφθαλμ] 눈(eye)

ὁ ὀφθαλμος 눈(eye), 보는 것

[οχ] [ὀχλ] 가지다(have)

ὁ ὄχλος 무리 군중, 대중

[οψ] 늦은(late)

ὄψομαι [ὁράω의 미래]

τὸ ὀψώνιον 급료(pay), 임금, 보상(compensation)

π Π

[παθ] 감각(feel), 욕구(desire)

τὸ πάθημα, ατος 열망, 고통, 고난 [복수는 성적 욕망을 의미함(롬 7:5)

τό πάθος ους 고난, 정욕

[παι] [παιδ] 아이(child), 교육

παιδεύω 내가 가르친다, 교육한다, 훈육한다.

τό παιδίον 어린아이, 유아, 소년

ἡ παιδίσκη 어린 하녀, (여자) 노예 παῖς의 축소형]

παίω 내가 때린다(strike, wound), 쏜다(sting).

[παλ] 다시(again)

[παιλαι] 오랜(old)

παλαιός, ον, α [형] 오래된, 고대의

παλιν [부] 다시

[παν] 모두(all)

πάντοτε 항상(always), 언제나

[παρα] 옆에(by)

παρά + [탈격] ~로부터(from);
+ [처격] ~전에(before), ~곁에
+ [대격] ~ 넘어(beyond), ~ 곁을 따라

ἡ παραβολή 비유(parable)

παραγγέλλω 내가 명령한다. 지시한다(instruct).

παραγίνομαι 내가 나타난다, 온다.

παράγω 내가 지나간다(pass by)

παραδίδωμι 내가 넘겨준다, 배반한다. 허용한다. παράδοξος, ον [형] 놀라운, 기대에 어긋난, 이상한(incredible, wonderful)

ἡ παράδοσις, εως 전통(tradition), 관습

παραιτέομαι 내가 요구한다. 묻는다. 거절한다.

παρακαλέω 내가 격려한다, 위로한다, 간청한다 권고한다.

παρακαθέζομαι [디포] 내가 ~주위에 앉다.

ἡ παράκλησις, εως 위로(comfort), 권면, 간청

παραλαμβάνω 내가 받아들인다, 영접한다, 넘겨 받는다, 인정한다, 데리고 간다.

παραπορεύομαι 내가 통과한다, 간다(pass by)

παρατίθημι 내가 앞에 놓는다, 헌신한다, 제시한다.

παρέρχομαι 내가 지나간다, 곁에 온다(간다).

ἡ παρθένος 처녀, 신부 [간혹 남성관사 붙기도 함]

παρίστημι [자동] 내가 옆에 선다, 다가온다, 돕는다 [타동] 옆에 놓는다, 내가 보낸다, 맡긴다, 바친다, 준비한다, 나타난다, 증거를 제시한다, 전시한다, 내세운다.

ἡ παρουσια 재림, 오심, 현존(presence), 출현

ἡ παρρησία 담대함(boldness), 솔직함(openness)

[πασ] 모두(all)

πᾶς, πᾶν, πᾶσα [형] 모든, 전체의, 각각의

[πασχ] 고통당하다(suffer)

τό πάσχα 유월절(passover)

πάσχω 내가 고난을 당한다, 경험한다.
ἔπαθον πέπονθα[현재완료]

[πατρ] 아버지(father)

ὁ πατήρ, πατρός 아버지

ὁ Παῦλος 바울

[παυ] 멈추다(stop)

παύομαι [디포] 내가 멈춘다, 정지한다.

[παδ] [πεζ] 발(foot)

[πειθ] 추적하다, 설득하다(persuade).

πείθω[a] 내가 설득시킨다, 신뢰한다, 확신한다.
πείσω ἔπεισα πέποιθα[2현재완료] ἐπεποίθειν
πέπεισμαι ἐπείσθην

[πειν] 굶주리다(hunger).

πεινάω 내가 굶주린다(hunger).

[πειρ] 시험하다(test).

πειράζω 나는 시험한다, 유혹한다.
πειράσω ἐπείρασα πεπείρασμαι ἐπειράσθην

ὁ πειρασμός 시험, 유혹, 시련, 시도하는 것

[πεμπ] 보내다(send).

πέμπω 내가 보낸다, 파송한다.
πέμψω ἔπεμψα ἐπέμφθην

[πεντ] 다섯(five)

πεντάκις [부] 다섯 번(five times)

πεντακισχίλιοι, α, αι [수사] 오천(5000)

πεντακόσιοι, α, αι [수사] 오백(500)

πέντε [불변화 수사] 다섯(5)

[περα] 먼(far), 끝(end)

πέραν + [부: 속격] ~건너편에

[περι] 주위에(around

περί + [속격] ~에 관하여(about)
+ [대격] ~곁에(beside), ~넘어(beyond)

περιβάλλω 내가 ~두르다. 옷을 입다.

περιπατέω 내가 걸어간다, 행한다. περιπατήσω
περιεπάτησα περιεπάτηκα

[περισσ] 풍부(abundance)

περισσός, όν, ή [형] 넘치는, 우월한, 과다한

περισσεύω [타동] 내가 풍부하다, 넘친다. [자동] 과잉되다, 부자가 되다.

περιτέμνω 내가 할례를 준다, 둘레를 잘라내다.

ἡ περιτομη 할례(circumcision)

τὸ πετεινόν 새(bird)

---

a 현재완료와 과거완료가 현재 의미로 사용되기도 한다.

ἡ πέτρα 반석, 바위
ὁ Πέτρος 베드로

[πιν] 마시다(drink)
πίνω 내가 마신다. πίομαι[미래 중] ἔπιον πιεῖν (πεῖν)[2부정과거 부정사] πέπωκα[현재완료]
ὁ ποιητής 행하는 자(one who does)
πίπτω 내가 떨어진다, 넘어진다.
πεσοῦμαι[미래 중] ἔπεσον ἔπεσα πέπτωκα

[πιστ] 믿음(belief faith)
πιστεύω 내가 믿는다(have faith), 신뢰한다.
여격을 취하거나 아니면 εἰς +대격을 사용한다.
ἡ πίστις, σεως 믿음, 신앙, 신뢰
πιστός, όν, ή [형] 믿는, 신실한
πιστόω 내가 믿게 되다. (신약에서 수동태만 사용된다)
ἐπιστώθην 내가 믿게 되어졌다, 확신을 얻었다. (딤후 3:14)

[πλαν] 빗나감(error), 방황(wodering)
πλανάω 내가 미혹시킨다, 방황한다.

[πλει] 더(more)
πλείων, ον [형] 더 많은 [πολύς의 비교급]
[πλεον] 더(more)
πλεονάζω [자동] 증가하다, 성장하다.
[타동] 내가 많게 하다, 성장하게 하다.

[πλε] 항해하다(sail)
πλέω 내가 항해하다(travel by sea, sail).

[πληγ] 재앙(plague), 타격(strike)
[πλη] 더(more)
[πληθ] [πληρ] 가득(full)
τό πλῆθος, ους [형] 군중, 무리, 다수
πλήρης, ες [형] 가득찬, 충만한
πληρόω 내가 채운다, 이룬다. πληρώσω ἐπλήρωσα πεπλήρωκα πεπλήρωμαι ἐπληρώθην

[πλησσ] 재앙(plague), 타격(strike)
πλήσσω 내가 친다, 타격한다.

[πλο] 항해하다(sail).
τὸ πλοιάριον 작은 배
τὸ πλοῖον 작은 배(boat)
ὁ πλόος (πλοῦς) πλοός 항해

[πλου] 부(rich)
πλούσιος, ον, ία 부한, 풍부한

[πν] [πνευ] 영(spirit), 바람, 숨
τὸ πνεῦμα, ατος 바람, 영, 성령
πνέω [πνείω] 내가 숨을 쉰다(breath), 바람이 불다(blew).

[πο]₁ 마시다, 강 (πιν와 비교하라)
[ποθ] 느낌(feel), 열망(desire)
[ποι] 만들다(make), 하다(do)
[ποιμ] 양(sheep)
πόθεν [의문 부사] 어떤 곳으로부터(whence)
ποιέω 내가 행한다, 만든다. ποιήσω ἐποίησα πεποίηκα πεποίημαι
ποιμαίνω 내가 통치한다, 목자처럼 양을 친다.
ὁ ποιμήν, ένος 목자(shepherd)
ποῖος, ον, ία 어떤 종류의

[πολεμ] 전쟁(war)
[πολι] 도시(city)
[πολλ] [πολυ] 많은(much, many)
[πονηρ] 악한(evil)
ἡ πόλις, εως 도시, 시
πολύς, πολυ, πολλη, [형] 많은
πονηρός [형] 악한(evil)
πονηρότερος, όν, ά [형] 더 악한
ὁ ποταμός 강(river), 시내

[πορ] 여행(journey)
πορνεύω 나는 간음죄를 범한다(commit sexual immorality).

προάγω [타동] 내가 인도한다.
[자동] 내가 앞서 간다(온다).
προήγαγον [προάγω의 προάγω의 2부정과거]
προαγαγεῖν [προάγω의 부정과거 부정사]

τὸ πρόβατον 양(sheep)

πορεύομαι 내가 간다.

πορεύσομαι ἐπορευσάμην πεπόρευμαι ἐπορεύθην

[ποτ][ποταμ] 마시다(drink), 강(river) (cf. pin)

ὁ ποταμός 강, 시내, 흐르는 것

πότε [의문부사] 언제(when)

ποτέ [불변사] 언젠가는, 어떤 때에

μήποτε 혹시 ~나 않을까 하여

τό ποτήριον 잔, 컵

ποτίζω 내가 물을 마시게 한다, 물을 준다.

ποῦ [의문 부사] 어디에(where)

πῶς [의문 부사] 어떻게(how)

[πο]$_2$ 발(foot)

ὁ πούς, ποδός 발

[πραγ] 사물(matter), 사건(event)

[πρεσβυ] 나이가 많은, 장로의(elderly)

[προ] 이전에(before, first)

[προβατ] 양(sheep)

[προσ] ~로(to), ~향하여(toward)

πορεύομαι 내가 간다, 떠난다, 여행한다, 죽는다.

πρίν [부] 이전에(before), 앞서, ~하기 전에

πρό +[탈격] ~전에, ~앞에, ~전면에

προαιτιάομαι [디포] 사전에 고발하다.

πρός +[속격] ~에게로(at, to)

+[대격] ~향하여(toward), ~너머(beyond)

προσδέχομαι 내가 영접한다, 환영한다. 붙잡는다.

προσέρχομαι 내가 ~에게로 간다, 접근한다. (여격을 취함)

[προσκυν] 예배하다(worship)

ἡ προσευχή ῆς 기도(prayer)

προσεύχομαι 내가 기도한다. προσεύξομαι προσηυξάμην

προσέχω 내가 주목한다, 관심갖다.

[중] ~붙어 있다.

προσκυνέω 내가 예배한다. (여격 또는 대격을 취한다)

προσκυνήσω προσεκύνησα

προστίθημι 내가 더한다, 더 놓다, 덤으로 준다(give in addition).

προσφέρω 내가 ~에게 데려가다, 가져간다, 인도하다 (사람은 여격, 사물은 대격을 한다)

[προσωπ] 얼굴(face)

τό πρόσωπον 얼굴(face)

προφητεύω 내가 예언한다

ὁ προφήτης 선지자, 미리 말하는 자

[πρω] [πρωτ] 이전에(before)

πρῶτος, ον, η [형] 처음의, 첫, 앞의

[πτω] 떨어지다(fall).

[πτωχ] 가난한(poor)

πτωχός, όν, ή [형] 가난한, 빈곤한

[πυλ] 문(gate, door)

ἡ πύλη, ης 문(gate)

ὁ πυλών, ῶνος 입구, 대문, 정문(도시로 들어가는 큰 문)

τό πῦρ, πυρός 불, 불꽃

[πω] 아직(yet)

[πωλ] 팔다(sell)

πώποτε [부] 아직까지(ever yet), 어느 때든지(at any time)

πώς [부정부사] 어떻게 하든지(somehow, in some way)

πῶς [의문부사] 어떻게, 어찌하여(why by what means?)

ρ Ρ

[ῥε] [ῥη] 흐르다(flow).

[ῥη] [ῥητ] 말(word)
ῥηθείς, ῥηθέν, ῥηθεῖσα [λέγω, φημί의 1부정과거 분사]
τὸ ῥῆμα, μτος 말(word), 사건

[ῥιζ] 뿌리(root)
ἡ ῥίζα 뿌리
ῥιζόομαι 나는 근원이 된다(be firmly rooted).

[ῥυ] 흐르다(flow)
ῥώννυμι 나는 강하다.
ἔρρωσο "ῥώννυμι의 완료 수동 명령 2인칭 단수]
ἔρρωσθε [ῥώννυμι의 완료 수동 명령 2인칭 복수]

σ Σ

[σ] 당신(you)
[σαλπ] 나팔(trumpet)
τό σάββατον 안식일
σαββάτων [속격 복수] σάββασι(ν) [여격 복수]
ἡ σάλπιγξ, ιγγος 나팔(trumpet)
σαλπίζω 내가 나팔을 분다, 나팔소리를 낸다.

[σαρκ] 육체(flesh)
σαρκικός, ον, η [형] 육적인, 육체에 속한 세속적인
σάρκινος, ον, η 육신의(of flesh)
ἡ σάρξ, σαρκός 육체, 살
σε, 당신을
σεαυτοῦ σεαυτῆς [재귀 대명사] 너, 자신의(yourself)

[σεβ] 예배하다, 경건(piety), 종교
[σει] 흔들림(quake)
ἡ σελήνη 달(moon)

[σημ] 표상(sign, indication)
τό σημεῖον 표적, 기적, 이적
σήμερον [시간 부사] 오늘

[σι][σιγ] 침묵(silence)
σιγάω 내가 침묵한다.
ὁ Σίμων, ωνος 시몬, 베드로

[σιτ] 음식(food), 살찐(fat)
ὁ σῖτος 알곡, 곡식(wheat, grain)

[σκανδαλ] 스캔들(scandal)
σκανδαλίζω 내가 ~를 죄짓게 한다.
τό σκάνδαλον 덫, 올가미, 함정, 걸려 넘어지게 하는 것(stumbling block)

[σκεπ] 보이다(view).
[σκευ] 준비하다(prepare.)
[σκην] 천막(tent)
ἡ σκηνή 천막, 장막, 초막, 거처
σκηνόω 내가 거한다(dwell), 장막을 친다.
σκληρύνω 내가 완고하게 된다, 굳어진다(harden.

[σκ] [σκοτ] 어두운(dark)
[σκοπ] 보이다(view)
σκοπέω 내가 본다, 주목한다.
τὸ σκότος, ους 어둠(darkness: sin, evil)
τά Σόδομα, ων 소돔
σοί 너에게
σού 너의

[σοφ] 지혜(wisdom)
ἡ σοφία, ας 지혜(wisdom)
σός, όν, ή [소유 형용사] 너의
σπείρω 내가 뿌린다(sow). σπείρῶ ἔσπειρα ἔσπαρμαι ἐσπάρην

[σπειρ] 뿌리다(scatter)
τὸ σπέρμα, ατος 씨(seed), 자손
σπείρω 내가 씨를 뿌린다.
τό σπήλαιον 동굴(cave), 소굴(den), 강도의 은신처

[σπλαγχν] 긍휼(pity)

[σπορ] 뿌리다(scatter)

[σπευδ] 서두르다(speed, eagerness)

σπουδάζω 내가 최선을 다한다, 열심히 일한다.

σπουδαῖος, ον, α 성실한, 열렬한

σπουδαίως [부] 성실하게, 열렬하게

ἡ σπυρίς, ίδοj 바구니, 광주리(κόφινος 큰 바구니)

[στα] 서다(stand)

τό στάδιον 스타디온

[τά στάδιά 간혹 남성으로 사용 οἱ στάδιοι]

[σταυρ] 십자가(cross)

ὁ σταυρός 십자가(cross)

σταυρόω 내가 십자가에 단다, 십자가에 못 박는다.

σταυρώσω ἐσταύρωσα ἐσταύρωμαι ἐσταυρώθην

ὁ στάχυς, υος 이삭, (곡물의) 낱알

[στελ] 서다(stand, equip)

στέλλω 내가 보낸다, 설치한다. στελῶ ἔστειλα ἔσταλκα ἔσταλμα ἐστάλην (신약에서 중간태만 사용된다)

στενάζω 내가 탄식한다(sigh).

[στερε] 확고한(firm, solid)

[στεφαν] 면류관, 보상(reward)

στρέφω 내가 반대로 돈다(turn). στρέψω ἔστρεψα ἔστραμμαι ἐστράφην

[στη] 서다(stand).

[στηρε] 확고한(firm, solid).

[σρολ] 보내다(send, equip).

ἡ στολή 긴 옷, 겉옷, 두루마기

τό στόμα, ατος 입(mouth)

ὁ στόμαχος 위, 배

[στρατ] 군대(army)

ὁ στρατιώτης 군인, 군대

σταυρόω 내가 십자가에 못박는다.

[στρεφ] [στροφ] 돌리다(turn).

σύ [인칭 대명사] 너(you) 당신

ὑμεις [σύ의 주격 복수] 너희들

[συκ] 무화과(fig)

ἡ συκῆ 무화과 나무

[συν] 함께(with)

συμβουλεύω 내가 조언한다 [중] 내가 의논한다, ~을 계획한다, 꾀한다.

συμπαρακαλέω 내가 격려한다, 서로 격려한다.

σύν +[조격] ~와 함께(with)

συνάγω 내가 함께 모인다.

ἡ συναγωγή, ῆς 회당(synagogue)

[συνειδη] 양심(conscience)

συνέρχομαι 내가 함께 간다(온다).

συνεσθίω 내가 함께 먹는다.

συνέχω 내가 짓누른다(press hard), 강권한다. [수동] 고통을 당한다

συνίημι, συνίω 내가 인식한다, 이해하다.

συνίστημι 내가 확립하다, 추천하다(recommend).

συντελέω 내가 완결시킨다, 끝낸다.

[σφραγι] 인(seal)

[σῳζ] 구원하다(save).

σχῶ [ἔχω의 가정법 2부정과거]

σῴζω (σώζω) 내가 구원한다. σώσω ἔσωσα σέσωκα σέσῳσμαι ἐσώθην

[σωμα] 몸(body, physical)

τὸ σῶμα, ατος 몸(body somatic)

σωματικός, όν, ή 몸의, 육체의(physical)

[σωτηρ] 구원(salvation)

ὁ σωτήρ, ῆρος 구원자

ἡ σωτηρία 구원, 구조

τὸ σωτήριον 구원, 구원하는 능력(saving power)

σώφρων, ον 건전한(sound-minded), 근신하는 분별력 있는

τὸ σχίσμα 분열, 분쟁(dissension)

τ T

[ταγ] [τακ] [ταξ] 순서(order)
τό ταμεῖον (ταμιεῖον) 창고, 밀실(inner chamber)

[ταπειν] 겸손(humble)
[ταρασσ] [ταραχ] 소동(trouble)
ταράσσω 내가 휘젓는다(stir up), 혼동하게 한다, 당황하게 한다.

[ταχ]$_1$ 순서(order)
[ταχ]$_2$ 빠른(quick)
ταχύς, υ, εῖα [형] 빠른(quick, swift)
τέ [불변사] 그리고, 그리고 역시
τέ ~ και ~도 ~도(both ~ and)
τέθνηκα [θνήσκω의 현재완료]

[τειν] 연장(extend, stretch)
[τεκν] 아이(child)
τό τέκνον 어린이, 아이

[τελ] 끝(end), 먼(far)
τέλειος, ον, εία 완전한(perfect), 완결된 완료된(finished)
τελειόω 내가 완성한다(complete).
τελευτάω 내가 끝마친다, 생을 마친다. 죽는다.
ἡ τελευτή, ῆς 끝, 사망, 죽음
τελέω 내가 끝낸다, 완성한다.
τὸ τέλος, ους 끝(consummation), 목적(goal)

[τελων] 세금(tax)
[τεμν] 다르다(cut).
[τεν] 연장하다(extend, stretch).
τὸ τέρας, ατος 이적, 경이, 징조

[τεσσαρ] [τετρα] 넷(four)
τέσσαρες 넷(four) τεσσάρων [속격]

[τηρ] 간직하다(keep), 주목하다.
τηρέω 내가 지킨다, 억류한다. τηρήσω ἐτήρησα τετήρηκα τετήρημαι ἐτηρήθην

[τι] 누구, 무엇, 어느(who, what, any)
[τιθ] 놓다(put), 두다(place).
τίθημι 내가 둔다, 놓는다.
θήσω ἔθηκα τέθειμαι ἐτέθην

[τικ] 아이(child)
[τιμ] 존귀, 명예(honor), 가치(price)
τιμάω 내가 존경한다, 가치를 두다, 높이 평가하다. τιμήσω ἐτίμησα τετίμηκα τετίμημαι ἐτιμήθην
ἡ τιμή 명예(honor, esteem), 존경, 가치

[τιν] 연장하다(extend, stretch)
[τιν] 누구, 무엇, 어느(who, what, any)
[τις] 누구, 무엇, 어느(who, what, any)
τίς, τί [의문 대명사] 누구, 무엇, 어떤 것
τις, τι [부정 대명사] 어떤 사람(some one), 어떤 것(something)

[το] [정관사 중성] 그(the)
τοιοῦτος, τοιοῦτο, τοιαύτη
[상관적 형용사] 이와 같은, 이런 종류의
[명사적 사용법] 이런 사람(such person), 이런 것
[τοκ] 아이(child)
τολμάω 내가 감히 ~한다(dare), 용기를 낸다.

[τομ] 다르다(cut).
[τὸν] 연장하다(extend, stretch).
ὁ τόπος 장소, 곳(place)
τοσοῦτος, τοσοῦτο, τοσαύτη [상관적 형용사] [양적으로] 매우 큰, 매우 먼, 매우 많은 매우 강한; [질적으로] 이렇게 강한, 이렇게 많은
τότε [부] 그때에(then)

[τουτ] 이것(this)
[τρεπ] 돌아서다(turn)
[τρεφ] 먹이다(feed), 제공하다(support).

ἡ τράπεζα, ης 식탁,ταβλέ. 식사 은행,βανκ.
ὁ τραπεζίτης, ου 은행원, 돈 바꿔 주는 자
τό τραῦμα, ατος 상처
τραυματίζω 내가 상처를 입힌다, 상해한다.
τρεῖς, τρία 셋(3) τριῶν[속격], τρισίν[여격]
τρέμω 내가 떤다, 두려워한다(tremble, quiver)
τρέφω 내가 먹인다(feed), 기른다, 양육하다.

[τρεχ] 달리다(run)
τρέχω 내가 달린다, 빨리 걷는다.
ἔδραμον[2부정과거]
τό τρῆμα, ατος 구멍(hole), 바늘귀

[τρι] 셋(three)
τρίς [부] 세 번(three times)
[τροφ] 먹이다(feed), 제공하다(support).
ἡ τροφή 음식, 자양물, 식량
ἡ τροφός 유모, 간호원
[τροχ] 달리다(run)
τυγχάνω 나는 만난다, 얻는다, 찾는다. 획득한다.

[τυπ] 모형(example) 표본(pattern)
ὁ τύπος, ου 도장, 흔적, 자국, 우상
τύπτω 내가 친다(hit, strike)

[τυφλ] 소경의(blind)
ὁ τυφλός 맹인, 소경
τυφλός, όν, ἡ 소경의, 보이지 않는
τυφλόω 내가 어둡게 한다, 눈멀게한다.

[τυχ] 붙잡다(take).

υ Υ

[ὑγι] 건강(health)
ὑγιαίνω 나는 건강하다, 온전하다.
ὑγιής, ές [형] 온전한, 건강한

[ὑδρ] 물(water)
τὸ ὕδωρ, ατος 물(water)

[υἱ] 아들(son)
ὁ υἱός 아들(son)
ὑμεῖς 너희는 [σύ의 주격 복수]
ὑμέτερος, ον, τέρα [소유 형용사] 너희의, 너희에게 속한
ὑμῖν [σύ의 여격 복수] 너희들에게, 너희를 위해, 너희에 의해
ὑπάγω 내가 떠난다(go away)

[ὑπερ] 넘어(over)
ὑπέρ +[속격] ~을 위하여(in behalf of), ~대신(instead of); +[대격] ~위에(over), ~위로, 넘어(beyond)

[ὑπηρετ] 섬기다(serve)
ὑπηρετέω 내가 섬긴다, 제공한다.
ὑπηρέτης, ου 종자, 보조자, 조력자, 종

[ὑπο] 아래의(under, by means of)
ὑπο +[속격] ~에 의하여(by);
+[대격] ~밑에(under)
ἡ ὑπόκρισις 위선, 위선자, 위장
ο ὑποκριτής, οῦ 위선자(hypocrite), 외식하는 자
ὑπομένω 내가 견딘다, 거한다.
ὑστερέω 내가 부족하다, [수동] 떨어져 간다.
ὑποστρέφω 내가 뒤돌아선다, 돌리다.
ὑποστρέψω ὑπέστρεψα

[ὑσ] 늦은(last), 부족한(lack)
ὑστερέω 나는 부족하다, 결핍하다.
ὕστερος, ον, α [형] 마지막, 후에, 미래에

[ὑψ] 높은(high)
ὕψος ους 높음, 하늘, 정상(약 1:9)

φ Φ

[φα] 말하다(say), 보고하다(report).
[φαιν] 보이다(display), 나타나다.
φαίνω [능동] 내가 빛을 발한다 [수동] 비친다, 나타난다.

[φαν] [φανερ] 보이다, 나타나다.
φανερόω 내가 명백하게 나타낸다, 드러낸다.
φανερώσω ἐφανέρωσα πεφανέρωκα εφανέρωμαι ἐφανερώθην
φανερῶς [부] 분명히, 공개적으로(openly plainly)
ὁ Φαρισαῖος 분리주의자, 바리새인

[φερ] 가져오다(bring, bear, carry)
φέρω 내가 가져온다, 지고 간다, 견디다.
(열매를) 맺는다 οἴσω ἤνεγκα ἤνεγκον ἐνήνοχα ἐνήνεγμαι ἠέχθην
φεύγω 내가 도망친다. φεύξομαι ἔφυγον πέφευγα

[φη] [φημ] 말하다, 보고하다(report).
φημί 내가 말한다. φησίν [현재 3인칭 단수] φασίν [현재 3인칭 복수] ἔφη [1부정과거/미완료 3인 수동]

[φθειρ] [φθορ] 썩다(decay).
φθαρήσομαι [디포] 내가 멸망한다.
φθείρω 내가 부패한다, 상하게 된다, 시들다.
φθείρω φθερῶ ἔφθειρα ἔφθαρμαι ἐφθάρην

[φιλ] 사랑(love)
φιλέω 내가 사랑한다. ἐφιλήσω ἐφίλησα πεφίληκα πεφίλημαι ἐφιλήθην
φίλος, ον η [형] 사랑하는
ὁ φίλος 친구, 동무
φιμόω 내가 재갈을 물린다.
φοβέω 내가 두려워한다. φοβηθήσομαι ἐφοβήθην
(신약에서 오직 수동태만 사용)
φοβέομαι [디포] 내가 두려워한다, 무서워한다.
ὁ φόβος 두려움, 공포(fear, terror), 존경, 경외 (reverence for God)

[φον] 살인(murder)
φονεύω 내가 살인한다.

[φορ] 가져오다(bring, bear, carry).
[φρ] [φυφ] 생각하다(think).
ἡ φυγή 도망, 도피

[φυλ] 부족(tribe)
[φυλακ] 보호(guard)
ἡ φυλακή 감옥, 감금, 파수
φυλακίζω 내가 감금한다.
φυλάσσω (φυλάττω) 나는 지킨다.

[φυ][φυσ][φυτ] 자연적으로(natural) 성장(planted)
[φων] 목소리(voice)
φωνέω 내가 부른다, 소리낸다. ἐφώνουν[미완료] φωνήσω ἐφώνησα ἐφωνήθην
ἡ φωνή 소리, 어조, 말, 목소리

[φωσ] [φωτ] 빛(light)
τό φῶς, φωτός 빛
φωτίζω [자동] 내가 빛난다.
[타동] 내가 빛을 준다, 비춘다.

χ X

[χαιρ] [χαρ] 기뻐하다(rejoice)
χαίρω 내가 즐거워한다, 기뻐하다, 행복하다, 유쾌하게 되다. ἐχάρην [2과거 수동]
χαρήσομαι[2미래 수동]

ἡ χαρά 기쁨, 유쾌함, 즐거움
[χαρι] [χαριστ] 선물(gift)
ἡ χάρις, ιτος 은혜, 선물
τὸ χάρισμα, ατος 은사, 선물, 은총(free gift, charismatic)

[χε] 붓다(pour)
[χειρ] 손(hand)
ἡ χείρ, χειρός 손

[χηρ] 과부(widow)
[χηρ] 천(thousand)
[χορτ] 음식(food)
ὁ χόρτος 풀(grass), 짚(straw)

[χρει] 필요하다(need)
ἡ χρεία ας 필요, 부족(lack), 요청

[χρι] [χρισ] 기름 바르다(anoint).
ὁ Χριστός 메시아, 그리스도 〈 χρίω (기름을 붓다, anoint).
χρίω 내가 기름을 붓는다(anoint).

[χρον] 시간(time)
ὁ χρόνος 시간, 때

[χρυσ] 금(gold)
[χυ] 붓다(pour)
χωλός, όν, ή [형] 다리를 저는, 불구의(lame)

[χωρ] 장소(place)
ἡ χώρα ας 땅, 지역, 시골, 촌
χωρίζω 내가 분리한다, 구분한다.
[수동] 이혼한다, 떠난다.
χωρις [부 +속격=전] ~없이, ~을 떠나서(apart) ~밖에, ~로부터(from), [부] ~별도로, 스스로

ψ Ψ

[ψευδ] 거짓(false)
ψευδής ές 거짓된, 사기의, 거짓말쟁이(계 21:8)
εὔδομαι 내가 거짓을 말한다, 속인다(deceive).
τό ψεῦδος ους 거짓말(lie), 거짓
ὁ ψεύστης, ου 거짓말쟁이(liar)

[ψυχ] 자신(self), 영혼(soul)
ἡ ψυχή 목숨(life), 혼(life soul)

ω Ω

[ὧδε] 여기(here)
ὧδε (ὅδε) [부] 여기(here), 여기로(hither)

[ωπ] 보다(see)
[ὡρ] 시간(time hour)
ἡ ὥρα 시간(hour)
ὡς [부] ~와 같이(as), ~할 때 [접] ~때에
[수사와 함께 쓸 때는 "대략", "약"]
ὡσει [ὡς의 강조형]
ὥσπερ [부] ~와 꼭 같이(just as), ~같이
ὥστε [부] 따라서(therefore), 그래서(so that), ~하기 위하여(in order that) [가끔 목적격과 부정사가 따라온다.]

[ὠτ] 귀(ear)
[ὠφελ] 얻다(gain).
ὤφθην [ὁράω의 1부정과거 수동태]
ὡς [불변사] ~처럼, ~같이, 할 때, ~하기 위하여
ὥσπερ [접] ~처럼, ~같이, 마치 ~처럼, 바로 ~처럼
ὥστε [접] ~하기 위하여, 그러므로, ~할 정도로, 따라서

참고 문헌

고제봉, 이환익. 『성경해석자를 위한 신약 헬라어 구문론』. 대전: 침례신학대학교 출판부, 1996.

장동수. 『신약성서 헬라어 문법: 어형론과 문장론』. 요단출판사, 2008.

Cooper, David L. "The Use of ἐν and εἰς in the New Testament and the Contemporaneous Non-Literary Papyri." Ph.D. Diss.: The Southern Baptist Theological Seminary, 1930.

Davis, William Hersey. *Beginner's Grammar of the Greek New Testament*. Nashville: Broadmann Press, 1923.

Drumwright, Jr. Huber L. *An Introduction to New Testament Greek*. Nashville: Broadman Press, 1980.

Duff, Jeremy. *The Elements of New Testament Greek*. Cambridge: Cambridge University, 2005.

Easley, Kendell H. *User Friendly Greek: A Common Sense Approach to the Greek New Testament*. Nashville: Broadman & Holman, 1994.

Goetchius, Eugene van Ness. *The Language of the New Testament*. New York: Charles Scribners Sons, 1965.

Harrop. Clayton K. *A Study Manual for Beginning Greek*. Mill Valley: Golden Gate Baptist Theological Seminary, 1978.

Lahmer, Karl. *Grammateion Grammateion: Griechische Lerngrammatik-Kurzgefaßt*. Stuttgart: Ernst Klett Schulbuchverlang, 1999.

Maurice Balme and Gilbert Lawall, *Athenaze: An Introduction to Ancient Greek*. Oxford: Oxford University Press, 1990.

Mare, W. Harold. *Mastering New Testament Greek: A Beginning Greek Grammar Including Lesson Plans for Intermediate and Advanced Greek Students.* Grand Rapids: Baker, 1975.

Mounce, William D. *The Morphology of Biblical Greek.* Grand Rapids: Zondervan, 1994.

Porter, Stanley E. *Idioms of the Greek New Testament.* Sheffield: JSOT Press, 1992.

Robertson, A. T. *A Grammar of the Greek New Testament in the Light of Historical Research.* Nashville: Broadman Press, 1934.

Robertson, A. T. and W. Hersey Davis. *A New Short Grammar of the Greek New Testament.* Grand Rapids: Baker, 1977.

Runge, Steven E. *Discourse Grammar of the Greek New Testament: A Practical Introduction for Teaching and Exegesis.* Peabody: Hendrickson, 2010.

Smyth, Herbert Weir. *Greek Grammar.* N.P: Harvard University Press, 1920

Stevens, Gerald L. *New Testament Greek Intermediate: From Morphology to Translation.* Cascade Book, 2008.

Thornhill, A. Chadwick. Greek for Everyon: Introductory Greek for Bible Study and Application. Grand Rapids: Baker Books, 2016.

Young, Richard A. *Intermediate New Testament Greek: A Linguistic and Exegetical Approach.* Nashville: Broadman & Holman, 1994.

Wallace, Daniel. *Greek Grammar Beyond the Basic: An Exgetical Syntax of the New Testament with Scripture, Subject, and Greek Word Indexes.* Grand Rapids: Zondervan, 1996.